元宇宙与数字经济

METAVERSE AND DIGITAL ECONOMY

朱嘉明 —— 著

中国出版集团
中译出版社

图书在版编目（CIP）数据

元宇宙与数字经济 / 朱嘉明著 . —— 北京：中译出版社，2022.6（2023 年 1 月重印）
ISBN 978-7-5001-7063-1

Ⅰ.①元… Ⅱ.①朱… Ⅲ.①信息经济 Ⅳ.① F49

中国版本图书馆 CIP 数据核字 (2022) 第 060074 号

Yuanyuzhou yu Shuzi Jingji
元宇宙与数字经济

著　　者：	朱嘉明
总 策 划：	于　宇
策划编辑：	龙彬彬
责任编辑：	龙彬彬　方荟文
文字编辑：	李梦琳
营销编辑：	杨　菲　吴一凡
出版发行：	中译出版社
地　　址：	北京市西城区新街口外大街 28 号 102 号楼 4 层
电　　话：	（010）68002494（编辑部）
邮　　编：	100088
电子邮箱：	book @ ctph.com.cn
网　　址：	http：//www.ctph.com.cn
印　　刷：	北京中科印刷有限公司
经　　销：	新华书店
规　　格：	787mm×1092mm　1/16
印　　张：	33.25
字　　数：	410 千字
版　　次：	2022 年 6 月第 1 版
印　　次：	2023 年 1 月第 2 次印刷

ISBN 978-7-5001-7063-1　　　　定价：128.00 元

版权所有　侵权必究
中 译 出 版 社

美国女诗人珍妮特曾经写过这样的诗句:"听着,另一边还有一个浩瀚的宇宙:咱们去吧。"元宇宙正是继续前结和开拓的宇宙。

前　言

大转型、大设计、大实验[1]
——大历史视角下的元宇宙

> 我们通过自己的观察来创造历史，而不是历史创造我们。
>
> ——史蒂芬·霍金

20世纪以来，"时代"的概念突显出来，且大幅度跨越：《时代》杂志、时代广场、"凯恩斯[2]时代"、"原子能时代"、"冷战时代"，直到"IT时代""互联网时代"到来，人类启动了从工业时代向信息时代和数字时代的转型，这意味着一个崭新时代的开始。信息时代、数字时代改变了人类的思想范式、科学技术模式，以及经济、政治和社会生活方式。

不同于历史上曾经多次发生过的从一个时代到另一个时代的转型，

---

[1] 本文系作者于2022年3月25日在北京大学博古睿研究中心主办的"贞下起元：真实之虚幻·虚拟之现实"活动上的会议发言。大转型、大设计、大实验的英文翻译是"Great Transformation, Grand Design and Mighty Experiment"。

[2] 凯恩斯（John Maynard Keynes，1883—1946）。

人类只能处于被动状态，例如从旧石器时代到新石器时代，或者从农耕时代到工业时代，现在，从工业时代到信息数字时代的转型，人类已经具备参与、影响和改变的能力。现在正在进行的这一场转型，正是人类通过引入大设计和大实验，以期实现更为恢宏的大转型。

大转型：特征、原因和解决模式

匈牙利经济学家卡尔·波兰尼（Karl Polanyi，1886—1964）是"大转型"概念的提出者。波兰尼在1944年出版了一本著作——《大转型》，该书的副书名是"我们时代政治和经济的起源"。全书的核心内容是在宏观经济史的背景下，阐述自我调节的市场对社会的脱嵌和社会自发的反方向运动，最终市场经济如何导致市场社会。如今，近80年过去，人类需要思考现在所处的这个时代的政治和经济的起源、这个社会转型的结构性和制度性原因。

第一，大转型的基本特征。大转型并非人类社会的一种常态。如果将大转型特征加以归纳，至少包括以下几点：（1）大转型的发生，原因不单一和简单，而是多重历史性原因集合的结果。（2）大转型的周期是长周期、跨世代；在每一个长周期中，还嵌套有以重大历史事件引导的短周期，例如20世纪的中国，经历了清帝国、民国时期，抗日战争与解放战争时期，中华人民共和国成立后计划经济与改革开放时期。（3）大转型过程，有物理性的共振和共鸣，有化学性的化合、分解以及置换反应，也有迭代的过程。（4）大转型超越地理空间限制，其超域性导致不可避免的全球影响和改变。（5）大转型的结果呈现颠覆性，是基于解构之上的系统性重构。

如果以上关于大转型的特征成立，特别是以颠覆、共振和重构为标准，人类历史上存在以下三次大转型。

前 言

第一次是轴心时代①的大转型。时间是公元前5世纪前后，区域是分布在北纬30度的古希腊、古犹太区域、古印度和古代中国。这是一次人类文明从静态到动态、改变内在动力的转型，奠定了人类未来的思想体系基础，展现了对未来社会的最广义的制度安排。第二次是文艺复兴时代的大转型。文艺复兴发生在14—17世纪，顶峰是16世纪，发源地是意大利的佛罗伦萨。文艺复兴结束了中世纪，开创了近现代社会。第三次是工业革命开启的工业时代的大转型。时间开始自18世纪至19世纪末20世纪初。工业革命始于英国，完成于北美，之后蔓延到世界其他区域。

重新审视已经发生的历史大转型，会发现：每一次新的大转型并非以之前大转型的影响消失殆尽为前提，恰恰相反，是包含了以往社会形态的因素和影响。

第二，大转型的基本原因。（1）气候和自然环境突变。例如，造成世界性的"17世纪危机"的原因是小冰川时代的来临，在西方发生了英国的光荣革命，在东方发生了中国明朝的覆灭。现在的温室效应造成了冰川消失、海平面上升、气候带北移和气候异常，给人类社会带来深远影响。气候和自然的突变都是大转型最重要的诱因。（2）思想运动。例如18世纪以英国和法国为中心的启蒙运动，之后发生在德国的狂飙运动。（3）创新规模。如熊彼特（Joseph Schumpeter，1883—1950）所说

---

① "轴心时代"（Axial Age，德语 Achsenzeit），由德国哲学家卡尔·雅斯贝尔斯在《历史的起源与目标》（*The Origin and Goal of History*）中提出。他认为，当时世上主要宗教背后的哲学都是在大约公元前8世纪到公元前2世纪期间发展起来的，这期间革命性的思潮涌现。在中国，轴心文明的标志就是诸子百家的产生，公元前6世纪已经有孔子、晏子、老子等杰出思想家，儒家和墨家在战国时期成为显学，战国末年黄老道家兼采百家而独大。先秦儒家学说的伦理纲常、道德说教对维护后世的专制统治起到了很大的作用。古印度产生了沙门思潮，发展出了多个宗教流派和哲学流派。犹太王国对宗教展开了一系列研究。古希腊则产生了众多的学术流派。在轴心时代，中国的圣人是孔子，西方是苏格拉底，印度文明则对应的是释迦牟尼。

的创造性破坏突破传统经济社会的框架，会促使经济活动和社会组织的急剧演变。（4）各种社会危机长时间积累和积聚，导致裂变和失控。

第三，人类处理大转型的基本手段。（1）观念革命。观念革命始终是人类大转型历史的先导。20世纪初产生的相对论和量子力学，开启了科学观念革命，影响了整个20世纪的科技发展方向。（2）技术革命。例如，电动机替代内燃机的动力革命、以核电发展为代表的能源革命。（3）社会革命。例如，18世纪的法国大革命、欧文（Robert Owen，1771—1858）的"新和谐公社"、巴黎公社，以及各类共产主义实践。其中，20世纪70年代，智利总统阿连德（Salvador Guillermo Allende Gossens，1908—1973）主导的基于"控制论"的社会实验①具有深远意义。（4）战争。战争是一种最快、最剧烈的应对手段。例如，20世纪的两次世界大战和冷战等。

历史证明，以往的转型往往伴随巨大的社会震荡、冲突、危机，乃至战争，人类社会付出生命、财富和文明进步的代价。卡尔·波兰尼《大转型》一书中的第一句话是"19世纪的文明已经崩溃"，这是一位出生于奥匈帝国的欧洲人经历两次世界大战、经济萧条之后的论断；另一位同样出生于奥匈帝国的作家茨威格（Stefan Zweig，1881—1942），在不断的流亡中为欧洲文明的堕落发出哀鸣，将其描述为"昨日的世界"。

21世纪：超级大转型

人类正进入21世纪超级大转型，其规模涉及80亿人口，具有空

---

① 赛博协同控制工程（Project Cybersyn，简称 Cybersyn 或 Synco）是智利总统萨尔瓦多·阿连德在1971—1973年任期内建设的一项计算机网络工程，用于构建分布式决策支持系统，以支持国民经济的管理。因为皮诺切特（Augusto José Ramón Pinochet Ugarte，1915—2006）主导的军事政变，导致这场伟大的控制论社会变革运动失败，阿连德总统本人和他众多的信仰者和追随者牺牲。

前的复杂性，存在触发人类总危机的危险。正如雷·库兹韦尔（Ray Kurzweil）所言："我们的未来不是再经历进化，而是要经历爆炸。"

第一，21世纪超级大转型的特定背景。（1）生态环境改变。最大的威胁来自温室效应。这不是伪命题，不是危言耸听。全球的冰川正在加速消融。2022年3月，南北两极已经发生异常升温的情况。[①] 地球气候变化问题，很可能已经严重到不知还能够支持人类在这个星球上生存多久的境地。（2）人口膨胀。历史上发生大转型的时期，全人类不过几千万、几亿人，20亿到30多亿人，现在达到80亿人，之后将是100亿。地球很可能无法承受100亿人口之重。（3）全球经济体量巨大。地球资源不足以支撑现在世界经济体量的中高速增长。（4）全方位分裂。包括从思想到各类文明的分裂、严重的贫富差别加剧的经济和社会分裂。如果用地质学语言描述：支撑当代社会运行的各种板块，呈现剧烈碰撞，甚至拉裂和断裂状态。（5）人本身的改变。基因革命、基因编辑的现实和潜在的影响。还有这次新冠肺炎病毒对人类的影响并没有完全显现，有待样本和时间提供更多的证据。

第二，21世纪超级大转型的特征。它根源于20世纪，有以下几个表现。（1）科学先导。科学突破先于大转型的其他部分出现，例如，信息论、控制论和系统论的出现。（2）技术主导。从1936年发明"图灵机"开始，以计算机革命和互联网革命的叠加效应，构成大转型的核心推动力，开启了不可逆转的数字化转型。（3）全域性。波及、影响和改变人类社会的所有领域，从思想、文化，到经济、政治和国际关系。（4）全球化。几乎席卷了世界不同发展水平的所有国家和地区。（5）星际化。人类走向星际探索，从1957年发射第一颗卫星、1969年人类第一次登

[①] 新华社.南北两极地区出现极端高温天气［EB/OL］.（2022-03-21）［2022-04-02］.https://m.gmw.cn/baijia/2022-03-21/1302856082.html.

月、1981年第一架航天飞机,一直到2021年发射的詹姆斯·韦伯太空望远镜。① 星际革命和星际化成为这次转型中最引人注目的变量。马斯克（Elon Musk,1971—）是星际主义的倡导者和实践者。

第三,21世纪超级大转型和危机常态化高度重叠。历史上的大转型都以各种危机为背景和影响因素。甚至可以说,危机是大转型的关键变量。但是,这个世界从来没有像现在这样——大转型和危机发生高度重合。现在,危机常态化和高频率化。"危机"概念已经在人们的话语交流中不可缺失,否则不足以表达对事情的认知和理解,诸如能源危机、金融危机、失业危机、病毒危机、地缘政治危机,不一而足。从2000年的IT和纳斯达克危机、2001年的"9·11"恐怖主义危机,到2008年全球金融危机,以及不同地区的动荡和战争引发的难民危机,危机规模越来越大,复杂化程度加剧,离每个人的生活越来越近。

第四,面对21世纪超级大转型的选择困境。现在的超级大转型和复杂化危机,已经不是牛顿式的简单机械状态,而是动态的多维度状态。大转型过程中的坐标系不断改变,人们甚至不知道这个世界真正的坐标系在哪里。更为严重的是,科技正在加速逼近"奇异点"。仅仅描述这样的超级转型已经十分困难,如何实现其数量化和模型化,将挑战人类的智慧和技术手段。所以,需要突破传统的思想、理论和模式。例如,信息结构的复杂化、网络博弈的兴起,以及机器学习的广泛应用,导致"博弈论"的思想方法已经过时。

第五,超级大转型的两种选择模式。超级大转型,一方面,正在加速日益融合的技术和日益量化的社会的形成；另一方面,全方位的危机还在积聚,如果任其发展,人类将面对失序、分裂、崩溃。于是人类产

---

① 1977年发出的"旅行者1号",至2019年11月,据称已经飞离太阳系,距离地球超过221.14亿千米,大约20.4光时。

生了两种选择模式。第一种是马斯克的星际移民模式，或者称为"星际资本主义模式"。这个模式的核心理念是基于地球和人类危机加剧的不可逆转，实现少数人类的外星球移民，它依赖于资本、技术与公司结合。第二种是元宇宙（Metaverse）模式，即通过非中心化自组织分布式的合作，构建虚拟现实世界，实现挽救人类危机和地球的各种实验，最终重构一个现实和虚拟互补的新世界。

元宇宙是大设计和大实验的载体

现在所面临的超级大转型，是人类历史上从未有过的集合思想、科技和财富的系统工程，如同建立21世纪的金字塔。

第一，超级大转型需要大设计。史蒂芬·霍金（Stephen Hawking，1942—2018）继《时间简史》之后的著作《大设计》，在第五章引言部分引用了爱因斯坦（Albert Einstein，1879—1955）的一句话，很有哲学意味："宇宙最不可理解之处是它是可理解的。"人类需要在理解这个超级大转型的基础上，开始霍金所说的大设计。这个大设计需要集结人类在数学、物理、科技和工程上的智慧，还有所有艺术领域的成就。现在关于超级转型的思考，关于元宇宙的构想，需要有多维宇宙和空间的思维能力。拓扑理论和M理论具有极大的启发性。[①] 其中，M理论"是宇宙的完毕理论的仅有候选者""是爱因斯坦所希望找到的统一理论"。[②]

第二，大设计需要大实验。迄今为止，人类的各种具有转型意义的试验，都以人类本身作为试验对象，以地球作为试验场所。现在，这样的模式已经难以为继。因为，人类已经无法承受试错成本和后果，地球

---

① 根据M理论，宇宙包括至少11个维度。
② 史蒂芬·霍金，列纳德·蒙洛迪诺.大设计[M].吴忠超，译.长沙：湖南科学技术出版社，2011.

从来没有像今天这样脆弱。人类在现实世界中无法解决的问题，需要到一个新的世界去试验，元宇宙就是这种超级试验的场所、载体和平台。或者说，元宇宙是超级转型和大设计的实验室，在已经成熟的技术支持下可以实现：（1）融合形而上和形而下、超世代的试验。（2）关于现存所有科技大设备不足以实现的宏观世界和微观世界的试验，以及历史和物理世界假说的试验。（3）宇宙起源基因编辑试验和硅基生命的试验，还有传统碳基人类与各类数字及虚拟人的共处模式试验。未来元宇宙中的"人口结构"中，虚拟现实形态的人口数量将具有显著优势。（4）模拟地球各种毁灭性灾难的试验。（5）走向星际的未来诺亚方舟的试验。总之，人类之前从来没有这样的机会和可能性，可以以元宇宙的虚拟现实方式，完成人类可以想象到的必要和紧迫的试验。

第三，元宇宙大实验的社会意义。基于元宇宙的大实验，实现互联网 3.0、区块链 3.0、人工智能 3.0、工业 4.0 的结合，不仅可以给人类思考、观察和收获新型体验的机会，而且可以推动现实世界和虚拟现实世界的互动与移植。数字解放、数字自由和数字正义时代的来临，使每个人，包括被称为"数字时代无用阶级"的人获得机会和尊严。不仅如此，元宇宙大实验还将构建人类和人工智能生命体共同的伦理和价值体系。人类终究会超越现在的人类中心主义，加速后人类社会的历史进程。

结语

霍金说："但真正的奇迹也许在于，逻辑的抽象思考导致一个唯一的理论，它预言和描述了我们所看到的充满令人惊异的千姿百态的浩瀚宇宙。如果该理论被观测所证实，它就将是过去 3 000 多年来一场智力探索的成功终结。我们就可以说找到那个大设计了。"①

人类正处于这样的伟大时刻：大转型、大设计和大实验。元宇宙的出现正是时候（just in time），元宇宙的功能则是包容一切（all in），创造可持续增长的新模式，这些都是元宇宙的魅力所在。《易经》的"元亨利贞"触及元宇宙之真谛，可以概括宇宙间的春夏秋冬、东南西北、上下左右，往来循环，无穷无尽。在元宇宙的"贞下起元"时刻，我们不仅要呼唤理性主义、科学主义、人文主义，还要呼唤似乎已经久远的激情和浪漫。因为，科学不仅需要理性，也需要浪漫与激情。元宇宙会为技术乌托邦主义注入全新的生命力。

朱嘉明于北京
2022 年 4 月 2 日

---

① 史蒂芬·霍金，列纳德·蒙洛迪诺. 大设计 [M]. 吴忠超，译. 长沙：湖南科学技术出版社，2011.

目 录

绪论　元宇宙与后人类社会

第一章　历史起源：元宇宙是创造还是再发现

> 因为数字技术的集群性突破，元宇宙完成了从前生到今世的突变，推动了人文、科技和自然之间界面的重构。

风口上的元宇宙　/ 029

元宇宙：到底是创造，还是再发现　/ 040

元宇宙：从理想、文学艺术到技术构建的历史演变　/ 043

重构科技人文之变时代的界面　/ 062

第二章　元宇宙的科学基因

> 元宇宙与生俱来的科学基因，与不断加剧的科技革命，以及没有休止符的人类想象力相结合，形成了元宇宙内生和外生的混合动力。

元宇宙的深层科学原理　/ 069

元宇宙、数学宇宙和代码宇宙　/ 092

进入历史新阶段的全球科技革命　/ 107

虚拟现实的形而上学意义　/ 123

马斯克现象和科幻文学　/ 128

第三章　数字经济是元宇宙的坚实基础

> 元宇宙是数字经济成长的载体，数字经济是实现元宇宙价值的主体。

数字经济的系统结构　/ 151

数字经济正处于"裂变"与"聚变"的加速期　/ 170

算力革命、算力产业与算力经济　/ 180

数字经济新起点与经济 - 科技规律体系的构成　/ 192

第四章　元宇宙促进产业转型升级

> 元宇宙将改变传统资本、产业和基础设施的存在模式，造就超越工业 4.0 的产业革命。

产业资本·金融资本·科技资本　/ 205

产业周期、金融周期、科技周期的错位和失衡　/ 220

人工智能 3.0、互联网 3.0 与区块链 3.0 融合趋势　/ 228

元宇宙：创意、思想、意识协作的下一代网络　/ 238

构建工业元宇宙·推动产业升级　/ 244

元宇宙：科技革命和教育革命　/ 256

第五章　元宇宙艺术的发展前景

> 元宇宙已经开启了基于科技支持的虚拟美学、虚拟艺术和虚拟文化的历史进程。

非同质时代：NFT，虚拟需求和虚拟供给　/ 265

元宇宙·设计革命·美术革命　/ 271

元宇宙视角下的艺术、媒体和时尚产业　/ 280

元宇宙电影的前途和希望　/ 290

目 录

第六章　元宇宙需要同步制度建设

> 元宇宙需要设计具有共享和公正特征的制度、法律和治理规则，实现社会收益和社会成本的可持续平衡。

元宇宙探索呼唤理性　/ 313

数字化时代的垄断和贫富差别的新形态　/ 318

元宇宙的商业前景、技术路径和治理规则　/ 349

DAO：数字经济时代的管理模式创新　/ 359

法律资源与制度如何应对数字化转型的挑战　/ 373

元宇宙・制度设计・公共选择　/ 394

第七章　元宇宙时代的人类未来

> 元宇宙未来将与后人类社会形成互动关系，并成为后人类社会的家园。Y 世代、Z 世代和 Alpha 世代将是元宇宙和后人类社会的承前启后的开拓者。

后人类时代的到来　/ 413

现在：重新定义人类生命　/ 422

数字时代：复杂性和危机的关系　/ 428

正在形成的"量子霸权"及其挑战　/ 432

元宇宙重塑全球化：从 WTO 到"WTB"　/ 444

碳中和的实现：没有负熵，就没有元宇宙　/ 456

从现在到 21 世纪中叶，决定于 Y 世代、Z 世代和 Alpha 世代　/ 469

附录一　/ 475

附录二　/ 493

后　记　/ 499

索　引　/ 503

Table of Contents

Introduction
Metaverse and Post-Human Society / 003

Chapter One
Is Metaverse Creation or Rediscovery?

> Due to clusterised breakthroughs in digital technology, metaverse has mutated from the past to the present, aiding the restructuring of interfaces among humanities, technology, and Nature.

Metaverse as an Investment Hotspot / 029
Metaverse: Is it Creation or Rediscovery? / 040
Metaverse: Historical Evolution from Ideals, Literature and Art to Technological Construction / 043
Restructuring Interfaces in the Age of Transitions in Technology and Humanities / 062

Chapter Two
Metaverse: A Gene from Science

> The scientific gene inherent in metaverse, and the technology revolution with increasing intensity, combined with unrestrained human imagination, make the endogenous and exogenous hybrid momentums for metaverse.

The Scientific Principles of Metaverse in Depth / 069

Metaverse, Matheverse, and Codeverse   / 092

The Global Technological Revolution in a Historical New Era   / 107

A Metaphysical Interpretation of Virtual Reality   / 123

Muskism and Science Fiction   / 128

Chapter Three
Metaverse and Digital Economy

> Metaverse is the vehicle for digital economy growth; digital economy is the body to realise the value of metaverse.

The Systemic Structure of Digital Economy   / 151

Digital Economy at the Moment of Acceleration of Fission and Fusion   / 170

Computing Power: Revolution, Industry, and Economy   / 180

A New Starting Point for Digital Economy, and the Constitution of a Techno-Economical Pattern System   / 192

Chapter Four
Metaverse Aids Industrial Transformation and Upgrading

> Metaverse will change the mode of existence for traditional capital, industries, and infrastructure, making an industrial revolution beyond Industry 4.0.

Industrial Capital·Financial Capital·Technological Capital   / 205

Misplacement and Disbalance of Industrial Cycles, Financial Cycles, and Technological Cycles   / 220

Convergence: Artificial Intelligence 3.0, Web 3.0, and Blockchain 3.0   / 228

Metaverse: The Next Generation Network for Innovation, Thoughts, and Consciousness   / 238

Constructing Industrial Metaverse·Pushing for Industrial Upgrading   / 244

Metaverse: A Technological and Educational Revolution   / 256

Chapter Five
A Vision for Metaversal Art

> Metaverse has flung open the historical process for technology based virtual aesthetics, virtual art, and virtual culture.

The Age of Non-Fungibility: NFTs, Virtual Demand, and Virtual Supply / 265

Metaverse·Revolution of Art·Revolution of Design / 271

Art, Media, and Fashion Industries from a Metaverse Perspective / 280

The Future and Hope for Metaverse Films / 290

Chapter Six
Metaverse Demands Simultaneous Institution Building

> Metaverse demands a set of institutions, laws, and rules of governance featuring sharing and justice, to sustain a balance between social benefits and social costs.

Metaverse Calls for Rationality / 313

Monopolies in the Digital Age and a New Form of Wealth Inequality / 318

The Commercial Prospects, Technological Pathways, and Rules of Governance for Metaverse / 349

DAO: Innovation on the Mode of Management in the Era of Digital Economy / 359

How Legal Resources and Institutions Will Cope with Challenges from Digital Transformation / 373

Metaverse·Institutional Design·Public Choice / 394

Chapter Seven
The Human Future in the Era of Metaverse

> In the future, metaverse will form a dynamic relationship with the post-human society, and be a home for the latter. Generations Y, Z, and Alpha are pioneers in the transitional period.

The Arrival of a Post-Human Era / 413

Now: Redefining Human Life   / 422

The Digital Age: Between Complexity and Crises   / 428

Quantum Supremacy in the Making and Its Challenges   / 432

Metaverse Reshapes Globalisation: From WTO to WTB   / 444

Carbon Neurality's Realisation: No Negative Entropy, No Metaverse   / 456

From Now to Mid-21st Century Is Depended upon Generations Y, Z, and Alpha   / 469

Appendix I   / 475
Appendix II   / 493
Afterword   / 499
Index   / 503

绪 论
元宇宙与后人类社会[*]

---

* 本文根据作者于 2021 年 6 月 2 日在"波浪 2021·区块链行业影响力峰会"、2021 年 11 月 10 日在"数链前沿沙龙第一期"活动上的会议发言记录修订。

赛博化只是在技术上对自然人的固有局限性进行补偿的过程。

——詹姆斯·斯科特

2021年在人类编年史上具有独特的位置，这是因为元宇宙作为一种概念和试验席卷了全球，迅速形成了元宇宙大爆炸的态势。进入2022年，元宇宙作为观念、文学、技术、经济和艺术的集合体，不但没有任何衰减的趋势，反而积聚了更大的能量，继续在社会各个领域扩散。在新冠肺炎疫情的背景下，元宇宙已经构成了独特的历史事件、科技事件和经济事件，也构成了独特的"社会运动"。如果说元宇宙有一面旗帜，上面写着"all in"是最恰当不过的，因为元宇宙具有吸纳和改变现实社会的张力。可以预见，即使元宇宙的狂飙时期过去，元宇宙对推动世界文明转型、构建虚拟现实世界的深远影响，也堪比文艺复兴运动。

在中文世界，Metaverse被翻译为"元宇宙"已是约定俗成，"元"字是天地万物的本源，具有"根本"的意思，而"宇宙"是空间极限的概念。元宇宙被赋予了中文的认知内涵，强化了其冲击力。

元宇宙历史30年

如果以为元宇宙的历史起始于2021年，甚至以为2021年是元宇宙"元年"，那就有失偏颇。元宇宙的历史至少已经有30年。元宇宙概念源于 30 年前，即 1992 年尼尔·斯蒂芬森（Neal Stephenson，1959—）的科幻小说《雪崩》（*Snow Crash*）。

在自然界，雪崩时雪体自山体高处到低处高速度崩塌，崩塌速度可以高达每秒数十米，引起山体滑坡、山崩和泥石流，摧毁森林，堵截河流，掩埋房舍和车辆，中断交通和通信，甚至伤及生命。雪崩的本质是雪山地表冰雪的一种迁移，如同地震、火山和海啸，属于具有极大破坏性的自然现象。

在尼尔·斯蒂芬森的《雪崩》中，"雪崩"是指一种网络病毒。《雪崩》设定在 21 世纪某个时期的美国，政府已经垮台，社会彻底公司化，"雪崩"病毒不仅可以在未来世界的网络上传播，还能在现实生活中扩散，造成如同自然界雪崩一样的系统性崩溃。在这样的背景下，主人公 Hiro 成为制服"雪崩"病毒的英雄。

《雪崩》洋洋洒洒，数百页之多，其之所以不朽并不是因为故事情节，而是其创造了"元宇宙"，塑造了超现实感的世界。① 所谓的"虚拟实境"，不再是以往想象中扁平的互联网，而是和社会高度联系的三维数字空间，与现实世界平行，在现实世界中地理位置彼此隔绝的人们可以通过各自的"化身"进行链接。《雪崩》实现了赛博朋克世界、复杂语言学理论和后现代主义的结合，展现脱胎于现实世界的一代互联网人对两个平行世界的感知和认识。现实世界中的人们可以打破时空界限，以数字化身（avatar）的形式在其中生活，且永不下线。斯蒂芬森在整整 30 年前，不仅创造出超现实的"虚拟实境"，而且赋予"元宇宙"的概念，

---

① 在《雪崩》第 38 章结尾是这样几行字，颇为近似古龙小说的文字风格："起初，屏幕上空无一物，终于，四个屏幕上突然同时出现了一模一样的画面。画面上有几行字：如果这是病毒／现在你已经死了／幸亏这不是／元宇宙是危险之地／请致电弘主角保安公司／免费提供首次咨询服务。"《雪崩》，574–575 页。

实在是了不起。

于是，产生了三个基本问题：第一，为什么是斯蒂芬森？1992年，斯蒂芬森33岁，他不仅接受过历史学、人类学、语言学、考古学、宗教学、政治学、哲学、物理学和地理学等学科的充分训练，而且做过计算机的编程员，广泛深入地了解了电脑网络和黑客生活。斯蒂芬森属于典型的第一代IT人和互联网人。第二，为什么《雪崩》构成了巨大影响？《雪崩》面世后，刺激了"赛博朋克"（cyberpunk）的产生，引发了赛博朋克阅读风潮。《雪崩》入选了亚马逊网上书店选出的"20世纪最好的20本科幻和奇幻小说"和《商业2.0》杂志推出的"每位CEO必读的伟大书籍"。为什么？《雪崩》中亦幻亦真的世界、赛博空间、后现代风格、冒险情节、黑色幽默固然都是重要原因，但更为重要的是，《雪崩》构筑的元宇宙世界引起了那个时代互联网人群的共鸣。第三，为什么是1992年？人们公认，1991年前后是互联网发展史的重要时间节点。阿帕网（ARPANET）停止运营。[①] 蒂姆·伯纳斯-李（Tim Berners-Lee, 1955—）开发出超文本服务器程序代码，并使之适用于因特网，创建了万维网（WWW），第一个WWW服务器（CERNHTTPd）、第一个网站和第一个网址[②]诞生。之后，IT和互联网革命的进展加速，超级文本标识语言（HTML）、传输协议（HTTP）和统一资源定位（URL）等基础技术获得突破，C语言开发了一套简化的Unix操作系统。1992年，国

---

① "阿帕"（ARPA），是美国高级研究计划署（Advanced Research Project Agency）的简称。它的核心机构之一是信息处理（IPTO, Information Processing Techniques Office），一直在关注电脑图形、网络通信、超级计算机等研究课题。

② 参见：http://info.cern.ch/hypertext/WWW/TheProject.html. 上网时间2022年4月20日，全书下同。

际互联网协会（ISOC）正式成立。① 欧洲网络协调中心（NCC）建立，向欧洲的 Internet 用户提供地址注册和协调服务。"网络冲浪"（surfing the net）得以流传。世界银行开始提供在线服务。正是 1992 年，中国因为邓小平的"南方谈话"，经济改革进入新的阶段。在日本神户举行的 INET'92 年会上，中国第一次正式提出连入 Internet 的问题。无论如何，1992 年前后是互联网历史上一个光彩夺目的历史时点。②

所以，《雪崩》不是传统意义的科幻小说，而是全面开启互联网时代的"启示录"。只是不论是作者，还是书评者，都没有预见到在 30 年之后，支撑此书的"元宇宙"概念，不仅让这本书高调重新回到人们的视野，而且开启了互联网 3.0 的新时代。一本科幻小说，影响甚至改变历史，史无前例。

2021 年：元宇宙大爆炸年

2021 年是元宇宙大爆炸年。标志性事件就是 2021 年 3 月 10 日，沙盒游戏平台罗布乐思（Roblox）作为第一个将"元宇宙"概念写进招股书的公司，成功登陆纽交所，上市首日市值突破 400 亿美元，引爆了科技和资本圈。这之后，关于"元宇宙"的文章迅速充斥各类媒体，"元宇宙"概念全面进入大众视野，引发思想界、科技界、资本界、企业界、文化界和媒体界，甚至政府部门的关注。仅仅"元宇宙"的概念，就足以刺激人们的想象空间和冲动体验，推动人们的想象和探索，"元宇宙"

---

① ISOC 的构想在推动互联网全球化、加快网络互联技术、应用软件发展、提高互联网普及率等方面发挥重要的作用。ISOC 作为一个非政府、非营利的行业性国际组织，迄今已拥有来自全世界各地的 100 多个组织成员和 20 000 名个人成员，并负责互联网工程任务组（IETF）、互联网结构委员会（IAB）等组织的组织与协调工作。
② 1989 年，柏林墙被推倒。1990 年，苏联解体，冷战正式结束。1992 年，发生了对地缘政治有深远影响的南斯拉夫解体和捷克斯洛伐克解体。

的内涵迅速超越《雪崩》所认知的范围，在元宇宙概念本身并没有定论的情况下，形成了观念走在实践前面的独特的"元宇宙"现象。

现在，关于元宇宙的定义众说纷纭。但是，还是存在最大公约数："元宇宙"不仅平行于现实世界，而且是独立于现实世界的虚拟空间，是映射现实世界的在线虚拟世界，甚至是越来越真实的数字虚拟世界。维基百科关于"元宇宙"的特征概括基本没有争议：通过虚拟增强的物理现实，呈现收敛性和物理持久性特征的，基于未来互联网的，具有链接感知和共享特征的3D虚拟空间。

在元宇宙大爆炸过程中，越来越多的民众相信，"元宇宙"可以提供持续分享的虚拟的公共空间，它具有八个不同特点：身份、朋友、沉浸感、低延迟、多元化、随地、经济系统和文明。[①] 在其中可以完成现实世界的几乎所有事情，包括上学、娱乐、社交，购买自己喜欢品牌的商品，看自己偶像的直播演唱会，甚至在虚拟的工作中赚钱并转化为现实货币。不仅如此，"虚拟世界联结而成的元宇宙"已经成为数字经济创新和产业链拓展的新疆域，以及具有宏大而前景广阔的投资主题。甚至，"元宇宙"被赋予为人类社会实现最终数字化转型提供新路径，并与"后人类社会"发生全方位的交集的意义。甚至，元宇宙展现了一个可以与大航海时代、工业革命时代、宇航时代媲美的新时代。

事实上，"元宇宙"作为一个具有科技和人文元素的系统，并非一次性创造的新事物，而是一次再发现（rediscovery），是对已经存在的东西赋予它新的理解，在新的理解过程中，再注入更多的新元素。例如，与元宇宙不可分割的数字孪生是2002年的事情，比特币代表的数字货币和

---

① VentureBeat. "Roblox CEO Dave Baszucki Believes Users Will Create the Metaverse".（2021–01–27）[2022–04–02］. https://venturebeat.com/2021/01/27/roblox-ceo-dave-baszucki-believes-users-will-create-the-metaverse/.

区块链是 2008 年的事情，以太坊是 2015 年的事情，游戏"头号玩家"是 2011 年的事情，NFT 是 2012 年的事情，稳定币应该是 2018 年的事，"DAO"（decentralized autonomous organization，非中心化自治组织）是 2015 年的事情，DAO 的理念被大家所接受是 2016 年的事情。所以，元宇宙是由一个一个板块慢慢聚集起来的一个历史过程。

打一个比方，历史上有很多伟大建筑，例如巴塞罗那的教堂，建了数百年之久，直到最终拆除脚手架，才可以看清全貌。元宇宙也是一个复杂建筑，已经建了数年，甚至数十年。2021 年，元宇宙的"脚手架"得以拆除，人们最终看到了这个建筑的样子，突然惊呼"哇，这个建筑很宏伟"。但是，这个元宇宙建筑的内部并没有开放，人们仍期待着可以深入了解。这是人们现在对元宇宙的一种真实感触。

"元宇宙"的"群聚效应"

如何解读 2021 年"元宇宙"所呈现的爆发力？需要引进"群聚效应"（critical mass）概念。所谓"群聚效应"是用于描述"在一个社会系统里，某件事情的存在已达至一个足够的动量，使它能够自我维持，并为往后的成长提供动力"。"元宇宙"是一种典型的"群聚效应"的显现，非常近似 1995 年互联网所经历的"群聚效应"。造成元宇宙"群聚效应"的因素包括：

第一，科技资本和科技金融。互联网经历了近 30 年的发展，由疯狂渐趋平稳。期间所形成的科技资本，都在期待着新的数字革命的到来。元宇宙的概念和潜力，足以吸引科技资本和科技金融的进入，引爆点就是网络游戏领域。2006 年，Roblox 公司发布同时兼容了虚拟世界、休闲游戏和用户自建内容的游戏 *Roblox*；2009 年，瑞典 Mojang Studios 开发了《我的世界》（*Minecraft*）游戏；2018 年，史蒂文·斯皮尔伯格

（Steven Spielberg，1946— ）拍摄了《头号玩家》；2019 年，Facebook 公司（后于 2021 年 10 月更名为 Meta）宣布 Facebook Horizon 成为社交 VR 世界；2020 年，Decentraland 以以太坊为平台，支持用户拥有和运营虚拟资产。其中，Roblox 是网络游戏先驱者和领头人，实现了 UGC 平台＋云游戏的完美结合，获得腾讯、淡马锡和"女版巴菲特"凯瑟琳·伍德（Cathie Wood，1955— ）等投资，运营着全球最大多人在线创作游戏平台，拥有来自 180 多个国家的 1 亿月活用户，成为"元宇宙"引领者。[①] 所有这些进展和突破，都有科技资本和科技金融的参与。

第二，科技力量。技术的发展，互联网是最重要的。30 年来相关的互联网技术，包括像虚拟现实技术的发展，成了一个极为重要的历史性前提。如果没有互联网，没有相关硬核技术的发展，元宇宙就无从谈起。"元宇宙"依赖的是技术集群，是硬核技术和软件技术的集合：包括了信息技术（5G/6G）、互联网技术（Web 3.0）、人工智能技术、区块链技术、数字孪生技术，以及游戏引擎和包括 VR、AR、MR、ER、XR 在内的虚拟现实技术，进而形成内容系统、显示系统、操作系统，展现为超越屏幕限制的 3D 界面，最终展现继 PC 时代、移动时代之后的，与传统物理世界平行的全息数字世界。例如，2021 年，因为虚拟现实的想象空间扩展，导致现实穿戴设备制造商的 VR 产品销量持续超预期。此外，因为"元宇宙"的深化与拓展，推动信息科学、量子科学、数学和生命科学的互动，引发传统哲学、社会学，甚至人文科学体系的革新，形成广义科学范式革命。

第三，产业效应。2021 年，"元宇宙"的理念迅速向不同产业扩散。除了游戏产业是元宇宙的天然领地之外，元宇宙还进入了加工、能源、

[①] "元宇宙"加速从概念走向现实、科技巨头争相入局引爆行业。http://t.10jqka.com.cn/pid_156195110.shtml.

社交互联网、旅游业、教育和文创、艺术和影视、奢侈品等行业。进而我们可以认为，元宇宙正在催生一系列新的产业部门，形成连接微纳加工、高端制造、高精度地图、光学制造、微显示和芯片制造，以及相关的软件产业的产业链。此外，元宇宙的运行需要充分的能源供给。率先进军元宇宙的企业包括 Meta、Unity、英伟达、微软、苹果、腾讯、字节跳动、百度、阿里巴巴。巨额的资源投入，推动了元宇宙领域的爆发式增长。此外，诸如耐克、阿迪达斯和百事可乐都创造了包括 NFT 和元宇宙元素的产品。

第四，人文领域的加持。元宇宙向人类展现出构建与传统物理世界平行的全息数字世界的可能性。一个永远存在的、无延迟的虚拟宇宙空间，为现代人类社会实现最终数字化转型提供了新的路径，并与"后人类社会"发生全方位的交集。与元宇宙不可分割的科幻小说，造就了今天西方社会的 IT 产业和元宇宙的一代人。

第五，疫情环境。从较长的历史趋势看，世界必将走向数字化。新冠肺炎疫情是这些潜在趋势的巨大催化剂。自 2020 年新冠肺炎疫情全球蔓延和常态化，导致全球化和城市化的全方位受挫，世界各地都不得不采用停工、停产、停学、停试等"隔离"手段来遏制病毒入侵及扩散。一个流动的世界被割裂、被静止，学校、博物馆、餐饮和娱乐场所、体育空间，大面积和长时间被关闭，人类不得不接受"封国""封城""断航"与"蛰居"的现实。人们改变以往的聚集、社交、教育、工作、娱乐、休闲和消费方式，自然会影响传统的家庭模式。人们不得不将更多的时间和精力，甚至金钱投入"线上"，参与"线上"的社交和虚拟经济。远程工作的可行性，改变了人们以前对生活和工作环境的认知，加速了"元宇宙"的骤然爆发，触发了人们对"元宇宙"的期待。其间，虚拟演唱会、虚拟教育、虚拟学术活动、虚拟金融等获得了长足的发展。

全方位虚拟化"元宇宙"资产和财富模式正在形成。2021年,"元宇宙"拓荒者的集结号吹响。

元宇宙属于源远流长的文明

人类的文明史有多久,人类探讨宇宙的历史就有多久。公元前450年,古希腊哲人留基伯(Leucippus,约公元前500—约公元前440)从米利都前往一个叫阿夫季拉的地方,撰写了一本著作——《宇宙学》(*The Great Cosmology*)。之后,他的弟子德谟克利特(Democritus,约公元前460—约公元前370)又写了《宇宙小系统》(*Little Cosmology*)一书。正是他们师生二人,构建了古典原子论和宇宙学。当人类将自己的价值观念、人文思想、技术工具、经济模式和"宇宙"认知结合在一起的时候,被赋予特定理念的"宇宙"就成为"元宇宙"。在这样的意义上,"元宇宙"经历了三个基本历史阶段。

第一阶段:以文学、艺术、宗教为载体的古典形态的"元宇宙"。在这个历史阶段,西方世界的《圣经》、但丁·阿利吉耶里(Dante Alighieri,1265—1321)的《神曲》,甚至列奥纳多·达·芬奇(Leonardo da Vinci,1452—1519)的《蒙娜丽莎》、约翰·塞巴斯蒂安·巴赫(Johann Sebastian Bach,1685—1750)的宗教音乐,都属于"元宇宙"。其中,但丁的《神曲》包含了对人类历经坎坷的"灵魂寓所"——一个闭环式的至善宇宙的想象。在中国,"元宇宙"的历史更为幽远。《易经》《河洛图》《西游记》《红楼梦》都属于具有东方特色的"元宇宙"代表作品。

第二阶段:乌托邦主义形态"元宇宙"。这个阶段自16世纪至19世纪,跨越了四个世纪。代表性的思想体现在英国托马斯·莫尔(Saint Thomas More,1478—1535)1516年出版的《乌托邦》、意大利托马索·康帕内拉（Tommaso Campanella，1568—1639）1623年出版的《太阳城》和德国约翰内斯·瓦伦丁努斯·安德雷（Johann Valentin Andreae，1586—1654）1619年出版的《基督城》中。这三本书虽然存在题材和内涵的差别，但仍然是16至17世纪早期不可分割、交相呼应的"乌托邦三部曲"。

第三阶段：科幻文学形态的"元宇宙"。从玛丽·雪莱（Mary Shelley，1797—1851，是英国浪漫派诗人珀西-比希·雪莱的妻子，所以人们习惯称她为"雪莱夫人"）的《弗兰肯斯坦》（*Frankenstein*）到艾萨克·阿西莫夫（Isaac Asimov，1920—1992）的《我，机器人》（*I, Robot*），再到《黑客帝国》（*The Matrix*）。其中雪莱夫人于1818年完成的《弗兰肯斯坦》，被公认为世界第一部科幻小说，触及了今天所讨论的元宇宙的伦理问题。

第四阶段：科幻影视形态的"元宇宙"。科幻电影通过影视技术，向观众提供视觉和听觉形式的科幻文学，是科幻文学和视觉艺术、科幻文学家和电影艺术模式再创造的结合，更直觉地展现科幻文学的人物和氛围。J. K. 罗琳在2000年前后所创作的《哈利·波特》、1996年通过虚拟现实建模语言（VRML）构建的游戏 *Cybertown*、1999年全球上映的影片《黑客帝国》，都属于新古典"元宇宙"的重要里程碑。

第五阶段：电子游戏形态的"元宇宙"。电子游戏包括了计算机单机游戏和网络游戏两个基本类型。电子游戏的初始时间可以追溯到1947年。1947年1月，小汤玛斯·戈德史密斯（Thomas Toliver Goldsmith Jr, 1910—2009）和艾斯托·雷·曼（Estle Ray Mann）设计了用八根真空管（电子管）模拟飞弹对目标发射。电子游戏的核心特征就是与生俱来的"科技"基因、计算机和人工智能。2000年后，高度智能化形态的"非中心化"游戏成为主流。2003年的《第二人生》（*Second Life*），2006年的《罗布乐思》（*Roblox*），2009年的《我的世界》（*Minecraft*），都是具有"元宇宙"元素的电子游戏。

"元宇宙"源于游戏，超越游戏。一方面，游戏为"元宇宙"提供了日趋成熟的基础设施；另一方面，游戏与真实的边界开始走向消融，规则由社区群众自主决定，创建者仅仅是最早的玩家，而不是所有者。Roblox CEO 大卫·巴苏奇（David Baszucki，1963— ）提出，"元宇宙"的基本特征是：身份、朋友、沉浸感、低延迟、多元化、随地、经济系统和文明。Beamable 公司创始人乔恩·拉多夫（Jon Radoff，1972— ）提出，"元宇宙"构造的七个层面：体验（experience）、发现（discovery）、创作者经济（creator economy）、空间计算（spatial computing）、去中心化（decentralization）、人机互动（human-computer interaction）、基础设施（infrastructure）。可以预见，元宇宙正在为民众提供一种前所未有的创造、社交、娱乐、交易和体验的平台和空间。这是农耕社会和传统工业社会所不能想象的。

元宇宙的数学和物理科学视角

元宇宙具有"具象"和"抽象"的两重性。所以，要理解元宇宙的深层结构，需要通过科学和数学视角，认知元宇宙的抽象层面。

第一，数学。数学是解析元宇宙抽象层面最基本的路径。在广袤的数学领域，抽象代数很可能是研究元宇宙的最直接的数学工具。抽象代数基于"群、环、域"概念，通过研究确定一个对象集合的性质以理解与解决另一个对象集合中的复杂关系问题，寻找可能存在于它们之间的某种集合元素对应变换的等价性，符合"第一同构群定理"，现实世界与虚拟世界之间存在对称和映射关系。如果 R 是现实世界的客体元素集合，R' 是虚拟世界或元宇宙中的虚拟元素集合，则 R' 是对现实世界 R 的缩小或压缩，即虚拟世界 $R' <$ 现实世界 R。所谓的"元宇宙"则是现实世界 R

加虚拟世界 R' 之和。简言之，抽象代数所建立的同态映像与同构模型，有助于理解"元宇宙"。

此外，还有一个被称为"自然转型"（natural transformation）的理论，属于"范畴理论"（category theory）分支，描述两个数学结构如何存在映射关系，也有助于我们从抽象数学层次理解"元宇宙"形成的深刻原理。

第二，量子力学。量子力学有助于对"元宇宙"的抽象性理解。因为在可以观测的宇宙，其大部分组成来自占 26.8% 的暗物质和占 68.3% 的暗能量。不仅如此，物质 99% 的空间都是空的。唯有量子、粒子作为一个零维的点，可以穿过坚不可摧的墙，同时存在于两个地方。当环境发生变化时，量子可以改变自身的状态。可见，量子力学与全息宇宙的理论存在极大的重合性。

第三，物理学的弦理论（String Theory）、超弦理论和 M 理论。弦理论是一个未被证实的，却已产生很大影响的理论物理的分支学科。弦理论的基本观点是宇宙的基本单元不是电子、光子、中微子和夸克类的粒子，而是更小的线状"弦"。因为弦的振动和运动，组成一切的基本粒子才会出现，实现能量与物质转化。小至微观粒子，大至宇宙星际，都由这些占有二维空间的"能量弦线"组成。弦理论引发了多维推论。形成于 20 世纪 80 年代中期的超弦理论，彻底打破了人类只知道深度、高度、宽度和时间的有限维度，否定了宇宙的唯一性，证明了"多重宇宙"的存在以及时空中存在超对称现象。"超弦理论"的诞生过程被称为第一次革命。至于 M 理论，它提出宇宙可能是由多层膜构成的高维超空间，膜宇宙漂浮在一个更高维度的宇宙之中。

概括地说，在爱因斯坦那里，人类所处的时空是四维的，是三维空间加一维时间之和。超弦理论的提出连接了强力、弱力、电磁力以及引力等四种基本力的十维概念。在 M 理论的框架下，量子力学与广义相对论可以实现合并和重整化:前三维还是位置,存在于空间中;第四维是速率,存在于时间中;第五、六维是速率指向,存在于(速度)时间方向中;第七、八维是状态指向,存在于自身形状对应的空间方向中;第九维是状态转角,存在于自身形状对应的滚动中;第十维是自旋速率,存在于滚动时间中;第十一维增加了感知,是大融合的情况下的一个巨大单点。

第四,信息理论。在可知世界中,大量地存在、产生和传递着各种各样的信息。也就是说,信息是以物理和非物理存在的普遍形式。信息具有深藏的本质,超越了人类感知的三维空间,存在于四维空间。合理的推理是,三维空间中的信息只是四维空间中真实信息的影子。如果整个宇宙是三维空间加上信息构成的第四维空间模式,所有存在的信息,包括人的意识和记忆信息,都可以被编码并量化。

如果以上理论成立,可以推断出人们的意识和观念可以直接影响宇宙的维度。美国维克森林大学医学院的罗伯特·兰扎教授(Robert Lanza,1956—)指出:人们的意识创造了宇宙,而不是宇宙创造了人们的意识,时空是"意识工具"。没有意识,所有的物质都会处在一个不确定的状态下。不仅如此,时间不是真的存在,空间也只是人们感知事物的一个概念。任何关于时间和连续性的看法实际上都是一种错觉。经过信息论所诠释的"元宇宙",就是包括那些可以完美描述我们所有经历的一个又一个意识的"信息块"。在这样的意义上,"元宇宙"是全息的。

元宇宙主体

面对已经处于"大爆炸"阶段的元宇宙,我们不得不回答"谁是元宇宙的主体?"这个问题。大体而言,元宇宙"主体"需要经历至少三个基本演变阶段。

第一阶段（元宇宙早期），碳基人类作为元宇宙"主体"。真实世界中的人们通过数字映像的方式获得的虚拟身份，通过数字化，实现对传统人的生理存在、文化存在、心理和精神存在的虚拟化配置，进而成为元宇宙的第一代"虚拟原住民"。这些原住民具备现实人与虚拟人的双重身份，拥有自我学习的能力，可以在"元宇宙"中互动和交流。在现阶段，因为元宇宙，人类可以同时栖息在真实与虚拟世界中，导致人的神经感知延伸、意识扩展，进而推动人自身改造和进化。

进一步说，元宇宙未来不是大一统的，并非只有一个或者两个元宇宙。所以，现实人类需要参与 N 个元宇宙，自然就有 N 个身份。他们通过随时随地切换身份，不仅穿梭于真实和虚拟世界，而且穿梭于不同的虚拟世界之间，可以任意进入一个虚拟空间和时间节点所构成的"元宇宙"，在其中学习、工作、交友、购物、旅游。对于这样的经济系统、社会系统和社会生态，人们现在的想象力显然是不够的。

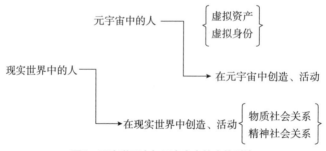

图1 现实世界中与元宇宙中的人的对比

第二阶段，元宇宙"主体"多元化和多样化。因为元宇宙的本质是"信息块"，那么，"信息视角下的生命"是什么？信息人、数字人、虚拟人的本质就是 digital human being，完全可以想象为一个信息组合。

若干年前上映的科幻电影《银翼杀手 2049》（*Blade Runner* 2049）展现了未来社会的"人类"构成：生物人、电子人、数字人、虚拟人、信息人，以及他们繁衍的拥有不同性格、技能、知识、经验等天赋的后代。

可以预见，元宇宙未来的"主体"只会比《银翼杀手2049》中未来社会的"人类"更为复杂，每个个体都不会只具有单一身份，而是具有更为复杂的身份，并在多样化的生物人、电子人、数字人、虚拟人、信息人的基础上，最终演变为有机体和无机体、人工智能和生物基因技术的结合，其生命也从有限生命发展为无限生命。

第三阶段，元宇宙和后人类社会的一体化。根据对元宇宙"主体"演变的推导，元宇宙和所谓的"后人类社会"的重合是必然趋势。因为"后人类社会"的形成过程，就是生命形态从"碳基生命"向"硅基生命"过渡的过程。其间自始至终会存在两种演变：其一，生物学的、信息论的、技术的演变，构建数据生命和数据人生；其二，伦理的、文化的和社会的演变，将生命活动转移到虚拟空间。有一种说法：未来，90%以上的人类活动——科研、艺术、教学、开发、设计，都会在元宇宙中进行。[①]

在过去的三四十年间，"后人类"问题已经引发一些学者的关注和研究。代表人物之一是美国后现代主义学者唐纳·哈拉维（Donna Haraway，1944—）。哈拉维发表的《赛博格宣言：20世纪80年代的科学、技术以及社会主义女性主义》(*A Manifesto for Cyborgs: Science, Technology, and Socialist Feminism in the 1980s*)，将后人类命名为"赛博格"，他们在未来世界将行走于生物体和机器之中，是虚拟和现实之间的新形态人类。代表人物之二是美国的未来学家雷·库兹韦尔（Ray Kurzweil，1948—）。库兹韦尔在1986年出版的《智能机器人的时代》(*The Age of Intelligent Machines*)中，将人类社会的进化概念分成了六个纪元。第一纪元：物

---

① 参考自吴啸《"元宇宙"——21世纪的出埃及记》。

理和化学；第二纪元：生物与 DNA；第三纪元：大脑；第四纪元：技术；第五纪元：智慧和技术的结合；第六纪元：宇宙的觉醒。在这个阶段，传统人类成为非生物人类，也就是半个机器人，升级成人类 3.0 版本，宇宙面临奇点的最终命运。代表人物之三，是美国社会学家弗朗西斯·福山（Francis Fukuyama, 1952—）。福山在他的著作《我们的后人类未来：生物技术革命的后果》（*Our Posthuman Future: Consequences of the Biotechnology Revolution*）中指出：现代生物技术生产的最大危险在于它有可能修改乃至改变人类的本性，"人性终将被生物技术掏空，从而把我们引入后人类的历史时代"。

对后人类而言，非物质生活、非物质工作成为后人类主要的生活和工作模式。而且，他们并不存在唯一的和终极的寓所的限制，他们活动的空间可以是现在的地球、虚拟元宇宙，也可以是太阳系、银河系，甚至可以同时生活在不同的物理和虚拟空间形态中。进一步分析，走向后人类社会的人类，存在两种根本性选择：其一，虚拟空间的选择，这是推动元宇宙的深刻动因；其二，进入更加遥远空间的选择，即马斯克主张的离开地球、走向星空的试验。现在人类处于极为关键的历史时刻，有一批人已经感觉和觉悟到了人类到了分叉的时候。毫无异议，这两种选择同时充满希望和难以预测风险的前景。

无论如何，后人类社会的所谓人类具有越来越多的身份，开始脱离现在关于生命和人类的定义，是碳基生命和硅基生命的混合。现在，向后人类社会的过渡已经开始，人类从来没有像今天这样发生实质性的分裂，这就是一个非常重大的历史场景。

值得注意的是，1990 年左右出生的"Y"世代人群，对即时通信、网游、云计算具有天然的接受能力，更在意生活体验，属于同时生活在现实世界和虚拟世界的第一代，带动了"YOLO（You Only Live Once）

文化"的兴起。2010 年之后的"Alpha 世代",则是人类历史上与生俱来与尖端科技互动,并将科学技术进步完全融入自己生活的第一代人,将是参与元宇宙的构建、推动元宇宙向更高阶的维度发展的主力军。

元宇宙和虚拟经济

进入 21 世纪,全球性的传统实体经济向数字经济转型,是大趋势。这是因为传统实体经济的供给和产能长期过剩,现在的物质财富基本上可以满足人类的需求。世界的 GDP 在基数逐年扩张的基础上,增长正在全方位逼近极限,国家内部和国与国之间的贫富差距不断拉大,实现可持续发展成为越来越困难的目标。元宇宙经济与基于地球空间的经济有着一系列本质的差别,其中的核心差别是,元宇宙经济形态是数字经济、观念经济和虚拟经济的集合体。元宇宙为其提供空间和平台。

第一,元宇宙经济的生产要素的排列组合。在传统经济中,生产要素是土地、劳动和资本;在元宇宙经济中,生产要素是知识、思想、观念,以及信息、技术创新、资本和劳动。其中,信息主要体现为大数据,资本主要是科技形态资本,劳动将是智能型的创造性劳动,甚至是人工智能形式的劳动。

第二,元宇宙经济结构。在元宇宙中,不存在人类经历的农耕社会和工业社会,也不存在现实世界的传统产业结构。数字经济是传统产业的数字化和数字化的产业两者的相加。元宇宙的核心将是观念产业、观念生产和消费。观念产品中不存在边际产量和边际产值。分工和角色没有稳定性,与最终价值没有稳定关系,例如文化艺术的生产和消费。在元宇宙中,金融货币的天然形式不可能再是贵金属,而是虚拟数字货币,及现在日益普及的 NFT(非同质化通证)。处于早期阶段的元宇宙经济体系,可以移植和试验所有数字经济创新成果,包括各类数字货币和普惠金融。元宇宙经济是分享经济。

第三，元宇宙经济制度。元宇宙并不排斥现实世界的"市场制度"，但是，也不会采纳自发的市场经济制度，因为要避免无序的竞争，特别要避免各种类型的垄断，尤其是寡头垄断。在元宇宙中，主要形态的经济组织将不再是公司，而是用户。值得注意的是，"元宇宙"具有避免被少数力量垄断的基因。任何一家公司是不可能单独建立"元宇宙"的，而是要依靠来自各方的集合力量。Epic 公司 CEO 蒂姆·斯威尼（Tim Sweeney，1970—）也强调：元宇宙的另一个关键要素是，它并非出自哪一家行业巨头之手，而是数以百万计的人们共同创作的结晶。每个人都通过内容创作、编程和游戏设计为元宇宙做出自己的贡献，还可以通过其他方式为元宇宙增加价值。2020 年，中国国内流行过一种"全真互联网"的概念。这样的概念忽视了互联网与区块链结合的趋势，以及 Web 3.0 的非中心化的特征，隐喻了一种垄断构想。幸亏因为大环境的改变，这样的设计才没有得以实施。

第四，元宇宙分配制度。元宇宙经济不仅重视效率，更为重视公平，力求消除在现实世界难以改变的"贫富差别"。现在，世界发达国家和部分新兴市场经济国家，已经具备满足所有人的基本收入，解决人的基本生存问题，维护人的基本尊严的财富能力。在元宇宙中，不会存在传统的就业和失业，也不会产生所谓的"无产群体"和"无用群体"，元宇宙的社会主体不再被工作时长所限制，也不需要有最低工资标准，元宇宙的分配制度将以社会成员的时间所计量的各种贡献为前提。

总之，元宇宙经济应该是生产、交易和消费的均衡经济，不仅不存在经济危机，而且也不再为商业周期所困扰。

元宇宙的基本价值观

在现实世界中，虽然人类具有完全不同的，甚至对立的价值取向和信仰，但是，人类社会的演进并非人为设计的结果，也不是公共选择的结果。然而，元宇宙的形成与发展，则是具有价值取向和制度选择的理性行为。经过制度设计的元宇宙理想状态，需要体现自由、平等、富足、主权和正义的观念。人们相信，未来的元宇宙也需要"宪法"或者"宪章"。在元宇宙发展的现阶段，需要强调几个原则：

第一，理想主义原则。因为关于元宇宙的理念不可能在短时间内实现，加之元宇宙包含着相当的理想主义成分，所以，元宇宙很可能被认为是所谓技术乌托邦（technological utopia）。历史一再证明，理想主义是必要的，昨天的乌托邦，今天就可能成为现实。在互联网历史上，约翰·P.巴洛（John Perry Barlow，1947—2018）于1996年发表了《网络空间独立宣言》。该宣言以一种未来主义的视角看待一个虚拟的世界，对后来的高科技产业产生了很重要的塑造作用和影响。现在，我们需要坚持元宇宙所包含的理性主义，要反对元宇宙的"媚俗主义"倾向，特别是肤浅和急功近利的"商业主义"倾向，因为元宇宙不是现实地球商业社会的"数字孪生"，也不是传统资本和商业模式，例如房地产业的新疆域。元宇宙没有贫富差别的土壤。元宇宙是熵减的世界，不能成为加剧环境破坏的新源头。

第二，自由和平等的原则。元宇宙是自由人的联合体，是实践 DAO 的新空间。元宇宙的资源平等，体现在这样两个方面：其一，传统生命形态和数字虚拟生命之间的平等，特别是传统智能和人工智能之间的平等。在可以预见的将来，现实世界和元宇宙世界需要积极互动。现实世界的生命，可以在元宇宙中获得更多的幸福感受和体验，并带回到现实世界，有利于现实世界向善改变。其二，不同的元宇宙之间的平等。元宇宙并不是一个宇宙，会不断涌现新的元宇宙，形成多元化的元宇宙体系，如同"太阳系"和"银河系"。不仅如此，元宇宙是开放的，任何元宇宙的居民都可以同时生活在不同的元宇宙中。所以，元宇宙之间的平等是必需的。

第三，开放原则。元宇宙的形成与发展，需要与现实世界互动，实现两个世界在理念、技术及文化层面的互补和平衡，形成新的文明生态。在现阶段，元宇宙应该提供缓和全球化危机的一种新选择、新工具。从长远看，需要建立元宇宙之间和谐共存的规则，预防元宇宙的霸权主义和元宇宙之间的冲突，消除人类曾经构想的"星球大战"的任何可能性。元宇宙也存在进化。

第四，合作原则。元宇宙的未来，取决于是否建立合作模式，形成合作机制。元宇宙的合作，包括参与主体的合作。在现阶段，需要寻求参与元宇宙早期构建的个人、企业、政府和国家之间的合作模式，或者智能、技术、资本和权力之间的合作模式。其中，政府的作用相当重要。2021年5月18日，韩国宣布建立一个由当地公司组成的"元宇宙联盟"，其目标是建立统一的国家级VR和AR平台，理清虚拟环境的道德和法律规范，确保元宇宙"不是一个被单一大公司垄断的空间"，将虚拟服务作为一个新的公共品。韩国的国家级"元宇宙联盟"构想值得关注和学习。关于"元宇宙要建立一个模拟政府"，如何将政府监管和法律制度引入元宇宙、国际组织如何介入元宇宙等问题，都会在不久的将来提上日程。

总之，元宇宙未来的发展和前途，确实需要理性和正确的价值观，元宇宙将是"真、善、美"的栖居地。

元宇宙和哲学

人类在关注和参与"元宇宙"的形成与发展过程中，传统的生命概念、时空概念、能量概念、族群概念、经济概念和价值观念都会被改变和颠覆，触及哲学，甚至伦理学。因为"元宇宙"，人们重新思考基本哲学概念：先验知识、存在和存在主义、经验主义、二元论、语言本质、超现实社会、单向度，进而影响对以下哲学家所提出的哲学思辨的认知：

第一，笛卡尔（René Descartes，1596—1650）的"二元论"。笛卡尔认为，心灵和身体是两个不同的领域，进而提出这样是否存在支配两者的普遍法则的问题。在"元宇宙"世界，心灵和身体发生重合，完全实现了"我思故我在"。只有在认识论（epistemology）的意义上，世界才是依赖主体的，或者说是主体建构了世界的性质。

第二，黑格尔（Georg Wilhelm Friedrich Hegel，1770—1831）的"绝对精神"或者"绝对理念"。"绝对精神"或者"绝对理念"的英文是absolute idea，更确切的翻译是"绝对观念"。所谓的"绝对观念"，即宇宙超越人的精神，构成宇宙万事万物的一种存在，人们所感知甚至生活其中的现实世界，自然、社会和人的思维，都是绝对观念演化和外化的不同形态。如果说元宇宙是一种超自然、超现实社会和超人类传统精神的存在，那么它也就具有与绝对观念近似的哲学逻辑。

第三，萨特（Jean-Paul Sartre，1905—1980）的"存在"与"虚无"的关系。萨特代表著作《存在与虚无》，通过"存在与虚无"的二元性代替了"物与人"的二元性，进而提出人被虚无所包围，虚无即是人的真实存在，人终究被非存在所制约。所以，人就是虚无，并且是一切虚无之源。"元宇宙"的本质，实现了存在和虚无的真实"关联"和"统一"。

第四，福柯（Michel Foucault，1926—1984）的"我应该是什么"。根

据福柯的《词与物》(*Les mots et les choses: un archeologie des sciences humaines*),在 18 世纪末以前,并不存在人。"人"是新近的产物,是现代认识型的产物。所以,在《词与物》一书的最后一页写道:"人将被抹去,如同大海边沙地上的一张脸。"于是,"人之死"(death of men)就不可避免。福柯的后现代理论对现代体制的质疑,为虚拟空间和"元宇宙"造就替代传统人类的"新人类"提供了合法性缘由。

第五,海德格尔(Martin Heidegger,1889—1976)和维特根斯坦(Ludwig Wittgenstein,1889—1951)的"语言就是世界"。海德格尔认为,语言并不是一个表达世界观的工具,语言本身就是世界。维特根斯坦的语言理念则是,语言就是游戏,也是一种生活形式。"元宇宙"的语言系统不同于传统人类自然语言,而是计算机程序语言,以及代码转化的文本、声音、图像、视频,以及其他符号形式,进而构成新的文明规则。所以,其中的活动与游戏,以及语言游戏之间并没有清晰的边界。如果海德格尔和维特根斯坦看到"元宇宙"的语言深层结构,他们会重新定义语言与人类社会活动的关系。

第六,博德里亚尔(Jean Baudrillard,1821—1892)的"大众化的虚无世界"。博德里亚尔在他的《在沉默的大多数的阴影下》(*À l'ombre des majorités silencieuses*)著作中,对于当代社会有着敏锐的观察:旧的阶级结构瓦解,传统社会秩序的所有支点都不可避免地"中性化",进入了所谓的大众化的虚无世界,或者虚无状态,现实与虚构之间的界限已经消失。不得不承认,"元宇宙"就是现代社会虚无趋势的一种具有积极意义的显现。

结束本文的时候,我们要对中国历史上的哲人充满崇敬之心。始于春秋、成于战国的《周易》开启了对宇宙本质的系统探讨,至南宋哲学家陆九渊(1139—1193),在延续自战国时代关于"宇宙"的诠释,即"四方上下曰宇，往古来今曰宙"的基础上，进而提出"宇宙便是吾心，吾心即是宇宙"，确认了"心学"的内核。之后的明朝哲学家王阳明（1472—1529）将"心学"提到前所未有的高度，指出"无心外之理，无心外之物"。当今，要认知"元宇宙"的真谛，需要参透从《周易》到陆九渊和王阳明的深邃思想。

结语

应该相信，元宇宙一旦形成，就会有自己的生命力，具有自我调整和演变的内在动力。人们认知元宇宙，首先需要将元宇宙作为一个学术和科学的对象，或者以更大的历史视野思考和观察的对象。所以，思想要解放，要努力彻底摆脱和超越当下人类的思考惯性模式。

引用古罗马诗人奥维德（Publius Ovidius Naso，公元前43—公元17）的一段诗结束这个绪论：

极度幸福的灵魂，
是为谁而激发！
为了这些真理，
去度量闪烁的星空！
他们用思想的缰绳，
驯服了桀骜的天空。
过去扑朔迷离的天空，
现在变得清清楚楚。

2021年6月7日上海第一稿
2022年3月31日北京修订稿

第一章
历史起源：元宇宙是创造还是再发现

因为数字技术的集群性突破，元宇宙完成了从前生到今世的突变，推动了人文、科技和自然之间界面的重构。

风口上的元宇宙[①]

> 信息技术的第一大好处是它使人们能够做想做的事。它让人们发挥创造力。它让人们变得富有成效。它让人们学习他们以前认为无法学习的东西,因此从某种意义上说,这完全是关于潜力的。
>
> ——史蒂夫·鲍尔默

2022年,"元宇宙"是关键词;现在关于元宇宙的文章汗牛充栋。我并不想在一开始讲元宇宙的定义是什么,元宇宙的前生后世如何——这些方面大家已经看了太多文章。我将着重谈谈元宇宙的经济学意义。就此,我想讲三个问题:第一,如何理解和认知元宇宙得以诞生和蓬勃发展的历史背景;第二,如何理解和认知元宇宙所带来和所包含的经济学意义;第三,如何理解和认知元宇宙引发的历史性挑战。

为什么元宇宙能够在 2022 年成为最大的风口

主要有四个原因,我们在此对其进行整体思考:

第一,疫情。我们需要承认,自 2020 年新冠肺炎疫情暴发以来,人们对于疫情的认识始终滞后于疫情事实上对人类社会、对人类本身的经

[①] 本文系作者在 2021 年 12 月 31 日为"2022 网易经济学家年会"活动录制的会议发言,后又修订。附录为作者接受网易财经专访内容的文字整理。

济生活、社会生活和人类经济生产活动的影响。

可以这样说，不论疫情最后怎样发展，即使进入后疫情时代，疫情也已经深深地改变了当代人类生活、生产、经济和社会的基本模式。因为疫情时代的到来和疫情反复对人类生存环境和生存方式的影响，人类需要有一种生活与工作模式，这一点成为推动元宇宙产生的一项极为特殊的历史动力。不是说，没有疫情就没有元宇宙，但可以看到的是，疫情呼唤和刺激了元宇宙的到来。

第二，传统经济困境。2008年以来，传统经济——主要是指传统实体经济和传统金融经济，始终在周期的危机中徘徊，大量传统经济问题，诸如劳动生产率的下降、通货膨胀等持续存在，利息成本波动，就业难度上升，传统国际贸易的冲突，不一而足。所有这些，都说明了一个问题：在传统经济框架下，解决传统经济所面临的问题，不能说已经走向尽头，至少可以说已经困难重重。人们需要新的思想支持新的经济模式，来解决传统经济结构性的、制度性的困境。在这样的需求下，元宇宙提供了一种创造性的选择。

第三，科技革命。在过去二三十年间，甚至推到50年左右的时间，从IT革命开始，到近几年来大数据、云存储、1G到5G的通信革命，再到现在正在路上的6G，以及AI、区块链、数字孪生的量子科学革命，所有这些科技革命成果终于集结在一起，需要发生和建立一种综合性的、根本性的技术革命框架，集中体现所有科技成果集群式的效应。现在我们看到，唯有元宇宙具备支撑整个科技革命整体性融合的潜力和张力。例如，我们过去认为3D是一个单纯的技术革命，我们也低估了VR、AR、MR的意义。如今我们看到，3D和虚拟现实技术都可以和元宇宙融合在一起。

第四，新时代的形成。恰恰在21世纪20年代这个背景下，人类代际发生了根本性的演变。在目前的世界人口代际结构中，虽然包括了从20世纪40年代至21世纪10年代的不同的世代。但是，其中包含着自20世纪80年代之后所产生的三代：Y世代，从1981—1996年；Z世代，被公认为从1997—2012年；Alpha世代，从2010年到现在。这三代人，Y世代、Z世代和Alpha世代在世界人口中的比重超出人们的想象。其中，Y世代在世界人口中的比重达到22%，绝对数是17亿；Z世代在当代人口中的比重高达32%，绝对数是25亿；Alpha世代虽然刚刚开始，但是绝对数已经达到7亿。也就是说，"80后"以来的新三代人口的总数达到了49亿之多，超过总人口的60%。

从"80后"开始，特别是"90后""00后""10后"，他们是在数字经济中，在移动互联网中，甚至是在元宇宙中长大的，他们是天生对元宇宙不存在心理和技术障碍的三代人。

要强调的是，前面所说的四个原因交互在一起，就使得元宇宙并非一种刚刚被发现或是刚刚被创造的新事物。元宇宙其实早已存在，只是在今天的特定情况下，在2021年的特定背景下，元宇宙才被大家重新发现，被大家关注和参与。

总的来说，我们应该这样认为：元宇宙是在疫情背景刺激下，在特定的历史环境之中，实现和发生的一个引人注意的历史转型事件，而且是一个大的事件。

元宇宙所带来的经济学意义

关于这个问题，我具体讲八个小点。

第一，元宇宙作为科技革命集大成，很可能影响，甚至主导21世纪全球性的经济大转型。这个转型和以往人类历史上的经济转型有一个根本的区别——这是一个由技术集群，而不是单一技术和若干技术，形成的对传统经济全方位、创造性破坏的一个彻底的展现，远远超越了熊彼特所说的由单一产品，或者单一行业那种意义上的创造性破坏和创新。正因为如此，我们看到，科学技术本身的规律正在侵蚀、影响和改变一系列传统的经济规律。

第二，元宇宙改变传统的经济空间。因为元宇宙的诞生和如火如荼的发展，人类的空间，或者说人类生存和工作的空间，发生了一次革命。在19世纪、20世纪，人类的空间是在地理空间上的拓展、探险——北极、南极、海洋、太空。因为元宇宙，人类进入一个新的空间领域，这就是所谓的数字空间，或者说我们今天借助元宇宙这个概念所描述的"元宇宙空间"。这样一个空间是无限大的，是无所不在的，是即时的，因为人类的技术已经可以支持人类既可以生活与工作在我们所熟悉的、世代相传的物理现实空间，也可以同时生活和工作在一个虚拟空间。人类将全方位地同时开始在两个空间里生活与工作，这是非常了不起的革命。而我前面所说的Y世代、Z世代和Alpha世代，他们与生俱来就是，或者说非常容易成为这两种空间的生存者和工作者。

第三，元宇宙改变了经济活动的组织模式。长期以来，特别是工业革命以来，人们已经习惯根本的经济组织是corporation（公司）、firm（另外一种公司形态）和factory（工厂）。所有这些组织形式都是金字塔形式的，都是集中管理的，这是由工业、产业，特别是加工业自身的特征所决定的。在数字经济时代，元宇宙要求整个经济组织形态必须发生一次变革，由集中走向分散，那么将来的组织形式毫无疑问是DAO的形式，所有公司也要发生DAO的转变，变成DAC（decentralized autonomous corporation，非中心化自治公司）。只有这样，未来的经济活动才能更加有生气，在向DAO转变的过程中，我们才能理解未来的共享经济和未来的合作经济的前途所在。

第四，因为元宇宙导致价值体系和价值基础发生变革，现在我们已经看到，元宇宙将有助于数字经济的生存与发展，元宇宙将来的金融活动更需要 DeFi（去中心化金融）这样的模式加以支持。在元宇宙的条件下，NFT 具有广阔的前景。所有这一切都意味着大一统的、自上而下的价值体系需要向多元化价值体系转型。

第五，元宇宙影响了资本形态，加剧了科技资本的膨胀。元宇宙将非常有效地推动传统资本从产业资本、金融资本向科技资本的转化，元宇宙将改造传统的资本体系。有一家美国公司，叫 a16z（Andreessen Horowitz），是互联网最重要的投资基金。a16z 是脸书、Twitter、Airbnb，还有 Coinbase、OpenSea 的主要投资者，被认为是投资领域的新星。a16z 投资的理念彻底改变了传统华尔街模式，改变了所谓的 IPO 模式，极大地支持前面所说的代表元宇宙方向的企业。

第六，元宇宙将改变产业模式。当元宇宙和不同产业结合在一起的时候，对于这些产业就会产生巨大的推动、刺激作用。例如，元宇宙和教育产业的结合，意义重大：大学（university）的词根本身就是"宇宙"的意思，只有元宇宙和教育体系结合，才会使自工业革命以来所建立的教育制度适应数字经济时代的要求。又例如，元宇宙和工业的结合推动和产生"工业元宇宙"（industrial metaverse），而它无疑会强化工业的创新，推动工业和数字经济的彻底融合。这是一个非常清楚的前景：所有的产业通过元宇宙可以赋能，可以升级换代，而只有和不同的产业结合在一起，元宇宙才会获得前所未有的生命力，显现出它的潜力，包括元宇宙无疑会改造文化艺术行业，会特别地变革我们今天所理解和认知的服务业。还有，元宇宙还可以和区域增长、区域发展结合在一起。

第七，元宇宙将推动世界上产生一批新型的、支持元宇宙的企业。

现在，微软在转型，创造了 Xbox 平台；英伟达创造了 Omniverse 这样新的平台；Epic Games 也做出了贡献。在中国，不论是小米、华为，还是腾讯、百度，都纷纷加入布局元宇宙的行列之中。

第八，元宇宙不是提供了一个新的经济竞争赛道，而是在未来的经济体系中创造了新的赛道，提供了新的竞争规则。它将改变迄今为止因为工业革命所产生和固化的产业结构体系和产业生态环境。

元宇宙本身面临的挑战

不论怎样讲，元宇宙还处于极为初期的发展阶段，过早和过高地对元宇宙加以评价和定论都不符合元宇宙现在的真实情况。下面主要介绍元宇宙所面临的三个挑战。

第一，元宇宙如何避免加剧"数字鸿沟"？世界上已经存在的南北差别、发达国家和发展中国家的差别，这个问题是需要警觉的。现在从分布上看，具备建立元宇宙基础设施条件的，元宇宙更容易得到普及的区域，显然是在发达国家和少数新兴市场国家。有相当数量的欠发达地区和国家，将因为元宇宙被进一步边缘化。所以，在元宇宙发展过程中，如何避免加剧所谓的"数字鸿沟"，是严重的挑战。我本人并不希望因为元宇宙拉大国家与国家之间、区域与区域之间的发展差距。

第二，元宇宙如何缩小人与人之间的不平等，缩小贫富差异？如何实现元宇宙成为公共资源，使人们更好地通过元宇宙进行合作，通过元宇宙实现互惠金融？我希望所有的大企业都能够把它们的社会责任、历史使命和开发、参与元宇宙结合在一起。

第三，元宇宙如何有助于改善政府治理？政府、法律、监管都不应该在元宇宙发展早期缺位，而且应该与元宇宙未来的发展形成互动关系。

小结

以上三个挑战,希望得到所有政府机构、企业和大众的关注和思考。

最后,我想引用我前几天在一个演讲中的最后一段话:1944年重要的经济学家波兰尼写了一本著作《大转型》,英文叫 *The Great Transformation*。波兰尼和哈耶克(Friedrich August von Hayek,1899—1992)有相当本质的分歧。波兰尼认为,在社会重大的转型过程中,不能高估市场的自发力量,经济是嵌入社会之中的,所以所有的转型都需要有政府的介入,需要政府和市场之间的协调。今天的元宇宙焕发和刺激了 21 世纪的大转型方式。在这样的大转型过程中,如何协调四个因素的关系,关系着人类的命运,当然也关系着元宇宙发展的未来轨迹。这四个因素就是科学技术、法律、政府、市场。我们需要把这四个最重要的因素结合在一起,才能够更好地认知大历史的图像,才能做出更加清醒的选择,才知道未来所在。

附录　元宇宙将成为核心资产最重要的平台

网易财经：2022年什么是核心资产？房地产还是未来的核心资产吗？

朱嘉明：核心资产会随着时代的经济结构和制度的不断发展而改变，当下，我们正处于传统定义的核心资产向全新定义的核心资产转变的重要阶段。2022年无疑是转变的重要拐点。

在我看来，未来新型的核心资产是三种能力的组合：想象力、想象力基础上的创造力、用技术实现想象力的能力。这背后体现的是思想能力、知识能力和观念的能力。进一步说，未来新型核心资产主要体现为数字形态的生产要素，基本特征是资产的非物质化，核心资产具有高度想象力、创新力，以及核心资产本身所包含的技术含量。

例如，在未来相当长的时间内，NFT会成为新型的资产形态，NFT需要实现和元宇宙的有机结合。房地产无疑还是资产，但已经不可能成为未来的核心资产，不仅在中国，在很多发达国家也是如此。

2022年，元宇宙将成为核心资产最重要的平台和载体，提供支持和发育未来核心资产的框架。因为元宇宙是迄今完成的数字经济、信息经济和人工智能经济的结合，或是信息社会、数字社会和智能社会的结合，元宇宙的确代表人类未来的方向，具有很大的潜力。

截至目前，互联网已经发展了五六十年的时间，改变了人类的经济和社会生活。如果按照这样的时间尺度，从现在开始，元宇宙还将经历至少半个世纪的发展，这意味着要到21世纪70年代，元宇宙的价值和意义才可以得以充分显现。

在元宇宙的发展过程中，不可避免地会产生很多新的经济形态和经济组织，也会产生独特的财富模式。我认为，人们已经不可能用互联网的商业史、互联网所产生的最大的公司、互联网造就的世界首富等指标，作为元宇宙未来发展的参照系。因为元宇宙背后代表的是全新的经济模式，更支持和适应 DAO、DAC 和 DAS（decentralized autonomous society，非中心化自治社会）。特别是，元宇宙包含共享经济和合作经济的基因，元宇宙的财富模式必然发生改变。所以，仅仅用过去的"首富""最大公司"来想象元宇宙的未来是不够的，很可能产生误导。

网易财经：元宇宙的"房地产"值不值得买？

朱嘉明：这是一个"仁者见仁，智者见智"的问题。对于在电子游戏世界中长大的新一代人，玩游戏需要买装备，装备需要不断升级换代，游戏装备有一定价值。如今，元宇宙中的"房地产"是否有价值，取决于两个方面：其一，每个个体是否都接受虚拟世界存在"房地产"，且具有价值；其二，如何看待每个个体在虚拟环境下所选择的生态环境、应用场景和相关的其他具体情况。即使接受虚拟世界存在所谓"房地产"价值，也不要因此产生所期望和想象的财富"幻觉"。可以肯定的是，未来元宇宙中的所谓"房地产"价值必然是波动的，甚至会发生剧烈的波动。最重要的是，元宇宙中的"房地产"绝不应该是元宇宙的新形态价值所在。

网易财经：进入元宇宙纪元后，人类社会将发生哪些变化？

朱嘉明：人类社会一定会全方位地发生变化。最大的变化是经济组织及经济制度的变化，从而波及社会组织结构和社会治理模式。人类正在面临新"二元化"的转变：一方面，要改造和改善现实社会的社会生存环境；另一方面，要开始在元宇宙中构造生活、生产和社会交往的模式。人们开始要面对现实世界和元宇宙的双重身份。元宇宙进入人类生产生活以及经济活动之后，人类会对自己有更多理解和认识。这是非常清楚的前景。

此外，元宇宙还会改变全球化的模式，改变国际关系，甚至影响传统的地缘政治。

现在，我们还无法预见元宇宙的未来进程，但是，这个进程至少需要20—30年的时间，才能够比较完整地展现在人们面前。

网易财经：元宇宙的产业会冲击实体经济吗？会导致实体经济中哪些行业消失？

朱嘉明：元宇宙产业冲击实体经济的提法有些偏差。事实上，实体经济本身已经产生和积累了太多的问题，很多实体经济和产业正走向衰落，需要元宇宙加以支持和补充。例如，现在的教育产业，缺少新思维，包含诸如阻碍跨学科的问题、跨代教育和跨区域教育的问题，教师和教科书的知识体系严重滞后。元宇宙无疑提供了教育和学习革命的新平台。还有，在工业、制造业的技术创新领域，元宇宙可以成为主要的工具和手段。还有，对于全球性人类资源分布不合理、穷困地区人才严重短缺的问题，元宇宙是一种解决方案。总之，元宇宙和传统实体经济并非对立关系，应该是互补关系。在可以预见的未来，元宇宙对实体经济的积极意义大于对实体经济的冲击。

网易财经：元宇宙是否会对年轻人结婚或者生育产生影响？

朱嘉明：随着数字经济的进展和人类社会的转型，婚姻和生育无论如何都会发生变化。在进入互联网时代之后，传统的婚姻形式、性别结构和生育模式，已经急速甚至加速改变。总之，出生率下降、婚姻形式改变、性别结构多元化，几乎是不可阻挡的趋势。元宇宙是否会加剧这种趋势，很难做出短期判断。因为，还要考虑到人工智能、机器人、人类道德观念等因素。

网易财经：元宇宙是否会成为"社恐人"的天堂？或加深现代人的孤独感？

朱嘉明： 元宇宙本身也是一种新型的社交模式，具有社交功能。这种社交功能，可以帮助现代社会中存在社交障碍的人，能帮助人们实现在社交深度和广度方面的前所未有的突破。也就是说，"社交恐惧症"来自社交障碍，而元宇宙恰恰有利于克服社交的障碍，很多人的自我潜意识和内在的心理特征通过元宇宙得到释放。

所以，我更相信元宇宙是一个大规模的治愈人类心理的平台。所以，元宇宙会使现实世界中普遍存在的孤独得到缓解，而不会使孤独加剧。孤独是人类的特性，人类也为解决孤独做了很多努力，但是元宇宙无疑是一个更有创造性、更有前途和希望的新的努力。在21世纪，元宇宙将是改善人类社会心理、构建人类多重身份和人机积极关系互动的重要工具。

元宇宙：到底是创造，还是再发现[①]

> 我认为意识是信息以某些复杂方式处理时的感觉。
>
> ——迈克斯·泰格马克

元宇宙是一种再发现

元宇宙到底是创造还是发现？我认为，元宇宙不是什么突破性创造，它是一种发现，而且是一种再发现。也就是说，不管人类在宇宙中处于怎样的位置，元宇宙原本就是一种存在。迈克斯·泰格马克（Max Tegmark，1967—）的著作《穿越平行宇宙》的英文书名直译为《我们的数学宇宙》（*Our Mathematical Universe*），讲了四维空间问题。在20世纪80年代之后，很多物理学家赞同的弦理论、M理论，都讲了多重空间、多重宇宙的问题。因此，我们必须有一个观念，元宇宙并非依存我们现在的创造，它就是一个存在。今天讲的元宇宙，是对本来存在的一种再发现和再诠释。这是我的第一个观点。

[①] 本文系作者于2021年11月6日在智酷沙龙119期"互联网太卷了，我们需要元宇宙"主题分享活动上的会议发言。

元宇宙是一种数字技术积聚的实现

虽然现在有很多关于元宇宙的文章,但在我看来,如果以支撑元宇宙的技术体系为参照系,元宇宙的历史至今至少有 30 年之久。在过去的 30 多年中,有一系列里程碑的事件促进元宇宙概念被人们重新发现、解读和推崇。应该说,元宇宙的技术发轫于 1991 年互联网的诞生,之后包括了 1993 年的工作量证明(PoW)、2002 年的数字孪生、2008 年的比特币、2009 年的区块链、2015 年的 Decentraland、2016 年的 DAO 和 2018 年的稳定币。不难发现,元宇宙的形成与发展过程,就是在过去 30 年的时间里,人类将信息技术、数字技术和智能技术聚集和集合,最终通过元宇宙实现集大成。所以,元宇宙首先是发现,其次是技术实现。

元宇宙的应用还处于早期阶段

元宇宙概念需要避免媚俗化、庸俗化和商业化。所谓媚俗化,就是低估元宇宙的内在意义和张力,按照狭隘的利益维度和愿望对元宇宙做比较随意的解释。所谓庸俗化,就是没能认知元宇宙本身所包含的价值理念,及其所蕴含的 21 世纪乌托邦的理想,认为元宇宙就是我们今天现实世界的一个折射。所谓商业化,就是过早和过急地把现在现实世界中的商业实践直接和简单化地平移到元宇宙之中,包括房地产概念,试图将元宇宙当作一个巨大的商机。今天过于强调元宇宙基本的商业价值,会产生一种误导,它是有害的。

小结

总之,现在人们对元宇宙所有的讨论,包括试图对元宇宙加以定义,为时过早。元宇宙仍然处于演化过程中,处于一种开放的状态。从现在开始,在未来的三到五年时间内,试图对元宇宙做出全面动态的解读,其实还是很困难的。

最后,重复我的观点:(1)元宇宙是一种再发现;(2)元宇宙是开放系统;(3)要高度重视元宇宙的深层价值观。

元宇宙：从理想、文学艺术到技术构建的历史演变①

美即是真，真即是美；人生真谛，夫复何求！

——约翰·济慈

人类的文明史有多久，人类探讨宇宙的历史就有多久。

人类将自己的价值观念、人文思想、技术工具、经济模式和"宇宙"认知结合在一起，并赋予包含特定理念和理想的"宇宙"以不同的名字。

表象上看，当下"元宇宙"这个词出自1992年出版的尼尔·斯蒂芬森的科幻小说《雪崩》，这其实是狭义的"元宇宙"。而广义的"元宇宙"的内核却源远流长，经历了从观念、哲学、政治学、科幻文学、科幻电影到电子游戏的漫长演变过程。"元宇宙"的技术元素因为科幻电影和电子游戏而急剧增长。"元宇宙"历史可以归纳为五个基本历史阶段。

第一阶段：以文学、艺术、宗教为载体的古典形态"元宇宙"

在这个历史阶段，西方世界的《圣经》、柏拉图（Plato，公元前427—

---

① 本文系作者计划撰写的《元宇宙的科学原理》其中一章的节选。

公元前347）的《理想国》、但丁的《神曲》，甚至达·芬奇的《蒙娜丽莎》、巴赫的宗教音乐；东方的佛教经典，特别是中国的《易经》《河洛图》《西游记》《红楼梦》，都具有"元宇宙"的元素。

其中，在"元宇宙"的视角下，《理想国》《神曲》和《红楼梦》特别值得深入思考。

柏拉图是古希腊历史、西方哲学史、人类文明史不可逾越的哲学家和思想家。在柏拉图的思想体系中，世界由两个世界，或者两个宇宙所构成，即"理念世界"和"现象世界"。柏拉图认为，人们感官所感知到的一切事物都是变动不定的，因而都是不真实的。作为绝对的永恒不变的概念世界，是不依赖于人的主观意识而独立存在的"理念世界"。"理念世界"相较于"现象世界"，是更为真实的存在，是永恒不变的。进一步说，"理念世界"是原本、模型，"现象世界"是理念世界的影子或摹本。人类感官所接触到的具体事物所构成的世界，是不真实的世界，不过是"理念世界"的"微弱影子"。所以，人的理性是认识理念世界的唯一出路，而感觉仅限于对现象的理解。按照柏拉图的这种理论，现实世界是低维世界，理念世界是高维世界，因为低维是高维的投影。只有理解了柏拉图"两个世界"的理论，方可以读懂《理想国》。《理想国》是政治哲学的经典作品，更是理想城邦的草案。在理想城邦中，包括三个集团：劳动阶层、护卫者和统治者，而明智而公正的统治者就是"哲学王"。一个哲学王的教育，需要持续50年，并涵盖属于古希腊教育经典的所有知识领域。这样的"哲学王"是"理念"的化身。说到底，这就是柏拉图的"元宇宙"。

但丁是欧洲文艺复兴时代的开拓者，是"中世纪的最后一位诗人"，同时又是"新时代的最初一位诗人"。《神曲》凝结了作者对社会现实的深刻观察，批判中世纪的蒙昧主义，通过与地狱、炼狱以及天堂中各种著名人物的对话形式,反映中古文化领域的文明成就和现实重大问题,将天堂作为历经坎坷的人类的"灵魂寓所",隐喻一个闭环式的至善宇宙的想象。"天堂共有九重天,即月球天、水星天、金星天、太阳天、火星天、木星天、土星天、恒星天和水晶天,天使们就住在天堂中,能入天堂者生前都是正直善良的人,英明的君主、圣徒和虔诚的教士,才能在此享受永恒的幸福。""但丁笔下的天堂宏伟庄严,仙乐飘飘,无一不充满光及仁爱欢乐。在第八重天,但丁接受了三位圣徒'信、望、爱'神学三美德的询问后,跟随圣伯纳德进入神秘苍穹,最后在灵光中得窥三位一体、万物合一的深刻意义。"①《神曲》显现了文艺复兴时期人文主义思想的曙光,在过去的 7 个世纪,曾经激发包括画家和雕塑家在内的无数艺术家的创作灵感和激情。更值得注意的是,《神曲》的《天堂篇》第 27 篇中的诗句:"宇宙的这一部分包围着前一部分,就像前一部分包围着其他部分。"在下一篇中也提到,"似乎被它所包围的东西包围"。光点和天使的圈环包围着宇宙,与此同时也被宇宙包围。这正是在描述三维球面。也就是说,但丁对三维球面有着清晰的几何直觉。"第一个注意到《天堂篇》把宇宙描写为三维球面的是美国数学家马克·皮特森(Mark Peterson,1955—),那是在 1979 年,研究但丁的学者一般不了解三维球面。如今,每个物理学家和数学家都可以轻而易举地辨认出但丁所描述的宇宙中的三维球面。"但丁之所以有如此现代化的观点,是因为这位意大利最杰出诗人的绝顶智慧,没有接受牛顿物理学影响而带来直觉上的局限。②

---

① 郭素芳.《神曲》改编[M].好读,2014:7.
② 卡洛·罗韦利.现实不似你所见:量子引力之旅[M].杨光,译.长沙:湖南科学技术出版社,2017:83-84.

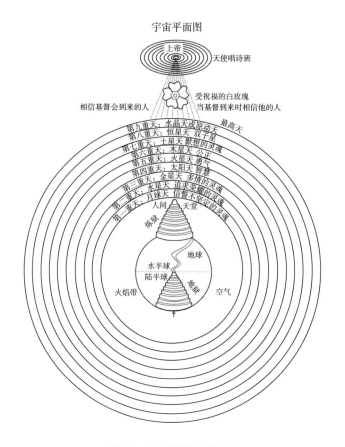

图1.1 但丁宇宙的传统表示

在《红楼梦》第五回，曹雪芹（1715—1763）引入《老子》宏观感官式的宇宙观，然后嫁接"娲皇补天"的神话，一个生从此来、死在此聚的"太虚幻境"，即与大观园为中心的现实世界的平行宇宙，一个完全由女子组成的世界。"金陵十二钗"是同时存在于大观园和"太虚幻境"的群体。"太虚幻境"还达到审美的极限："但见朱栏玉砌，绿树清溪，真是人迹希逢，飞尘不到。""珠帘绣幕，画栋雕檐，说不尽那光摇朱户金铺地，雪照琼窗玉作宫。更见仙花馥郁，异草芬芳，真好个所在。""房内瑶琴、宝鼎、古画、新诗，无所不有，更喜窗下亦有唾绒，奁间时渍粉污。"所谓的"红学",不论划分为多少流派,最终都无法超越"太虚幻境"体现的"元宇宙"——一个比现实世界更为丰富的虚拟世界。

第二阶段：16 至 19 世纪的乌托邦主义形态"元宇宙"

这个阶段跨越了四个世纪，分为三个时期：16—17 世纪、18 世纪和 19 世纪。

16—17 世纪，乌托邦主义对未来的理想社会制度的认知，显现为粗糙而简单的轮廓式的文学描述，但是已经触及公有制、平等劳动、按需分配等后来得以发展的社会主义基本原则。在这个时期段，代表性的思想体现在英国托马斯·莫尔 1516 年出版的《乌托邦》、意大利康帕内拉 1623 年出版的《太阳城》、德国安德里亚 1619 年出版的《基督城》中。虽然这三本书存在从题材和内涵的差别，仍然是 16 至 17 世纪早期不可分割、交相呼应的乌托邦三部曲。

莫尔不仅是思想家，也是重要的政治人物，因反对亨利八世（Henry VIII，1509—1547）兼任教会首脑而被处死。莫尔在《乌托邦》中，讲述英国当时圈地运动"羊吃人"等不合理现象的同时，描述了人民信仰自由、重视农业的乌托邦的美好。遗憾的是，乌托邦允许奴隶存在。康帕内拉因参与领导南意大利人民反对西班牙哈布斯堡王朝的斗争，在监狱中度过 27 年的岁月。"这是个阳光明媚的美丽的地方。在这里，没有富人，也没有穷人，财富属于每一个人；这里没有暴力，没有罪恶，人们过着和平安详的生活——这就是太阳城。"安德里亚的《基督城》，显然受到了莫尔《乌托邦》的启发，其所描述的"基督城"是典型的小国寡民，崇尚科学，重视教育，信奉基督教，实行一夫一妻制，不主张无节制生育，等等。

受制于对那个时代生产力的理解，三位作者的理想国都依赖于全民劳作、自给自足。此外，虽然理想国的国内处于和平甚至和谐状态，但为了保护自己国家和人民不受外族侵犯，他们都没有放弃理想国需要军队和武力的认知。

除了上述的乌托邦三部曲，还有1623年弗朗西斯·培根（Francis Bacon，1561—1626）完成的《新大西岛》。这个新大西岛，被命名为"本撒冷"，其实也是一个乌托邦。培根的"新大西岛"灵感来自柏拉图在《蒂迈欧》和《克里蒂亚》两篇对话中的发言，描绘了作者追求和向往的理想社会蓝图。在《新大西岛》中，"本撒冷是个君主国，本撒冷的真正统治者是所罗门宫的科学家，共36人，或者是那三个自然解释者，他们似乎位于国内等级的最顶端"。科学家不仅掌管国家权力，还是宗教的主宰。培根作为英国文艺复兴时期的散文家、哲学家、实验科学的创始人，坚信科学在宗教之上，人和宗教都需要经过科学家的启示。培根对科学的自信，不仅是对宗教神学的挑战，更意味着对当时英国社会以及整个欧洲社会的思想颠覆。培根的主要著作还有《新工具》《论科学的增进》和《学术的伟大复兴》等。

18世纪的乌托邦主义，以绝对平均主义的、苦修苦练的、禁欲主义的、斯巴达式的共产主义作为其显著特点。但是，它开启了关于人类社会发展规律的探讨和论证，以及对私有制，特别是资本主义私有制的理性批判，并形成了早期的阶级观念，触及国家制度和私有制的关系，开展接近历史的实证分析。其在设计未来理想社会的蓝图时，没有超越农村公社和手工工场的框架和视野。这时期的重要代表人物是法国思想家摩莱里（Étienne-Gabriel Morelly，1717—1778）和法国革命家、空想共产主义者巴贝夫（Francois Noël Babeyf，1760—1797）。巴贝夫曾主编《人民论坛报》，鼓动人民起来消灭私有制，建立"普遍幸福""人人平等"的社会；并设想建立以农业为中心、具有平均主义和禁欲主义特点的"共产主义公社"。巴贝夫主义是马克思主义的直接的先驱者。巴贝夫因组织秘密团体"平等会"，实现夺取政权，建立劳动者专政，1797年被判处死刑。

19世纪的乌托邦主义，后来被称为"空想社会主义"，主要影响集中在19世纪的早期。其主要特点直接以资本主义制度为批评对象，揭示资本主义制度的剥削本质，私有制导致阶级和阶级剥削，经济状况是决定政治制度的基础。在设计未来社会蓝图时，其抛弃了平均主义和苦修苦练的禁欲主义，而以大工厂为原型，提倡一种具有高度物质文明和精神文明的社会主义社会。这时期的空想社会主义者以法国的克劳德·昂利·圣西门（Claude-Henri de Rouvroy, Comte de Saint-Simon, 1760—1825）、法国的傅里叶（Charles Fourier, 1772—1837）和英国的欧文为代表。他们都出生于18世纪70年代，并在19世纪20年代将空想社会主义发展到顶峰。特别是欧文，在美国印第安纳州买下上千公顷的土地，进行新和谐移民区实验，最终以失败告终，而欧文本人也因此破产。

第三阶段：科幻文学形态的"元宇宙"

1818年1月，雪莱夫人的《弗兰肯斯坦》问世，它被公认为世界第一部科幻小说。书中有三位主要人物。第一位是维克多·弗兰肯斯坦，出生于名门望族的科学家，实践制造同类的想法。第二位是弗兰肯斯坦创造出的生命体，男性，相貌粗俗而丑陋，不为社会所接纳，被唤作"造物""怪物""恶魔"等。尽管如此，他学会了使用火，自学英、法、德语，具备读书能力。第三位是罗伯特·沃尔顿，北极探险船船长。雪莱夫人的《弗兰肯斯坦》第一次宣示人类可以通过科学手段，制造出有别于传统人类孕育模式的"另类人"。只是它属于孤立事件和个人行为。在过去200年间,《弗兰肯斯坦》在思想、文化和科学技术等多领域维系着持续和深刻的影响,经久不衰。有统计称,以《弗兰肯斯坦》为背景的舞台剧迄今已有近百部,电影70余部。在英语世界《最具影响力的101位虚拟人物》中,"弗兰肯斯坦的怪物"居第6位。

在《弗兰肯斯坦》出版100多年之后的1920年,捷克作家卡雷尔·恰佩克(Karel Čapek,1890—1938)编写的《罗梭的万能工人》(*Rossum's Universal Robots*,R.U.R.)科幻舞台剧本出版。1921年,该剧首演,轰动一时,被译成30种语言。因为《罗梭的万能工人》,Robot成为机器人的代名词。"机器人"外表和人类无异,制造的原材料是有机合成物,近似于赛博格和复制人,拥有自己的思想和愿望。而且,"机器人"不再是个体,而是群体,有自己的领袖;"机器人"从乐意与人类合作演变为对抗,甚至导致人类灭亡。

在科幻文学领域,美国作家艾萨克·阿西莫夫是登峰造极式的人物。1944—1950年,阿西莫夫发表了4个机器人主题的短篇,都收录于《我,机器人》。从20世纪50年代到20世纪90年代,阿西莫夫所著小说类作品共201种,含科学幻想小说38部、探案小说2部、短篇科幻和短篇故事集33种、短篇奇幻故事集1种、短篇探案故事集9种。此外,他还主编科幻故事集118种。他的作品中最有名的是"大基地系列",即基地系列、机器人系列、帝国系列三大系列。本来"银河帝国三部曲"系列是独立的故事,"机器人系列"也跟"基地系列"没什么关联,但是到了阿西莫夫晚年,他将三大系列的宇宙历史观融进"基地系列",于是便诞生了整个"大基地系列"。特别值得强调的是,阿西莫夫在《我,机器人》中第一次提出了"机器人三定律":第一定律,机器人不得伤害人类,或坐视人类受到伤害;第二定律,除非违背第一定律,否则机器人必须服从人类命令；第三定律，除非违背第一或第二定律，否则机器人必须保护自己。此时此刻，机器人尚不存在。人们普遍认为"机器人三定律"不过是小说家的幻想，属于"虚构学说"。历史证明，阿西莫夫具有超乎寻常的预见能力。毫无异议，阿西莫夫是"世界上最伟大的科幻小说家之一"。1974年，书评家小约瑟夫·帕侨奇称："对许多人来说，艾萨克·阿西莫夫这个名字就是科幻小说的代名词。"

第四阶段：科幻影视形态的"元宇宙"

科幻电影通过影视技术，增强视觉和听觉效果，是科幻文学和视觉艺术、科幻文学家和电影艺术模式再创造的结合，更直觉地展现科幻文学的人物和氛围。

自20世纪以来，欧美科幻片影视可分为几个时期：（1）萌芽期（19世纪末期至20世纪40年代）。科幻电影自电影发明不久后的默片时代就存在了。19世纪90年代的代表作有一分钟的《机器屠夫》(The Mechanical Butcher) 和两分钟的《一位20世纪的外科医生》。20世纪早期代表作有《月球旅行记》(Le voyage dans la lune)、《大都会》(Metropolis)、《弗兰肯斯坦》(Frankenstein)、《化身博士》(Dr. Jekyll and Mr. Hyde)、《海底两万里》(20 000 Leagues Under the Sea)、《失落的世界》(The Lost World)、《神秘岛》(The Mysterious Island)。20世纪30年代，好莱坞全面崛起，其科幻片偏爱恐怖、悲观和浪漫色彩的疯狂科学家主题，代表作有《弗兰肯斯坦的新娘》(The Bride of Frankenstein)、《弗兰肯斯坦的儿子》(The Son of Frankenstein)、《隐身人》(The Invisible Man)、《金刚》(King Kong)。（2）成长期（20世纪50年代至60年代）。20世纪40年代，受"二战"的影响，好莱坞科幻片没有显著发展，但是巩固了好莱坞科幻片的叙事模式。20世纪50年代,冷战对人们心理影响显著,好莱坞科幻片更加依赖特技的运用,常以外星人、怪兽或核战争为主题。代表作有《地球停转之日》(*The Day the Earth Stood Still*)、《X放射线》(*Them!*)、《两万英寻下的怪兽》(*The Beast from 20 000 Fathoms*)、《火星人入侵》(*Invaders from Mars*)、《外星人大战地球》(*The War of the Worlds*)、《盗尸者入侵》(*Invasion of the Body Snatchers*)、《惑星历险》(*Forbidden Planet*)、《苍蝇》(*The Fly*)、《海滨》(*On the Beach*)。20世纪60年代代表作有《太空登月记》(*Countdown*),还有经典之作《2001太空漫游》(*2001: A Space Odyssey*)——这部美英合拍的影片无论在故事情节、思想内涵还是特技效果上都达到了相当的高度。(3)繁荣期(20世纪70年代至80年代)。20世纪70年代的代表作有《五百年后》(*THX 1138*)、《星球大战》(*Star Wars*)、《傻瓜大闹科学城》(*Sleeper*)、《第三类接触》(*Close Encounters of the Third Kind*)、《异形》(*Alien*)。20世纪80年代有《星球大战2:帝国反击战》(*Star Wars: Episode V-The Empire Strikes Back*)、《星球大战3:绝地归来》(*Star Wars: Episode VI-Return of the Jedi*)、《E.T.外星人》(*E.T. the Extra-Terrestrial*)、《终结者》(*The Terminator*)、《回到未来》(*Back to the Future*)等。(4)新生科技期(20世纪90年代至今)。1990年以后,好莱坞科幻片在故事上乏善可陈,但是,电脑特技移植银幕,大量倚赖电脑合成影像(CGI),画面精美逼真,形成对视觉效果的巨大冲击力。特别是互联网全面兴起,促使了深入探讨人与电脑(资讯网络)关系的电影诞生。最有代表性和震撼性的莫过于1999年全球上映的影片《黑客帝国》,一个看似正常的现实世界可能被名为"矩阵"的计算机人工智能系统所控制。之后,该系列还有《黑客帝国2:重装上阵》(*The Matrix Reloaded*)和《黑客帝国3:矩阵革命》(*The Matrix Revolutions*)以及另一部跨世纪科幻影片，1999 年的《星球大战前传 1：幽灵的威胁》(*Star Wars: Episode I-The Phantom Menace*) 和 2002 年的《星球大战前传 2：克隆人的进攻》(*Star Wars: Episode II-Attack of the Clones*)。

自 20 世纪 90 年代，好莱坞科幻片在高科技中探索前进，形成硬科学和超级想象力结合、特技手段实现虚拟现实、时空无限且观众实现沉浸式遐想、通过善恶科学家展现正义力量等特征。

第五阶段：电子游戏形态的"元宇宙"

电子游戏包括了计算机单机游戏和网络游戏两个基本类型。通常认为，电子游戏是基于电子设备平台，或者以电子设备为媒介的交互性游戏行为。按照这样的定义，电子游戏的初始时间可以追溯到 1947 年。1947 年 1 月，小托马斯·T. 戈德史密斯和艾斯托·雷·曼设计了用 8 根真空管（电子管）模拟飞弹对目标发射。这个发明在 1948 年 12 月正式获得《阴极射线管娱乐装置》专利。电子游戏的核心特征就是与生俱来的"科技"基因、计算机和人工智能。

20 世纪 50 年代初至 20 世纪 60 年代初是早期的电子游戏萌芽期。1951 年，牛津大学的计算机教授克里斯托弗·斯特雷奇（Christopher Strachey, 1916—1975）编写了第一个跳棋程序，开始运用 AI 概念。1952 年，A·S·道格拉斯（A. S. Douglas）在剑桥大学基于 EDSAC 电脑开发了 *OXO*——一个图形版本的井字棋游戏，透过阴极射线管显示记忆体内容，展示人机互动。1958 年，曾参与开发了世界上第一颗原子弹的美国物理学家威廉·辛吉勃森（Willian Higinbotham, 1910—1994）设计了一款名为《双人网球》(*Tennis for Two*) 的游戏，公众可以在示波器上打网球。在电子游戏的历史上，《双人网球》被认为是世界第一款电子游戏，威廉·辛吉勃森姆也因此成为电脑游戏的开山鼻祖。

20世纪60年代早期至20世纪70年代是电子游戏进入产业化发展期。电子游戏伴随计算机技术的发展而不断成长。20世纪60年代早期，不仅计算机技术全面发展，而且因为BASIC语言的第一版正式诞生，计算机软件进入了快速发展阶段，电子游戏进入显著发展时期。这时发生了一件突破性事件。1961年，麻省理工学院（MIT）学生史蒂夫·拉塞尔（Steve Russell，1937—）和他的几位同学，借助该校林肯实验室1956年研制的世界上第一台晶体管计算机，编写了一段太空射击模拟程序，包含了电子游戏的基本理念，并将其称为《太空大战》（Space Wars）。这款太空战模拟游戏，可以支持两人远程连线，成为通过计算机运行的第一款交互式打字游戏。《太空大战》包括了后来品种繁多的网络游戏的雏形。但是，在这个时期，受制于计算机软硬件的局限性，大多数游戏作为实验品运行在高等学校的实验室中，关机后数据会丢失，并不具有连续性和普及性。

20世纪70年代，电子游戏迎来了产业化的曙光。1971年，麻省理工学院的诺兰·布什内尔（Nolan Bushnell，1943—）设计出第一台商业用投币式游戏机，这个街机游戏的名字叫《电脑空间》（Computer Space），其主题是两个玩家各自控制一艘外太空战舰，向对方发射导弹进行攻击，填补了电子游戏在商业市场的空白。

第二年（即1972年），布什内尔和他的朋友达布尼（Ted Dabney，1937—2018）注册成立了电子游戏公司——雅达利（Atari）。雅达利推出了革命性的游戏《乒乓》（Pong），并获得成功。从此，电子游戏开始走进了人们的娱乐生活，被大众接受，开创了辉煌的街机产业。之后，该公司生产了家用主机雅达利2600（Atari 2600），消费者可以在家中玩到那些喜爱的街机游戏，电子游戏产业得以蓬勃发展。但是，雅达利因为一系列战略性失误，导致"雅达利大崩溃"（Atari Shock）。颇具讽刺意义的竟是雅达利靠500美元起家，最后被500万美元卖出。一代电子游戏巨头最终倒下。但是，在雅达利2600火热的时期里，还是诞生了诸如《宇宙入侵者》（Space Invaders）、《银河战士》（Galaxian）、《吃豆人》（Pac-Man）、《打砖块》（Breakcut）、《玛雅人的冒险》（Pitfall）等经典游戏，它们成为一代人的记忆。

20世纪80年代是电子游戏成熟期。20世纪80年代上半期，雅达利破产导致电玩产业大萧条。这样的背景推动了任天堂红白机FC的诞生，也因此导致了任天堂的崛起，和其长达10余年独霸家用游戏机统治地位，以及确立现代电子游戏标准，成为现代游戏产业的开创者。在FC时代，经典游戏有《超级马里奥兄弟》（Super Mario Bros）、《勇者斗恶龙》（Doragon Kuesuto）、《最终幻想》（Final Fantasy）、《塞尔达传说》（The Legend of Zelda）、《魂斗罗》（Contra）、《坦克大战》（Battle City）、《冒险岛》（Adventure Island）、《双截龙》（Double Dragon）、《街头霸王》（Street Fighter）、《忍者龙剑传》（Ninja Gaiden）、《热血系列》（Kunio-kun）等。

但是，在家用游戏机的黄金时期，PC游戏也开始悄悄萌芽。因为计算机软硬件技术的进步，多媒体技术也开始成熟，3dfx公司的3D显示卡给行业带来了一场图像革命以后，PC游戏成为实践这些技术进步的先行者。不仅如此，PC游戏不需要考虑游戏机的兼容问题，具有开发和初学者入手相对容易的特征。尤其是，1989年，由Ubisoft、Broderhund公司开发的基于APLE2平台的《波斯王子》（Prince of Persia），成为ACT（动作）电脑游戏的鼻祖，代表了当时电脑技术的最高水平。

20世纪90年代是网络游戏时期。进入20世纪90年代，计算机技术发展加速，Windows 95版本的操作系统是一个重要的里程碑。此后展示电子游戏的技术手段越来越多，电子游戏设计方法标准化，且设计师分工明确，可以充分发挥自己的想象，为玩家营造一个更加真实的游戏世界。由此形成了电子游戏的庞大产业规模。1994年，索尼Play Station（简称PS）的发布，开启了3D游戏时代，标志着任天堂和其FC统治了长达10余年的霸主地位的终结。1993年，世嘉公司（SEGA）推出了第一款3D格斗游戏——《VR战士》（*Virtua Fighter*）。

20世纪90年代，互联网获得广泛推广和应用，为电子游戏的发展带来了强大的动力。进入21世纪，网络游戏成为电脑游戏的一个新的发展方向，电脑游戏进入网络游戏历史阶段。网络游戏，即在线游戏（online game），简称"网游"，是游戏客户以互联网为传输媒介，以游戏运营商服务器和用户计算机为处理终端，通过实现端软件为信息交互窗口连接的电子游戏新形态。网络游戏区别于普通单机游戏的根本特征是多人互动游戏，把社会性协作引入游戏中——生产、战斗、采集。

网络游戏的巅峰之作是1994年动视暴雪公司（Blizzard）推出的《魔兽争霸：兽人与人类》（*Warcraft: Orcs & Humans*）。之后，《魔兽争霸》系列游戏经过长达10年的发展，《魔兽争霸》史诗般的背景、庞大的历史架构、巨大而完善的故事情节所构成的魔幻世界，被广大玩家接受和推崇。《魔兽争霸》开创了即时战略联网模式的先河，大量快捷键的操作设定使即时游戏的多人模式得以发端，为以后角色扮演游戏（RPG）的发展提供了技术思路。据统计，2010年10月，"魔兽世界"会员的最高峰是1 200万户；2015年10月，依然有550万户。截至2014年1月，"魔兽世界"累计登记的终身账号数量超过1亿。如何解释"魔兽"现象？根本原因在于其内在生命力，而支撑这个生命力的是嵌入崭新文化基因，颠覆传统观念、信念和价值观的多维时空概念，能量概念，族群概念，共享经济概念，全新生命概念，以及正义对抗邪恶的价值观念。魔兽玩家在其中可以产生一种在虚拟世界的参与感和互动体验。在这个过程中，虚拟世界会导致对真实世界产生幻觉，影响对真实世界的感觉和意识，使玩家相信不论是技术的，还是经济的、政治的"王权"都没有可能挑战永恒，为玩家提供了一种新的世界观框架。

之后，1996 年，暴雪公司推出的一款经典游戏——《暗黑破坏神》（*Diablo*），是 RPG 成功的典范，并开启了 RPG 向 ARPG 的转变，网络游戏开始转向动作角色扮演类游戏。1998 年，暴雪公司推出《星际争霸》（*Star Craft*）。这些都是网络游戏发展史上的重要里程碑。

电影和电子游戏，都是以视听元素为体验方式的媒体艺术，并且拥有相似的制作手段和消费群体。但是，两者又具有天生的差别，比如电影线性的叙事结构、从头至尾的观赏方式是电子游戏所不具备的；而电子游戏以互动性为前提的形式特点，也是电影所不具有的。大部分这类影片的导演都是随着电子游戏发展成长起来的一代，他们从主观上更加认同电子游戏的娱乐和艺术功能。电子游戏的思维方式和结构方式，对电影创作方法、电影美学产生了巨大影响，非线性结构已经成为现代电影流行的结构方式。

2000 年至今是电子游戏产业繁荣期。进入 21 世纪，电子游戏产业呈现"百花齐放"之势，在画面和声音等方面技术不断提高，玩法和剧情更加丰富，操作越发人性化，人物的移动效果等更加流畅。此外，虚拟现实（VR）技术获得普遍应用，开发成本降低，形成不断扩大的大众消费市场，人们似乎能够从中窥探到未来游戏的样子。电子游戏实现了虚拟与现实的结合，让游戏玩家获得一种在其他任何地方都无法获得的巨大的虚拟成就感和满足感。

2001 年，微软异军突起，凭借 Xbox 打入主机市场。2002 年，微软上线 Xbox Live 订阅服务，并通过《光环》（*Halo*）主机游戏提供多人在线游戏体验。随着 PC 游戏性能的日益强大，许多游戏厂商的游戏研发方向开始转向多平台研发，因此，除了部分 PS 的独享游戏之外，许多经典游戏都面向多个平台开放。2004 年，个人电脑在线角色扮演游戏《魔兽世界》（World of Warcraft）开始发行。

2005 年，大型多人在线游戏（MMO）运营商 Gameforge 推出《银河帝国》（OGame），该游戏具有一整套科学的数学框架，其中的规则被后来很多游戏所沿用。2007 年，Travian 公司制作发行《部落战争》（Travian），做了更多改进，更具可玩性，并加入了道具的购买。2007 年，苹果公司推出 iPhone 智能手机。2008 年，韩国 Smile Gate 公司推出的《穿越火线》（Cross Fire），游戏中以两大国际佣兵组织为背景，有团队模式、战队赛、爆破模式、幽灵模式等多种模式，引进了"缺人补充"形式的即时加入系统。游戏消耗品 GP 点、CF 点、火线币等游戏币出现。2009 年，移动端的《愤怒的小鸟》（Angry Birds）成为下载量最多的免费游戏。同年，免费多人在线游戏《英雄联盟》（League of Legends）成为世界上最大的电子竞技运动。

2010 年，电脑游戏《我的世界》（Minecraft）开始公测。2011 年，游戏视频流媒体服务 Twitch 发布上线。2012 年，手机游戏《糖果传奇》（Candy Crush Saga）让有限关卡和应用内付费变得流行。2013 年，主机游戏《侠盗猎车手 5》（Grand Theft Auto V）在发行第一日就赚取了 8 亿美元。2016 年，增强现实（AR）手机游戏《宝可梦 GO》（Pokémon GO）在一年之内达到了 5 亿次下载量。2017 年，任天堂发布了手持游戏主机 Nintendo Switch。2018 年，电脑和主机端游戏《堡垒之夜》（Fortnite）被移植到手机端。

这个时代电子游戏的特征：计算机技术促进了游戏产业的发展，随着处理器和内存的升级换代以及电子音像技术的发展，图像和声音逐渐取代文字，成为电脑游戏的主要元素，从最初的黑白，到 2D 彩色，再到

3D，视觉震撼逐渐强烈。电子游戏作为当代典型的复合型游戏，更具有创新力和张力，超越了科幻电影的发展和演进，对社会的影响越来越大。简言之，计算机和互联网的发展改变了民众的游戏形式，但是，电子游戏发展成为计算机软硬件升级的重要推动力。

从20世纪70年代的经典之作《太空入侵者》(Space Invaders)，到20世纪90年代的《微软纸牌合集》(Microsoft Solitaire Collection)，再到2010年《我的世界》(Minecraft)，代表了各式各样的风格、时代和技术。需要强调，1986年，一位程序员，也是世界上第六位太空游客理查德·盖瑞特（Richard Garriott），自主开发了名为《创世纪》(Ultima)的游戏，自此打开RPG游戏的大门，玩家具有根据对话和游戏任务的行为自由，影响游戏角色的世界观和游戏进程，这种道德机制后来成为欧美RPG游戏的典型特征，影响了RPG游戏的发展，根本改变了电子游戏的结构。在一个写实或虚构世界中活动，游戏成了一种社交方式，成了一种如看小说和电影般的艺术体验，电子游戏已经融入人们的生活当中。

21世纪以来电子游戏的发展趋势表明，电子游戏不仅是主流艺术形式，也势必成为人类历史上最重要的艺术形式之一。与其他艺术形式不同，游戏与现实可以发生多维度的碰撞，并在这个过程中创造一个虚拟的世界。电子游戏的重要优势是具有参与性，因为游戏具有对所有人的吸引力，人们因参与和享受游戏而改变自身，进而改变世界。联合国及相关机构已经充分认识到游戏作为一种文化产品的价值，并且试图利用游戏这一新兴媒介，对广大的人群施加影响。联合国环境规划署（UNEP）在2020年发布的《"玩游戏，救地球"影响力年度报告》中曾指出："如果你拥有数百万的月度活跃用户，你的影响力会比自身减排更大。"

非营利组织"变化中游戏"（Game for Change）联合总裁阿斯·布拉

克厄（Asi Burak）提出，"我希望通过探索电子游戏如何开创社会变革，游戏故事如何能够提供其他艺术形式没有的沉浸式方式，来让更多人关注社会和政治问题"，因为"电子游戏的未来将是一场全球性运动"。在《集中攻势：电子游戏如何拯救世界》（Power Play: How Video Games Can Save the World）一书中，作者提出了电子游戏在世界范围内引领了创新的社会变革。

2020年，当游戏开发商Epic Games陷入和苹果公司的官司后，《堡垒之夜》被从苹果应用商店下架。同年，微软、英伟达、谷歌和亚马逊都发布了云游戏服务。游戏主机PlayStation 5、Xbox X 和S系列都被发布。

截至2020年6月，全球范围内有20亿电子游戏玩家。其中15亿玩家更愿意用个人电脑（personal computer）玩游戏，而移动端玩家也人数近半。[1] 当今，科学证明，电子游戏可以刺激大脑区域，增加大脑海马体中的灰质，改善和提高玩家一系列认知技能：推理、记忆和感知能力。

2020年游戏产业全年营收达到1 650亿美元；其中移动游戏达到850亿美元（52%），电脑游戏400亿美元（24%），主机游戏330亿美元（20%）。生产游戏的公司也正在成为拥有巨大影响力的商业巨头。据DFC Intelligence统计，全球有大约31亿视频游戏玩家，即大约占全球人口的40%。世界十大游戏公司是博天堂娱乐（918 Entertainment Culture Limited）、美国艺电（Electronic Arts）、维旺迪（Vivendi）、任天堂（Nintendo）、凯时娱乐（Fnatic）、育碧（Ubisoft）、科乐美（Konami）、卡普空（Capcom）、利来国际（LeRoy）和腾讯游戏。

---

[1] Connor Williams, Gaming: Study Reveals How Much of the Global Population Now Plays Video Games, GiveMeSport, 2021年2月24日, https://www.givemesport.com/1653435-gaming-study-reveals-how-much-of-the-global-population-now-plays-video-games.

第一章 历史起源：元宇宙是创造还是再发现

在电子游戏的历史演变过程中，大师辈出，他们都是具有理念和理想的，最有代表性的是《文明》的设计者西德尼·梅尔（Sidney Meier，1954— ）、《德军司令部3D》的设计者约翰·卡马克（John Carmack II，1970— ）、《创世纪》系列的设计者理查德·加里奥特（Richard Garriott，1961— ），以及任天堂游戏文化的缔造者宫本茂（Shigeru Miyamoto）。梅尔被称为电脑游戏的"教父"。

元宇宙与虚拟世界、虚拟空间、虚拟现实、虚拟经济、电子游戏、虚拟游乐园、新应用商店、新用户生成平台是不同的。前亚马逊工作室战略主管马修·波尔（Matthew Ball）总结了元宇宙的特性，即长期存在、即时、没有参与限制，并且参与者自主权高、功能完备、提供跨界体验、交互性强、内容与体验的贡献者来源广泛。[①] 发源于电子游戏的"元宇宙"试验，已经全面开始。

---

① Matthew Ball, The Metaverse: What It Is, Where to Find It, Who Will Build It, and Fortnite, *MatthewBall.Vc* (blog), 2021 年 6 月 19 日，https://www.matthewball.vc/all/themetaverse.

重构科技人文之变时代的界面[①]

> 宇宙瞬间万变,生命在于提出见解。
>
> ——德谟克利特

21 世纪 20 年代,人类开始进入基于数字经济和传统实体经济的二元社会,告别现代化的工业和技术落后的传统农业同时并存的二元社会。这样的新二元世界,是一个强烈反差的世界、冲突遍布的世界、挑战蔓延的世界。人们原有的智慧、理论和经验,是滞后的,而且常常是片面的。真实的历史场景多样、分裂和复杂,至少有如下特征和趋势:

- 全球化危机和地缘政治危机呈现互动状态;
- 世界范围内的经济、金融、能源、生态、政治和社会的各类危机整体化、常态化;
- 经济增长的极限和科技奇点(technological singularity)同时逼近;
- 科技进步、物质财富增长和贫富差距扩大,存在一个尚未解决物质温饱的规模群体;
- 数字经济存在"异化"倾向,数字鸿沟正在形成;
- 资本和垄断不是削弱,而是增强,太空资本主义兴起。

[①] 本文系作者 2020 年 12 月 22 日在苇草智酷主办的"界面:新时代科技人文之变——第四届互联网思想者大会"上的发言,题目是《重新测绘三个界面》。

第一章 历史起源：元宇宙是创造还是再发现

这个世界，不仅受制于自然规律、经济规律和社会规律，而且受制于科技规律，其中的"颠覆定律"更是如影相随。

人类处于强烈的反差之中：一方面，存在乐观、希望、合作、创新、普惠和分享；另一方面，存在悲观、绝望、断裂、守旧、垄断和寡头。这样的反差，其深刻程度远远超过查尔斯·狄更斯（Charles Dickens，1812—1870）在《双城记》（*A Tale of Two Cities*）中所说的那个"既是最好，也是最坏；既是智慧，又是愚蠢"的时代。所以，人类需要新智慧、新思维、新方法和新技术，寻求缓和危机、减少冲突、增加共同福祉的路径。重新测绘和构建这个时代的界面（interface），就是一种选择。

使用"界面"这个词基于三个原因：其一，界面是物体和物体之间的接触面。数字化的底层的构成是各种物质和物理的层面，所以存在不同类型的相与相的界面。其二，界面还有接口的含义，是编程语言中接口操作的关键字，也是实现物质相与相、软件之间连接的媒介。没有接口，就没有数字技术的"兼容""集合"和"封装"。其三，界面是人与物体互动的方式，设计师的界面设计，不仅改变物体的存在形式，而且改变物理存在与人的关系。1962年，作为技术决定论者的麦克卢汉（Marshall McLuhan，1911—1980），将界面概念延展到机器和人的关系。从此以后，"界面"还有了"人与机器交互的接触面"的内涵。

现在，界面概念已经超越物理和物质范畴，日益普及，甚至无所不在，充斥于人们的生活、学习和工作。这个世界的物质形态、观念形态、生命形态、人文形态和社会系统，最终需要通过界面和接口得以连接和融合。那么，当代人类究竟需要构建哪些重大界面和需要的接口，来弥补普遍存在的社会性、伦理性断裂及违背公义的反差？主要集中在以下四个方面：

- 传统与转型的界面和接口。这个时代是转型推动转型、转型加速转型的时代，但是这不意味着抛弃所有传统。这不仅因为很多传统需要传承，而且因为很大的群体依然生活在传统文化和经济主导的社会，而不是科技革命主导的社会。
- 信息与物质的界面和接口。这个时代，一方面，物资资源开发、物质性生产、物质产品消费，几乎达到了极致；另一方面，信息及信息背后的大数据正在爆炸性地膨胀。控制论创始人诺伯特·维纳（Norbert Wiener，1894—1964）没有对信息做正面的回答，只是对信息做了一个否定的排他性的回答："信息就是信息，不是物质，也不是能量。"现在，来自物理世界热力学定理的"熵"和来自信息世界的信息"熵"正在汇合，形成对人类社会的深层威胁。
- 市场与政府的界面和接口。信息时代和工业时代完全不同，在信息时代，市场的经济活动和政府治理行为，都需要通过互联网平台和大数据管理实现。所谓的完全市场竞争和任意的政府干预都难以成立。
- 科学与伦理的界面和接口。现代科技存在内在的结构和扩张机制，导致科学有强大的自我发展能力。海德格尔在1966年接受《明镜》记者采访时说，"科技革命越来越把人从地球上脱离开来，并且连根拔起"。科技发展，造成了与日俱增的社会和伦理问题。解决之道包括科幻小说家阿西莫夫1940年在《我，机器人》中提出的关于人类和机器人"和平共处"的三大法则。

这样的界面和接口同时具备四个功能：

- 制度性功能。只有将制度和界面、接口加以结合，这样的界面和接口才可能是稳定的、可持续的。
- 技术性功能。现在的界面和接口需要可以不断更新和升级的技术支撑，以实现不同界面的界定和组合。
- 媒体性功能。媒体是人类实现交流和沟通的界面。在数字技术的推动下，构建集公共传播、信息、服务、文化娱乐、交流互动于一体的数字界面。
- 人机对话功能。通过构建人机界面和接口，实现人、信息和物理世界的组合。在人工智能时代，需要不断调整人类和智能机器人之间的界面关系。

需要特别指出的是，不要以为人类可以完全垄断未来世界界面的绘制和重构。现在的地球，人类已经不再是唯一的主宰。因为除了人类之外，还有受人类影响却具有自我生命力的技术体系，特别是 AI，以及完全不受制于人类的非人类因素，例如，微生物界和新冠肺炎病毒，都会对未来世界的构造（configuration）产生不可低估的影响。例如，在 2020 年新冠肺炎疫情暴发之前，几乎没有人预见到，直径大小在 60 纳米～140 纳米的新冠肺炎病毒（COVID-19）将改变地球数十亿人的生活、工作和交往方式。所以，人、技术和自然界是未来世界界面的三个相互依存的支点。

前些年，将人类定义为地球的新主人，甚至唯一主人的"人类世"概念，一度很为流行。事实上，人类提出所谓的"人类世"，以为可以按照人的意志继续改造世界的时候，已经陷入致命的自负，加速和加剧了地球上危机的积累。

1931 年，爱因斯坦提出了迄今为止最为深刻的一个现代科学与经验的悖论：按照牛顿的体系，物理变化是由空间、时间、质点和力（质点）

的相互作用等概念表征的……

詹姆斯·克拉克·麦克斯韦（James Clerk Maxwell，1831—1879）之后，人们则认为，物理变化是由连续的场来代表的，它服从偏微分方程，人不能对它做机械论的解释。实现概念的这一变革，是物理学自牛顿以来最深刻和最富有成效的变革……

上文所阐述的见解——基础的科学理论具有的虚构性，逐渐能从以下事实中找到根据：在思维中，一边是基本概念和定律，另一边则是必须与我们的经验相关的结论，这两者之间的距离越拉越大。逻辑结构越简单，用以支持逻辑结构而在逻辑上独立的概念成分也就越少。

现代科学演变、现代技术创新，并非与现代经验和逻辑结构相一致。所以，人类需要寻找一种可以集合界面和接口的存在，一种"统一场"，元宇宙便被赋予了这样的功能与期望。元宇宙技术将有助于拓展人们对界面和接口的认知，重构现实和虚拟二元社会的界面系统。被元宇宙所包容的未来界面和接口应该是多维度的和动态的，人们可以通过某种方式进入界面，减少各种方式的"内卷"，让更多的人，而不是少数人，成为数字化转型的受益者和分享者。

第二章

元宇宙的科学基因

元宇宙与生俱来的科学基因，与不断加剧的科技革命，以及没有休止符的人类想象力相结合，形成了元宇宙内生和外生的混合动力。

元宇宙的深层科学原理[1]

时空告诉物质如何运动，物质告诉时空如何弯曲。

——约翰·惠勒

量子力学奠基人尼尔斯·玻尔（Niels Henrik David Bohr，1885—1962）说过："我们视为真实的万物，都是由那些不能视为真实的事物所组成的。""元宇宙"包含深层科学技术原理，主要涉及四大门类的科学：第一类，计算机科学；第二类，"信息论""系统论""控制论"；第三类，相对论和量子力学；第四类，弦理论、超弦理论和 M 理论。

计算机科学

元宇宙是信息的集合。探究元宇宙的科学原理和试验，数学家、逻辑学家、计算机逻辑和人工智能奠基者艾伦·麦席森·图灵（Alan Mathison Turing，1912—1954）和冯·诺依曼（John von Neumann，1903—1957）是不可逾越的。

---

[1] 本文系作者计划撰写的《元宇宙的科学原理》其中一章节的节选。

图灵和图灵机

1936年，年仅24岁的图灵完成《论数字计算在决断难题中的应用》论文。图灵在该论文的附录部分，描述了一种可以辅助数学研究的机器，即"图灵机"（Turing Machine），或者"确定型图灵机"。"图灵机"的本质是一种抽象计算模型，在更抽象的意义上，是一种数学逻辑机，等价于任何有限逻辑数学过程的终极强大逻辑机器。

图灵机作为一个抽象的机器，有一条无限长的纸带，纸带被分成了一个一个的小方格，每个小方格有不同的颜色。有一个机器头在纸带上移来移去。机器头有一组内部状态，还有一些固定的程序。在每个时刻，机器头都要从当前纸带上读入一个方格信息，然后结合自己的内部状态查找程序表，根据程序输出信息到纸带方格上，并转换自己的内部状态，然后进行移动。

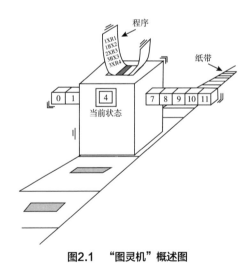

图2.1 "图灵机"概述图

资料来源：https://blogs.warwick.ac.uk/images/jmiles/2006/12/21/turingmachine.png

第二章 元宇宙的科学基因

图灵创造"图灵机"的初衷是为了回答希尔伯特（David Hilbert，1862—1943）"数学是万能的吗"的终极之问。图灵在论证的过程中，不仅给以否定的回答，而且提出并框定了计算机的能力边界：数学能解决的问题，计算机就能解决；数学解决不了的，计算机也无能为力；数学不是万能的，计算机也不是万能的。

"图灵机"给出了计算机工作的理想模式。计算机的极限计算能力就是通用图灵机的计算能力。人们判定某台机器是通用计算机，就必须先证明它是图灵等效的。"图灵机"展示这样一个过程：按程序一步一步运行，直到给出结果，都可以先保存到存储带上。"图灵机"在计算机科学方面有如下贡献：（1）定义了计算机能力的边界，也就是可计算理论；（2）证明了通用计算理论，肯定了计算机实现的可能性；（3）给出了计算机应有的主要架构和组成部分；（4）提出了存储程序的最初思想；（5）引入了读写、算法和程序执行概念，极大地突破了过去的计算机的设计理念。

"图灵机"的思想是深邃的。其变革意义在于：人们在特定环境中看到、听到、闻到、感觉到所形成的输入状态集合，都可以表现为输出集合。也就是说，人们的每一个思考和决策都可以被抽象地看成一个图灵机。只要图灵机具有了内部状态，它就相应地具有了记忆。这个记忆就是与人类记忆并行的记忆。说到底，大自然的本质是基于计算的。"图灵机"第一次试图通过纯数学的符号逻辑和实体世界建立联系，将人们使用纸笔进行数学运算的过程进行抽象，由一个虚拟的机器替代人们进行数学运算。后来，计算机科学和"人工智能"技术的推进，都基于"图灵机"的设想。

1950年，图灵发表了题为《计算机器与智能》（*Computing Machinery and Intelligence*）的论文，第一次阐述了"机器思维"和"图灵测试"

（Turing test）的概念。①这篇文章为图灵赢得了"人工智能之父"的称号。图灵在这篇论文中写道：如果从拉格朗日（Joseph-Louis Lagrange，1736—1813）原理出发，"只要给出宇宙中任意时刻所有粒子的位置和速度，就能够预知未来的所有状态。我们考虑的预测和拉格朗日相比较更接近于实用性。因为'宇宙是一个整的系统'，所以只要初始条件的一个很小的误差，就会引起系统在一段时间以后变得完全不同。某个时刻一个电子位置的亿万分之一厘米的偏移，将决定一个人会在雪崩中死去还是逃生。我们称为'离散状态机'的机械系统的一个核心性质就是，这样的现象会发生。即使是考虑一个实际的物理系统，而不是理想机器，只要知道了某个时刻足够精确的状态信息，也可以足够精确地预测未来的一切状态"。在这篇文章中，图灵从"人工智能"的核心思想出发，已经触及了元宇宙的深刻科学逻辑。无独有偶，图灵也借用了"雪崩"概念。

总之，"图灵机"是模拟人使用纸和笔进行数学运算过程的"理想机器"，是一切计算机的基本原理。"图灵机"开创了与真实世界平行的计算世界，是元宇宙的最早思想加上数学逻辑的试验。元宇宙就是算法宇宙，就是一种"图灵机"的扩展形态，其技术原理已经体现在"图灵机"所包含的数理逻辑之中。

冯·诺依曼和冯·诺依曼体系

冯·诺依曼不仅是数学家、科学家、物理学家，还是计算机、博弈论的奠基人，其时代性贡献是在计算机科学领域提出了"冯·诺依曼体系"。

第二次世界大战是计算机科学与实践的强大外在推动力。1939年秋，

---

① 参考自《计算机器与智能》，又名《机器能思考吗？》。

英国的图灵因破译工作的需要，参与了世界上最早的电子计算机的研制工作。在美国，军方为了解决大量军用数据的计算难题，组织科学家进行计算机研究。1946年，以电子管作为元器件的第一台现代电子计算机埃尼阿克①（Electronic Numerical Integrator and Calculator，ENIAC）问世。计算机时代由此真正开始。

在研制ENIAC过程中，冯·诺依曼和他的团队对ENIAC有着不可替代的贡献。1945年，冯·诺依曼小组确定了存储程序计算机的五大组成部分和基本工作方法，以及ENIAC程序存储解决方案。同年，冯·诺依曼小组发表了一个名为EDVAC的通用电子计算机的全新存储程序方案报告，系统介绍了制造电子计算机和程序设计的新思想。这份报告是计算机发展史上一个划时代的文献。1946年，冯·诺依曼和他的同事发表一份更加完善的设计报告——《电子计算机逻辑设计初探》，该报告明确提出数字计算机的数制采用二进制，计算机应该按照程序顺序执行：程序以二进制代码形式存放在存储器中；所有的指令都由操作码和地址码组成；指令在其存储过程中按照执行的顺序进行存储；以运算器和控制器作为计算机结构的中心。特别主要的是，根据"冯·诺依曼体系"，二进制的语言是计算机语言的本质。计算机硬件发展与汇编语言（assembly language）所代表的软件开发，不可分割，相辅相成。

如果说，"图灵机"是计算机的灵魂，是一个计算机的理论模型，本质上是状态机。那么，冯·诺依曼体系是图灵机的实现，是计算机的骨

---

① "埃尼阿克"共使用了18 000个电子管，另加1 500个继电器以及其他器件，其总体积约90立方米，重达30吨，占地170平方米，需要用一间30多米长的大房间才能存放，是个地地道道的庞然大物。这台耗电量为140千瓦的计算机，运算速度为每秒5 000次加法，或者400次乘法，比机械式的继电器计算机快1 000倍。当"埃尼阿克"公开展出时，一条炮弹的轨道用20秒钟就能算出来，比炮弹本身的飞行速度还快。

架，包括存储器（相当于存储带）、中央处理器（控制器及其状态，并且其字母表可以仅有 0 和 1 两个符号）和 IO 系统（相当于存储带的预先输入）。冯·诺依曼体系最大的创新在于程序和数据的存储，以此实现机器内部编程。

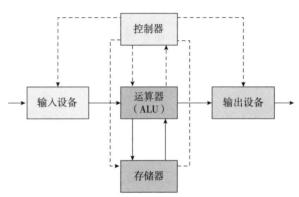

图2.2　冯·诺依曼模型框架图

资料来源：https://www.jianshu.com/p/2688f94df7c9

从 1946 年的 ENIAC，到当前最先进的计算机都采用的是冯·诺依曼体系结构。所以，冯·诺依曼被称为"数字计算机之父"。ENIAC 其实是图灵机的实践和实现。

自 1946 年第一代电子管数字机诞生开始，计算机经过了第二代的晶体管数字机、第三代的集成电路数字机，现在处于第四代大规模集成电路计算机历史阶段。在这个阶段很可能发生通用量子计算机的出世和冲击。在这个历史过程中，计算机编程语言经历了第一代机器语言、第二代汇编语言和第三代高级语言。计算机早已告别了稀缺时代，达到空前普及。

可以肯定的是，因为图灵和"图灵机"、冯·诺依曼和冯·诺依曼体系，人类通过计算机构建以数据和信息作为基础的平行世界，即元宇宙成为可能，支撑元宇宙的语言核心自然就是计算机编程语言。元宇宙是计算机科学体系演进的产物。

需要在这里提及：已经超过70多年历史的冯·诺依曼体系正面临着被非诺依曼结构（non von Neumann architecture）替代的可能性。所谓的非诺依曼结构是一种通过数据，而不是指令所驱动程序执行的计算机体系结构，以适应摩尔定律正在走向终结、计算机性能进入指数增长的历史时期。

现在几乎可以预见到，通过异构网络计算架构，引入人工智能，实现算力、算法、通信、存储的融合，完成大规模数据中心和小规模边缘结点的补充与结合，实现网络体系和网络空间革命性扩张，实现元宇宙与非诺依曼网络计算体系的关联与互动，很可能既为非诺依曼结构提供了重大应用场景，又成为元宇宙前途的关键所在。

"信息论""系统论"和"控制论"

元宇宙的本质是信息"块"的系统，而且需要置于"控制论"的机制中。所以，元宇宙的深层解读，需要引入"信息论""系统论"和"控制论"。

信息论

信息论是研究信息的理论。信息论形成于20世纪40年代。信息论的奠基人是克劳德·香农（Claude Shannon，1916—2001）[①]。1948年，香农发表论文《通信的数学理论》，首次建立了通信过程的数学模型。这篇论文和其在1949年发表的另一篇论文《噪声下的通信》，提出和阐述了

[①] 在"二战"期间，香农认识了图灵。图灵在美国期间，两人每天都相约喝茶、聊天。在后来的许多年里，他们也一直保持联系。

"信息熵"（entropy）的概念，证明熵与信息内容的不确定程度有等价关系，为信息论构建了理论框架。简言之，香农的信息理论，就是信息熵的理论。信息论中熵的概念不仅与物理学中的热力学熵有着紧密的联系，而且可以使人从中得到启发。

问题是，什么是信息？信息是什么？至今没有定论。比较公认的观点是：信息是事物及其属性标识的集合，或者信息是物质、能量的标示，或者信息是确定性的增加。香农本人的定义则最为著名："信息是用来消除随机不确定性的东西"。

归纳信息的性质如同定义信息一样困难，但是信息的广泛性、完整性和专一性无疑是信息的三个根本性的特征：四维空间充斥大量信息子；每个信息子不能决定任何事件，两个或两个以上的信息子规则排布为完整的信息，释放的能量才足以使确定事件发生；每个信息决定一个确定事件，相似事件的信息也有相似之处，其原因的解释需要信息子种类与排布密码理论的进一步发现。

关于信息论的通常定义是：信息论是一门基于数理统计方法，以通信系统的模型为对象，研究信息的度量、传递和变换规律的科学。信息论所探讨的是通信和控制系统中普遍存在着信息传递的共同规律，以及研究最佳解决信息的获限、度量、变换、储存和传递等问题的基础理论。信息论假说将物质与思想相统一。

信息论还可以分成三种不同类型：（1）狭义信息论；（2）一般信息论，主要是研究通信问题，但还包括噪声理论、信号滤波与预测、调制与信息处理等问题；（3）广义信息论。现在，信息论的研究领域已经扩大到所有与信息有关的领域，电子学、计算机科学、人工智能、系统工程学等学科，与心理学、语言学、神经心理学、语义学结合，发展成为一门研究信息系统的一般规律的科学。

元宇宙就是一个信息系统。信息熵的规律和信息论的其他规律都可以移植到元宇宙未来的构建和拓展中。

系统论

系统论思想源远流长。"系统"一词来源于古希腊语，是"由部分构成整体"的意思。美国理论生物学家L·V·贝塔朗菲（Ludwig von Bertalanffy，1901—1972），将系统论推进到科学层面。1932—1950年，贝塔朗菲先后提出了抗体系统论、系统论思想、一般系统论原理，奠定了这门科学的理论基础。直到1968年，贝塔朗菲发表专著——《一般系统理论基础、发展和应用》（General System Theory: Foundations, Development, Applications），该书被公认为是这门学科的代表作，确立了这门科学的学术地位。贝塔朗菲对此曾做过说明，英语system approach直译为"系统方法"，也可译成"系统论"，因为它既可代表概念、观点、模型，又可表示数学方法。他说，用approach这样一个不太严格的词，正好表明这门学科的性质特点。

世界上任何事物都可以看成是一个系统，系统不仅普遍存在，而且是多种多样的，可以根据不同的原则和情况来划分系统的类型。例如，按人类参与和干预情况，可以划分自然系统、思想系统、经济系统、社会系统；按学科领域可划分物理系统、生物系统、化学系统；按范围可划分宏观系统、微观系统；按与环境的关系可划分开放系统、封闭系统、孤立系统。此外还有平衡系统、非平衡系统以及大系统、小系统的相对区别。迄今为止，人们从各种角度上研究系统，对系统下的定义不下几十种，并无统一定论。但是，这并不妨碍系统论的演进。

所以，系统论就是具有哲学价值的世界观。贝塔朗菲系统论的基础是将世界理解为不同子系统构成的整体系统。贝塔朗菲否定笛卡尔奠定的分析方法：把事物分解成若干部分，抽象出最简单的因素来，然后再以部分的性质去说明复杂事物。根据贝塔朗菲的系统论，系统中各要素不是孤立地存在着，每个要素在系统中都处于一定的位置，发挥着特定的作用。系统整体功能并非要素孤立状态的简单之和，而是需要引入完整性、集中性、等级结构、终极性、逻辑同构等概念。贝塔朗菲借用亚里士多德的"整体大于部分之和"的名言说明系统的整体性。

贝塔朗菲的系统论可以分为狭义系统论与广义系统论两部分。狭义系统论着重对系统本身进行分析研究，广义系统论则是对一类相关的系统科学来理性分析研究。

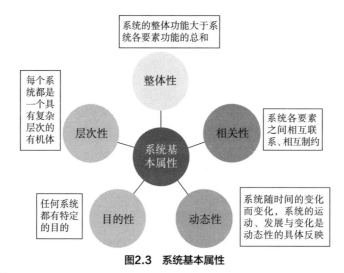

图2.3 系统基本属性

资料来源：http://www.cyikao.com/ylzp/mryl/35438.html

系统分析产生于20世纪40年代末期的美国兰德公司，早期主要用于武器系统的成本效益分析。20世纪60年代后，开始用于社会经济系统。当代的系统理论不仅与信息论和控制论紧密结合，而且融合耗散结构论、协同学、突变论、模糊理论等新兴科学理论，正在形成统一系统科学体系的趋势。系统论观念正渗透到每个领域，为解决现代社会中的政治、经济、军事、科学、文化领域的各种复杂问题提供方法论。

如果把世界上所有的存在划分为物质与精神世界的话,那么宇宙、自然、人类社会就通通属于物质与精神世界这个复杂的系统,这就是宇宙系统观。系统论的任务,不仅在于认识系统的特点和规律,更重要的是调整和优化整体以及组成系统整体各要素的相互关系。元宇宙无疑是一个具有自组织特征的复杂系统,而且连接物质与精神世界,所以,系统论的理论思想和方法将为元宇宙提供科学依据和思想资源。

控制论

"控制论"一词最初来源希腊文 κυβερνητης,原意为"掌舵的方法和技术"。在古希腊哲学家柏拉图的著作中,"控制论"用以表示管理人的艺术。1834 年,法国物理学家安培(André-Marie Ampère,1775—1836)写了一篇论述科学哲理的文章,将希腊文的 κυβερνητης 译成法语 Cybernetigue,管理国家的科学被称为"控制论"。

1948 年,美国应用数学家诺伯特·维纳发表了著名的《控制论:或关于在动物和机器中控制和通信的科学》(*Cybernetics or Control and Communication in the Animal and the Machine*)一书,揭示了机器中的通信和控制机能与人的神经、感觉机能的共同规律,以及在变化的环境条件下动态系统保持平衡状态或稳定状态的机制。

维纳发明"控制论"这个词,是受了安培等人的启发。更为深刻的背景是,20 世纪 30 年代至 20 世纪 40 年代,科学家开始对研究信息度量和反馈机理给予很大关注。其间,维纳是幸运的,有机会与神经生理学家、心理学家、医学家、神经解剖学家、数学家、逻辑学家、物理学家、电信工程师、控制工程师、计算机设计师、人类学家、社会学家等合作,参与生理学、病理学和心理学方面的多项实验,吸纳了火力控制系统、远程通信网络和电子数字计算机的设计经验,以及梅西基金会关于大脑抑制问题和反馈问题的一系列科学讨论会的成果。维纳在1945年前后,已经全方位地触及控制论的核心问题,进而将反馈概念推广到一切控制系统,把反馈抽象为从受控对象输出中提取一部分信息作为下一步输入而对再输出发生影响的过程。控制系统都是一种动态系统,未来在不断变化的环境中维持自身的稳定,内部都具有一种自动调节的机制。

控制论与随后形成的信息论有着基本区别。控制论用抽象的方式揭示包括生命系统、工程系统、经济系统和社会系统等在内的一切控制系统的信息传输和信息处理的特性和规律,研究用不同的控制方式达到不同控制目的的可能性和途径,不涉及具体信号的传输和处理。信息论则偏于研究信息的测度理论和方法,并在此基础上研究与实际系统中信息的有效传输和有效处理相关的方法和技术问题,如编码、译码、滤波、信道容量和传输速率等。

控制论的基础是信息,一切信息传递都是为了控制,而任何控制又都依赖于信息反馈来实现。信息反馈是控制论的一个极其重要的概念。控制论的核心问题是解决信息的提取、传播、处理、存储和利用等问题,涉及五个基本方面:(1)通信与控制之间的关系;(2)适应性与信息和反馈的关系;(3)学习与信息和反馈的关系;(4)进化与信息和反馈的关系;(5)自组织与信息和反馈的关系。控制论的基本方法则涉及四个方面:确定输入输出变量、黑箱方法、模型化方法和统计方法。

控制论具有跨学科基因。控制论体现了现代科学整体化和综合化的发展趋势,控制论的思想和方法已经渗透到了几乎所有的自然科学和社会科学领域,形成了诸如控制论、生物控制论、工程控制论和社会控制论等理论。控制论的应用范围覆盖了工程、生物、经济、社会、人口等领域,成为研究各类系统中共同的控制规律的一门科学。控制论通过自适应、自学习、自组织等系统，提供解决某些实际问题的途径。无论如何，控制论作为一门研究机器、生命社会中控制和通信一般规律的科学，从多方面突破了传统思想的束缚，为现代科学技术研究提供了崭新的科学方法，引发了当代科学思维方式和哲学观念的一系列变革。

在这里，特别值得回顾控制论引发的一场可歌可泣的政治试验。1970年当选为智利总统的萨尔瓦多·阿连德进行了他的"控制论"试验。那年，计算机科学还处于发展早期，"互联网"还在试验阶段，萨尔瓦多·阿连德就主持了"协同控制工程"（Project Cybersyn），或者称之为"超现代信息系统"，希望通过它实时地将数据从智利的国有工厂传输到位于圣地亚哥的一个运营中心，统筹管理国民经济。但是，这个由工程师、革命者、工人、艺术家和电子机器共同参与的试验，因1973年的军事政变和阿连德在总统府前饮弹身亡而彻底失败。[1] 人类历史上第一个覆盖全国的实时经济网络（Cybersyn）被迫终结。历史学家称阿连德是"控制论革命者"。

元宇宙具有一种专门设计用来校正行动和内部自动调节的机制，控制系统都是一种动态系统，可持续地从外部环境到系统内部进行信息传递，自适应、自学习、自组织，维持这个系统在不断变化的环境中的自身稳定。未来元宇宙应该是控制论的一种应用，而元宇宙的演进，将丰富控制论的思想、技术和方法。

相对论和量子力学

进入20世纪，物理学家在探索能量与物质结构之间的关系上，获得

---

[1] 智利1973年发生军事政变，造成数千人死亡，数万人入狱。皮诺切特（Augusto Pinochet，1915—2006）军政府完结于1990年。

了根本性的突破，广义相对论和量子力学诞生，并构成了现代物理学的两大基石：前者提出了物质间引力相互作用的理论，预言了宇宙大尺度下的众多现象；后者则对微观世界做出完美的描述。20世纪60年代至80年代先后形成的弦理论、超弦理论和M理论，又极大丰富了当代物理学思想。元宇宙的开发，需要现代物理学的支持，所以从相对论、量子力学到弦理论，都为元宇宙提供了科学思考的思想路径。

先说相对论和量子力学的时空观念。牛顿的宇宙，是平坦、空旷、绝对的空间。空间本身是一个固定的实体，有点像一个笛卡尔坐标网格：一个有x轴、y轴和z轴的三维结构。时间与物体的运动状态无关，总是以同样的速度流逝，而且是绝对的。牛顿宣称，时间"平等地流动，与任何外部事物都没有关系"。自爱因斯坦以来，如何解析时空和粒子的关系问题、如何理解时空，始终是物理学的核心课题。从广义相对论到量子力学，存在明显的三种时空观念。

1905年，爱因斯坦提出狭义相对论，提出空间和时间都与物体运动状态有关，证明存在"同时性的相对性"（relativity of simultaneity），颠覆了牛顿的经典时空观。1915年，爱因斯坦提出广义相对论引力方程的完整形式，这个方程是一个二阶非线性张量方程。"如果具备超强的计算能力，利用爱因斯坦的引力场方程可以推演出一个视界中物理系统演化的全过程，所以爱因斯坦戏称'我们生活在一个虚拟的世界'。"[1]"广义相对论"作为一种引力理论，描述宇宙中天体的引力作用，涵盖了时间和空间的关系，解释了物体质量和能量之间的转换。根据"广义相对论"，大质量物体，例如地球、太阳、星系，都会因为自身质量导致周围平滑时空弯曲，进而因为空间弯曲，直线运动就变成弯曲运动。而且，

---

[1] 楚风 2020. 经典时空观与相对论时空观［Z/OL］（2020-05-12）［2022-04-02］. https://www.bilibili.com/read/cv6032386/.

第二章 元宇宙的科学基因

任何物体周围都存在引力场,引力场存在于弯曲的时空里。"广义相对论"使物理学家一方面可以置身宇宙之外,另一方面却可以设想宇宙作为一个整体会如何表现。

"广义相对论"不能解释物理实在中的一些特点,特别是不可能给予世界的构成以终结性解释。"广义相对论"的这种局限性,通过量子力学得以弥补。量子力学的研究对象是原子、分子、凝聚态物质,以及原子核和基本粒子的结构和性质。量子力学描述的物质世界是多维时空和四维时空相互交错的地方。根据量子力学,粒子是量子场的量子,光由场的量子形成,空间也只不过是由量子构成的场,时间也在这个场的过程中形成。也就是说,构成世界的物质已经被极度简化为量子场。"世界、粒子、光、能量、空间和时间,所有这些都只不过是一种实体——协变量子场的表现形式。"从牛顿到量子力学,关于时空和粒子的不同解读模式见图2.4①。

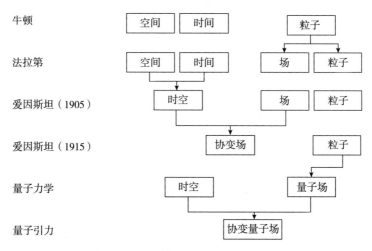

图2.4 关于时空和粒子的不同解读模式

---

① 卡洛·罗韦利.现实不似你所见:量子引力之旅[M].杨光,译.长沙:湖南科学技术出版社,2017:248.

量子力学得以构建，始于微观粒子波粒二象性的发现。所谓波粒二象性，指的是微观粒子，既是实体的微粒，又是非实体的物质波，例如原子、电子、质子等。而电子到底呈现微粒的性质，还是呈现波的性质，完全取决于是否有意识的参与，人是否对它进行了观察。因为观察是意识的功能，只是人们在观察和意识到这个物体的时候，这个物体得以被人的意识锁定，成为一种存在。于是，经典物理和传统哲学所认为的物质的客观实在性消失了。美国物理学与天文学家理查德·亨利（Richard Conn Henry，1940— ）提出：宇宙完全是心智性的（The universe is mental）。美国生物科学家罗伯特·兰扎指出：人们的意识创造了宇宙，而不是宇宙创造了人们的意识，时空是"意识工具"。[1] 没有意识，所有的物质都会处在一个不确定的状态下。不仅如此，时间不是真的存在，空间也只是人们感知事物的一个概念。如果将哲学引入量子力学，所得出的结论将是：人类所认识的物理实体世界，其实并非那么物理，并非纯物质和实体。丹麦物理学家玻尔有一个著名的说法："如果量子力学没有吓到你，那表示你还没搞懂它。每一个我们称为真实的东西，都是由不真实的东西组成的。"美国物理学家约翰·惠勒（John Wheeler，1911—2008）以超强的想象力天赋构想量子空间，将量子空间想象为一群重叠的几何物体，就像将电子看作电子云一样。惠勒终其一生，还是倾向于赞成莱布尼兹的观点：世界也许是一个幻觉，"存在"也许只是一个梦的思想。

总之，元宇宙绝非牛顿经典物理的时空状态，它包含质量和能量转换的内生动力，而且很可能本身就是一种"量子场"形式，与量子力学与全息宇宙的理论存在极大的重合性。不仅如此，元宇宙也是一种"信

---

[1] Robert Lanza, Bob Berman. *Biocentrism: How Life and Consciousness Are the Keys to Understanding the True Nature of the Universe*, 1st edition (Dallas, Tex.: BenBella Books, 2010).

息场"形式,具有虚拟特性、气息性。元宇宙所有这些可能性,意味着元宇宙与相对论和量子力学存在着不可分割的关联性。在元宇宙场中,实现了物质、能量和信息的统一。

弦理论、超弦理论和 M 理论

从物理学的视角认知元宇宙,还需要引入弦理论、超弦理论和 M 理论。

弦理论(String Theory)

在物理学体系中,弦理论是一个未被证实的,却已产生很大影响的理论物理的分支学科。弦理论的基本观点是:宇宙的基本单元不是电子、光子、中微子和夸克类的粒子,而是更小的线状"弦"。因为弦的振动和运动,一切的基本粒子才会出现,实现能量与物质转化。小至微观粒子,大至宇宙星际,都是由这些占有二维空间的"能量弦线"组成的。[①]

按照弦理论,在比原子核还小的普朗克尺度下蜷曲的弦,弥漫于空间微小的尺寸内,且在不停地振动。弦不同的振幅与频率就构成了不同粒子,各种不同的粒子只不过是弦的不同振动模式。这种思维完全颠覆了以往的宇宙学理论。有人把万有引力当作一种闭合的弦。弦理论引发

---

① 1926 年,爱因斯坦的同事卡鲁扎(Theodore Kaluza)率先发表一篇论文,之后玻尔(Niels Bohr)的同事克莱因(Oscar Klein)加以改进,形成了所谓的卡鲁扎 – 克莱因理论(Kaluza-Klein Theory),将 3+1 维的时空拓展为 4+1 维的时空,试图结合麦克斯韦的电磁学方程式、爱因斯坦的重力方程式,以及重力与光的结合,即第五维理论,可说是超弦理论的先声。当时的爱因斯坦大为震惊。只是因为第五维理论无法被观测,加之当时量子理论刚刚诞生并引发世界潮流,一般的物理学家存在对更高维度理论的先天偏见,卡鲁扎 – 克莱因理论胎死腹中。

了多维推论。人类生活所体验的是三维空间结构，爱因斯坦将空间与时间结合，描述和解析的是四维时空。弦理论则认为，除了时间与空间的四维外，还有七维空间。其中的六维蜷曲局限在普朗克尺度（10—35米）之下。这些维度因为太微小而无法被观测到，但是，它们类似植物纤维里藏着的三维。弦理论的弦尺度过小，所以存在着几种尺度较大的薄膜状物体。一维属于非常大的膜，宇宙、三维空间及其他维度都在这个膜上。直观地说，宇宙空间可能是9+1维时空中的D3膜。但是，万有引力的引力弦可以跨越很长距离，甚至超出宇宙，这就是"十一维弦空间"。弦理论的提出，表明在低维中观测到的不同粒子也可能是同一种粒子。在额外维数空间中，它们都是同一粒子不同方向运动的表现。一些弦理论学说不只是描述"弦"状物体，还包含了点状、薄膜状物体，更高维度的空间，甚至平行宇宙。

弦理论得到物理学家关注，影响广泛，是因为很多科学家一度认为它有可能解决量子力学与相对论的矛盾冲突，成为强有力的大统一的终极理论。但是，弦理论存在显而易见的缺陷：弦理论属于理论假说，其数学模型不成熟，体系庞大而抽象，任意调整性太强，缺乏精密论证且难以检验。所以，弦理论很快便被物理学冰冻起来，甚至有人提出"弦理论已死"。这是科学史上的莫大遗憾。正如物理学家爱德华·威腾（Edward Witten，1951—）所说："弦理论是21世纪的物理学，却意外落入20世纪。"然而，还是要肯定，虽然现在的观测手段不能直接观测到弦，但弦理论还是大大地拓展了人们的思维空间，奠定了超弦理论和M理论的基础。

超弦理论（Superstring Theory）

进入20世纪80年代，在弦理论的"初始版本"基础上，形成了"超弦理论"。1980年，史瓦兹（Melvin Schwartz，1931—2006）和迈克尔·格林（Michael Green，1946—）创建了第一个超弦理论模型，几乎包括全部已知粒子和场，揭示包括费米子和玻色子的对称和超对称关系，能够处理在十维空间里的开弦振，弦能够彼此间联结，也能出现完全的断裂。

至1984年左右，超弦理论在物理学界已经成为共识。超弦理论支点包括：（1）弦是物质组成的最基本单元，所有的基本粒子如电子、光子、中微子和夸克都是弦的不同振动激发态；（2）最有希望实现基本粒子和四种相互作用力——电磁力、引力、强核力和弱核力的统一；（3）第一次将20世纪的两大基础理论——广义相对论和量子力学，结合到一个数学上自洽的框架中；（4）提供解决黑洞的本质和宇宙的起源问题的思想和方法；（5）改变人们对物质结构、空间和时间的认识。"超弦理论"的诞生过程被称为"第一次弦革命"。

M 理论（M-theory）

M 理论不是一个单独的弦理论，而是几种弦理论的集合。在 M 理论框架下，所有不同的弦理论在物理上都是等效的。[①] M 理论是为"物理的终极理论"而提出的理论。物理学家希望能用一个理论来解释所有的物质与能源的本质和交互关系。M 理论的最终目标是用一条规律描述已知的四种基本力：引力、电磁力、弱相互作用力和强相互作用力。

弦理论科学家假定，宇宙中所有粒子都被局限在一个四维的膜宇宙中，而根据 M 理论，宇宙可能是由多层膜构成的高维超空间，膜宇宙漂浮在一个更高维度的宇宙之中。不仅时空是多维的，膜结构也是多维的，透过无数次卷曲形成的膜空间，看似非常遥远的系外行星，在多层空间

---

① M 理论的 M 包含有许多意思，例如魔（magic）、神秘（mystery）、膜（membrane）或矩阵（matrix）等。

中可能仅距离人眼数毫米。进一步来看，M理论拥有了一个强大的膜空间，在十维空间弦理论的基础上，提出了十一维空间的膜理论，统一了五种超弦理论。M理论构造出的平行宇宙存在于一个膜的世界中，宇宙建立在高维时空之中，完全颠覆宇宙是四维时空的概念。在M理论体系中，光被限制在膜上，无法逃逸出膜。但是，引力可以穿越宇宙的膜向外传播。M理论模型见图2.5。

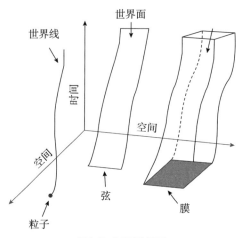

图2.5　M理论模型

我们可以这样认为，M理论还试图结合当前所有五种超弦理论和十一维的超引力理论。M理论等同于膜理论，膜理论是弦理论的扩充。膜理论认为，人们直接观测所及的、好似无边的宇宙是高维时空中的一个四维超曲面，就像薄薄的一层膜。进而，膜理论使一些原本难以计算的东西可以用弦论工具来进行严格的计算。膜理论揭示了弦理论的第十维空间方向，其最大维度是十一维。1995年，在南加州大学国际弦理论会议上，威腾在他的演讲中证明，通过一个高维度的引入，本应无比复杂的超弦理论（九维空间）变成了简单的超引力理论（十维空间）。威腾指出，他发现这些模型之间存在一种所谓对偶性的关系网。他将这个神秘的理论命名为"M理论"。威腾的发现引发了"第二次超弦革命"。①

十一维度

在爱因斯坦那里,人类所处的时空是四维的,三维时空加上一维的时间。对各种超弦理论加以总结的M理论认为,基于实现强相互作用力、弱相互作用力、电磁力以及引力等四种基本力的连接,宇宙存在十一维度。

其中,零维:一个没有长度、没有宽度、没有高度的点。一维:一条没有宽度、没有高度的线。二维:一个没有高度的平面。三维:具有长、宽、高的空间。四维:在三维的基础上增加时间维度。五维:从四维空间中的时间轴上的任何点,延长的时间线构成五维空间。在五维空间中,可以实现"穿越",回到一条时间线上的过去。六维:六维空间是使五维任意时间线,通过改变引力或重力使五维扭曲而相交,从而可以直接穿越到另一种可能性,而不必再回到改变决定的那个时间点。七维:把整个六维空间看作是一个点,即加入奇点——时间开始的那个点,无数个这样的点组成的线即七维。在七维线上任意点会产生任意宇宙,同五维一样,这无数个宇宙的可能性是不相交的,如果要穿越,需要先回到七维线上的任意点,再选择另一个可能性的宇宙重走时间线。八维:八维空间可以使得宇宙拥有重生的机会,能够使宇宙重回大爆炸前期开始新的生命,让宇宙上的事物重新再来一遍。九维:将八维空间继续卷曲,得到九维空间。在九维空间,没有必要再回到最初进行命运的改写,可以在任意节点改变命运。十维:将所有可能的宇宙中的所有时间下的所有三度空间,想象成十维空间下的一个点。十维空间里的一个点,充

---

① 参考自"十个问题带你认识弦理论",https://www.sohu.com/a/122045226_224832.

满着九维空间中所有可能性的连线。这一点已经包含了一切。十维空间就是无穷的时间加无穷的空间，综合起来进行无穷的扩展，无论是穿梭时空，还是改变时间，都可以实现，达到了为所欲为的地步。十一维：为十维空间增添了记忆和感知。在十一维的状态下，人类记忆是一个客观存在的物质，可以无限延伸，流传给后代，人类通过复制记忆（大脑思维）获得永生。

自爱因斯坦1915年提出广义相对论，推翻了绝对时空观念以来，每个人都拥有着自己的时间和空间，每个人的意识和别人都有所不同，人类的意识决定他们所感知的时间和空间。人类很可能不仅生活于三维空间。事实上，七维空间完全超越了想象范围。有一种观点：基于某些数学上的原因，弦论必须有二十六维才行。[1] 不仅如此，物理学家发现：处在基态的弦不只是无质量，事实上还应该具有"虚质量"。具有虚质量的超光子（tachyons），可以跑得比光速还快。

小结

从弦理论到M理论，潮起潮落。虽然尚未能够通过实验验证来预测，但还有巨大的发展潜力。目前，超对称正在大型强子对撞机上进行测试。科学家继续不懈地寻找超级粒子存在的证据。过去几年里，许多弦理论家转到宇宙学，创立了"弦宇宙学"的新兴领域。弦宇宙学家们希望能够利用超弦理论来对极早期宇宙必然伴随的极高能量下发生的事情做出预言。大多数伟大的物理学家和宇宙学家痴迷于这个美丽而简单的世界，并且有强烈的愿望去解释一切。

---

[1] 参考自《弦论历史年表》，http://web.mit.edu/yenjie/www/lm-gb/physics/phys-field-string-3.htm.

第二章 元宇宙的科学基因

有一个说法，在爱因斯坦生命的最后几个小时内，他在一张纸上画了一些东西，试图提出一个关于万物的理论。60年后，物理学家霍金也带着类似的想法离开了这个世界。霍金认为，所谓的 M 理论是人类创造完整宇宙理论的基础，M 理论主要代表神秘、奇迹。2010 年，霍金的《大设计》(The Grand Design) 出版。在此书中，霍金指出："M 理论是爱因坦希望找到的统一理论。事实上我们人类离能了解掌控我们和我们的宇宙的定律如此近，已经是个巨大胜利。"[1] 弦理论物理学家布赖恩·格林（Brian Green, 1963—）在《宇宙的结构：空间、时间以及真实性的意义》一书里，谈到对时间的认识时说，时间并不是人们通常所说的河流，不断地从过去流向未来；时间的河流实际更像一个巨大的冰块，每一刻都冻结了所有的宇宙事件；人类的意识，或者说记忆，就像电影院里放映机的光，不断地照射到冰块上，照亮的那一帧就成为现实，冰块的其他部分没有被照亮，那就是过去或未来。[2]

可以这样思考元宇宙和弦理论、超弦理论和 M 理论的关系：元宇宙至少提供了 M 理论的十一维度的思想实验。

---

[1] 列纳德·蒙洛迪诺,史蒂芬·霍金.大设计[M].吴忠超,译.长沙：湖南科学技术出版社,2011.

[2] 布赖恩 R.格林.宇宙的结构[M].刘茗引,译.长沙：湖南科学技术出版社,2013.

元宇宙、数学宇宙和代码宇宙[①]

对外部世界进行研究的主要目的在于发现上帝赋予它的合理次序与和谐,而这些是上帝以数学的语言透露给我们的。

——约翰内斯·开普勒

真实的宇宙是数学结构,数学结构就是宇宙,是可以计算的。元宇宙是信息的集合,是真实世界的映射。所以,真实世界和元宇宙都是可计算的。数学结构、形式系统和计算之间存在紧密关系。如果真实世界和虚拟世界都是数学的存在方式,以下问题是需要探索的:(1)为什么说宇宙就是数学结构?(2)如果世界是数学的一种表达,世界是否就是一个代码的世界?宇宙中是否存在一个终极程序员?(3)如果元宇宙最终是数学机构,那么哪些数学工具最接近元宇宙?

宇宙就是数学结构,数学结构就是宇宙

从古希腊数学家毕达哥拉斯到开普勒

毕达哥拉斯(Pythagoras,约公元前580年—约公元前500至490年)提出"万物皆数"的思想。以毕达哥拉斯信徒组成的学派,多是自然科

[①] 本文系作者计划撰写的《元宇宙的科学原理》章节的节选和修订。

学家，将数学和神学相结合，视美学为自然科学的一个组成部分，认为宇宙由某种数量关系所决定，呈现为按照一定的数量比例而构成的和谐秩序。最能代表毕达哥拉斯派的就是他们所祈祷的"圣十"（Tetractys），这其实就是一种通过数学表达的简单的元宇宙思维。①

图2.6 神秘符号"圣十"

资料来源：https://en.wikipedia.org/wiki/Tetractys#/media/File:Tetractys.svg

2000年之后，德国天文学家和数学家开普勒是毕达哥拉斯的忠实追随者。1609年，开普勒（Johannes Kepler, 1571—1630）著作《新天文学》（*Astronomia nova*）出版，首次提出开普勒第一和第二定律，开启了人类探索宇宙的太阳与行星的数学联系。10年之后的1619年，开普勒出版《宇宙和谐论》（Harmonices Mundi），发现行星在轨道运动时，在最高和最低角速度之间有近似和谐的比例，并公布了开普勒第三定律，即"和谐定律"或"周期定律"：绕以太阳为焦点的椭圆轨道运行的所有行星，其各自椭圆轨道半长轴的立方与周期的平方之比是一个常量。这是从亿万个数据中发现的规律，用公式表示"周期定律"为：

$$\frac{T^2}{a^3} = k$$

---

① 中国古代的幻方，被公认为是难以考察产生年代的"洛书"；在中国张北的元中都宫城中心大殿考古发现的"六六幻方"（纵横各6格，共36格，纵横对角线每行6组数字的总和为111），也是将世界理解为一种算法和数学公式的精妙形式。

T 是行星公转周期，k 是常数（开普勒常数），一个只与被绕星体有关的常量。按照开普勒定律，因为星球之间存在比例关系，所以宇宙处于和谐状态。①

数学结构本身就是宇宙

又过了几个世纪，在 21 世纪伊始，物理学家和数学家斯蒂芬·沃尔夫勒姆（Stephen Wolfram）在他的著作《一种新科学》（*A New kind of Science*）中阐述了这样的世界观：自然界的本质是计算，但计算的本质必须用实验探索。如果真的建立了宇宙模型，一切都可计算，那么全部物理问题就都还原成了数学。② 2007 年，马斯克的导师，也是《生命 3.0》的作者迈克斯·泰格马克，发表论文《数学宇宙》，提出数学宇宙假说。2014 年，泰格马克将这篇论文扩展成著作《我们的数学宇宙》（*Our Mathematical Universe: My Quest for the Ultimate Nature of Reality*）。泰格马克提出"可计算宇宙假说"（Computable Universe Hypothesis，CUH）：外部物理其实是一个数学结构，该结构是可以由计算函数来定义的。在数学宇宙假说的语境中，不需要向方程"赋予"什么生命，不是数学结构如何描述了宇宙，而是数学结构本身就是宇宙。"我们宇宙中的万事万物，都是纯粹的数学……并且，它不仅某些方面是数学，它的全部都是数

---

① 网络上有爱因斯坦说过的一段话：这个世界可以由数学的公式组成，也可以由音乐的音符组成。Einstein said, "The world can be composed of musical notes, and can also be composed of mathematical formula. Then the music with mathematical formulas, is really a complete world." 但是，无法确定其出处。

② 2002 年，斯蒂芬·沃尔夫勒姆的著作《一种新科学》得以问世，基于 4 000 多个夜晚的工作，敲击一亿次键盘，移动一百多英里的鼠标，记录上万页的笔记，加上 10G 的硬盘存储、一百万行编程、一千万亿次的电脑运算。

学,包括你在内。"①所以,宇宙中没有任何一个物理性质是不可计算/不可判定的。物理其实是一个数学结构,这个数学结构无论从哪方面看,都能被数学加以定义,进而可以推理出:数学宇宙假说本质上是可检验的,也是可证伪的。这就意味着可以消除阿隆佐·邱奇(Alonzo Church,1903—1995)、图灵和哥德尔(Kurt Friedrich Gödel, 1906—1978)关于现实世界不完整或不一致的集体性"顾虑"。

如果承认外部物理世界其实是一个有限的数学结构,就落入了可计算宇宙假说的"陷阱",从根本上影响人类关于数学结构和计算关系的传统认知:(1)计算只是数学结构的特殊情况;(2)不是数学结构定义计算,而是计算定义数学结构;(3)计算和数学结构分别与形式系统(formal systems)相关联。所谓形式系统,就是数学家们用于公理和推理规则所组成的抽象符号系统。按照可计算宇宙假说,外部物理所体现的数学结构,最终可以通过可计算的方程定义。所以,宇宙的数学性质最终成为科学家在理论上可以预测物理学的一种观察或测量。历史上最有说服力的案例是,数学预测行星海王星的存在在先,天文学家观测到海王星在后。不得不说,泰格马克将宇宙本身就是数学的思想推向极致。

泰格马克在《我们的数学宇宙》第九章《宇宙是由数学写作的伟大之书》中对前几章做了总结:(1)从内禀性质的意义上说,空间是一个纯粹的数学对象,因为它唯一的内禀性质就是以数字代表的数学性质,例如,维度、曲率和拓扑性。(2)物理世界的所有"物体",都是由基本粒子构成的。从内禀性质意义上说,基本粒子就是通过数学表达的存在,因为它们唯一的内禀性质都是数学性质,例如,电荷自旋和轻子数。(3)比三维空间及其内部的基本粒子更加基本的东西,就是波函数及其

---

① 迈克斯·泰格马克.穿越平行宇宙[M].汪婕舒,译.杭州:浙江人民出版社,2017.

栖身的无限维度的希尔伯特空间。①

大自然的定律不仅是可计算的，也是有限的

约翰·惠勒提出了一个至今无人能回答的问题：为什么会是这些特定的公式，而不是其他公式呢？霍金在《时间简史》中提出一个类似的深刻问题：是什么赋予这些方程以生命去制造一个为它们所描述的宇宙？不仅惠勒，还有一些数学家也发现宇宙是由一套不可变的规则所管辖的，例如，热力学、重力、磁性等，而且可以通过数学结构描述这些宇宙规则。物理定律是可计算的。或者说，大自然的定律不仅是可计算的，而且是有限的。康拉德·楚泽（Konrad Zuse，1910—1995）、约翰·巴罗（John D. Barrow，1952—2020）、尤尔根·施密特胡贝尔（Jürgen Schmidhuber，1963—）和斯蒂芬·沃尔夫勒姆就是这些数学家的代表。

数学结构创造"现实世界"

经过数学所创造的所谓"外部物理现实"存在，可以动摇对于"现实"的唯一性与唯物性。如果无限宇宙理论最终仍然是数学结构，物理学的存在终究会与数学发生重合。例如，物理学最基本的单位是夸克，夸克是由电荷、重子、自旋、同位旋组成，再加上一些质量，最终的存在就是一种数学表达。所以，迈克斯·泰格马克特别强调，粒子可以被创生，也可以被消亡，还可以同时处在几个不同的位置。但是，不管过去、现在还是将来，波函数都只有一个，它在希尔伯特空间中循着薛定谔②方程决定的路径运动着，而波函数和希尔伯特空间都是纯粹的数学对象。其中，粒子是纯粹的数学对象，所有已知的基本粒子都可以由一套

---

① 迈克斯·泰格马克.穿越平行宇宙［M］.汪婕舒，译.杭州：浙江人民出版社，2017.

② 薛定谔（Erwin Rudolf Josef Alexander Schrödinger，1887—1961）

独特的"量子数"来进行描述。除了自身的量子数以外,粒子不具有任何其他性质。①

表2.1 不同的粒子所具有的量的数目

粒子名称	质量(单位:MeV)	电荷	自旋	同位旋	重子数	轻子数
质子	938.3	1	1/2	1/2	1	0
中子	939.6	0	1/2	1/2	1	0
电子	0.511	−1	1/2	−1/2	0	1
上夸克	1.5~4	2/3	1/2	1/2	1/3	0
下夸克	4~8	−1/3	1/2	−1/3	1/3	0
电子中微子	$<10^{-6}$	0	1/2	1/2	0	1
光子	0	0	1	0	0	0

数学的局限性

"数学曾经被视为是精密论证的最高峰,它本身不但是道理,同时也是万物运行背后的道理。"② 在19世纪后半期,曾经有过引人注目的"数学严密化运动"(rigorization of mathematics)。"到1900年,数学家们确信已实现了自己的目标。尽管他们不得不满足于数学仅能作为对宇宙的一个近似描述的观点,许多人甚至放弃了宇宙数学化设计这一信念,但的确庆幸他们重建了数学的逻辑结构。"③

这一切的改变是因为哥德尔在1931年发表了"哥德尔不完备定理"(Godel' incompleteness theorem)。该原理的核心思想是宇宙总有人类的理性无法抵达的地方,宇宙之间全部的真理不能缩小到有限的数量。"哥德尔不完备定理"不仅是数学史上划时代的事件,也是现代逻辑史上的重要里程碑,引发了深刻的数学危机,导致确定性消失。所以,20世纪最伟大的数学家之一赫尔曼·外尔(Hermann Weyl,1885—1955)指出:

---

① 迈克斯·泰格马克.穿越平行宇宙[M].汪婕舒,译.杭州:浙江人民出版社,2017.
②③ 莫里斯·克莱因.数学简史:确定性的消失[M].李宏魁,译.北京:中信出版社,2019.

"'数学化'很可能是人类原始创造力的一项创造性活动,类似于语言或音乐,其历史观点否认完全客观的合理性。"①

当我们讨论宇宙、数学和计算的关联性,还是没有可能全然摆脱"哥德尔不完备定理"的存在和影响。通过数学所表达和呈现的元宇宙,需要限定其维度和结构。

宇宙计算由人类大脑完成

人类大脑有很多神经元,连接点达到了上百万亿,这些神经元和结点之间有着非常密切的交流,几乎每一个神经元都和数万亿个神经元连在一起,牵一发而动全身。人类的大脑是一个逆反宇宙潮流的低熵的产物。卡尔·爱德华·萨根(Carl Edward Sagan,1934—1996)提出:"大脑是一个非常大的地方,在很小的空间里";"意识可能是信息在以某种非常复杂的方式处理时人的觉察"。

人类大脑系统与宇宙系统相似。或者说,人类大脑是宇宙中一种最为复杂的结构形态。宇宙由很多星球组成,每个星球之间或许都存在密切联系。在银河系当中,很多星球之间也是相互制衡的。理论上说,人类大脑可以通过计算机模拟。但是,这个世界最难被编程的是人的大脑意识。人们普遍认为,如果把每个神经元的互动都记作一次运算,仅仅一个人的大脑每秒钟都会产生 10^{20} 次运算。按照程序原则,时间轴可以任意切换,如果同时模拟人类所有历史的任意时刻,人类历史大约产生了 2 000 亿人,平均寿命为 50 年,一年有 3 000 万秒,这台超级电脑需要每秒处理 10^{42} 次运算,这比地球上所有沙子的数量还要多。

---

① 莫里斯·克莱因. 数学简史:确定性的消失 [M]. 李宏魁,译. 北京:中信出版社,2019.

超级电脑的出现是模拟虚拟世界的重要条件。至少在可以预见的未来，人类所能发明的超级计算机，要追上和超越人类大脑，是难以实现的目标。2005年，IBM和瑞士大学合作启动"蓝脑工程"，旨在用超级计算机模拟人脑的认知、感觉、记忆等多种功能。根据神经突触数量及放电频率，有人估计，人脑的运算速度为每秒 10^{16} ~ 10^{17} 次。而截至2012年底，世界上最快的计算机——IBM公司的"红杉"的运算速度恰好达到每秒 10^{17} 次。现在，人们寄希望于量子计算机的开发。量子运算速度可以让所有"古典"超算黯然失色。

人类大脑的进化缺陷在于，"硬盘"空间很大，但是"内存"很小。心灵是一种有意识的自我感觉。如果大脑只是数学，就意味着自由意志不存在，因为粒子的运动可以用方程计算。

宇宙计算需要数学家

数学家的直觉的重要性大于逻辑，他们凭借直觉获得对（复杂性）结构的感知、探索与掌控。20世纪，数学家柯朗（Richard Courant，1888—1972）在《什么是数学》一书中提出："数学家在直觉指引下的构造性思维，其实就是数学动力的真正源泉。数学家的构造性直觉，给数学带来了一个非演绎且非理性的要素，这是可以和音乐与艺术相比拟的。"1966年，数学家马克·卡克（Mark Kac，1914—1984）提出了一个留名科学史的问题："有人能听出鼓的形状吗？"毕竟，不同形状的鼓会产生不同频率的波，因此会产生不同的声音。但这些信息足以确定出鼓的形状吗？当时，卡克认为答案是不能。但是，后来一系列研究指出，卡克的看法不对。利用恒星和其他天体发出的光频率，科学家可以确定这些物体的外观。沃尔特·范·苏伊克科姆（Walter van Suijlekom）说："我们正在开发使之成为可能的数学。通过这种方式，我们描述了当只有有限数量的振动可用时，如何计算物体的形状，就像在物理实验中一样。"这意味着，原则上我们也可以使用有限数量的频率来估计宇宙的形状。

宇宙就是代码，即比特

第二次世界大战最终推动了计算机的诞生，计算机的核心是二进制编程，启动了人类信息化的进程，由此改变了世界存在的基础。如果说，宇宙规则和物理定律是可计算的，那么外部物理世界就可以被量化和编程。实现编程需要代码，基本单位是比特。

代码有着它们自己的生命。DNA 是生命的代码，如同二进制码，四种化学物质都可以排列组合成上百万种复杂的序列。概括地说，从微观到宏观，从非连续性到连续的过程，就是一个从量变到质变，从 0 到 1 的积累过程。数据流过层层结构，被层层过滤，形成了不同的排列和组合，这就产生了多样性。而数据会构建组合出新的结构，结构又会塑造数据的组合和路径，这就产生了自组织性。数学和信息，也将会一同抵达那一个终极结构，最终构建一个虚拟世界。

比特是实现信息量化的基础。宇宙编程所涉及的能量、信息、数据、模拟和计算，最终都需要通过基于比特的编程。可以将这样的过程理解为，冯·诺依曼和非冯·诺依曼计算体系的一种混合模式。任何计算机代码，如果给定特定输入，总是产生相同的结果。这很可能是物理定律可计算的原因。

所以，代码具有自己的生命力和运行方式，是这个星球的隐形生命力量的引擎。代码的运行可以是正面的，也可以是负面的。病毒不断地复制自身，侵入人类身体，就是以一种破坏性为任务的代码运行。

所以，尼克·博斯特罗姆（Nick Bostrom，1973—）通过一个模拟论证得出一个令人震惊的结论：我们极有可能是未来人类模拟出来的虚拟存在。天体物理学家尼尔·德格拉斯·泰森（Neil de Grasse Tyson，1958—）、企业家埃隆·马斯克也都认为，世界是一个被设计的程序。也就是说，世界的一切，都可以理解为不同类型的代码。代码就是对信息碎片的整理方式。

宇宙存在"大程序员"

近些年来，不仅科幻作家，很多的科学家也主张人类世界本身就是一个巨大的程序、一种高级文明程序。这样的认知正在蔓延并深入人心。

问题是，人类世界的程序控制在谁的手中？2001年，美国一位科学家做过估算，构建一个完美、精确到原子的虚拟宇宙，模拟现实世界的电脑，需要不可想象的超级算力，所消耗的能量会超出宇宙的总能量。所以，没有一个高级的智慧生命会愚蠢到花费如此巨大的成本做这样的模拟。还有，为什么基本物理规律"大道至简"——从光子到原子、分子，一直演化到星云、星系，包括太阳系和地球诞生、生命出现，最终决定于几个基本的物理规则，并充满了对称的美？为什么物理常数过于微妙？光速为 299 792 458 m/s，为什么非取这个值？为什么没有取 300 000 000 m/s 这样的常数？特别是，为什么光速无法突破？过去的解释都是牵强的。符合逻辑的推理是，很可能存在一个宇宙编程的主宰者、一位"大程序员"，它具有简化程序和算力的能力，并将人类纳入模拟。不仅如此，这位"大程序员"并不希望被人类窥觊其编程原理和过程。证明这个"大程序员"的存在，存在太多证据。

在1999年《黑客帝国》上映几周之前，有天文学家分析了来自遥远星系的光束,声称发现宇宙的一些"常数"可能并不是恒定不变的,特别值得一提的是一个叫"精细结构"的基本物理学常数,比 100 亿年前增大了大约十万分之一——这是否暗示我们的宇宙真是一个"大程序员"设计的?

只有在这样的思维想象中,才有可能逼近对《道德经》中"道可道,非常道"及《约翰福音》中"太初有道,道与神同在"的理解。这里中文的"道",英文是 word,也就是"话语"的意思。人们不得不面对一种很难被证明的宗教信仰难题:上帝是否凭借他的"话语"创造了人类的"物质世界"及自然规律?

人类意识就是一种量子形态

美国物理学与天文学家理查德·亨利提出,在 Renniger 类型的实验中,波函数之所以坍缩,就是因为人的心智什么也没有看见。他的结论是,宇宙是非物质的——是心智性的和精神性的。[①] 更进一步,需要重新认知人类意识的地位。美国生物科学家罗伯特·兰扎指出:人们的意识创造了宇宙,而不是宇宙创造了人们的意识,时空是"意识工具"。没有意识,所有的物质都会处在一个不确定的状态下。不仅如此,时间不是真的存在,空间也只是人们感知事物的一个概念。任何关于时间和连续性的看法实际上都是一种错觉,而死亡不过是人类意识所创造的一种幻觉。

所以,实体物质不是实体。宇宙的本质是一种"精神"结构。英国数学家、物理学家詹姆斯·金斯(James Hopwood Jeans,1877—1946)

---

① Richard Conn Henry, The Mental Universe [J]. Nature, 2005, 436: 29.

写道:"知识之流目前正朝着非机械现实的方向走;宇宙的存在目前看起来更像是巨大的思想,而非巨大的机械。对物质领域来说,心灵不再是偶然出现的入侵者。我们反而应该将其视为物质领域的创造者以及领导者。"①

平行宇宙和多重宇宙

泰格马克在《穿越平行宇宙》中,不仅提出了"数学宇宙"概念,而且提出"多重宇宙"的概念,解析了穿越"平行宇宙"的"一个四层级结构",或者四层金字塔结构。这正是该书最为核心的内容之一。

第一层,空间中观测不到的遥远区域。第一层位于行星表面附近的区域,包含着其他类地行星,光线没有足够的时间赶上人类。第一层的证据:微波背景测量指向平坦的无限宇宙和大尺度上的光滑可以假设。第一层无限空间,物质分布在统计学上均匀。从这些行星上所看到的宇宙微波背景辐射模式或星座图景多种多样。从地球上拍到的 WMAP 探测天图包含的信息,或者一张北斗七星的照片,可以看到人类在多重宇宙中的位置信息,在太空中处于生命繁盛的只占有极小位置。

第二层,其他暴胀停止的区域。贫瘠的荒漠,生命被局限在太空中小小的"宜居带"内。只有这里的暗能量密度等物理参数适宜生命的繁衍生息。同样的基本物理定律,时空拥有多种相,但是,参数、粒子和维度可能不同。第二层覆盖的区域,由于人类与它们之间的空间发生了宇宙学暴胀而永远遥不可及。

第三层,量子希尔伯特空间中的其他地方,即希尔伯特空间内无

---

① James Jeans, The Mysterious Universe (New York; Cambridge, Eng.: Kessinger Publishing, LLC, 2010).

法交流的各部分,也就是休·埃弗雷特三世(Hugh Everett Ⅲ,1930—1982)所说的"多世界"。第三层的特征与第二层相同。第三层的假设是物理学幺正性(unitarity),指的是某个物质于时刻 t 在全空间找到粒子的总概率等于1。在第三层,大部分停止暴胀的宇宙在遵循量子力学的时间发展过程,几乎没有包含任何信息,无法告诉人类任何关于终极物理的存在,它只能告诉人类在第四层中的位置。量子力学薛定谔方程,让第三层多重宇宙中的观察者感知到主观上的随机性。如果一个人被克隆出另一个"人",两者分别感知着不同的事物,无法预测自己下一步将感知到什么东西,就会感知到随机性。

第四层,可能像一片幅员广袤但了无人烟的沙漠,生命只被局限在极其罕见的绿洲中。第四层始于一个迥然不同的地方,导致大部分传统物理学概念都需要重新解释。第四层最简单的描述是,它本质上不需要任何信息,不需要火箭或望远镜,只需要计算机和想法。数学宇宙假说暗示,数学存在等同于物理存在,所有的数学中的结构都存在于物理中,构成了第四层多重宇宙。第四层宇宙像穿梭于不同调式中的翩翩舞者,涉及不同的公式,对应着不同的数学结构。在数学宇宙假说的语境中,第四层多重宇宙的存在是毋庸置疑的。第四层没有任何自由变量,所有平行宇宙的全部性质原则上都能由一个极其聪明的数学家推导出来。第四层的特征是拥有不同的基本物理定律。假设数学上的存在等于物理学上的存在,那么,便可以回答惠勒或霍金的问题:"为什么是这些方程,而不是其他的呢?"

上述的第一层、第二层和第三层平行宇宙,都遵循着相同的基本数学公式。在第四层,智能生命似乎很罕见。多重宇宙还引发了如下问题:(1)复杂性。复杂性已经暗示了多重宇宙的存在。人们多感觉的复杂性,常常被认为是无法得以证明的幻觉。其实,追溯人们大脑中的幻觉本源,很可能与多重宇宙中的地址信息有关。(2)随机性。多重宇宙导致任何主体的自我认知处于"随机性"状态。道理很简单,既然存在多重宇宙,必然存在多重的你。观测位于哪个宇宙中,就可以推断出哪个你在进行观测。这个观念对我们理解元宇宙很有启发,元宇宙的非唯一性产生主体的分裂,或者形成多重的"你"。克隆也是一种元宇宙实践,其后果是被克隆的"你"和克隆出来的"你"并存。(3)"初始条件"。物理学家对"初始条件"不感兴趣,把它交付于天文学家、地理学家、地质学家。如果存在一个万物理论,万事万物都"始于"或"创生于"某种不能完全规定的状态,那么这个理论就形成了一个不完备的描述,与数学宇宙假说相违背。数学结构不能只有其中一部分是确定的。依据数学宇宙假说,不存在未定义好的初始条件,只存在在多重宇宙中的方位。①

在以上"四层结构世界"中,论证人类存在的确切位置,其实是困难的。泰格马克最终的结论依然是不清晰的,甚至语焉不详。因为这个问题很可能永远没有答案。20世纪的哲学家罗素(Bertrand Arthur William Russell,1872—1970)写过这样的"哲学诗":在某种意义上必须承认/我们永远都不能证明在我们自身之外/和我们经验之外的那些事物的存在/世界是由我自己、我的思想、感情和感觉所组成的/其余一切都纯属玄想。

"费米悖论"(Fermi paradox)

1950年的一天,物理学家费米(Enrico Fermi,1901—1954)在和别人讨论飞碟及外星人问题时,突然发问:"他们都在哪儿呢?"这个"他

---

① 1995年的一天,泰格马克骑自行车前往慕尼黑英国花园的途中,发表了一篇标题颇为吸引人的论文——《我们的宇宙是否几乎没有包含任何信息?》,该论文观察与讨论的正是这些问题。

们"就是指外星人。之后，费米这个问题成为在天文学界具有相当影响的著名的"费米悖论"，即人类对于地外文明存在性的过高估计和缺少相关证据之间的矛盾。在"费米悖论"的背后，其实是人类是否是包括地外文明的唯一"主体"，以及宇宙生命和宇宙大爆炸的关系问题。如果人类不是唯一文明形态，很可能是对泰格马克的"四层级结构"理论的另外一种支持。假设外星人存在，他们和地球人可以分别以各自的形式存在于"四层级结构"中。

现在回到元宇宙，人们可以基于超级先进的数字技术，创新思考元宇宙。从数学的视角看：元宇宙代表的虚拟世界和物理世界是相通的，甚至可以认为，元宇宙的本质是现实物理世界和虚拟世界的中间形态。元宇宙可以试验和证明，数学结构和编程不仅可以创造，而且可以通过虚拟现实技术模拟和展现这个多维度"现实世界"。不仅如此，在元宇宙中，很可能不存在"费米悖论"。

进入历史新阶段的全球科技革命①

我们必须知道，我们终将知道。

——大卫·希尔伯特

2000年之后的世界，形成了科技、观念、文化、经济、金融、气候、社会等各种问题，以危机和冲突的方式交叉和交织在一起，构成了前所未有的、更为复杂的"内卷"现象。现在的世界不是解构和建构的博弈，而是失序和秩序的博弈，这不是所谓的"文明冲突"所能解释的。这样的情况，没有因为文化、宗教和价值观的不同，国家之间的制度不同，或者经济发展阶段的不同而有本质差别。现在看，改变内卷的出路很可能是科技革命——以科技革命作为强大的外生变量，打破世界内生的自我封闭惯性，改变现实世界存在的模式和维度。进入21世纪20年代，如果认真观察科技革命演变的轨迹，这样的可能性是存在的。本文将以20世纪科技进步作为历史前提，着重讨论2021—2025年的五年，全球科技革命如何加速进入新阶段，历史意义何在。而这个五年，也是中国的"十四五"的五年。中国在这个关键历史时刻的科技创新和实践，具全球意义，有助于人类从目前的困境中突围。

---

① 本文系作者于2020年11月1日在马洪基金会"2020年秋季理事报告会"上所做的会议发言，以及2021年1月16日在福州高新技术产业开发区管理委员会、福州地区大学新校区管理委员会主办的"首届海峡链谷·创新峰会"上的会议书面发言整理而成。

温故而知新：20 世纪科学技术历史回顾

20 世纪，对于西方和中国有着完全不同的历史记忆。1900 年，中国最主要的历史记忆是"庚子之乱"、"义和团运动"、八国联军入侵、清政府悬赏 10 万两白银缉拿康有为和梁启超。而在西方，1900 年意味着以科学和技术为支撑的现代化进程的开始，这个现代化成为 20 世纪的主旋律。1900 年，美国占全球工业生产的比重达到 24%。

首先回顾 20 世纪初的三位科学家。20 世纪第一个十年最值得记忆和评估的，其实是三位来自德国的科学家。从世界大历史尺度上看，是这三位科学家拉开了 20 世纪的序幕。时至 120 年之后的现在，人们终于开始看懂这一序幕所包含的历史张力。

第一位，德国数学家希尔伯特。希尔伯特被称为"数学界的无冕之王"，奠定了现代数学的基础。1900 年 8 月 8 日，在巴黎第二届国际数学家大会上，希尔伯特提出了新世纪 23 个数学问题，即 20 世纪数学的制高点，而且影响了整个数学的发展方向。以希尔伯特命名的数学名词多到连希尔伯特本人都记不清。据说，希尔伯特需要询问同事什么是"希尔伯特空间"。在中国广为人知的哥德巴赫猜想，不过是希尔伯特 23 个数学问题中的一个分支。

第二位，德国物理学家普朗克（Max Karl Ernst Ludwig Planck，1858—1947）。1900 年 12 月 14 日，普朗克在 1900 年柏林物理学会上提出了量子科学的概念，进而在量子论基础上建立的关于黑体辐射的公式。因为普朗克，量子力学得以诞生。

第三位，爱因斯坦。1905 年，爱因斯坦发表"量子论"，其中一篇文章受到普朗克的启发，提出"光量子假说"，解决了光电效应问题；接着向苏黎世大学提交论文《分子大小的新测定法》，取得博士学位；又完成论文《论动体的电动力学》，独立而完整地提出狭义相对性原理，开创物理学新纪元。这一年因此被称为"爱因斯坦奇迹年"。

在人类历史上，存在各种重要的，甚至天才式的人物，他们改变了历史。虽然，这样的历史人物并非不可替代，但是，希尔伯特、普朗克和爱因斯坦确实是不可替代的。没有他们，20世纪的科学可能是完全不同的样子。至于为什么他们都来自德国，为什么30年后德国发生纳粹执政，那是历史和政治领域的课题。

接下来回顾三个战略性计划。自第二次世界大战结束前后，开始进入20世纪后半期，因为冷战等外部环境，人类科学技术进入爆发性的发展阶段。美国主导的三个计划最能代表这个时期的科学技术进步。

第一个计划：曼哈顿计划（Manhattan Project）。曼哈顿计划由时任美国总统罗斯福组织和推动，从1942至1945年，历时四年，集中了当时西方国家最优秀的核科学家，耗资巨大。曼哈顿计划最重要的成果是，不仅制造了第一颗原子弹，因为对日本投放原子弹，加速了第二次世界大战的结束；而且形成了原子能产业，带动了原子能科技和原子能新能源在世界民用领域的使用和发展。

第二个计划：阿波罗计划（Apollo Program）。阿波罗计划是由时任美国总统肯尼迪发起、美国国家航空航天局执行的庞大的月球探测计划，起始于1961年，1972年结束。这个计划的代表性成就是美国宇航员于1969年7月登上月球。阿波罗计划推动了整个信息产业、通信产业革命性的发展，成为人类从地球走向太空最重要的里程碑。

第三个计划：星球大战计划（Star Wars Program）。1985年，该项目正式立项和实施，由于技术难度过大和费用昂贵，加上苏联后来的解体，于20世纪90年代被中止。这个计划是囊括火箭技术、航天技术、激光技术、微电子技术、计算机技术的高技术集群，以保持美国在经济、军事、科学技术等方面的领先地位。事实上,"星球大战计划"有效推动了半导体革命和互联网的诞生。

以上三个具有战略意义的计划,说到底,都是在当时历史条件下的高科技开发、协作和应用的计划,对世界的实际影响超出了科技本身。

再回顾四个改变20世纪后半期的会议。

第一个会议:布雷顿森林会议(Bretton Woods Conference)。1944年7月,在美国倡导下,44个国家的代表在美国新罕布什尔州布雷顿森林镇召开会议,设计战后的货币体系和金融秩序。当时距离诺曼底登陆只有1个月而已。布雷顿森林会议的历史性意义在于,第一次以世界性的协定形式规定了国际货币制度的规则以及执行和维护其原则的手段,确定了以美元为中心的国际货币体系,成立了世界银行(WB)和国际货币基金组织(IMF)。

第二个会议:雅尔塔会议(Yalta Conference)。它是由时任美国总统罗斯福、英国首相丘吉尔和苏联人民委员会主席斯大林代表三个国家,在黑海克里木半岛的雅尔塔皇宫内举行的会议。这个会议基于地缘政治和社会制度的现实,确定了"二战"以来的世界新秩序和列强利益分配的基本方案和规则。

第三个会议:联合国宪章成立大会(Charter of the United Nations)。1945年6月,全世界50个国家的288名代表出席并一致通过了《联合国宪章》。该宪章于同年10月生效,联合国正式成立。基于联合国宪章成立的联合国,在过去70余年中成为维持国际秩序的最重要的国际组织。

第四个会议:梅西会议(Macy Conference)。梅西会议是梅西基金支撑的以科学技术为主题的会议,起始于1945年前后,持续到1960年,被称为"第三次科技革命先驱会议"。梅西会议几乎囊括了那个时期全球一流的数学家、物理学家、社会学家、语言学家。他们进行定期的跨学科的讨论和合作，奠定了思考一个现代科学体系的思想方法。梅西会议与从 20 世纪中期开始至今的科技创新和革命，有着直接的关联。遗憾的是，由于英文文献的限制，中国关于梅西会议的历史文献相当之有限。

最后回顾战后六位代表性科学家。在 20 世纪 40 年代和 50 年代，世界再次同时产生了一批科学家。这是一种十分罕见的历史现象，以下六位最有代表性：

第一位是图灵，英国数学家、逻辑学家、图灵机的设计者，被称为计算机科学和人工智能的奠基者。

第二位是香农。美国数学家、信息论创始人。他一生没有洋洋洒洒的大著作，仅有 1948 年的《通信的数学理论》和 1949 年的《噪声下的通信》两篇论文，奠定了"信息科学"的基础。

第三位是贝塔朗菲，系统论的提出者，用现代科学成果论证和证明了亚里士多德所说的"局部相加大于整体"。

第四位是冯·诺依曼。冯·诺依曼不仅在计算机科学领域有不可替代的历史贡献，创建了著名的冯·诺依曼结构，而且系统提出了博弈论。

第五位是维纳，美国应用数学家，在电子工程方面贡献良多。维纳在科学领域的最大贡献，是综合了数学、通信工程、计算机和计算技术，创立了控制论。

第六位是范内瓦·布什（Vannevar Bush，1890—1974），美国科学家和工程师之一，参与了美国"二战"期间几乎所有的军事研究计划，包括对美国取得"二战"胜利起到了关键性作用的"曼哈顿计划"。1945 年，他发表的论文《诚如所思》（*As We May Think*），预测了"二战"后几十年计算机的发展。同年，他所撰写的《科学：无尽的前沿》报告，即《布什报告》，影响了美国战后科技发展战略决策。范内瓦·布什是具有卓识远见的信息时代的先驱性人物。

2000年之后，科学技术进入互动和叠加影响阶段

研究科技发展历史可知，基本模式是相对独立的学科各自发展，或者每个学科分解出新的学科，或者不同学科实现结合，形成新的学科。千禧年以来，科技革命积累可以归纳以下九类。

第一类，信息技术类革命。根据教科书的标准说法：信息技术是通过电子计算机和现代通信实现信息的获取、存贮、传递、处理分析以及使信息标准化等功能的技术总和。信息技术可分为硬技术（物化技术）与软技术（非物化技术），从晶体管到以集成电路为基础的微电子技术是信息技术的硬核所在。信息技术是当代世界范围内新的技术革命的核心，具有高速化、网络化、数字化、智能化特点，改变了人类社会信息交流的传统模式，将全世界通过信息连成一个不可分割的网络系统。

第二类，视觉技术类革命。人类的眼睛只能看到物理世界的5%~6%，在微观领域，人的眼睛完全没有能力看到量子、基因、病毒；在宏观领域，人类眼睛没有可能观察到黑洞、遥远的行星。也就是说，人类眼睛没有可能看到和分辨绝大部分的微观和宏观世界。所谓的视觉技术，即突破人类眼睛观察和认知外在的图像和对象的革命，涉及人工智能、神经生物学、心理物理学、计算机科学、图像处理、模式识别等诸多领域，通过计算机来模拟人的视觉功能，从外在的图像中提取信息，进行分析处理。机器视觉技术的特征是速度快、信息量大、功能多。现在的VR、AR、MR和XR等虚拟现实技术，本质就是增强和改变并突破目前人类视觉的界限和边界。

第三，算力革命。世界的一切，最终都是大数据体现的信息。一方面，人类社会已经进入信息爆炸的时代，大数据以指数速度扩张，现在人类每天处理增量的能力远远落后于信息增量扩张速度，今天没有处理

的增量就变成了昨天和前天的存量；另一方面，这个世界正在成为以大数据为最基本生产要素的世界，所有的生产要素都要通过算力才能够转化成新生产力，进而产生价值。所以，算力革命是构成数字经济的基础性技术。算力革命包括数据的存储和分析，于是有了云计算。需要注意的是，算力革命需要能源支持，未来的重要趋势是分布式新能源和分布式分存储结合。更重要的是，量子计算将引导未来的计算革命，"量子科技"是全世界关注的战略性课题。2022年和今后的几年中，量子科技、卫星互联网、类脑智能将形成交叉影响，继续推进算力革命。

第四，3D打印革命。通常认为，3D打印是一种以数字模型文件为基础，运用粉末状金属或塑料等可黏合材料，通过逐层打印的方式构造物体的技术。3D打印早期的重要应用领域是工业领域的模具制造，之后用于直接零部件制造，现在已经被广泛应用于工业设计、建筑、工程和施工、汽车、航空航天、医疗产业、军事等领域。在未来，3D打印机将是可以"打印"出真实的3D物体的一种设备，从食品、血管、轮船、汽车到机器人。2020年，"中国长征五号"首次在太空开展连续纤维增强复合材料的3D打印实验。3D技术彻底改变了加工工业的传统模式，为数字经济发展提供了硬件基础支撑。在此，需要纠正以为3D技术难以突破的看法，3D技术处于方兴未艾阶段。

第五，新材料革命。新材料划分的方法很多，最基本的方法是按材料的属性划分：有金属材料、无机非金属材料（如陶瓷、砷化镓半导体等）、有机高分子材料、先进复合材料四大类。其中，高分子材料、复合材料发展迅速。在新材料技术领域，纳米技术成为处理新材料的一个不可逾越的新技术，可以从根本上改变材料和器件的制造方法，呈现出常规材料不具备的许多特性，成为新材料技术的前沿技术。石墨烯也是一种新型材料技术。新材料技术对制造业、信息技术、生物技术和个人生活方式都形成重大影响,决定着 21 世纪产业革命的发展方向。

第六,人工智能。2016 年 3 月,AlphaGo 与围棋世界冠军、职业九段选手李世石进行人机大战,并以 4∶1 的总比分获胜。不可低估这是人工智能历史性的重要事件,标志机器学习进入了新阶段。机器学习是人工智能的核心,是实现计算机智能化的根本途径。机器学习涉及概率论、统计学、算法复杂度理论等多门学科。现在,人们对人工智能的认知偏于保守,人工智能还面临着一系列道德性的挑战。但是,伴随人类智能优势和机器学习优势的结合,形成彼此相辅相成的协同关系,人工智能的 3.0 时代不再久远。

第七,生命科学革命。生命科学技术涉及广泛,包括基因编辑、合成生物学技术、单细胞多组学技术、基因大数据创新、脑科学等前沿生物技术。这些新兴生物技术的出现,不仅改变了生命科学领域的游戏规则,也在改变人类生命的长度和质量。因为全球生命科学及医疗健康领域市场庞大,资本参与规模不断扩大。现在,生命科学伴随人类开发空间的进展,已经将人、机器、细胞进行各种各样的编码,以及脑机接口对人的改造,彻底改变了对人类生命本身传统的认知。

第八,宇宙空间开发革命。宇宙空间开发的意义包括:(1)宇宙中有许多天体富含对人类有用的矿物,能最大限度地开发利用太阳能资源。(2)地球能源紧张、资源缺乏、环境恶化、人口爆炸,可以扩展人类生存的空间。所以,人类自 20 世纪 50 年代开始,已经将宇宙空间开发提上了议事日程。1957 年,苏联发射了进入地球轨道的第一个人造物体;1969 年美国"阿波罗 11 号"飞船使人类第一次登上月球;之后,1977 年美国宇航局发射的无人探测器——"旅行者一号",在太空中飞行了 45 年之久,已经离开了太阳系,进入银河系,这些都是人类宇宙空间开发早期阶段的里程碑事件。宇宙空间开发,不仅需要天文望远镜,更需要无人驾驶的机器人和载人航天工具。马斯克的星链计划和火星开发与迁徙计划，代表了宇宙空间开发的新阶段。

第九，从加密数字货币到元宇宙。2008年之后，以加密数字货币的产生为先导，之后区块链技术、DeFi、NFT等新型数字金融工具，还有数字稳定币和主权数字货币，都得以试验和发展。至2021年春天，元宇宙作为完成了数字科技的集大成（all in），为人类开辟了建立与现实物理世界平行的虚拟世界的途径，进而改变人类经济、社会和生活的传统模式。其中，元宇宙为NFT创造了丰富的使用场景，夯实了NFT的价值；NFT的资产属性也会使元宇宙更真实，更有黏性。两者互为促进。现在世界已经开始了从传统金融货币体系向数字货币体系的过渡。

在21世纪的第三个十年，上述九个方面的技术革命，概括来说，分为三类：信息技术、算力技术和人工智能。其呈现加快融合的趋势，既保存相对独立的内涵，又强化彼此的叠加效应。

科技革命新特征、突破和科技逼近奇点

过去是经济决定科学技术，现在是科学技术决定经济。

第一，科技革命呈现新特征。（1）技术主导科学。过去科学是前提和基础，只有拓展基础科学，才能支撑技术的发展，即所谓"研发"。今天，所有的科学的进步、基础科学的突破，都要依赖更先进的技术手段。没有更好的技术手段、技术工具、技术设施，就没有办法推动科学的发展。科学更大程度上依赖技术本身的推进。（2）多学科的交叉与发展。任何单一的科学技术，都不足以把科学技术推向新的层次、新的阶段，需要多学科的交叉。（3）科技组合趋势。例如，物联网就是一种多样化科技的组合结果。（4）创新进入常态化。（5）科学技术发展的不可预测

性和不确定性。

第二,科技革命可能实现历史性突破。(1)在微观世界的突破。主要包括基因改造和编辑;量子力学的应用,量子计算机开始取代古典计算机的部分功能;寻找控制新冠肺炎病毒的疫苗。(2)宏观世界的突破。主要集中在宇宙空间,包括火星迁徙的突破。(3)人类智能模式突破。人类自然语言的突破已经没有问题,消除几十种自然语言交流的障碍。学习外语很可能会成为一种艺术性的行为或者是行为艺术。(4)人类身体和生命形态的突破。

第三,科技逼近奇点。科技革命照这样发展下去,经过5年、10年,或者再长时间,例如到2035年,很可能会以加速度逼近奇点。比尔·盖茨(William Henry Gates III,1955—)、马斯克推荐过三本书:《终极算法》《超级智能》《终极发明》,书名用的"终极"或者"超级"其实都是科技奇点的某种表达方式。人类已经到了需要面对科技革命接近和到达奇点之后怎么办的问题的时候。

科学技术对经济的影响

生产要素就是大数据。2022年全球数据量将达到60 ZB,这样的数据规模和增长速度超出人类的想象。科学前沿的持续改变、持续变化,在极大程度上影响了我们现在的经济活动,具体表现在以下几个方面:

第一,产业结构。前面所说的科技革命的几个方面、科学前沿的形成与发展,都导致从传统产业结构向数字产业结构的转型。因为数字经济的出现,传统的第一产业、第二产业、第三产业本身,以及它们之间的联系,都发生了根本性的变化。

第二,经济制度。市场和政府的关系都因为科学技术的进步做了很大的调整。

第三，经济周期。在农业社会，有丰年、歉年、贫年，经济周期是清清楚楚的，一般主要受气候周期的影响。到了工业革命时代，经济周期主要因为生产过剩，曾经重复发生繁荣转向萧条、危机，危机经过萧条之后就复苏的周期。进入数字时代的经济周期，科学技术本身的规律打破和改变了传统经济周期的模式。

第四，资本形态。现在是资本形态翻转的时代，科技资本正在替代传统的贸易资本、产业资本和金融资本，成为新的资本形态。现在最有影响力的是科技领域，科技领域是吸纳资本最重要的方向。马斯克无疑代表的是科技资本。最近，一位年轻的哈佛大学女性教授指出："马斯克代表的是星际资本。"这个说法非常值得考虑，很有魅力！

第五，金融体系。科技进步也对科技金融和金融科技都产生了很大的影响。过去，金融生态是相当稳定的业态，有几百年甚至上千年的自然演进过程。今天，如果仅仅停留在传统的金融机构和货币制度，而对于比特币代表的加密数字货币或者主权数字货币，没有充分的认知和操作能力，就会被淘汰。从2008年到现在的10余年间，数字货币迅速升级换代，从各类私人数字货币的涌现，到稳定币的崛起，形成数字货币与传统货币两元化的平行状态。预测未来10年，数字货币将处于主导地位。

第六，企业组织管理模式。传统工业组织模式难以符合数字经济的特征，DAO的未来将替代自组织方式。DAO就是未来！

第七，世界经济。数字经济和科技革命的双重影响，决定了全球化的进程和模式。传统国际服务贸易与全球的资本流动和金融流动不可分割。现在最为严肃的挑战来自大数据的指数增长。过去讲的全球化，应该属于古典的全球化，现在传统贸易变成服务贸易，正在形成数字贸易。

严格地说，全世界的经济已经被数字平台所控制。因为数字经济专项和数字经济增长，催生了基于数字经济的新产业、新部门、新行业。在这种情况下，原本的经济学原理基本被颠覆，例如边际理论需要被改造，因为在数字经济面前情况完全不一样。

数字化和数字社会

追溯数字技术、数字化、数字经济的本源，美国著名物理学家约翰·惠勒的名言"万物源于比特"（It from bit）是不能逾越的。其深刻的内涵是，这个世界所有的存在，都可以被认为是信息的一种存在方式。或者说，物质与信息等价。这样的思想代表了人们对统一物质与信息的深层次渴望，这是一种观察世界的新方式。①

必须指出的是，惠勒并没有对"It from bit"里的"It"（它）加以定义和解释。事实上，惠勒所说的"它"是非常复杂的。根据量子科学，"万物源自量子比特"。更确切地说，"万物源自纠缠的量子比特"。因为"我们观察到的基本粒子只能从长程纠缠的量子比特以太中产生"。

无论如何，信息最终需要度量，需要有独立的最小基本单位，这个单位就是比特（Bit，Binary digit）。不仅如此，比特也是二进制数字中的一位，二进制数的一位所包含的信息就是比特。

更进一步探讨，所谓的大数据是生产要素，意味着大数据最终体现为比特化。现在人们意识到的超级数据增长量，需要以比特为单位加以衡量。1个字节（byte）等于8个比特，之后是KB、MB，一直到ZB、

---

① 杨振宁，等.拓扑与物理[M].常亮，崔星山，于立伟，译.南昌：江西科技出版社.2021：242.

YB 和 BB，其包含的比特数量已经超出人类大脑的想象能力。[①] 比特在数字化社会的地位，如同基因在身体中的地位、粒子在物质世界的地位。所谓的超级数据算力和超级数据的应用，归根结底，取决于处理比特的工具。为什么讲量子革命具有那么大的颠覆性？量子技术不再是 01 语言，而是在 0 和 1 之间有无数的数字，超出人们的常识。在不久的将来，现在使用的计算机也将成为古典计算机。

信息经济、知识经济、智能经济、观念经济，说到底都需要通过编程，通过数字经济表现出来。比特币（Bitcoin）就是以比特命名的一种加密数字货币。这个名字具有相当的创意，标志着比特与金融货币结合的历史开始。

历史学家黄仁宇（1918—2000）在《万历十五年》书中提出：古代中国为什么落后？因为中国人不重视，也不会数字化管理。进入数字化时代，这样的情况将会被强制性改变。因为一旦大数据与社会经济和日常生活结合，大数据就会"黑洞化"，不断吸纳资源，最后数据的作用将不可逆转地异化。2020 年以来，中国成功完成了超级数据算力和应用基础设施的建设，提供了正面经验。

科学家、工程师、发明家和企业家

在数字化时代，最重要的是四类人群：科学家、工程师、发明家和

[①] 1 B（Byte 字节）= 8 bit；1 KB（Kilobyte 千字节）= 1024 B；1 MB（Megabyte 兆字节，简称"兆"）= 1024 KB；1 GB（Gigabyte 吉字节，又称"千兆"）= 1024 MB；1 TB（Terabyte 万亿字节，太字节）= 1024 GB；1 PB（Petabyte 千万亿字节，拍字节）= 1024 TB；1 EB（Exabyte 百亿亿字节，艾字节）= 1024 PB；1 ZB（Zettabyte 十万亿亿字节，泽字节）= 1024 EB；1 YB（Yottabyte 一亿亿亿字节，尧字节）= 1024 ZB；1 BB（Brontobyte 一千亿亿亿字节）= 1024 YB。

企业家。原因如下：（1）科学家和工程师可以依靠教育体系持续培养，理论上说，并非稀缺资源。当然，一流和超一流科学家除外。（2）企业家产生的模式基本是"涌现模式"，在市场经济体制下尤其如此，基本不会发生断档现象。（3）相比较科学家、工程师和企业家，发明家相对而言属于稀缺资源。以 20 世纪的美国为例，不乏各个领域的科学家、工程师、企业家，还有金融家和银行家，但是，被历史所记忆的发明家极为有限。人们比较熟悉的发明家不过是爱迪生（Thomas Alva Edison，1847—1931）和特斯拉（Nikola Tesla，1856—1943）。爱迪生被称为"世界发明大王"，终生有 2 000 多项发明专利。特斯拉一生，取得约 1 000 项专利发明，他的想法远远超越了他所处的时代。例如，特斯拉认为，人类所有的科技革命最终要解决节约能源问题。今天来看，这是一种极为深刻的预见和判断。

进入 21 世纪，科技革命进入积累和叠加循环模式不断发生的阶段，需要同时具备工程师、企业家和发明家气质的复合型人才。苹果的乔布斯（Steven Paul Jobs，1955—）是有代表性的，他是企业家，也是发明家，他崇拜的人是图灵。对苹果商标的解读，有人说是亚当、夏娃吃过的苹果，也有人说是图灵自杀时吃的苹果。总而言之，苹果的商标寓意深刻。马斯克也做到了集工程师、企业家、投资家和发明家于一身。

中国与世界发达国家比较，强项是工程师过剩，薄弱环节是能实现熊彼特所说的"创造性破坏"的发明家过少。不是申请专利就是发明家，最重要的是专利的质量。

因为科技革命，经济、政治和社会演化加速，学习成为最重要的事情，否则人们就无法面对和应对这个急剧变化的时代。

中国的科技革命道路

在当代世界，中国是高度重视工业和科技革命的国家。中国共产党具有源于"洋务运动"和"实业救国"的工业基因，以及源于"五四运动"的科学基因。从1919年"五四运动"以来，中国共产党始终将科学放在难以想象的重要地位，这在世界的政党史上是唯一的。

1949年之后，中国始终没有放弃两项重要的目标：（1）工业现代化。在第一个五年计划期间，"工业万岁"曾经是重要口号。2000年之后，中国成为世界第一制造业大国。（2）科技现代化。1956年，中国制定出第一个发展科学技术的长远规划，即《1956—1967年科学技术发展远景规划》，开始"向科学进军"的运动。1965年，实施"两弹一星"计划，中国科学院成立156工程处。

20世纪80年代，中国开始改革开放，开放不仅仅是为了引进外资及现代管理技术，更重要的是引进国外先进的科学技术。1978年，中国召开全国科学大会，科技事业开始全面复苏，进入科学的春天。1981年，中国成立国务院技术经济研究中心，将技术放在经济的前面，相信技术对经济具有根本性影响，代表了那个时代对于技术的重视程度。[①] 1983年，国务院技术经济研究中心推动了全国开展世界科技革命浪潮的讨论。1986年3月，中国启动实施了高技术研究发展计划，简称"863计划"。之后，科技部组织实施了《国家重点基础研究发展计划（973计划）》。

2010年以来，全球科技革命加速中国决策层高度重视高科技，特别是数字技术发展。2017年12月政治局第二次集体学习大数据，2018年

---

① 作者参与了国务院技术经济研究中心的创建，并担任过"综合组"召集人。1985年，在马洪的主持下，参与了《2000年的中国》的早期工作。这部著作涉及对于中国人口、资源、农业、工业、科学技术等的全面预测。

10月31日政治局集体学习人工智能，2019年10月24日政治局集体学习区块链，2020年政治局集体学习量子科学。国家决策者如此重视科技前沿发展，这在世界范围内是极为独特的。

  总之，对于中国构建的基于科学–产业–政府协作的国家创新系统，国家主导的科技发展战略，以及这样的体制所产生的"乘数效应"和"溢出效应"，需要经过较长的时间，才有可能予以更为客观和全面的评价。

虚拟现实的形而上学意义[①]

我们切不可为了时代而放弃永恒。

——胡塞尔

不久前,翟振明教授联系我,希望我为他的著作《虚拟现实的终极形态及其意义》写篇序言。读懂这本书是需要花工夫的。我将阅读之后的认知与翟教授做了电话沟通,终于认为我可以为这本书写些文字。其实,谈不上是序言,只是学习体会,归纳这样几点:

第一,不存在唯一的"客观世界",所谓的"客观世界"仅仅是众多的"可能世界"的一种存在方式。与"客观世界"相比,"主观世界"更具普遍性和必然性。而"主观世界"最终决定于自然的实在与虚拟现实。

第二,对于人类而言,自然的实在与虚拟现实,或者说"真实"与"虚幻"是等价的。因为"基本粒子物理学"在虚拟世界和自然世界都是成立的,且有同等的合法地位,所以"虚拟现实的基础部分和自然实在同样地实在或者同样地虚幻"。只是自然实在是强加给人类的,而虚拟现实是人类参与和创造的。

第三,虚拟现实技术和之前的传统技术存在本质差别,不再是人类的工具,或者独立的物体,而是"重新配置整个经验世界的框架",并通

[①] 本文系作者为翟振明《虚拟现实的终极形态及其意义》一书撰写的序言。

过数码模拟、视频眼镜、穿戴设备等引导人们沉浸其中的一种"迷人的方式",将人们置于一个"新创造的世界里"。

第四,自然实在和虚拟世界之间具有"一种反射对应关系"。如果认为虚拟世界是自然世界的衍生物,那么,就得接受这样的推论:"则自然世界也被看成是更高层次世界的衍生物"。自然实在和虚拟世界具有"同样的有效性和无效性"。这是因为:人们通过眼睛作为传感器所认知的物理世界的真实性,与通过复杂信号传输设备所感受的虚拟世界的真实性,没有本质差别。

第五,人类经验包括两个来源:其一,通过与生俱来的生物学感知器官的功能所得到的经验;其二,因为虚拟现实而得到的经验。"这种人工生产的体验在原则上与自然体验不可分割"。于是,产生了"可替换感知框架间对等性原理":"所有支撑着感知的一定程度连贯性和稳定性的可选感知框架对于组织我们的经验具有同等的本体论地位"。也就是说,"本体地讲,对于组织我们经验的各种感知框架,没有哪一个具有终极的优先性"。

第六,在物理空间的"后面",存在着更为丰富的虚拟世界。或者说,物理世界和虚拟世界都是世界存在的状态,既是二元的,也是一体的。在本体层面上,是否承认虚拟世界的"实在",取决于主体的立场。不仅如此,本体还会形成来自物理世界和虚拟世界的"交叉感知"。

第七,虚拟世界与自然物理世界不仅仅是平行关系,因为虚拟现实更具有张力和力量。"假如我们进一步将机器人技术与数码化感知界面相结合,我们将能够在虚拟世界内部向外操纵自然世界的所有过程",也就是"在赛博空间操纵物理空间过程",最终实现自然世界的每一个可被感知的对象在虚拟世界中都有一个设定的"对应项"。

第八,虚拟世界更具有意义。不仅因为人类可以在虚拟世界实现一代代繁衍，且更加具有创造性，拥有更丰富的人格，更为重要的是，虚拟世界将展现新文明的"无限可能性"，"可能重新奠定整个文明的根基"，而且"它将允许我们参与我们的整个文明的终极再创造的过程"。需要强调的是，意义不同于快乐。例如，艺术、诗意、智慧、自由和许多其他富有意义的好东西不总是快乐的。虚拟世界和赛博空间与阿道司·伦纳德·赫胥黎（Aldous Leonard Huxley, 1894-1963）所描述的"美好新世界"正好相反："它将前所未有地激发人类的创造力并且分散社会权力"。

第九，感知框架的转换和获取经验的不同形式，不会影响心灵深层次的自我统一性。心灵的存在与解释，未必与复杂的大脑结构存在对应关系。在心灵面前，人类的局限性是显而易见的。"我们不能通过硬接连线或符号程序使计算机具有意识。换句话说，我们能成为以电子为中介的新经验世界的集体创造者，但是不能通过电子操作手段创造出更多的有意识的创造者"。也就是，"因为意识从来不是任何超符号的东西"，虚拟现实技术能够重新创造经验感知系统，却无法创造出心灵。心灵显然处于更高层次，从心灵的立场看，"任何感知框架下的经验内容都是可选择的"。所以，需要引入"不依赖特定感知框架"的量子力学，寻求建立心灵统一理论的可能性。

第十，因为虚拟现实，人们需要重新思考"意义和造物主"的关系。弗里德里希·威廉·尼采（Friedrich Wilhelm Nietzsche，1844—1900）在19世纪80年代宣称"上帝已死"，到了20世纪60年代，米歇尔·福柯（Michel Foucault, 1926—1984）宣告"人之死"。其实，无论是"上帝已死"，还是"人之死"，包括尼采的超人，都涉及人类能力，而人类的能力是有限的。如果认为，"我们能够创新创造可经验感知的整个宇宙"，那么这里就包含了"上帝是我们"的隐喻。问题是，人类不可能复制心灵在内的宇宙，实现灵魂的永久存在，这意味着人类存在不可克服的局限性，永远不可能替代造物主。

在以上十点归纳的背后，是翟教授崇尚非物质性永恒的价值观。他最终触及的核心问题是：什么使灵魂永久地存在成为有意义的，而物理元素的永久性存在无意义？我们如何在不必经历消极的寂灭就可以看穿"物质厚重性的把戏"？

对此，书的第五章第七节"虚拟现实：回乡之路"做了回答："如此看来，虚拟现实于经验和超验层面都是内在善的。既然此内在善在两种意义上都不依赖于客观世界的物质性，虚拟现实绝不会剥夺人类生活的内在价值。相反，虚拟现实以革命性的方式增进了这些价值。它将我们从错误构造的物质世界带回到意义世界——人的度规的家园。我们可以说黑格尔式的绝对精神正在从一个异化的和暂时的客观化的物质世界回归家园吗？"[1]

在这本书中，翟振明提及了若干中外著名的哲学家和科学家，包括老子（公元前571—公元前471）、柏拉图、笛卡尔、莱布尼茨（Gottfried Wilhelm Leibniz，1646—1716）、贝克莱（George Berkeley，1685—1753）、黑格尔、胡塞尔。作者特别肯定了胡塞尔以意识的给定结构作为客观性和主体性的同一根源的新理性主义。作者最终提炼出他的哲学理念："我们不是物质论者，也不是观念论者——如果观念是指在我们有意识的心灵中的那些东西的话。假如我们仍选择使用'实在'一词意指此终极者的话，则我们可以说终极实在就是强制的规律性。但是为了使我们避免'实在'一词的传统内涵，我们最好还是不要使用这一概念。因此，如果你愿意，你可以称此观念为'跨越的非物质主义'（transversal immaterialism）或'本体跨越主义'（ontological transversalism）。"

---

[1] 根据翟振明的定义，"人的度规"（Humanitude），即我们成为独一无二人的特征整体。

最终，作者认为，隐喻地讲，中国的老子是第一位虚拟现实哲学家。在老子看来：任何二元对立都是暂时性的，因为它需要基于一个特殊感知框架才有效。而道不是某一时间或某一地点被发现，它甚至不能被说成是在任何一个特殊的人之内或之外。它无处不在又处处都在，他无时不在又时时都不在。

翟振明教授的这本书是 2007 年北京大学出版社出版的《有无之间：虚拟实在的哲学探险》的再版，而《有无之间》则是作者 1998 年的英文原著 Get Real：*A Philosophical Adventure in Virtual Reality* 的中文译本。如果从 1998 年算起，至 2022 年，整整 24 年过去。历史已经证明还将继续证明，翟振明教授对虚拟世界认知的思想超前性和现实意义。翟振明教授是虚拟现实回乡之路的开拓者，元宇宙就是正在构建的驿站。

马斯克现象和科幻文学[1]

> 如果某件事足够重要,你应该尝试。即使——可能的结果是失败。
> ——埃隆·马斯克

吉尔·莱波雷(Jill Lepore,1966—)于 2021 年 11 月 4 日在《纽约时报》上发表了一篇文章,一篇严格意义上不是学术论文、更像随笔的文章——*Elon Musk Is Building a Sci-Fi World, and the Rest of Us Are Trapped in It*,英文的直译是《马斯克正在建筑一个科幻世界,而我们都不可避免地会掉入这个陷阱》。但是,流传的中文文本的题目是《马斯克主义:科技亿万富翁们的外星资本主义》。我们看到,英文题目和中文题目还是有很大区别的。英文题目强调的是所谓的人们正在陷入马斯克主义所构建的"科幻世界"之中;中文题目则强调的是两个概念:一是"科技亿万富翁",二是"外星资本主义"。这显示了首先介绍此文的中文翻译者的关注点和提炼倾向。

题目是重要的,更重要的是全文。如前面说的,吉尔·莱波雷的这篇属于随笔性的文字,并不能称之为一篇深刻的论文,但是,它开启了一个新的视角,让我们观察当今世界上最重要的一个现象,即"马斯克现象"。

---

[1] 本文与附录系作者于 2021 年 11 月 10 日在苇草智酷与横琴数链数字金融研究院共同举办的"炉边对话 NO.1:从历史深处看马斯克及马斯克主义"活动上的会议发言。

第二章 元宇宙的科学基因

首先，介绍一下吉尔·莱波雷教授。吉尔·莱波雷1966年出生，是哈佛大学美国历史学系的教授，兼任哈佛大学法学院的客座教授，也是历史与文学项目的主席、第41任大卫·伍德斯·肯珀荣誉教授。她还是《纽约客》(The New Yorker)的特约撰稿人。吉尔·莱波雷教授取得了一系列学术成就，包括"哈佛学院教授"(Harvard College Professor)的称号，以表彰她在本科生教学方面的突出成绩。她的著作《战争的名字》(The Name of War)获得了班克罗夫特奖(Bancroft Prize)，《燃烧的纽约》(New York Burning)入围普利策历史奖的总决选。2014年，她入选美国人文与科学院（美国历史最悠久的院士机构）和美国哲学学会（美国历史最悠久的学术团体）。她的研究获得古根海姆基金会、美国国家人文基金会等10余个基金会的赞助。之所以介绍吉尔·莱波雷，是因为她对于马斯克的解读受制于她本人的独特性，包括她的教育背景、长期学术立场，以及对于资本主义的认知方向。吉尔·莱波雷是出生于20世纪60年代的女性，一位哲学家、文学家，她在这篇文章中提出了一个近乎极端但是非常明确的论断，或者一个"公式"：马斯克主义=新资本主义=外星资本主义=奢侈资本主义。这是她这篇文章的核心所在。而这个外星资本主义又和四个元素联系在一起，即火星、月球、银河系和元宇宙。

进一步说，这种外星资本主义的驱动力是什么呢？吉尔·莱波雷的观点是，并不是人们通常以为的股票价格的收益，而是科幻小说，是科幻小说推动了现代科技资本主义。文章中的原话是："极端的、外星的资本主义，在这一体系下，股票价格与其说是由收益驱动，不如说是由科幻小说的幻想驱动。"也就是说，是科幻小说和其他艺术的科幻作品，构成了今天的马斯克，以及马斯克们的思想资源。科幻小说的思想就是马斯克主义的底色所在。吉尔·莱波雷的这个观点，可能是极端的，但却是一个重要的，甚至具有重大意义的视角：马斯克代表外星的资本主义。

所以，本文主要围绕这样的一个主题：马斯克等科学巨头代表人物到底有哪些特征？通过莱波雷提供的线索，当代科学巨头代表人物是怎样的？为什么与科幻小说结合在一起？影响他们至深的科幻小说家是谁？又有哪些代表作品？从中，也可以发现吉尔·莱波雷对于女性科幻小说家的重视和偏爱。如果用代际对科技巨头代表人物进行分类，存在非常清楚的代际关系，可以归为三代人：一是战后的一代，从"1950后"到"1960后"。比尔·盖茨和乔布斯是1955年出生；贝索斯（Jeffrey Preston Bezos，1964—）、彼得·蒂尔（Peter Thiel，1967—）、黄仁勋（Jensen Huang，1963—）都是"60后"；马斯克是"70后"的代表，承上启下。二是"80后"的互联网一代。最重要的代表是1984年出生的扎克伯格（Mark Elliot Zuckerberg，1984—）和1994年出生的以太坊的发明者维塔利克（Vitaly Dmitriyevich "Vitalik" Buterin，1994—）。所以从代际上来看，科技巨头代表人物横跨了40多年时间，形成三代科技巨头的代表人物。

40多年的历史跨度，构成了他们成长的历史环境：从反越战运动、民权运动，到嬉皮士运动、IT革命、技术至上主义的影响。

再看他们的教育背景，除了维塔利克是滑铁卢大学毕业之外，其余人几乎清一色地来自美国的"常青藤"大学，诸如哈佛大学、普林斯顿大学、斯坦福大学等。而他们的家庭背景基本上也是近似的，几乎都属于典型的中产阶级。上述特征——分明的代际、时代背景、教育背景和家庭背景，无疑影响了他们的人生和事业的轨迹。但是，莱波雷并非关注这些背景，更没有发掘这些因素，而是提出，所有这些科技巨头的代表都强烈地受到了科幻小说的影响。不仅如此，科幻小说影响了所有科技巨头公司的发展，并且成为今天推动资本的思想资源。为此，吉尔·莱波雷罗列了若干科幻小说家的名字和作品，需要通过简单的回顾，对科幻小说和科幻文学作品有一个整体性的认识，看看是否存在某些规律性的东西。在科幻小说历史研究专家看来，科幻小说的鼻祖是雪莱夫人，代表作就是雪莱夫人1818年创造的《弗兰肯斯坦》，中文也翻译为《科学怪人》。之后的200年间，这部小说被改编成无数的电影和话剧，一直影响到今天。

关于雪莱夫人的成长背景，这里说几点：第一，雪莱夫人的父亲是支持法国大革命的狂热分子，是无政府主义者；她的母亲是那个时代女权主义的代表人物；她的丈夫雪莱是一个空想社会主义者、科技试验家且存在强烈的科技至上主义。所以，雪莱夫人身上包含着无政府主义、女权主义、空想社会主义和科学至上主义的元素。所有元素都集中在了雪莱夫人的这部作品中，构成了科幻小说的基因，并影响了过去200年来科幻、艺术、科幻小说的演进和发展。雪莱夫人的科幻小说包含了两个层面：一个层面是人文精神，一个层面是科技基础。

2018年是《弗兰肯斯坦》出版200周年，全球都做了纪念，我为此写了一篇很长的文章，纪念我认为的重大历史事件，试图全面探讨这本小说的意义。[①] 进入20世纪，秉承雪莱夫人科幻小说基因的代表人物是"科幻三巨头"，即罗伯特·海因莱因（Robert Anson Heinlein，1907—1988）、亚瑟·克拉克（Arthur Charles Clarke，1917—2008）和艾萨克·阿西莫夫。海因莱因、克拉克、阿西莫夫在20世纪50年代、20世纪60年代，甚至20世纪70年代，影响力达到高峰。显而易见，这三个人的科幻作品及其思想和内涵非常深刻地影响了这些科技巨头，以及战后一代，一直到"60后"一代的思想成长。

其中，在吉尔·莱波雷的文章里，她提到海因莱因和阿西莫夫对所有科技巨头思想形成的影响。海因莱因是最有影响力的美国硬科幻小说

---

① 朱嘉明：《"科学怪人"的历史与现实意义何在？》。

作家，被称之为"科幻先生"（Mr. SF），代表作为《星河战队》。阿西莫夫是美国科幻小说黄金时代的代表人物之一，其《基地系列》《银河帝国三部曲》和《机器人系列》三大系列被誉为"科幻圣经"。阿西莫夫在1950年写作的《我，机器人》中，提出"机器人三定律"，首先提出人工智能的伦理问题。那时的阿西莫夫不过30岁。后来，阿西莫夫又增加了一条，变成"机器人四定律"，至今仍旧是关于人类和人工智能机器人之间道德关系的基本思想框架。

在吉尔·莱波雷的文章里，她还提及伊恩·班克斯（Iain Banks, 1954—2013）和道格拉斯·诺耶尔·亚当斯（Douglas Noel Adams, 1952—2001）。

班克斯1984年以小说《捕蜂器》一举成名。班克斯在1987年出版了第一本科幻小说，之后开启一系列以"文明"宇宙为背景的创作。在"文明"中，班克斯描绘了一个无政府主义的乌托邦式社会，在那里，人们不再害怕贫穷、疾病和死亡。生前最后一次接受BBC记者采访时，他说："沉浸在科幻小说中，你可以得到极大的自由。你可以去任何地方做任何事情。"《卫报》将其作品视为"科幻小说评判的标杆"；《时代》周刊更是称班克斯是"英国同时代作家中最有想象力的小说家"。吉尔·莱波雷则希望读者更关注班克斯本人是"公开的社会主义者"，所擅长描述的是"乌托邦无政府主义者"。

亚当斯是一位英国广播剧作家和音乐家，以《银河系漫游指南》系列作品闻名。这系列作品隐含了对经济不平等的讽刺和控诉，特别是对星球殖民主义的批评。1978年，首先通过BBC的广播剧传播，之后小说出版，原著全系列一共五本"三部曲"，是科幻史上至今仍然非常受欢迎的系列作品。再之后被改编为电视连续剧，亚当斯逝世后，小说还被翻拍成电影。

莱波雷还提到了一位跨越世纪的重要科幻小说家 H·G·威尔斯（H.G. Wells，1866—1946）。1879 年，威尔斯的小说《隐身人》出版，提出了科学技术的发明如果应用不当，会给社会造成危害。1898 年，威尔斯小说《星际战争》出版，描写火星人入侵地球的恐怖景象，并与英国对塔斯马尼亚人的赶尽杀绝战争对比，提出我们也不是什么仁慈的使徒，所以没有资格抱怨有着相同战争观的火星人。威尔斯并不是为火星人正名，而是控诉英国，指出先进的科学技术如果掌握在毫无人性的人手中是危险的。1901 年，威尔斯的小说《月球上的第一批人》出版，以月球居民因从事不同的劳动而使身体畸形发展的情节，影射社会不合理的劳动分工造成人类的堕落。1914 年，威尔斯的小说《获得自由的世界》出版，描写世界大战和原子武器将对人类形成威胁，之后的历史证明了这样的威胁真实存在。威尔斯早期科幻的杰作是对帝国主义的批判。

吉尔·莱波雷所提及的科幻文学的代表人物还不止这些。她还提出一个她特有的观察，这些科技巨头对至少以下 4 位当代科幻小说的作家并没有足够的关注。第一位是加拿大小说家玛格丽特·阿特伍德（Margaret Atwood，1939— ），1985 年发表幻想小说《使女的故事》令她一举成名，获提名普罗米修斯奖和星云奖，以及英国文坛最高荣誉布克奖，成为 20 世纪最经典的幻想小说之一。第二位是美国科幻小说家奥克塔维娅·E. 巴特勒（Octavia Butler，1947—2006），2010 年入选"科幻名人堂"，小行星 7052 以她的名字命名，代表作有《语音》《血孩子》《傍晚、清晨、黑夜》《莉莉丝的孩子三部曲》《地球之种二部曲》《羽翼未丰》等。第三位是旅居美国的印度科幻作家梵达纳·辛格（Vandana Singh），担任物理与地球科学系主席，代表作品有《模糊机器和其他故事》。第四位是姜峯楠（Ted Chiang，1967— ），代表作是《巴比伦塔》《焦躁是自由的眩晕》。上述四位科幻文学作家，除阿特伍德外都是少数族群，三位女性。反映吉尔·莱波雷的特定的社会立场，以及她认为星际资本主义代表们的缺失所在。

吉尔·莱波雷在这篇不那么长的文章中，给出了这些从19世纪到21世纪的科幻文学的代表人物，通过他们的人文思想、政治倾向和对科技的认知，折射出科技巨头代表的思想与精神。不仅如此，吉尔·莱波雷还探讨了科技巨头代表对于某些科幻大家的"误读"，以及对于某些科幻大家没有进入他们视野，进而证明科技巨头代表的思想与精神的缺失。无论如何，吉尔·莱波雷创造了通过科幻文学研究以马斯克为代表的科技巨头人物的思想深处。需要补充的是，在过去半个多世纪，在科幻艺术形式中，小说之外，科幻电影占有重要的位置。如果从20世纪60年代开始，最著名的科幻电影至少有1968年的《太空漫游》、1977年的《星球大战》、1982年的《银翼杀手》、1999年的《黑客帝国》、2008年的《钢铁侠》、2009年的《阿凡达》、2016年的《降临》，不一而足。这些科幻电影，足足影响了三代人，包括了吉尔·莱波雷文章开头所提到的比尔·盖茨、贝索斯、马斯克和扎克伯格。特别需要指出的是，在科幻小说和科技巨头代表们的思想深处之间存在着一种契合，这种契合就是基于宗教信仰的人类终极思考，包括人类末日、人类灭绝、气候灾难、地球毁灭的忧虑。不得不说，探讨人类终极意义构成科幻小说和其他艺术形式的永恒性课题，必然影响着每代读者的世界观和心理结构。

科幻艺术，从小说到电视电影，创造了众多的未来世界、星空世界的符号和象征：宇宙中的月球、火星、银河系，作为工具的火箭、宇宙飞船，还有外星人、经过脑接口改造的人类，以及科幻世界的各种偶像。在过去的半年多，最有影响的一个概念是"元宇宙"。2021年，Facebook改名为Meta。而"元宇宙"概念，也是来自一本1992年出版的科幻小说，书名是《雪崩》，作者是1959年出生的美国赛博朋克流派科幻作家尼尔·史蒂芬森。

《雪崩》以 21 世纪的美国为背景，联邦政府彻底瓦解，国家被大公司控制。与处于瓦解的美国现实世界，并存一个虚拟世界。一种被称为"雪崩"的病毒，具有双重破坏作用。在现实世界，"雪崩"是具有生物属性的病毒，可以破坏碳基人类的血液循环系统。在虚拟世界，这个病毒属于电脑病毒，可以破坏所有的计算系统，使其瘫痪，进而导致现实世界和虚拟世界的同时毁灭。最后，小说中的主人公挺身而出，摧毁了这个"雪崩"病毒，维持了两个世界的存在条件。在自然界，雪崩是如同海啸一样的自然大灾难。作者用"雪崩"所命名的病毒，确实有潜在的和现实的威胁。横行两年多的新冠肺炎病毒，以及层出不穷的黑客制造的电脑病毒，就是证明。《雪崩》是人类在后信息社会生存危险的预言著作，该书问世之后，对硅谷 IT 产业的群体产生了原子弹冲击波一样的影响，那时 21 岁的马斯克很可能是其中一员。只是，马斯克所追求的是物理形态的星际太空，而扎克伯格最终选择了虚拟现实的"元宇宙"。

总之，自第二次世界大战之后开始的科幻小说、科幻电视、科幻电影的黄金时代，与真实存在的 IT 革命和互联网革命、太空开发存在着直接的历史重合，以及强烈的相关性和深层的互动。

基于科幻小说和科幻电影为主体的科幻艺术，派生出一种科幻文化氛围，一种科幻人文环境，一种比地理环境更为重要的环境，构成了影响和改变科技产业发展的一种深刻和丰富的思想资源，启发了几代人的想象力和追求持续创新的灵感，以及"技术和工程可以解决政治、社会和经济问题"的顽强信念。对于同时代在中国政治文化背景下成长起来的几代人而言，理解美国和欧洲发达国家所处的科幻文化历史环境，并非一件容易的事情，如同农耕文明理解海洋文明那样的不容易。

吉尔·莱波雷提出，马斯克主义起源于 20 世纪 90 年代的硅谷。这是事实。硅谷是马斯克和他们这代人的另一个大学。1995年，24岁的马斯克开始进入硅谷，创建了一家为新闻机构开发在线内容出版软件的公司，之后是X.com。之后，马斯克将他的总部迁往洛杉矶。为什么是洛杉矶呢？因为洛杉矶可以突破传统的硅谷模式，具有更完整的产业生态和更多元的文化因素环境。马斯克代表的是另外一个后硅谷时代。我以吉尔·莱波雷提出马斯克代表的新资本主义的文本为基础，试图给大家一个对马斯克现象更为纵深和宽广的视野。

附录：关于马斯克主义的精神特质的对话

段永朝：刚才向大家展示了过去至少半个世纪甚至更远历史中的主线，即以 IT 革命为核心的整个科技的演进，以及对未来的影响。如果我们都同意未来决定现在，那么就要回答两个问题：第一，由谁来决定？第二，如何决定？事实上，这两个问题不可分割。"谁"决定"如何"。也就是，今天讨论马斯克，背后隐藏着对这两个问题答复的潜台词，是不是未来就是由马斯克这样的人来决定或者以马斯克的模式来决定？这是今天会议的初衷，也将是一个无法回避的历史性题目。还有一个更深层次的问题，如果是马斯克他们具有对未来决定性影响，那么，他们为什么具备这样的话语权和影响力？

朱嘉明：我介绍对马斯克他们有影响的科幻小说家和他们的作品，就是探究马斯克他们前一代或后一代人的世界观的思想资源。现在，我对莱波雷那篇随笔中所强调的两部科幻作品做更详细的说明：一是罗登贝瑞的《星际迷航》，二是亚当斯的《银河系漫游指南》。按照作者的观点，贝索斯和马斯克都深受这两部作品的影响。

《星际迷航》讲的是不同星球通过建立宇宙联盟，形成一个没有战争、没有贫富差别的和谐大宇宙，之后一代一代的船长不断地开始星际旅行。贝索斯和马斯克的童年都有成为《星际迷航》船长的情结。这代表了在 20 世纪 60 年代，美国科幻小说的一种乐观思潮。

《银河系漫游指南》讲的是宇宙中的一个星球，比地球还厉害，要建立一个银河系的高速公路，地球是一个障碍，于是他们决定拆毁地球。在地球遭到毁灭之前，主人公被路过的一个外星人的宇宙飞船接走，开始太空漫游的故事。它背后反映的是对地球处境的一种悲观意识。前面永朝所讲的，马斯克他们是过去科技演变过程的目击者和参与者，经历、体会了科学进程的每一个阶段。而科幻文学则是理解马斯克他们世界观的人文背景，也就是说，马斯克和"马斯克们"受到现实世界的科技和科幻小说中的人文思想的双重影响。这奠定了他们世界观的两个支点，进而影响了他们最终的商业理念。

相较于传统商人，马斯克他们具有相当的独特性：他们集合了人文、科学家和企业家的多重精神，实现了相当程度的融合。如果以2014年马斯克和联想的杨元庆之间的对话、2019年马斯克与马云之间的对话为例，不难发现马斯克和中国企业家的差别，甚至商业理念的分歧。杨元庆和马云都是1964年出生的人，比马斯克年长了7岁，因为成长环境和教育背景不同，他们与马斯克在商业理念上有巨大的差别。马斯克和马云的分歧，主要集中在如何看待人工智能和地球的未来。马云是乐观主义者，相信世界上的任何人工智能都没有办法超越人类。马斯克则不这么认为，他提出："碳基人除非做硅基改造，否则最后是没有可能战胜人工智能的。"

关于人类是否可以保住地球的问题，马云的答案是肯定的，马斯克是怀疑的。如果保不了地球，应该怎么办？马斯克主张开发火星。马斯克和马云的分歧还涉及教育领域。从马斯克和杨元庆、马云的世界观和商业理念的差别，可以想象和预见马斯克所代表的商业模式的特征。这也向人们提出一个问题：究竟是马斯克的商业理念和商业模式更有生命力，还是基于工业经济时代思维的商业模式更有生命力？可以肯定的是，马斯克他们已经深刻影响了世界商业模式的演变。总之，谁来决定和怎样决定未来的前提是主导群体的思想和世界观。马斯克所代表的群体存在着特有的思想和世界观，所以莱波雷提出了"马斯克主义"概念。

段永朝：嘉明老师做了关于价值观和文化背景的比较，进而提出未来是不是马斯克他们主导，或者由马斯克模式决定的问题。我想进一步探究关于未来的价值观,他们思想和文化的传承所在。因为,如果对这个问题加以仔细分析,前面嘉明老师提的未来是否是马斯克的,还是由马斯克模式来决定,马斯克是否真的变成了一种"主义"的问题,就比较容易回答。

第一个问题,马斯克这一代人的焦虑和不满到底在哪里?他的忧患意识、忧虑意识到底在哪里?我认为,当代的焦虑和不满主要体现在几个丧失,即确定性的丧失、理想的丧失、信念的丧失、价值的丧失、威权的丧失,这里面最重要的是确定性的丧失,需要更加深邃的思想和洞察。现在,100年前的数学、物理学这样的一些基础学科都已经碰到了天花板,碰到了解释障碍。这个世界已经不像18世纪、19世纪时那样,数学和物理学科可以所向披靡。确定性的丧失已经变成了一种底层的忧患。更重要的是,在现实生活中,20世纪上半叶以来的两次的世界大战、全球灾难,导致理想、信念、价值,乃至于威权的丧失,这是一个集体的文化现象。在这种情况下,对于一代又一代的新的年轻人,比方嘉明老师前面梳理的战后美国的披头士那一代,被他们的父母称作"垮掉的一代",他们精神的愤懑、忧虑和颓丧到底来自哪里呢?来自这种财富、权利和话语不在自己手上,更重要的是,他们在整个历史发展的版图中被边缘化。非常意外和巧合的是,20世纪70年代出现了一个天才的玩具——计算机,这个玩具又恰好有一个非常棒的特质——可编程。这个计算机加上可编程,对当年颓废的那一代年轻人是一个极大的精神鼓舞和寄托。换句话说,可编程就意味着可以用自己的双手来创造属于自己的世界。

20世纪70年代的年轻人可以沉浸在电子世界中,坐在电脑面前,蓬头垢面、衣冠不整、茶不思饭不想地去写下一行又一行代码,他们进入了一个与他们的父母、师长,与当时主流社会的那些市民阶层完全不同的精神境界。我个人认为,要理解他们成长语境中的不满到底来自哪里,这是第一点。

第二个问题,希望又来自哪里?嘉明老师反复地在讲要看马斯克他们和科幻作品的关系,要理解马斯克他们几代人如何受到科幻作品的哺育。这些科幻作品,完全可以把它们当成当年的希腊神话、印度的摩诃婆罗东,以及中国的《山海经》,这样一些传承几千年、影响人类精神生活的神话叙事。也就是说,科幻叙事用一种看上去完全不同的叙事方式,在精神中呼应了几千年前的神话叙事,打开了一个新的天空,给年轻的一代提供了新的可能。在这种情况下,回过头来看嘉明老师提的这个问题:未来是马斯克的,还是由马斯克模式来决定?马斯克真的变成了"主义"吗?这件事情非常的诡异,诡异在哪里?想象一下马斯克本人,恐怕不管马斯克怎样使命感爆棚,他不能躲避的就是他的宿命。他的宿命包含在马斯克主义中,他的使命也包含在马斯克主义中,这是个"怪胎"。

换句话说,马斯克也许会变成他自己的天花板。将这个问题大而化之就是人类难以摆脱的一个悖论。一方面,人们总是在寻求突围之路,寻求拯救之路,对把这个世界搞坏了感到忐忑不安、高度忧虑,希望能够找到一个突围的、超越的道路。但是,当人们认为自己找到了这条道路的时候,很可能也包含或者隐藏了一种暂时还意识不到、不为人知的隐忧。

所以在这种情形下,探讨马斯克和马斯克主义这个问题本身可能就含有纠缠交织的意味。当今世界已经是一个纠缠交织的世界,大家都深有同感。我请教嘉明老师另外几个问题:我们是否还能回到过去那种田园牧歌式的生活?我们可否透过人工智能的加持和帮助,回到过去那种分得清善和恶的时代?我们到底能走到哪一步?今天讨论马斯克所带来的问题和疑惑，是远远多于答案的。

朱嘉明： 我们是不是还能回到在很多文学作品、艺术作品中所描绘的田园般美好和谐的时代？以我所见，中国历史上可能有过《诗经》所代表的美好恬静的田园时代，只是再也无法回去。

在今天的线上沙龙中，我们创造了一个新的词汇，就是"马斯克模式"。永朝强调现在是一个不确定、碎片化和离散化的时代，我们正在进入一种比特化社会。所有这些，都与苇草智酷在10月8日沙龙所讨论的一个课题有关，那个课题就是"复杂科学"。人类进入20世纪后期以后，对所有复杂问题的解决，都导致更大的复杂；所有对于稳定性的追求，都导致更大的不稳定性；所有变混沌为秩序的希望，都使混沌更加强化。因为复杂导致复杂，就会强化人们只能更相信科学技术的力量，相信算法的力量，相信数字化转型的力量。在这个过程中，社会的主流发生了变化，从整个世界依赖于产业经济、实体经济，到后来依赖金融经济，到现在依赖于科技经济，科技主导和左右传统产业和金融产业。在这种情况下，当然就会推理出一个更大的问题，即对代表科技方向的代表人物的再认识，因为他们很可能对人类未来或者未来世界产生根本性的影响。如果这个逻辑成立，我们就需要特别思考吉尔·莱波雷的这篇随笔中马斯克代表的资本主义的两个特点：一个是科技特征，另一个是外星特征。高度的资本科技化和科技化资本，资本外星化，是不是代表一种趋势？人类所面临的有哪些困境？是不是存在着大家对于地球未来的忧患？是不是存在着增长的极限？关于解决碳排放的办法是否成立，时间是否来得及？这样的问题是可以按照传统和旧有的模式解决，还是必须以马斯克代表的新模式解决？如果认为现在物理状态下传统实体经济正在逼近极限，可以选择的出路就有可能是基于所谓虚拟世界所产生的新的经济形态。在这样的背景下，元宇宙的概念、NFT的概念、DeFi的概念就有了应有的位置。我把永朝说的问题再往前做了这样的引申。

段永朝：嘉明老师刚才有一种神情，一种伤感的神情，回应田园牧歌的时代，提到了《诗经》时代，非常遥远的记忆。我们现在只能凭想象，而不是靠扎实的史料来考据《诗经》时代的田园。嘉明老师用了一个词叫科技经济。科技渗入经济活动在工业时代已经发生，但是，在数字时代，不同于工业资本主义时期，科技主导产业和金融，即所谓的科技资本主义，或许会有一些不同的色彩和特征。嘉明老师给出了两个特征：一个是科技特征，一个是外星特征。我做一个点评，科技特征的背后是专业主义，科技要靠"算"，用莱布尼茨的话说是"通过计算"，用拉普拉斯的话说是"用公式推导解决争论"。科技革命导致的专业性，是不以人的意志为转移的。关于外星特征，需要强调的是想象力，非常有意思的是，外层空间的想象力可以带来一个"新的人人平等"的世界。一般来说，人们对于比较熟悉的且有纽带关系的某一件事情的想象力，很难达成共识，很难再把想象的世界与现实的世界建立某种浪漫的连接，但是面对超出经验的外星是不同的。我回想起嘉明老师大概在五六年前，希望人们认识"谦卑"的重要性。嘉明老师提出，"科技经济"绝不是科技和经济的简单组合，这是新想象。现在要理解"科技经济""元宇宙"等概念的深层结构和人文关怀，谦卑就显得尤为重要。尤瓦尔·赫拉利（Yuval Noah Harari，1976—）讲的"99%的人是无用之人"，虽然是一种偏激的说法，但也是对人类的强烈警示，意味着人类自以为是的时代正在完结。

马斯克这一代人，或者乔布斯这一代人，他们生长的文化氛围是一种反叛精神。粗浅地理解，这种反叛精神就是对当时的生存状况的不满。我相信，这样的不满很可能在每个时代都会出现。只有谦卑能避免马斯克主义真的变成一种"主义"，一件事情主义化之后总是给人一种毛骨悚然的恐慌。我不知道这么说对不对。

朱嘉明：首先，在莱波雷特定文化背景和语境下，并没有把"主义"这两个字想得那么严肃，无非是说，马斯克代表了一个非常独特的资本主义现象。资本主义是不是因为马斯克现象产生了一种新形态？或者说进入后硅谷时代，资本主义是否因为马斯克进入了一个前所未有的领域？这些还需要足够的时间观察。其实，莱波雷所提出的"外星资本主义"概念更值得关注和思考。"外星资本主义"是否与科幻小说中的"星球殖民主义"概念近似？在这样的问题背后，暗含了人类是否到了需要超越地球，走向星际这样的历史时刻。如果从人类发射卫星、"阿波罗号"登月算起，马斯克并不是最早的星际空间的拓荒者，他是一个继往开来、把人类空间从地球向外星扩展和延伸的人物。如果马斯克的所谓"星际资本主义"成立，会形成超越太空科技的"太空科技"概念，太空科技引发的新一轮的科技革命，将推动现在地球上所有的科技升级换代，成为未来集IT科技、计算科技、生命科技的集合科技。这意味着现存整个科技体系将进入质的阶段，引发对现存的基础科学、应用科学和人类的认知的全方位超越。在这样的背景下，整个学习模式、教育体系都要做相应的调整，人类需要重新建立知识体系，要有在更深层和更为宽阔的框架下的谦卑。这项挑战是重大的。

段永朝：我赞同嘉明老师所提的这几个问题，包括资本主义是不是进入了新的时代？是不是走向星际？我想补充一点想法：走向星际的意义到底在哪里？在古代社会表达的诗情画意当中，不乏对星空的探索。但是只有当人类有了航天器之后，对星空的探索才进入了一个新的阶段。有两点是有价值的。

第一点，人类需要有一个超人类视角。不管是哪一种文化，梳理其历史都可以看到一种超人类视角的存在。在远古蛮荒时期，人类将那种驾驭命运的力量归纳成神灵，代表超人类的个体和群体的力量。随后，出现了人格化的上帝，逐渐出现了世俗社会或控制力量的世俗化。在世俗社会中，也有一系列的替代品——王权，例如中国古代的皇帝就是凌驾在万民之上的"天子"。在资本社会中，有马克思（Karl Marx，1818—1883）所说的资本拜物教、商品拜物教，金钱就是一种新的权力。总之，人类发展过程中始终在寻找超人类视角，一直以来都有一种绵延不绝的思想冲动。嘉明老师讲的对星际的探索，除了探索太空的科技意义、太空科技价值之外，恐怕还有对人的心灵慰藉，延续一个超人类的视角。

第二点，星际资本主义是不是要彻底改写或告别现存的资本主义？包括金融资本主义、垄断资本主义，或者说市场资本主义等资本主义形态。如果改变，会在哪些层面来改变？这确实是一个重大的历史性题目，值得去进一步思考。还要继续探讨一个问题，假如资本主义进入"星际资本主义"阶段，与传统资本主义不同的就是它将以数字或者比特为基本单元。或者说，星际资本主义衡量经济的最重要的基石是比特和数字。今天所讲的数字化货币、数字化城市，不过是这个巨大的、发展中的星际资本主义在现实中的投影，而且很可能只是一个低维度的投影。简言之，探讨星际空间是不是有可能导致今天各种矛盾的纠缠，是由复杂诞生复杂。所以，人们需要找到一条共识的可行的路线。

朱嘉明： 假定存在星际资本主义，它包含着三个含义：其一，星际超越人类现在所在的地球，是空间含义；其二，星际资本主义的实践需要资本支持；其三，星际资本主义的背后有一个世界观。前面已经说过，星际资本主义有至少半个多世纪的演变，经历了不同的阶段，包括20世纪50年代的卫星阶段、70年代末的人类登月阶段，然后到太空站阶段。现在，马斯克的 Space X 和对星际生命各方面的探讨，成为星际科技和星际资本主义发展历史新阶段的象征。如果将星际资本主义和地球资本主义做个对比,最大的差别就是:星际资本主义以整体前沿科技的集合作为前提;星际资本主义需要以 IT 产业作为基础结构,而 IT 产业以比特作为基础的基础;星际资本主义是一个高度排斥人力资源的经济形态,所谓的碳基人类难以在星际资本主义中发挥实质性的作用,需要依靠人工智能。概括地说,星际资本主义是以比特作为基础,以 IT 作为主体,高度依赖人工智能的一种资本主义的形态。当然,现在的世界上不仅有资本主义,还有社会主义。所以,不同的制度将引发一场星际科技和星际空间的竞赛和竞争。在地球上还存在饥饿和不平等的情况下,地球很多问题尚未解决,为什么人类要开发星际?21 世纪第三个十年是不是将开启星际时代?这些确实是非常值得讨论和研究的。根据 2018 年马云和马斯克之间的对话和辩论,马斯克无疑代表是星际主义,马云代表的则是地球主义。人们将发现,坚持地球主义还是拥抱星际主义,将不再是一个关于未来的新问题,而是一个越来越现实的问题。

段永朝: 嘉明老师讲了两个特别有意思的词:地球主义和星际主义。我注意到一个倾向,嘉明老师区分地球和星际的时候,首先是从时空角度入手。我想从两个方面加以延展:其一,月亮和太阳与地球距离很近,但人类不把月亮和太阳看成是星际。在远古时代,不管是东方还是西方,把月亮、太阳封神,与人类存在"姻亲关系",这样的叙事非常丰富。今天在我们讨论星际的时候,还有三位航天员在太空,他们看到的地球就是一个小蓝球。如果用哈勃太空望远镜从太空看地球,就是苍茫星群中的一个闪烁的点而已。思考地球与星际的关系,需要平行宇宙思维,平行宇宙是一个重要的空间想象。其二,时间感。思考星际问题的时候,可以非常坦然地或者说充满好奇地去想象 500 万年前和 500 万年后。对于食不果腹、衣不蔽体的古代人而言,思考 500 万年只能是疯子才干的事情。今天思考 500 万年这件事情变得轻而易举,而且今天的人们提出这样的问题非常合理。所以,我想提出人类还要有一个关心意识,发自内心的关心:自己不在的时候世界会怎么样?还有,我在这里,不在那里的时候,世界会怎么样?当人们关心一些古人或者当代人不太关心的问题,这些问题的意义感会变得越来越凸显。仅仅关心现实的衣、食、住、行,地球世界,是地球主义特征。如果一个人用一生中的二分之一、十分之一,或者二十分之一的时间,来思考那些过去看起来根本没必要的问题,操心的焦点发生了变化,便可认为是超越了地球主义。总之,星际主义也好,地球主义也好,最大的分水岭就在于是否打开了想象空间,并让这种想象合理化。

朱嘉明: 前天,我和永朝讨论了一个人和他的一本书,即《时间简史》的作者霍金,他生前最后一本书叫《大设计》。《大设计》这本书并没有像《时间简史》有那么大的影响力,人们忽视了这本书的重要性。霍金一生的视野和影响力是以宇宙为对象的,他主张宇宙是有起点的,提出了大爆炸理论。霍金还支持弦理论和 M 理论。但是,霍金在撰写《大设计》的时候,陷入一个悖论:一方面他认为上帝是不存在的,另外一方面他发现整个宇宙设计得如此精巧和伟大。他试图把后面这种非上帝影响和介入的宇宙,用 "design" 这样一个词来描述,这是一个非常值得重视的现象。

霍金的黄金时代恰恰是我们今天所说的科技大人物或者科技巨头代表人物的时间背景。在霍金对宇宙终其一生的探索背后,是一种对星际与生俱来的冲动和想象力。在霍金和马斯克他们身上,可以发现他们对星际的深层理解、零距离感和亲切感,一种对星际的情愫的影响,如同海洋民族对大海、草原民族对草原的那种深情。

段永朝: 嘉明老师提到霍金的《大设计》这本书,我补充一个《大设计》里面关于金鱼和鱼缸的细节:想象两种鱼缸,一种是方形的鱼缸,一种是圆形的鱼缸。如果把一条金鱼放在方形的鱼缸里面，它在物理上没有各种光线的折射，那么它看到的世界是一种面貌；如果把一条鱼从出生就放在圆形的鱼缸里，它将会看到完全不同的世界，但是金鱼对此一无所知。其实，这个金鱼和鱼缸的关系所说明的正是宇宙对人的影响。霍金，包括相当多的这样心怀寰宇的思想家能够放眼望去，提出这样的问题，非常值得探究。在现实社会中，很多人可能会问，这种狂放的想象到底有什么用呢？我们谈元宇宙的时候，很多人问得急迫的问题就是，元宇宙到底有什么用？元宇宙能赚钱吗？或者火星移民会产生多少生意机会？火星移民会创造多少独角兽公司？如果试图将星际概念的思考拉回到"那个有什么用"，恐怕在起点上就误读了马斯克背后的那种焦虑和困惑，没有捕捉到他们的原动力。

这些人思想深处的原动力来自对灾难的忧虑、对走出困境的渴望，有着丰富的文化滋养。我不知道嘉明老师您怎么看？

朱嘉明： 这个问题比较难回答，因为我并没有和这些人有直接的对话、交谈。今天观察马斯克的成长道路，他彻底颠覆和推翻了所有MBA的教程，他没有依靠商业计划书和白皮书筹款，他在与杨元庆的争论中提出，销售是一个很奇怪的概念。事实上，最初聚集在马斯克周边的群体，对资本的功能和观念与马斯克相同，他们购买特斯拉是基于相同理念。现在需要纠正对于资本的教条主义。

段永朝： 我想到这样一句话——未来的想象力会变成一个最重要的战略资产，因为没有想象力，就没有创造力。这个想象力又建立在一种深深的关怀的基础上。在互联网的时代，这样的创业者比比皆是，值得尊敬。

王俊秀： 今天晚上，嘉明老师和永朝用了两个小时时间，透过剖析马斯克的一篇文章，最终推出了"星际资本主义"的新概念，以及"星际资本主义"的重要特征，包括技术普世主义支撑的科技资本化、资本的科技化、科技外星化。最重要的是，在他们二位的对话中，对当代资本主义做了一个新的阐释：除了美国的新教伦理的阐释和桑德斯的利益的阐释之外，又加了一个技术普世主义，而且将技术普世主义和想象力结合起来，在想象背后提到了对人类、对地球的深切的关怀和忧虑。整个对话充满了复杂科学的意味。虽然，今天沙龙并没有得出一个明确的结论，却是非常有意义的开端。

第三章
数字经济是元宇宙的坚实基础

元宇宙是数字经济成长的载体，数字经济是实现元宇宙价值的主体。

数字经济的系统结构[1]

如今,生命最大的悲哀莫过于科学汇聚知识的速度快于社会汇聚智能的速度。

——艾萨克·阿西莫夫

2020年,全球47个国家数字经济规模总量达到32.6万亿美元,同比名义增长3.0%,占GDP比重的43.7%。中国数字经济规模为5.4万亿美元,位居世界第二;同比增长9.6%,位居世界第一。2020年3月,中国政府发布《关于构建更加完善的要素市场化配置体制机制的意见》,正式明确将数据作为一种新型生产要素。中国进入将经济发展纳入数字化战略的历史新阶段。

如何理解数字产业化和产业数字化[2]

如今,数字产业化和产业数字化已经是相当普及的两个概念。数字产业化和产业数字化,是一个概念还是两个概念?如果是两个概念,差别到底在哪里?

第一,数字产业化和产业数字化。人类文明是需要数字支撑的,任

---

[1] 本文系作者自2021年9月1日至10月18日多次讲话的修订集结而成。
[2] 本节系作者于2021年9月1日在山西孝义鹏飞集团所做的会议发言。

何教育体系下,都有数学教育。近现代的一切经济活动,从工程、加工、会计到管理,都需要基于数学的量化支撑。但是,当下所说的数字产业化和产业数字化的"数字",都不是人们过去习惯使用的那个数字,不是英文的 number,而是英文的 digital。这个"数字"是指计算机编程语言的数字,即基于 01 二进制代码语言的数字。通过由数字、字符和语法规则组成计算机各种指令的计算机编程语言,计算机系统得以运行,最终与产业发生了结合,构成了数字产业化和产业数字化两个平行趋势,推动了数字经济的发展。在中文世界,digital 被翻译成"数字"或者"数码"。

计算机革命是数字产业化的起点。计算机革命始于 20 世纪 30 年代,在第二次世界大战期间有了重大发展。现代意义上计算机用了差不多 10 年的时间,完成了从思想、设计到实用三个阶段。1946 年 2 月 14 日,被命名为 ENIAC 的世界上的第一台计算机诞生于宾夕法尼亚大学。在计算机历史上,有三位关键人物:第一位是图灵,第二次世界大战期间的英国数学家,人工智能创建者,发明了图灵机,提出了计算机技术原理;第二位是香农,提出了"信息熵",奠定了信息论基础;第三位是冯·诺依曼,发明了计算机的架构。

自 20 世纪 50 年代起,计算机革命引发了 IT 革命和 ITC 革命,即信息技术革命和信息通信技术革命,整整持续了半个世纪之久。其间,信息革命主要集中在两个领域:半导体和集成电路领域以及互联网领域。1958 年 8 月,美国德州仪器公司宣布他们发明了集成电路,这是半导体和集成电路领域具有历史里程碑意义的事件。在互联网领域,首先要形成互联网思想。1961 年,MIT 的伦纳德·克兰罗克(Leonard Kleinrock,1934—)发表论文《大型通信网络中的信息流》(*Information Flow in Large Communication Nets*),其核心思想是:将一个信息群分解,通过网络电话系统传播过去,然后在终端把它组合起来。1964年,美国兰德公司(RAND)的保罗·巴兰(Paul Baran,1926—2011)发表《论分布式通信网络》(*On Distributed Communications Networks*),互联网思想破茧而出。他提出如何实现计算机之间的联系,并且令存储在计算机里的信息相互交流,这在20世纪60年代是很了不起的。之后,自1969年起,美国实施ARPANET计划,即阿帕网计划。1994年,ARPANET/Internet诞生25周年,互联网时代正式,互联网在世界范围内普及。1987年9月,中国通过北京与德国卡尔斯鲁厄大学之间的网络连接,向全球科学网发出了第一封电子邮件。

在这样的历史背景下,数字产业首先基于半导体硬件,得以形成和发展。得克萨斯州的休斯敦、加州的硅谷和美东的128号公路,构成了支持美国IT革命的3个支点。

与此同时,个人电脑全面登上历史舞台。1974年,英特尔(Intel)设计出一种微处理器——8080,催生个人计算机。1981年,IBM公司推出IBM 5150,正式确定"个人电脑"(PC)这一术语。1984年,苹果推出了具有图形用户界面的电脑麦金塔(Macintosh)。之后,康柏第一款采用英特尔80386芯片的台式机,即Deskpro 386推向市场。1975年,微软(Microsoft)应运而生。20年后的1995年,微软的Windows和包括Word、Excel和PowerPoint在内的Office平台,终于在个人电脑软件市场获得主导地位。软件也是不断地分化。过去计算机软件很简单,现在已经是一个庞大的体系。几乎是同时期,移动通信手机出世。1983年,摩托罗拉开启第一代移动通信技术,即模拟移动通信技术。1995年前后,进入GSM代表的第二代移动通信,简称2G。之后是3G,实现无线通信和国际互联网等通信技术全面结合。4G将WLAN技术和3G通信技术进行了很好地结合,使图像的传输速度更快,图像传输的质量更高,图像看起来更加清晰。特别值得一提的是，2007年乔布斯发布了第一代iPhone，实现了移动智能互联网。

进入20世纪90年代，新型数字产业进入爆发式生长阶段。首先是线上销售平台公司。1994年，亚马逊公司（Amazon）创立于华盛顿州的西雅图，是美国最大的一家网络电子商务公司；1995年，亿贝（ebay）创立于加利福尼亚州圣荷塞，是全球民众在网上进行线上拍卖及购物的网站。1998年，谷歌（Google）公司成立，被公认为全球最大的搜索引擎公司。2004年，脸书（Facebook）公司创立，总部位于美国加利福尼亚州门洛帕克，是社交平台公司。在中国，腾讯成立于1988年，阿里巴巴公司成立于1999年，百度成立于2000年。在过去的10年，马斯克填满了另外一个空白，就是将信息革命和空间卫星结合。在这样的历史环境下，华为成为中国数字产业化过程中的一家杰出企业。

至此，包括计算机、集成电路、计算机软件和移动手机在内，互联网和基于互联网的新型商业平台，构建了数字产业集群。数十年前，没有人可以预料到计算机会变成一个巨大的产业，软件会变成一个巨大的产业，芯片会变成一个巨大的产业，社交平台会变成一个巨大的产业。事实上，不仅形成了数字化产业，而且数字产业的每个环节、每个部门的发育似乎都是非常有秩序的。数字产业的形成、发展和扩张，显然不是人为设计出来的，给人一种由超自然力量设计和安排的感觉。

20世纪80年代，未来学家托夫勒（Alvin Toffier）写了一本书叫《第三次浪潮》（*The Third Wave*）。该书引进中国之后，产生了冲击波。在这本书中，作者比较了第一次产业革命、第二次产业革命和第三次产业革命。他认为，在工业时代没有结束的时候，信息时代已经来临，信息革命需要新的思想、新的技术、新的需求，来支撑经济发展的新的范式。信息革命将彻底改变传统的产品形态。几十年之后，他在当时所预见的基本都实现了。

当数字产业化形成格局之后，数字化产业开始全面地渗透和改造传统产业。所有的传统产业，不管是第一产业、第二产业，还是第三产业，都要引进计算机算法，连接互联网，纳入新通信技术，甚至结合人工智能。一言以蔽之，传统经济需要构建新基础结构，向数字经济转型，这个过程就是产业数字化。也就是说，数字化产业发展到一定的阶段，即在世纪之交，形成了倒逼传统产业的态势，导致产业数字化，这个过程非常剧烈，是21世纪的"产业革命"。

数字经济是由两种力量推动的，首先是数字科技的产业化，然后是倒逼传统产业向数字化转型，于是数字产业化和产业数字化构成了数字经济的两个基本来源和组成部分。在一定的历史时期，数字经济与传统经济并存。但是，从未来趋势而言，数字经济将彻底改造传统经济。传统经济或迟或早将完成数字化转型，这是信息时代和大数据时代的必然。对于传统产业而言，实现数字化转型的关键是建立对应实体经济运行的大数据体系，完成对生产和经营过程的相关数据的收集、分析和存储。

第二，金融数字化和数字化金融。数字经济的形成，除了数字产业化和产业数字化的推动力之外，还有来自金融数字化和数字化金融的推动力。所谓金融数字化，也就是金融科技化。就是将数字科技与传统金融，主要是与传统银行业结合，通过计算机化和网络化、大数据运用、人工智能技术、分布式技术、生物识别技术，以及移动性支付技术，实现对传统金融运行的基础结构的改造和升级。最终完成支付技术、清算技术和跨境支付结算方式创新，创造出差异化的金融产品、智能营销和客服，以及智能研究和投资。

所谓数字化金融，也就是科技金融化，主要是指互联网企业和科技企业进入金融行业，改变了传统金融业态结构。在中国，影响最大的是阿里巴巴2003年推出的支付宝、2009年的线上手机支付、2012年的二维码支付和2013年腾讯推出的微信支付。以阿里巴巴和腾讯为代表的数字化金融，不仅是第三方支付模式的创新，而且是数字化金融的重大历史事件。中国大致用了15年时间，或者说自2008年奥运会以后的13年时间，奠定了金融数字化和数字化金融的基础。

在全球范围内，在金融数字化和数字化金融的历史过程中，还发生了加密数字货币的诞生、发育和发展。2008年，发生了世界性金融危机。这年年底，中本聪（Satoshi Nakamoto）发布了比特币白皮书——《比特币：一种点对点的电子现金系统》（*Bitcoin: A Peer-to-Peer Electronic Cash System*），向世界介绍了一种安全、去中心化、匿名的支付系统，比特币因此横空出世，这是根据密码学和其他一些数学工具设计出来的一种加密数字货币。之后，又诞生了以太币，提供了开源的、有智能合约功能的公共区块链平台，解决了比特币协议扩展性不足的问题，为区块链的创新奠定了基础。进而数千种加密数字货币不断产生和交易。加密数字货币存在多种分类模式，例如稳定币和非稳定币、主权加密数字货币和非主权加密数字货币。如今，加密数字货币正在成长为重要的数字资产，规模达到2万亿美元以上，成为一种世界财富的新形式。中国央行发行的DCEP属于国家主权数字货币，只是数字人民币现在还处于很初级的阶段。

此外，在数字金融领域，DeFi应运而生。用户在无须依靠中心化机构的情况下，依靠区块链的特性来创建信任，将传统交易中对政府和银行等信贷机构的信任转化为对机器的信任，并在智能合约平台上完成一系列金融服务。一般认为，DeFi上的应用可以分为稳定币、借贷、交易所、衍生品、基金管理、彩票、支付和保险。从长远看，DeFi可以在很大程度上替代商业银行、投资银行、交易所、券商、保险和资产管理机构，具有自动自主、降低成本、提高速度和精度，以及安全性、隐私性、透明性的特征。2021 年，NFT 的影响不断扩大，NFT 本质上也是一种创新含量极高的数字金融产品。

当数字技术从生产领域进入金融领域之后，数字渗透到经济的核心领域，金融领域完成了数字化转型，数字经济结构趋于完备。因为加密数字货币，人们开始注意到区块链技术。区块链本质是一个分布式的共享账本和数据库，具有去中心化、不可篡改、全程留痕、可以追溯、集体维护、公开透明等特点。区块链是集合数学、密码学、互联网和计算机编程等科学的信任机器。区块链系统由数据层、网络层、共识层、激励层、合约层和应用层组成。区块链已经成为数字经济，特别是数字金融的重要基础结构。2019 年 10 月，中共中央肯定区块链技术的集成应用在新的技术革新和产业变革中起着重要作用，将区块链作为核心技术自主创新的重要突破口。中国是世界上唯一一个将区块链置于国家发展战略高度的国家。

数字经济不同于传统经济，因为数字经济的规律在很大程度上取决于数字技术的特性。例如，数字经济的硬技术是半导体和集成电路，而集成电路决定于摩尔定律。经典的摩尔定律是，集成电路上可以容纳的晶体管数目在大约每经过 18 个月便会增加 1 倍。摩尔定律对整个世界意义深远，数字经济在很大程度上受制于摩尔定律，也就是说，摩尔定律是影响数字经济的重要定律之一。这种情况，在传统经济历史中是难以想象的。

2021 年 4 月，中国信息通信研究院发布的《中国数字经济发展白皮书（2021）》显示，2020 年我国数字经济规模达到 39.2 万亿元，占 GDP 比重为 38.6%，目前位居世界第二。美国数字经济规模接近 13.6 万亿美元，美国、英国、德国等国的数字经济在GDP中的占比超过60%。[1]

第三，数字经济改变传统经济组织形态。在传统经济形态下，不论是第一、第二还是第三产业，基本的组织模式都是企业。至于企业，可以是工厂，也可以是公司。因为工业革命，机器在生产中广泛应用，工厂，或者说制造厂是最重要的企业形式。大部分工厂是在特定的建筑物之内，置放大型机器或设备所构成的生产线。现代工厂被称为"生产企业"。

进入19世纪末期，随着资本主义的发展，生产和运输这两种新型资本密集型技术的传播，公司（corporation）成为社会化大生产需要的一种主导性企业组织形式。与独资企业、合伙组织、家族经营团体的企业所有权相比，公司具有优势：有限责任，即资本提供者不会遭受大于其投资额的损失；股权转让，即企业中的表决权和其他权利可以轻易地依法从一个投资者转让给另一个投资者，而无须重组组织；法人资格，即公司本身作为虚构的"人"具有法律地位，可以起诉、签订合同，可以以共同名义占有财产；无限期，即公司的生命可以超越其任何公司成员的参与。这些优势，使得公司可以成为开展大型经济活动，特别是筹集大量资金进行投资的根据，有助于金融和债务工具方面的创新。因为公司，现有产业（铁路、钢铁和煤炭）的大规模扩张成为可能，解决了所有工业化国家都面临的大规模资本需求。之后，工业生产空前扩大，公司形式随之扩张，全世界数百万公司垄断大多数发达国家和许多发展中国家的制造业、能源业和服务业部门，最终导致反垄断立法。

相较于工业时代，数字经济的生产要素发生了根本性的改变，信息和数据成为经济活动的起点和终点，所以组织模式不会再是劳动密集的

---

[1] 参见：http://www.kjw.cc/yc/2021/0909/34790.html。

工厂或者资本密集的公司,而是技术密集的平台。人们通常认为,平台经济是一种基于数字技术、以互联网平台为依托的新型经济形态,也是通过数据驱动、网络协同的经济活动单元所构成的新经济系统,是基于数字平台的各种经济关系的总称。平台本身不生产产品,但是,通过平台经济,可以形成从生产、销售、消费到再生产环节的链条,实现供给之间的有效资源配置。企业或者公司不过是这样平台的管理主体而已。

简言之,数字经济的深刻发展,一定会使现在的企业组织模式发生根本改变。从长远趋势看,数字经济发展需要社区,需要全面参与,代表未来数字经济的组织模式是DAO。所谓的DAO实际是一套智能合约,通过在区块链上执行的一套共享规则进行协调和合作,并基于一系列公开公正的规则,在无人干预和管理的情况下自主运行。其中,DAO依靠多个节点来对每一个DAO节点的行为进行互相审查,来确保所有的规则能够被强制实施。DAO与传统公司的差别是:(1)DAO比传统公司更加透明。DAO的参与者都可以查看DAO中的所有行动和资金流向。这大大降低了腐败的风险。上市公司必须提供经独立审计的财务报表,但股东只能看到该组织的财务健康状况的一个快照。由于DAO的资产负债表存在于公共区块链上,因此它在任何时候都是完全透明的,精确到每一笔交易。(2)DAO比传统公司更容易全球化。(3)DAO比传统公司的中心化管理运行成本低,可以减少寻租成本。

第四,数字经济具有共享经济和互惠金融的基因。数字经济不断地演变,甚至可以影响和颠覆传统产业似乎非常清晰的产权结构,还会打通消费和生产的界限。例如,腾讯的微信用户,不仅仅是社交平台的使用者和消费者,还是信息和数据内容的创造者、传播者。抖音产品的生产者就是抖音产品的消费者。抖音不是抖音资本的控制者,而是所有抖音产品的生产者。所以,传统的腾讯和抖音公司结构,已经不足以反映作为数字经济实体的生产、消费主体和资本主体的新型关系。或者说，腾讯和抖音的股权结构已经与其财富的生产和形成过程完全背离。将抖音做大的主要是抖音的参与者，而参与者并不是抖音的股权受益者。这种情况在传统产业上是不存在的。所以，数字经济的进一步发育和成长，导致基于数字经济的组织形态进一步多元化，其中合作社也是一种潜力很大的组织模式。

第五，数字经济引发传统微观管理模式变革。在传统产业环境下，只要是基于物质形态的生产，其生产过程和性质所决定的管理，一定是中心化的、金字塔式的层级管理。例如，任何一个重工业企业，无论是焦炭企业、煤化工企业、石油企业，还是钢铁企业，都是大工业时代形成的企业，一般都是实施从班组长、车间主任到厂长负责的层级管理部门体制。进一步说，传统经济形态的管理，最终落实到对人、对财务的管理。

数字化经济之后，特别是原生态的数字经济企业，将不可避免地发生管理模式变革，建立平台式、扁平式的管理模式。数字经济管理的核心是对信息和数据的管理，也就是说，所有的管理问题，包括对人、财、物的管理，都变成数据问题。实施数字管理，最终将带来服务运营、产品和服务开发、市场营销与销售及制造的高效率。

以成立于1993年的顺丰公司为例。顺丰的业务范围覆盖顺丰快运、冷运及医药、同城、国际等新业务板块。2020年，中国全国快递行业的业务总量达到833.6亿件，快递行业业务量总数世界领先。其中顺丰业务量为81.4亿件。顺丰通过第三方公司与快递员签订劳动合同，所以，顺丰不是人们以为的劳动密集型的传统快递公司，而是早已经通过规模化的业务、完备的网络，以及领先的科技实力，转型为一个信息公司。顺丰所拥有的大数据不仅是海量的，而且是精确的。理论上说，顺丰收件人的相关信息是精准和即时的。从长远看，顺丰面临的挑战是因为大数据的规模和增长速度引发的挑战。再以成立于 2015 年的滴滴出行为例。滴滴出行的业务范围涵盖出租车、专车、滴滴快车、顺风车、代驾及大巴、货运，本质上是一站式出行平台，通过 App 改变了传统打车方式，培养出大移动互联网时代下的用户现代化出行方式，2020 年用户超过 4.5 亿，有超过 1 100 万名网约车司机、18 万名代驾师傅、近 6 000 名两轮车运维师傅，围绕生态有 3 000 多家租赁公司。2021 年 6 月，经国家网信办网络安全审查，核实滴滴出行的 App 存在严重违法违规收集使用个人信息的问题，责成应用商店、支付宝小程序、微信小程序下架其 App，滴滴出行美股遭受重挫。这说明，滴滴出行的管理核心也是海量和动态的大数据，其是以交通出行为载体的大数据公司。

工业互联网和物联网说到底都是数据互联网。因为所有的物都不同质，传统经济时代的不同物理形态的质的管理，通过数字化，转变为对同质化和标准化的大数据的管理，企业效率得以提高。现在的微观企业管理，需要与宏观的工业互联网和物联网融合。企业管理内涵的改变、大数据不可抑制的增长，最终导致人工智能参与管理。人在管理中的地位，不是上升，而是下降，甚至边缘化。

2020 年，新冠肺炎疫情严重影响了人们正常的经济活动和日常生活，减小了人们的聚会规模，甚至改变了上班模式。人们开始选择线上的工作交流、上课和会议，人盯人、岗位的责任制、打卡等传统企业管理模式正在加速改变。这样的改变，为年轻一代提供了越来越大的工作选择和工作方式的自由度。从现在的趋势来看，在数字经济的形成过程中，会形成中心化和非中心化的混合管理模式。

总之，2020 年以后，数字产业化、产业数字化、数字化转型、数字经济，已经不再是一种构想，而是事实。现在国家与国家在经济发展方面的差距，正在演变为数字化转型程度和数字经济发达程度的差距。未来的竞争，将集中在数字科学技术的创新竞争。凡是无法完成数字化转型的，就会成为数字化进程中被遗忘的孤岛，难以在竞争中存活下来。

因为实现数字化转型，建立发达的数字经济体系，将从根本上改变经济增长范式。在传统产业体系下，不可能摆脱固定成本，边际效应递减；在数字经济体系下，固定成本趋于零是完全可能的，且会发生边际效应增长。数字化首先影响信息密集型行业，刺激数字孪生市场复合增长率。所以，数字经济将创造新型财富形态。在这样的过程中，企业组织和管理模式都会发生相应的改变。我们正处于这样一个变革和改变的时代。

大数据指数级增长和大数据产业[①]

大数据是一种信息的存在方式，是与土地、资本和人力资源并存的生产要素。人类经济历史表明，生产要素的任何组合都可以构成生产、交换和分配体系。大数据作为生产要素的组成部分，对数字经济的形成发展产生至关紧要的影响。过去10年，中国参与大数据的主体高度大众化。中国人均大数据增长速度和相关资源投入规模增速快于GDP的增长速度。虽然中国人均GDP在世界上排得比较靠后，但是，中国人均数据要素的生产和消费，很有可能居于世界前列。

第一，大数据产业和传统产业的主要差别。（1）产业结构的差别：三次产业结构 vs. 四次产业结构；（2）生产要素的差别：没有数据生产要素 vs. 数据成为生产要素；（3）经济主体的差别：基于现代企业 vs. 基于

[①] 本节系作者于2021年8月1日在"数据安全与数据治理研讨会"活动上的会议发言。

新经济生态；（4）地理分工的差别：局限于地理空间 vs. 超越地理空间。

第二，大数据产业若干特征，表现为以下几个方面：（1）增长速度。传统经济形态基本按照线性方式增长，大数据产业是几何级数增长，其增长速度远远超出人们的想象力。衡量大数据规模的指标数量级增长，不断在跳跃。不久之前还是 PB，现在是 EB，不久的将来就是未来 ZB。在现阶段，如果把国民经济分成数字经济部门和非数字经济部门，数字经济部门的增长速度要快于非数字经济部门的增长速度。（2）增量主导存量。传统经济，例如水泥生产、钢铁生产或煤炭生产，都是以存量为主导的，在存量生产要素基础上产生增量；而大数据产业是增量生产要素主导存量生产要素的一种社会经济形态。（3）支持大数据产业的数据具有可追溯性和可逆性。无论是大数据的管辖权、交易权、所有权，还是使用权、财产分配权，都可以实现全息的可追溯。如果引入区块链技术，这样的可追溯是不可更改的。（4）大数据具有资产价值。有些大数据天然就是资产，有的数据需要加工才有价值；有的数据价值具有长期性和稳定性，有的数据价值存在显而易见的时效性。（5）大数据产业的本质是将无序的数据加工为有序的数据。数据从无序到有序，是实现熵值的减少。现在的元宇宙概念，包含更高层次的有序含义。（6）大数据产业具有天然的"混合经济"基因。大数据产业将是共享经济的前提。（7）与传统经济的产权体系比较，大数据产权主体复杂。例如，经济大数据牵扯到企业、政府和个人，牵扯到整个产业链和价值链。在中国，广义大数据和 14 亿民众的贡献不可分割。

第三，数字产业推动经济资源的全方位整合。包括：（1）产业、科技、创新、应用等四个板块资源；（2）教育和科技资源，形成创新的核心学科和领域。（3）区域地理空间资源，配置地理空间优势。（4）城市经济资源，调整产业集群分布，完成科技园区数字化转型。（5）人力资源，构建企业家、科学家、工程师和生产者的共同体。（6）金融资本资源，在支持数字化转型中获得收益。（7）体制改革资源，为共享经济提供制度环境。（8）文化资源，发挥历史、现在和未来的文化资源的互动效益。

第四，大数据产业对宏观经济的影响。表现为以下几个方面：（1）对增长结构的影响。在数字经济中，与大数据直接相关的产业增长速度要快于整个数字经济平均增长速度。（2）对经济周期的影响。传统经济发展存在周期性特征，产能过剩容易判断，而大数据产业发展没有显著的周期波动，很难捕捉到过剩的转折点。（3）对区域发展的影响。大数据产业的区域分布，存在向高科技产业和发达地区倾斜的内在逻辑。（4）对经济制度的影响。国家对大数据的影响力全面强化。大数据，"大"字，就不可避免存在公共产品（public goods）的特征和元素，因而需要政府介入和主导，有助于大幅度降低交易成本。但是，这并不意味着违背市场原则。（5）大数据产业是一个高能耗产业。大数据产业的存储、通信、算力都需要巨大的能源支持，所以大数据产业必须和新能源、分布式存储和自组织等概念和实践结合。（6）大数据产业也属于劳动密集型产业。例如，数据标签是劳动密集型，所以大数据产业一方面可以吸纳就业，另一方面其发展存在对人工智能化的强烈需求。

第五，数据产业发展存在的失衡现象，表现为以下几个方面：（1）大数据相关的理论与政策性的研究和梳理工作，落后于数字产业的实际发展。现在急需关于大数据资产方面的法律法规。法律的相对滞后性对于围绕大数据建立的新型经济形态来说有一定道理，但过于滞后就会刺激无序发展。（2）建立数据价值分类体系，与大数据经济的实际进展的失衡。（3）数字产业的整体发展，与相关硬科技的创新速度失衡。人类或许已经没有能力面对由膨胀的大数据规模带来的数据安全方面的压力，技术上的唯一出路就是推动人工智能和区块链等技术，以及量子技术的发展。

大数据和安全治理

大数据的规模在以不可抑制的指数级方式膨胀，大数据内部的结构又在以难以想象的程度分解，且越来越复杂，与数据相关的问题每天都在产生。数据生成、数据安全与数据治理，很可能是人类历史上最困难、规模最浩繁的社会现象和工程。如果思想观念落后、技术手段僵化，数据治理成本必然会越来越高，最终造成数字和数据治理流于形式。所以，必须寻求和建立大数据的治理体制。

第一，数据管理的前提是数据的真实性。要保障数据的真实性、不可篡改，区块链是目前为止最好的手段和工具，是实施大数据管理的基础结构。所有的经济活动都需要契约，过去是通过制度、合同、法律加以维护，区块链则可以通过智能合约来得到。过去管理过程所需要的激励机制是滞后的，区块链可以使激励机制成为即时的。区块链就成为数字化转型中一个最重要的环节或者技术。在这个意义上说，不懂得区块链就很难理解和实现所谓的数字化转型，或者说这样的数字化转型是有所缺失的。

第二，寻求安全和社会成本的均衡方式。在中国，大数据的"野蛮生长阶段"提前结束，粗放发展模式提前完结。数据安全的重要性和数据安全治理成本间存在着一定的相关关系。现在需要在大历史的视角下思考中国大数据经济相关的问题，其中就包括数据安全问题。如果用图形来表达，相当于纵轴是数据的安全问题所体现的重要性，横轴则是数据安全治理所需的成本，这种相关关系是线性的，即一条45度曲线从左下到右上（见图3.1）。

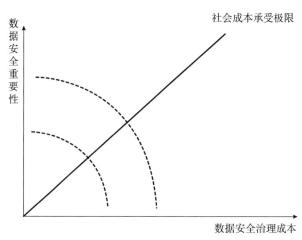

图3.1　数据安全的重要性与数据安全治理成本的相关关系

第三，推进大数据相关法律建设。国家现在推出了《数据安全法》《个人信息保护法》等相关法律，这些法律需要不断修订。

数据安全的硬技术需要基础研究支持，需要跨学科和跨部门协作，在这方面，国家需要参与整合。全社会为数字经济所投入的安全成本的增长速度需要快于大数据相关产业的发展速度。

第四，大数据危机管理。不仅原生态的数字经济企业，经过数字化转型的传统企业，也需要通过实现平台式管理、扁平式管理，建立应对大数据危机管理的机制。2021年5月7日，美国石油管道运营商Colonial Pipeline遭受黑客勒索软件攻击，一度被迫全面停止运营。Colonial Pipeline是美国最大的管道运营商之一，为东海岸供应了45%的汽油、柴油和航空燃料，还为军方供油。这次事件导致超过5 000英里（约8 000千米）的输油管道被关闭。这个事件说明，诸如传统的石油管道运营产业已经数字化。与传统针对生产线的前台管理相比，大数据管理是后台管理，黑客所攻击的是后台数据系统。这样的改变对于人们认知管理革命意义很大。

区块链和数字经济的微观基础 ①

现代经济学体系,包括宏观经济学(macroeconomics)和微观经济学(microeconomics)。与宏观经济学以国民经济运行总过程、就业总水平、国民生产总值等经济总量为对象不同,微观经济学的研究对象是市场中作为个体的家庭、厂商和市场的经济行为以及相关的经济变量。微观经济学的理论体系相当丰富,主要有均衡价格理论、消费者行为理论、生产者行为理论、分配理论、市场均衡理论与福利经济学,以及微观经济政策。数字经济的崛起及其特征,可以补充以传统实体经济为基础的宏观经济学和微观经济学。

从微观经济学原理出发,区块链与企业的结合主要集中在以下几个方面。

第一,区块链纳入企业数字化整体设计。一般来说,企业数字化全能型包括六个领域,从产线管理、智能制造、物流仓储、数据安全、员工激励,一直到供应链金融。因为区块链技术赋能工业制造,有助于实现的目标主要是低风险、高可控、低成本和高效率。

第二,区块链与企业底层网络相融合。工业互联网的基础是区块链。在任何一个工业企业,针对具体工业产品,搭建一个区块链的底层网络,是数字化转型的重要基础设施。基于企业已经形成的 ERP 软件系统,克服业务和部门之间存在的隔离,可确立实施一系列技术目标:(1)搭建区块链的微观底层网络。节点数量定为 4 个,随着后续其他厂商的加

---

① 本节系作者于 2021 年 9 月 26 日在首届"丝路数字经济峰会暨企业数字化转型创新大会"活动上的会议发言。

入，4个节点中1个节点发生故障后仍能正常运转，将来节点增加，可以确保即使有25%的节点发生错误，整个区块链依旧能正常工作，节点故障上报，最大每秒事务处理数大于100；（2）选取有代表性的产品指标，编订相关工业产品的分类及标准；（3）建立相关工业产品生产流程、仓储物流采集系统的区块链记录；（4）引入AMM（automated market makers）系统，建立基于区块链的商品销售平台和价格发现体系，商品价格涨跌由AMM算法决定，满足撮合交易对（trading pair）及交易功能；（5）基于区块链的积分分发体系，增强用户黏性；（6）与现在的"双碳"目标结合，对接零排放小屋的监测系统，推算二氧化碳减排数量。

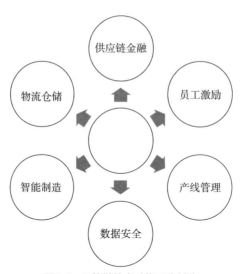

图3.2　区块链技术赋能工业制造

其中，确定节点数，选择有代表性的产品指标，制定制度标准和对相关工业产品进行分类，引入AMM系统，实现市场交易对、交易功能价值体系的数字化，配合积分系统，是最终实现区块链和底层网络的有机结合的关键所在。

第三，区块链与企业生产链集合。任何企业都有生产链，存在上下游合作伙伴。即使一个高度智能化的企业，生产链的每个环节仍旧可能存在问题，依然存在着改进的空间。为此，需要建立符合这个厂产品的全生产链、全供应链、全信息链体系，重构以区块链为基础的大数据边界，并形成新的管理社区。这个管理社区超出目前工厂的物理边界，实现对产品链、价值链和资金链对信息流、生产过程流和资金流的全方位的扩展，将上游供应商纳入这个企业的数据管理之中，最终将区块链和企业本身厂区的物理范围和地理范围，以及相关数据空间结合起来，形成基于区块链的新生态和新社区。除此之外，引入 NFT 概念和方法，将 NFT 纳入显示面板，增加其附加价值。

第四，区块链与生产线工人结合。区块链是具有激励机制的信任机器。数字经济转型对于任何一个企业，对于生产第一线的工人而言，意味着不是立刻提高劳动生产率，减少工作量，而是加大工作量，将他们的工作置于数字经济严格的约束下。所以，需要引入区块链所包含的激励机制，主要是工作数量和质量的积分体系，调动所有员工的积极性，形成包括第一线工人在内的经济合作体。

总之，区块链与企业的微观经济行为结合，将促使企业的管理观念、管理形态和企业内部组织架构的改变，发掘企业潜力和增加经济效益。托夫勒的《第三次浪潮》有诸多的预测，被历史证明是卓识远见。但是，托夫勒还是有他的局限性，他没有预见到互联网革命，以及区块链和加密数字货币的发展前途及其引发的结构性变革。如今，区块链进入改变经济和社会的运行、对经济和社会体系产生全方位影响的历史阶段。

2021 年以来，元宇宙概念影响很大。元宇宙是什么？元宇宙就是通过虚拟现实技术实现的、与现实世界平行的观念世界。从产业看，数字技术、数字经济和数字化，与元宇宙汇合殊途同归、不可避免。人类即将进入同时生活和工作于传统实体经济和虚拟经济的历史阶段。

数字经济正处于"裂变"与"聚变"的加速期①

> 一旦计算机能够编程,它们基本上就会接管技术进步,因为今天,大部分技术进步都是由软件、由编程运行的。
>
> ——雅安·塔林

数字经济呈现近似物理世界的核"裂变"和"聚变"

核物理中重要的现象是裂变和聚变,裂变是由重的原子核(原子序数较大的)——主要是铀、钍或钚分裂成较轻的原子(原子序数较小的)的一种核反应形式,核聚变则相反。当然,数字经济也可按照这个模式进行理解,因为:(1)数字经济存在裂变的"原子核"——ITC,即信息技术加上通信技术构成了整个数字经济裂变和聚变过程的起点;(2)数字经济发生了持续性裂变;(3)数字经济在裂变过程中产生巨大能量;(4)数字经济存在融合、融合反应或聚变反应特征;(5)数字经济在特定条件下,不断生成新的质量较重的"原子核";(6)数字经济在聚变过程中释放巨大的能量。

---

① 本文系作者于 2021 年 3 月 26 日在"2021 年第一季度横琴智慧金融论坛暨琴澳数字金融春季峰会'琴澳数字金融:前沿、挑战与实践'"活动上的会议发言。

数字经济的"裂变"过程和模式

美国、英国在 20 世纪初和 20 世纪末已经对数字经济做了非常系统的分析与归纳，将其体系化、概念化，并与国家的发展战略结合在一起。数字经济在过去的多年中可以被划成三个历史阶段：第一个阶段就是以计算机来推动的，特别是到个人计算机全面发展的阶段，其主要解决信息处理问题；第二个阶段就是进入互联网阶段，其主要解决信息传输问题；第三个阶段主要解决信息的数据处理问题，即该阶段意味着进入所谓的大数据、云计算时代。

数字经济的"裂变"模式有两种。一种是"横向裂变"。横向裂变是数字经济在发展过程中凭空创造出历史上前所未有的新部门，例如基于数字硬技术产业和软技术产业、基于互联网平台产业、基于数字经济改造的传统产业（数字金融业、数字农业、数字加工业等）而产生的相关新部门。由此可知，横向裂变即原产业结构因为数字技术的发生导致了产业结构复杂化。另一种是"纵向裂变"。数字经济在纵向上也出现了前所未有的分裂，这主要包括芯片引发的产业群、大数据引发云计算、数据安全等方面。以芯片为例，1952 年，世界上出现了第一个实用芯片概念；1959 年，美国仙童半导体公司的诺伊斯（Robert Noyce，1927—1990）写出打造集成电路的方案，并发明了世界第一块硅集成电路；1966 年，美国贝尔实验室使用比较完善的硅外延平面工艺，制造出第一块被公认的大规模集成电路；1970 年，是 CPU——4 位和 8 位低档微处理器时代，代表产品是 Intel 4004 处理器，而现在典型的代表是英特尔的酷睿系列处理器和 AMD 的锐龙系列处理器；1999 年，NVIDIA 公司发布 Geforce 256 图形处理芯片，首先提出 GPU（图形处理器）概念，之后是 GPGPU（通用图形处理器）。GPGPU 开辟了如何利用 GPU 在图形处理之外的其他领域，包括人工智能、深度学习、算力竞赛、矿机等行业的应用。此外，还有从 ASIC（application specific integrated circuit）用于供专门应用的集成电路，到 FPGA（field programmable gate array）专用集成电路中的一种半定制集成电路。现在芯片产业高度复杂，仅芯片的生产过程就包括芯片设计、芯片制造、芯片封装和产品测试等，涉及 50 多个学科和数千道工序，几十个大类，上千个小类。其中，生产设备商有 AMAT、LAM 和 ASML，EDA 软件有 Candence、Mentor、Synoposys，主流芯片架构有 x86、ARM 和 RISC-V，操作系统是微软 Windows、安卓和 iOS，光刻机为荷兰 ASML，镜头为德国蔡司。此外，就主要材料而言，日本有 14 种，位居全球第一，总份额超过 60%。[①]

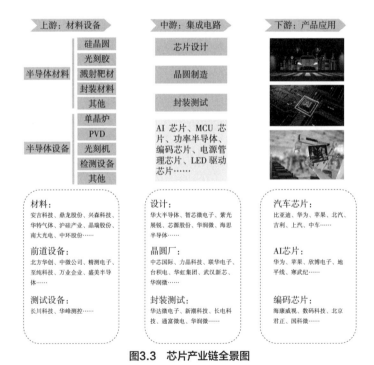

图3.3　芯片产业链全景图

资料来源：中商产业研究院。

① 参见：https://new.qq.com/rain/a/20210318A0BLPJ00.

以大数据产业裂变为例，大数据发展历史包括两条主线：（1）大数据技术发展，主要是数据采集和数据搜索，构建数据搜索体系；（2）大数据应用，即经历了从 Google、Yahoo 搜索引擎时代，数据仓储、大数据分析时代，大数据挖掘时代，再到 AI 技术与大数据结合时代。其中，Google 通过 HDFS 对海量数据的存储，运用 Map Reduce 技术中高效的计算网页内容，提高用户的检索能力，维系了搜索引擎之巅的地位。由于数据采集离不开存储，索引的构建也需要大量计算，因此存储容器和计算能力贯穿搜索引擎的整个更迭过程。当下，大数据涉及技术框架、管理技术、分析技术等方面，且每天都在发展。虽然大数据存储已构成复杂的系统，但该系统还在分裂。

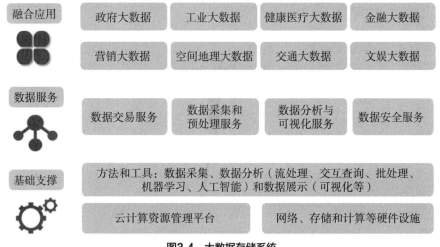

图3.4　大数据存储系统

资料来源：https://news.sina.com.cn/o/2019-09-05/doc-iicezzrq3652803.shtml。

再以云计算平台为例，即大数据的体系中有云计算，而云计算又进行了分裂。其首先分裂的方面为私有云、社区云、公有云、混合云；服务方面有 SAS、PAS、AIAS，且每个分裂又变得更复杂。由此不难发现，当下的云计算已经变成一个极端复杂的产业，尤其是加密数字货币诞生之后。现在全球交易的国际虚拟数字货币，其种类已达到4 472种。

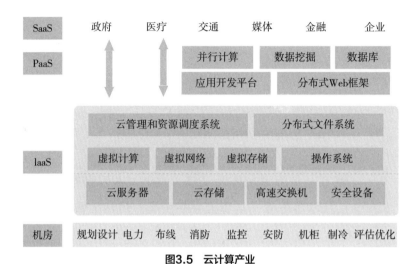

图3.5　云计算产业

资料来源：https://blog.csdn.net/HiWangWenBing/article/details/106963625.

从以上案例不难发现，数字经济在分解和分裂的过程中产生了越来越多的部门和行业，并拉长了所有相关的产业链。但是，数字经济是一个复杂的经济体系，人们尚未能够对它进行全面概括，而且这个体系已远超工业经济时代的工业经济结构和工业经济系统。

数字经济的"聚变"过程和模式

数字经济在"裂变"的过程中同时持续发生"聚变"，形成支持数字经济扩张的新"原子核"，即区块链、波卡、预言机及DAO。其中，区块链可定义为分布式数据库，存储于其中的数据或信息，具有"去中心化""不可伪造""可以追溯""公开透明""集体维护"等特征。由于区块链的核心技术是分布式账本、非对称加密、共识机制、智能合约，因此，区块链奠定了一种新型"信任"基础及可靠"合作"机制和范式。

此外，区块链可分为六个层级结构，这六个层级结构自下而上是数据层、网络层、共识层、激励层、合约层和应用层。

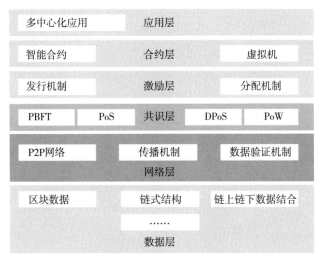

图3.6 区块链六个层级结构

资料来源：https://www.528btc.com/college/49880.html。

波卡是实现多个专用区块链连接到统一网络中的下一代区块链协议，即支持通证和数据在不同链之间的传递，最终的目标是成为跨链的网络协议，让跨链注册和跨链计算成为可能。波卡是 PoS 的机制，它混合了 BABE 和 GRANDPA。在传统的 PoW 机制中，人们通过工作量证明来获得记账权，而 PoS 机制中，人们需要质押通证。

预言机就是一种单向的数字代理，充当区块链与现实物理世界之间的桥梁，将真实物理世界的信息数据化，并以加密的方式将信息提交给智能合约。区块链网络本身是一个封闭的环境，链外真实世界的数据只能被动接收数据。区块链智能合约触发条件取决于区块链外信息，这些信息需先写入区块链内记录。因此，区块链需要通过预言提供区块链外的信息。而预言机能够访问区块链之外的实时数据，验证与真实事件相关的链上数据，然后将累积数据提交给智能合约层面。中心化预言机作为单一实体，能够从外部源向智能合约提供数据，并且具备一定的安全特性，依赖于多个外部来源以提高数据的可信度。

DAO 是基于区块链核心思想理念，以共识和信任为前提的一种自发组织形态，其组织运作基于智能合约。2013 年，丹尼尔·拉里默（Daniel Larimer）第一次提出 DAO 概念。其可编程，可升级，是非人所主导的组织形态。DAO 具有如下特征：（1）分布式与去中心化；（2）自主性与自动化；（3）组织化与有序性；（4）智能化与通证化，实现人与人之间形成共创、共建、共治、共享的协同关系。DAO 的优点有：（1）透明化，消除营私舞弊；（2）可以降低沟通和管理成本；（3）促进平等，没有任何人有决策权；（4）有通证激励机制。但是，DAO 也存在缺陷：（1）安全性有缺陷；（2）多人同意决策未必是正确决策；（3）法律缺失和流动性大。

具体而言，数字经济聚变的第一步是区块链。当数字经济以难以想象的速度和复杂机制在分裂时，区块链则提供了另外一个方向，即把分裂的东西重新组合。因此，区块链是对分裂状态的数字经济的一个组合方式，它吸纳和包容了数字经济分裂过程中的基本元素和基本要点。但是，区块链也面临着一系列的问题，例如区块链在发展过程中出现的所谓私有链、公有链、联盟链等，人们如何对其进行整合？因此，波卡产生了，其核心问题是如何实现跨链整合。换言之，虽然波卡尚属早期阶段，但是它的思路已经显现出来，即它对各式各样的区块链从根本上进行异构性的整合。此外，另外一个问题也产生了，即如何将数字经济与现实相融合？因此，这就产生了预言机。预言机是一种单向的数字代理，充当区块链与现实世界之间的桥梁，将真实物理世界的信息数据化，并以加密的方式将信息提交给智能合约。但是，数字经济聚变至此还不够，尚需更大的思维来面对复杂的数字经济，即 DAO。目前，虽然 DAO 也是初步的技术，但是 DAO 具备非常大的潜力与想象力，即数字经济的理想状态或数字经济的乌托邦是以 DAO 的形式显现出来的。

数字经济"裂变"和"聚变"的融合

数字经济在演化中存在两个倾向：一个是持续分裂，另外一个是持续聚合。这两个倾向是互动、融合的。在两个倾向同时存在的过程中还存在着两个融合的方向，因此人们才能够理解"星际文件系统"，即 IPFS 以及与它相关的文件币。所谓 IPFS，它是一个面向全球的、点对点的分布式版本文件系统，目标是补充（甚至是取代）当下统治互联网的超文本传输协议（HTTP），将所有具有相同文件系统的计算设备连接在一起。IPFS 的技术特点是：（1）默克尔树（Merkle tree）的数据结构；（2）Kademlia 的网络发现；（3）内容寻址（content addressing）点对点的网络底层。IPFS 具备的优势有：（1）下载速度快；（2）存储空间便宜；（3）数据安全；（4）网络更开放。总之，IPFS 最终可以优化存储要求，并提高网络性能。文件币（Filecoin）是一个开源的、面向大众开放的加密货币和数字支付系统。Filecoin 是 IPFS 的价值媒介，IPFS 网络价值所有的服务都通过 Filecoin 进行交易，存储和检索服务也通过 Filecoin 来购买。由此可见，Filecoin 是 IPFS 的价值体现。

那么，星际文件系统代表了什么思路？其实，它代表在裂变和聚变过程中如何把这两个趋势组合起来。此时人们知晓的文件币即 PTC、ETH 和 FIL，这三者构成了支撑数字经济的三角形。因此，在裂变和聚合的过程中才能理解 DeFi。就 DeFi 而言，其历史很短。2017 年 12 月，全球首个 DeFi 应用 MakerDAO 正式上线。这款应用瞄准了稳定币市场，支持用户以超额质押的形式生产对美元的稳定币 Dai。DeFi 一般是指基于智能合约平台（例如以太坊）构建的加密资产、金融类智能合约以及协议。传统金融里所有能找到的大类，在 DeFi 里都有相对应的产品，如交易所、借贷、保险等已经在 DeFi 领域形成落地应用。由于 DeFi 具有公开透明、不可篡改、无须许可、非托管型、全球化、交易成本足够低等特质，因此预言机目前最主要的场景就是 DeFi。

数字经济在分裂和聚合过程中，还出现了两个明显的趋势：一个是标准化；另外一个是更大程度上反映个体的发展，即非同质化。该种类型的数字经济形态，即非同质化通证（NFT）。NFT 通常是指开发者在以太坊平台上根据 ERC721 标准/协议所发行的通证，它的特性为不可分割、不可替代、唯一性。如果以特征标准语言表达：采用 ERC721 标准/协议而发行的通证就叫作 NFT。ERC20 是可替代型通证（FT），而 ERC721 则是不可替代型通证。

在现实生活中，大部分事物的不可替代性，都可以通过 ERC721 来实现。ERC721 通证可用于任何交易所。此外，NFT 还与 ERC1190 存在相关性。RC1190 的初衷是为了辅助"数字授权"，将虚拟物品货币化并运行在智能合约之上，保障了多方的利益并且节省了大量的开支和时间，允许创造者将数字资产通过更为简单的方式定义为货币。因此，ERC1190 在未来社会中将可以保证创作者的版权费不受侵害。例如在迷恋猫（CryptoKitties）的二级市场中，一只猫卖出 75 万元人民币，这也证明了以 NFT 作为承载形式的虚拟物品，其价值获得了市场认可。

由此可见，NFT 是 being 的数字化并且将其资产化；DeFi 提供开放金融积木，解决资产的流通和交易；DAO 为人类提供代码化的组织方式，塑造数字化的集体人格；IFPS 提供非结构化数据的存储，扩展去中心化对象和范围。总之，区块链实现了信息的可信度、模块化、自动化，从而形成信息的机器。这样的机器最初帮助人类协作，降低信任成本，提高合作效率，满足个体欲望，共建群体组织。

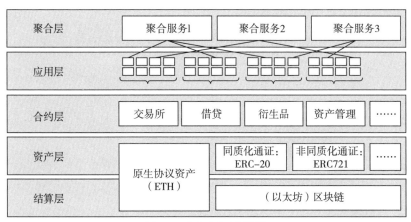

图3.7　非中心化金融堆栈

数字经济展望："裂变"和"聚变"的混合效果

在裂变和聚变的混合过程中会产生新的能量和新的动力，而且这个结果对产业结构、产业组织、技术基础、创新能力、财富模式、经济资源规模等都产生非常重要的影响。在这个改变过程中有一个新的变量，即机器学习和人工智能，未来数字经济的发展必须拥抱和依赖机器学习和人工智能。

算力革命、算力产业与算力经济①

> 农业社会的基础是自然资源和人力资源,工业社会的基础是资本和机器,信息和人工智能社会的基础是数据和算力。
>
> ——朱嘉明

现在的世界充满歧见、分裂和冲突,但是,地球人却有一个基本共识:人类处于一个数字化转型时代。在这个时代,变化最大、最快的是算力革命。最近半个世纪,算力持续维持指数增长。"以当前趋势来看,到 2029 年,计算机的算力将比 2017 年要快 64 倍。即使以同样的速度继续进步,那么到 2041 年,它的算力将比 2017 年快 4 096 倍。30 年后,计算机将成长到比现在强大千万倍。"② 算力革命的内涵和标准不断更新。算力革命和大数据爆发式增长,构成了"魔高一尺,道高一丈"的互动关系,构筑了数字经济的基础结构,推动了数字经济和数字社会进入新阶段和新周期。

---

① 本文系作者将 2020 年和 2021 年四次关于算力和数字经济会议的发言稿修订补充而成。这四次会议是:(1) 2020 年 8 月 22 日,成都市成华区新经济和科技局、成华区投促局、龙潭新经济产业功能区管委会、巴比特、链节点、印比特共同主办的"2020 全球区块链算力大会暨新基建矿业峰会";(2) 2020 年 9 月 28 日,莫干山研究院主办的秋季"新莫干山会议";(3) 2021 年 4 月 24 日,印比特主办的"2021 新基建区块链峰会";(4) 2021 年 4 月 17 日,巴比特、链节点、币印联合主办的"超算·融合,2021 全球区块链算力大会"。

② 杰米·萨斯坎德. 算法的力量[M]. 李大白,译. 北京:北京日报出版社,2022:11.

算力已经成为评价先进国家和相对落后的国家的主要指标。如果以算力分布，特别以百万人拥有的算力节点作为重要的指标，很多大国就没有优势了，而新加坡、波罗的海三国及北欧国家等优势显著。

算力革命

算力革命包括两个组成部分——计算能力和计算速度的革命，以及因为与区块链结合引发的革命。

第一，算力革命和超算革命。算力，就是特定算法、计算技术和计算工具，或者设备的结合。所以，算力自古有之。例如，在中国历史上曾经普遍使用的算盘（abacus），就是算力的代表，珠算口诀就是与之配合的算法。在20世纪计算机时代之前使用广泛的计算尺（slide rule），属于基于特定算法的一种模拟计算机或者算力。

20世纪80年代开始，计算机代表算力。早期的INTEL80286芯片，最大主频不过是20 MHz，采用16位数据。自20世纪90年代以来，席卷全球的IT革命的本质就是算力革命。计算机的算力以指数速度扩张。

2020年前后，算力的最高代表是超级计算系统。算力革命就是超算革命。因为全球数据总量几何式增长，全球信息数据90%产生于最近几年，现有的计算能力已经不能满足需求。所以需要算力革命。而算力革命的方向就是超算革命。疫情之前的2019年，全球超算的浮点运算速度均已突破每秒千万亿次，最低"门槛"是每秒1 022万亿次。超算正在迅速进入E级阶段，E级超算元年将至。E级超算即实现每秒可进行百亿亿次数学运算。

现在，以超算为代表的算力革命进展，引发了世界大国的"超算之战"，预示超算实力等于国力的时代来临。能代表中国的超级计算机有

"神威·太湖之光""天河二号"等。

计算科学领域正在从传统的计算模拟与数字仿真走向基于高性能计算与科学大数据、深度学习深度融合的第四范式。未来则是量子计算机体系。

第二，区块链和算力革命。算力革命除了体现在计算速度实现E级超算，甚至量子计算之外，还有一个革命方向，那就是与区块链结合。算力可划分为两个有差别的体系。其一，古典算力体系。一个非区块链、中心化的算力，就叫传统（古典）算力。这个算力每天都在发展、进行，大量的国家级别的超算中心都属于这个范畴。其二，区块链算力体系。这个概念可以从两个方面解读：一是基于区块链的算力，二是通过算力支持的区块链。

2008年比特币诞生，区块链算力展现在世人面前。需要强调的是，比特币的产生，超越了比特币本身的意义。因为比特币推动的区块链与哈希算法（hash）的结合，触发了算力革命和算法革命。[1] 支持"区块链算力"的就是哈希算法和默克尔树。这正是哈希算力的历史意义所在。[2] 在过去的十余年间，哈希算力得以狂飙式地膨胀。进一步解释，区块链算力等于计算机计算哈希函数输出的速度。哈希率是比特币网络处理能

---

[1] 比特币是数字技术的综合创新，代表一种新的财富形态。但是，比特币与传统产业存在紧密关系，属于通过消耗传统电力的"挖矿"，服务器和网络结合所产生出价值的国民经济行为。在2021年8月之前，中国曾经是比特币"挖矿"大国，主要生产基地集中在新疆准格尔盆地和四川省大小凉山等地区。由于中国一度控制世界"挖矿"资源的绝大部分，同时主导世界数字货币交易市场，可以在很大程度上影响世界数字货币的市场价格，2018年夏天之后，矿圈的全球分布发生了很大的变化，"挖矿"产业分布全球化，尤其是向北美分布的转移，中国丧失了算力中心地位，相应的产业链全面断裂。

[2] 哈希算法，一般叫作散列算法，就是把任意长度的输入通过散列算法，变换成固定长度的输入，相当于一种压缩映射，将任意长度的消息压缩到某一固定长度的消息摘要的函数。默克尔树是一种数据结构的树。组成默克尔树的所有节点都是哈希值。默克尔树，用于高效汇总和验证大数据集的完整性。

力的度量单位，单位写作 hash/s。这就是所谓工作量证明机制（PoW）。例如，当网络达到 10 Th/s 的哈希率时，意味着它可以每秒进行 10 万亿次计算。当人们还在谈论进入所谓的 P 时代的时候，其实已经落后了。2021 年，比特币全网算力已经全面进入 P 算力时代。[①]

算力产业

算力产业是横跨数字经济和实体及传统经济的重要基础。现在的算力产业包括两大部分：算力和传统产业的直接集合，区块链算力和新型数字经济、数字金融的集合。

第一，与传统产业的结合。算力技术体系走向成熟。算力从中央处理器（CPU）开始，经过图像处理器（GPU），现在已经达到专业集成电路的阶段。（1）这个技术一路走来发展是相当快的，之前人类历史上从未发现一个产业的技术基础在 10 年之内发生如此高速度的升级换代；（2）全网算力规模的持续增长；（3）算力价值和算力市场的扩展。

算力技术支持了"算力产业"的成长。传统的产业链概念，或者第一、第二、第三阶段的分析方法，都不能反映具有集群特征的"算力产业"。现在常说的"大数据""云计算""算力中心"，或者 5G，都属于"算力产业"。"算力产业"集群包括服务器与部件，操作系统与虚拟化，存储数据库、中间件、大数据、云计算、管理服务等。算力产业的基本构成见图 3.8。

时至今日，算力产业或者超算产业，已经实现了与传统产业的广泛结合，进入工业、农业、医学、国防、经济、金融、文化、教育等领域。

---

① 1 P = 1024 T，1 T = 1024 G，1 G = 1024 M，1 M = 1024 K。

例如，电影业曾经是典型的传统产业，其基础工业包括胶卷行业，现在其正在转变为极具数字化特征的产业，电影业的胶片被数字化技术，包括VR等虚拟视觉技术所替代。数字化改造了电影产业。将中国与美国对比，中国在支持算力产业的软件业态方面发展相对缓慢，创新能力不足；而在基于算力的服务业，中国具有领先地位，代表企业包括抖音、快手、饿了么、美团之类。

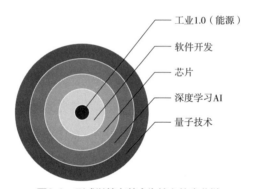

图3.8　形成以算力革命为核心的产业链

算力产业正在和人工智能紧密结合，接受量子技术的影响和输入。算力产业和绿色能源的关系，必须解决算力产业和零碳排放融合的问题。从根本上说，"算力革命"必须同时是熵减的革命。①

总之，"算力产业"所涉及的产业规模是巨大的。没有"算力产业"支持的数字经济是不可想象的。"算力产业"是实现或者保证数字经济得以运行的一个核心部分，同时构成"数字经济"的基础产业。"数字经济"是通过"算力经济"实现的。

第二，区块链算力和新型数字经济、数字金融的集合。基于哈希算

---

① 算力革命还推动了如下领域的发展：密码研究、核爆模拟、武器研制、气象气候、石油勘探、海洋环境、航空航天、宇宙模拟、材料科学、工业设计、地震模拟、生物医药、基因工程、动漫渲染、过程控制、数据挖掘等。

力的产业的增长，呈现了三个显著结果：其一，形成以算力为核心的产业群和新型企业群。其二，带动新的算力产业的"产业大军"发展。算力产业起源于爱好者，之后逐渐出现了人们常说的"码农"、矿机和架构工程师。其三，刺激哈希算力从中心到边缘"创新"。近来，人们所关注的星际文件系统（IPFS）就是一个"创新"含量极高的项目。

总之，以哈希算力为核心的区块链算力，已经成为人类历史上算力和算法革命的一场大规模的试验，催生了相当完备的产业链和产业系统。人们需要经过比较长的历史，才能最终认知这个领域的全部意义。

算力经济

数千年来，人类原本只有一种资产和一类财富形态，经济增长和发展主要是指物质财富的生产和创造，即取之于物质资源，通过传统劳动工具和人力资源所创造的资产和财富。这样的资产和财富以传统货币为尺度。

在 2008 年比特币出现之后，这样的财富模式被打破了。区块链加算力所形成的比特币，成为一种新的资产和财富。之后，又有了以太坊和以太币，以及不断涌现的各类加密数字货币及数字资产。也就是说，在不到一代人的时间里，以代码为"基因"，通过区块链加算力构建的新型财富体系已经形成。区块链算力更为重要的贡献在于，奠定了数字资产和新型财富的技术基础。

因为数据即资产，所以算力即资产，每个人通过算力掌握自己的数据资产。这就是未来金融的新制度和新分配制度的核心原理。自比特币之后，所谓数字资产，归根结底源于算力。算力形成了数字资产的基本模式。进一步推理，哈希算力就是资产。如果分解新型财富的结构，它是一个"三角形"(见图3.9)。三角的上端是区块链,左端是哈希算力,右端是基础结构。

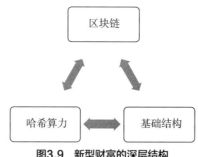

图3.9 新型财富的深层结构

而这个新型财富的基因就是代码。所以,"代码不仅是法律,代码也是财富"(Code is not only law, but is also wealth)。根据这样的新型财富结构,形成了有交集和有差异的数字货币、数字资产和数字财富的关系见图 3.10。

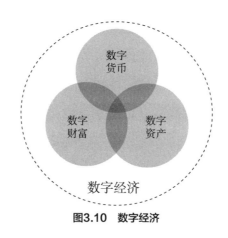

图3.10 数字经济

算力革命背后的分配制度革命

长期以来,人类没有办法解决财富制度上分配极不公平的困境。一代又一代的经济学家、政治家不断讨论和提出他们认为的理想分配制度。其中，包括乌托邦的分配制度、马克思主义的按劳分配和按需分配制度。资本主义始终无法真正突破资本决定分配的制度框架。在社会主义制度下，按需分配目前做不到，按劳分配同样难以实现，因为还没有能将人们所做贡献真实、即时地量化的技术。

区块链算力派生出工作量证明机制（PoW）、股权证明（PoS）、容量证明（PoC）三组共识机制，从算力技术层面上为实现数字时代公正分配提供历史性试验。其一，工作量证明机制。如名称所示，付出的越多，得到的就越多，依赖区块链网络节点贡献的算力。其二，股权证明。通过持币，获得记录权，拥有的币多，就拥有下一个区块的记录权，缓解电力资源消耗，以及因为数字资源有限性可能产生的通货紧缩。其三，容量证明。为网络内存贡献证明，也就是说时间、容量成为基础，将算力替换成硬盘空间，有利于节省资源和避免环境不友好。IPFS 机制设计基于 PoC 原理。现在，PoW 的计算优势，PoS 的质押通证的获得权益的优势，PoC 的分布式储替优势，呈现互相结合的趋势，其中 PoS 和 PoC 的影响在上升。

值得肯定的是，直接投入算力产业、做有效工作的群体收入的增加，利润分成的提高，参与分配的话语权和能力的提高，显现出算力产业所具有的共享经济的特征。

建立一个基于算力的、在数字技术约束下的分配制度，以技术为衡量尺度的贡献与分配的技术性制度，为最终建立一个公平合理的分配制度提出了新的思路和工具。PoW、PoS 和 PoC 所代表的共识机制，虽然各有优势和劣势，但其所代表的理念，有可能促进未来数字经济的发展并确保新型财富体系的稳定。

算力革命的约束与突破

现在,需要关注算力革命的约束和寻求算力革命的突破。不论是超算产业,还是区块链产业,都面临众多局限和约束:硬技术约束,如半导体和芯片开发与供给,以及哈希率增长率有可能逼近界限;能源消耗成本约束;环境约束;收益递减约束;市场垄断模式约束;制度性和法规性约束。

其中,最值得关注的是算力和能源消耗的关系。哈希算力的实现,不仅需要耗费日益增多的能源,而且会不断增加二氧化碳排放,形成对环境的负面影响。有的资料提出,现在哈希算力消耗的电力相当于捷克和斯洛伐克全年消耗的电力。所以,需要从两个方面解决能源消耗和CO_2排放的问题:改善从软件到硬件的算力技术,希望未来的矿机更加智能化、低耗化和小型化;与核能、太阳能等新能源的结合,寄希望于低成本新型能源的应用。

其次是市场垄断模式约束。值得担忧的是市场垄断、技术垄断,特别是芯片垄断以及能源资源垄断。在这个领域,要避免被越来越少的大型公司垄断和控制,而应该容纳更多的中小型企业,甚至个体企业。

总之,现在区块链的算力需要突破,将哈希率算法从数字货币和数字金融转向支持整个数字经济领域的扩张,以支撑未来数字财富的增长和膨胀,加快形成算力产业体系。

防范算力危机

在区块链算力获得显著发展的时候,还要有防范算力危机意识。区块链算力存在一种危机,被称为"经济抽象"。

"经济抽象"可以描述为：在以太坊网络上，如果用户使用以太币以外的通证，如 ERC20 通证支付交易费用，当这种方式被普遍接受并流行起来，以太币本身就没有价值了，其价值终将归零，这个过程被称为"经济抽象"。① 如果用户坚持用以太币作为交易费用，将不会发生这种"经济抽象"的情况。

一旦发生"经济抽象"，整个算力体系，或者整个产业形态就可能崩塌。这是因为，作为数字原生通证的以太币或比特币，具有在系统中担负安全作用的功能，通过网络安全与交换媒介的价值关联性，降低了网络黑客攻击的获利空间。

这样的潜在威胁确实存在。从 2020 年开始，以太币和以太坊的硬分叉选择，就是对可能发生的结构性、系统性的危机——以太币的价值存在归零的可能性的一种积极防范性反应，具有里程碑的意义。

算力革命的态势

如果对算力革命的态势加以概括，主要表现在以下几个方面：其一，算力技术体系演变速度加快。到现在为止，算力技术早已超越了 CPU、GPU 和 FPGA，很快进入 ASIC。其二，算力规模（指全网算力）持续增长。其三，算力和区域发展相结合，形成了算力体系比较稳定的分布，不仅是在中国，而且是全球性的分布。其四，算力的分配模式开始成熟。原来 PoW 占绝对主导地位，现在形成了包括 PoW、PoS、PoC 的多元化和互补性共识系统。其四，算力生产者的地位发生了很大变化，算力生产者成为中坚力量，不仅收入（利润分成）普遍提高，参与公链 DAO 表

---

① ERC20（ERC20 Token Standard）是以太坊创立的一种规范，以 ERC20 的规范可以编写智能合约，创建可互换通证。

决，参与项目，而且成为公链生态投资者。其五，算力的价值和内涵也在发生变化，原来的算力价值形态就是比特币，以及其他稳定币。现在这种情况已经开始改变。算力价值不仅和加密数字货币的持续多元化联系在一起，而且和 DeFi、NFT 联系在一起，算力市场正在向不同领域全面扩张。

特别需要关注的是，基于区块链的算力，替代和改造中心化、以非区块链为基础的传统算力，传统算力体系从中心化或极端中心化走向非中心化，走向区块链算力，正在成为潮流。区块链算力模式、分布式存储、分布式能源，正在加速"三位一体"过程，实现包括计算平权、存储平权的新算力生态。

算力决定未来

算力的决定意义主要基于以下原因：其一，人类社会的生存与发展，取决于对微观世界和宏观世界的认知。不论是纳米级的基因、量子和病毒，还是马斯克开发的星际宇宙，都需要依赖更快速处理更大规模信息的算力。其二，算力产业在数字经济中的重大位置。所有的产业最终都会被数字化，所有国民经济组成部分都会数字化。不论是数字化所产生的新型产业还是被数字化的传统产业，都需要以算力为核心的"新基建"。其三，现代人类社会高度量化，从经济、政治到日常生活，都需要依赖更快速处理更大规模信息的算力。其四，人类本身的生命、人类和人工智能的关系，都需要依赖更快速处理更大规模信息的算力。

未来基于区块链的算力和存储将成为经济和社会运行的基础设施。算力产业包含着分配制度的革命，算力产业将改变传统、非数字经济时代的国民经济模式，产生财富的溢出和分配效应。在中国现阶段，算力产业需要确定区域之间的协调,加快实施和落实"东数西算"规划,即将东部发达地区的大数据存储、计算、流动到算力基础设施落后和低能源成本的西部地区。这是一种区域比较优势的结合。

在可以预见的未来,算力创新将和绿色能源、人工智能,以及量子技术紧密结合。其中,量子计算机依托量子力学的理论体系,在特定算法下的运算效率远远超过经典计算机,量子计算技术已开始进入快速突破期,量子计算生态系统已初步成型。在这样的过程中,不断形成新的算力产业。以算力为核心的产业群体和产业生态将进入快速成长期。

算力产业正在面临着一个长周期。这个周期究竟有多长,在很大程度上和与它紧密相连的数字经济的周期结合在一起,数字经济周期和传统产业周期是不一样的,至少应该是 10 年左右一个周期。在未来的 10 年,特别是在未来的一两年间,算力产业还会有超出人们想象力的创新和爆发力。

有一个口号:人人拥有算力。这不是一般的口号,这个口号有很深的意义。人人拥有算力,算力即资产。人人拥有算力,需要人人皆可参与和完全平等的非中心化、以区块链为基础的算力平台,这就是 Web 3.0。在这个过程中,生产者既是创造者,也是消费者。它会导致原来我们理解的宏观经济体系整体性的变革。

算力关乎未来。算力将会改变人类经济形态、资产形态、财富形态,以及社会结构。21 世纪是数字大航海时代,算力大船的航行的是数据海洋、区块链所提供的是数据航海图的坐标系。我们每个人都将是计算革命的目击者。

数字经济新起点与经济 – 科技规律体系的构成①

> 没有任何物理量可以永远呈指数级变化。你的工作就是推迟"永远"。
> ——戈登·摩尔

在每个世纪,都有一两个十年,对整个世纪产生深远的影响。在 20 世纪,处于第一次世界大战和第二次世界大战之间的 20 年,在很大程度上,决定了后来 80 年世界经济、政治、科学等领域的基本格局和走向。例如,1927 年在布鲁塞尔召开的第五届索维尔会议,确定了后来物理学,乃至整个科学的发展轨迹。在中国,后半个世纪的政治制度源于 20 年代的政治分野。很有可能,21 世纪的 20 年代会重复 20 世纪的故事。所以,需要评估过去的 2021 年和展望 2022 年。

2021 年回顾

回顾 2021 年,需要寻找到对全球长程发展有重大影响的事件。以下四个方面需要再评估和反思:

第一,新冠肺炎疫情。2021 年是全球爆发新冠肺炎疫情的第二年。一方面,人们需要在医学意义上继续抗争不断变异的新冠肺炎病毒;另

---

① 本文系作者于 2021 年 12 月 9 日在"The Year Ahead 展望 2022 峰会"活动上的会议发言。

一方面，人们在心理上不得不接受新冠肺炎疫情的常态化，人们的生活、生产方式和交往模式，甚至人类纪的逆转都有可能发生不可逆的转变。此外，新冠肺炎疫情甚至改变了人类本身的免疫系统。

第二，双碳目标。全球的共识是：需要遏制地球的气候和生态环境的进一步恶化发生。2021年11月，联合国在英国格拉斯哥举办的气候变化会议，以及《中美关于在21世纪20年代强化气候行动的格拉斯哥联合宣言》，对全球经济的影响，特别是对中国经济传统发展模式的改变以及未来10年的走向的影响，是不能低估的。

第三，火星探测和太空开发。2021年，中国、美国和沙特成功发射火星探测器，并成功着陆火星。世界主要国家都启动了火星开发计划，人类天空迁徙的速度正在加快。马斯克宣布2026年送人上火星，将开创火星文明。

第四，从NFT到元宇宙。2021年，数字技术和数字金融的结合，推动了NFT的试验，而且电子游戏和虚拟现实技术的结合，引发了元宇宙热潮，科学家、发明家、企业家、金融家纷纷入局。10月脸书（Facebook）创始人扎克伯格宣布，该公司更名为Meta。"元宇宙"是IT革命以来，集数字技术、数字经济和数字金融于一身的一种人类新存在。其未来发展是3条路线：（1）走向虚拟、更虚拟，成为精神世界的集合地。（2）与实体经济结合，与不同产业融合。元宇宙并非简单的数字孪生。（3）改变区域发展模式，构建新型的元宇宙都市和社区。

上述事件具有独特性，超越传统经济范畴，所以，很难用衡量传统经济的GDP、PTI、CPI、货币供给率和就业率来简单量化，但是，它们对数字经济和人类未来将产生持续的和不断深化的影响。

2022 年数字经济展望

展望 2022 年,最值得关注的是数字经济,因为数字经济在国民经济中的比重,对经济增长的贡献,已经全方位地超过了传统经济。2022 年的数字经济,在以下十个方面都会有非常重要的突破:

第一,数字经济的技术基础会有更大的突破。数字经济需要非常丰富和强大而且不断创新的技术基础。2022 年,数字经济技术基础主要在算力方面、算法方面,虚拟现实技术方面以及量子技术方面都将有相当大的突破。其中,元宇宙技术将有一系列进展。

第二,数字经济的新型价值形态会全面和充分地显现。2020 年,数字经济中最有象征性的事件是 DeFi;2021 年,数字经济最有突破性的事件是 NFT 的广泛应用。NFT 丰富和发展甚至突破了人们原以为的传统的数字货币,将是数字经济发展最重要的价值形态。2022 年 NFT 结合元宇宙,将进入新的阶段。

第三,数字经济的经济制度开始成熟。2021 年,在世界范围内,世界主要国家的政府都强化对数字经济的监管和治理。在中国,政府有效削弱了互联网平台的垄断现象,避免了数字经济可能存在的自然垄断或者寡头垄断的趋势。2022 年,数字经济的制度和机制将得以完善,形成有利于数字经济发展所需要的制度环境。

第四,数字经济的法律体系正趋于完备。以中国为例,在 2021 年先后公布了数据安全法、个人信息保护法,这些法律和相关的一系列的规定,使数字经济开始纳入法律体系的监管之下,保证数字经济在日益完备的法律制度下发展。

第五,数字经济的区域发展和产业发展走向均衡。在世界范围内,数字经济主要集中在北美和欧洲的高科技地区,例如美国的硅谷。现在,已经出现低端数字经济产业部门向新兴市场国家转移的趋势。在中国，数字经济主要集中在长江以南、珠江三角洲和长江三角洲。在珠江三角洲，则主要集中在大湾区的高新科技产业园。现在，数字经济正在从长江以南向长江以北、黄河以北移动，同时也在从东部向中部和西部移动。在产业方面，数字经济正在从高端产业向传统产业蔓延和过渡，即使在农业这样的传统产业中，数字经济的影响和贡献也在明显加大。

第六，支撑数字经济的新型组织形态开始显现。数字经济和非中心化的组织（DAO）有天然的关系。从世界范围内看，非中心化公司（DAC）正在成为支撑数字经济发展的新型经济组织。2022年，不论是DAO，还是DAC，会伴随数字经济有相当快的发展，加快与数字经济更加完美的结合。

第七，数字经济产业政策正在体系化。不论是发达国家还是新兴市场国家，所有的政府都开始关注如何扶植数字经济，形成了关于数字经济发展的一系列产业政策。2022年，数字经济的产业政策将呈现体系化和系统化趋势。

第八，数字经济正在成为GDP增长的重心。在过去的3～5年，数字经济正在成为GDP增长的重要引擎。在发达国家和中国，数字经济对GDP增长的贡献，已经上升到50%以上。可以清楚地预见，从2022年开始，GDP增长、就业将进一步向数字经济倾斜，数字经济将成为国民经济增长最重要的基础和前提。

第九，数字经济将成为国际贸易的主要形态。冷战结束之后的全球化，主要基于实体经济分工的国际贸易和服务贸易。现在，平行于传统国际贸易的数字贸易正在悄然开始。截至目前，国际贸易组织、不同类型的经济实体，以及相关的国际法律，还没有适应数字贸易的兴起。2022年很可能是数字贸易获得突破性发展的重要年份。

第十，数字经济正在影响民众生活的各个方面。数字经济已经无所不在，全方位地融入民众的生活和工作。新冠肺炎疫情刺激了数字技术与民众生活、工作和学习联系的深度和广度。2022年，在缩小民众的数字鸿沟方面，将会有一定的进展。

总之，以上十点是关于数字经济进入历史新阶段的特征。但是，并不局限于这十个方面，可能还有更多。数字经济正在超越转型，数字技术已经开始改变人们在经济和政治方面的互动范式。"80后""90后"和"00后"成为数字经济的主体。

经济 – 科技混合规律体系形成

在人类文明演变历史中，经济活动成为最基本的活动，解决生存和发展问题。经济活动是存在规律的。经济学就是研究经济活动的一门独特科学。亚当·斯密（Adam Smith，1729—1737）的《国富论》是经济学的经典，因为这本书是系统探讨经济活动规律的著作。20世纪经济学的新古典主义理论、边际革命理论、凯恩斯主义理论，根据时代的演变，从不同的角度探讨了经济规律。例如，凯恩斯关于社会总就业量取决于社会总需求量，失业是由于有效需求不足所造成的"有效需求"理论，所揭示的就是20世纪现代资本主义最重要的规律。

21世纪，数字化社会替代工业社会和后工业社会。因为数字经济的生产要素、生产、交易、消费和分配模式不同于传统实体经济，受制于科技创新，形成了其特定的经济规律。数字经济的内在规律，其本质是经济规律加数字科技规律，是两方面规律的融合，甚至混合。值得提及以下六个影响数字经济的定律：

第一，摩尔定律（Moore's Law）。摩尔定律提出：集成电路上可容纳的晶体管数目约每隔18个月就会增加一倍。换句话说，就是每隔一段时间支撑集成电路的芯片将急剧变小。其要点是：（1）集成更多的晶体管，每隔18个月单芯片集成的晶体管数目翻一番；（2）实现更高的性能，每隔18个月性能提高一半；（3）实现更低的价格，单个晶体管的价格每隔18个月下降一半。迄今为止的芯片历史证明，芯片发展确实符合摩尔定律。庞大的数字经济体系，最硬核的技术就是越来越小的芯片。所以，摩尔定律就是数字经济的主要规律。根据外媒的消息，2022年，台积电公司计划在台湾新生产基地为英特尔生产3纳米芯片，将于下半年实现量产。

在这里需要提及超摩尔定律（More than Moore）。该定律所讲的是，在万物互联的时代，各种不同类型的传感器（Sensor）和工业互联网（IoT）的结合，将使半导体产业的发展形成两个方向：芯片尺寸继续微缩；各种不同形态晶片的多样化发展。最终形成芯片微缩和各种装置应用市场两个维度，即摩尔定律和超摩尔定律并存和并进的局面。

第二，梅特卡夫定律（Metcalfe's Law）。该规律的描述是：一个网络的价值等于该网络内的节点数的平方，而且该网络的价值与联网的用户数的平方成正比。根据梅特卡夫定律，网络增加网络，节点增加节点，不可抑制，直到无限大。互联网使用的人数和经济效益达到一定水平之后，会呈指数发展。人类会以这样超常的速度统统卷入互联网之中，并且这样的态势还会继续下去，且不可逆转。"抖音"在很短的时间内的膨胀，就是梅特卡夫定律的证明。

第三，杰文斯定律（Jevon's Law）或者杰文斯悖论。这是1865年英国经济学家杰文斯（William Stanley Jevons，1835—1882）在《煤炭问题》一书中描述的一种观察：瓦特的创新使煤炭成为更具成本效益的动力源，推动蒸汽机在更为广泛的产业中应用，反过来又增加了人们对于煤炭的需求和消耗。所以，技术进步或政府政策提高了资源的使用效率，往往会增加（而不是减少）燃料使用。250多年过去，杰文斯悖论依然对环境经济学有着深远影响。在数字经济时代，这个规律依然顽强存在。

第四，信息熵定律（Law of Information Entropy）。基于香农的信息论：熵是信息论中的概念，用于表示信息的不确定程度。信息熵定律：熵值越大，信息的不确定程度越大。如果信息持续处于混乱状态，没有系统化，意味着经济系统和社会系统的熵值增大，最终经济系统和社会系统崩溃。

第五，墨菲定律（Murphy's Law）。凡事只要有可能出错，那就一定会出错。科技开发具有天然的不可预测性和不确定性。世界上最大的风险投资是科学投资。所以，基于科技创新主导的数字经济，不可避免地充满不确定性。在数字经济时代，对经济造成负面影响且难以预测的"黑天鹅"事件会频繁出现。

第六，颠覆定律（Law of Disruption）。颠覆定律是指技术改变呈现指数化，但社会、经济和法律制度改变是逐渐发生的。科技革命的这种特征不会因为一个企业，甚至一个国家而改变。科学技术发展有自身的规律和生命力，已经超越了人类对它的控制。因为科学技术发展的加速度与社会其他方面滞后的差距越来越大，导致颠覆性。

此外，还有吉尔德定律（Gilder's Law）：在未来25年，主干网的带宽每6个月增长1倍，其增长速度是摩尔定律预测的CPU增长速度的3倍，并预言将来上网会免费；库梅定律（Koomey's Law）：单位运算的电耗量，每一年半就降低一半，从计算机诞生开始，都会持续下去；尼尔森定律（Nielsen's Law）：高端用户带宽将以平均每年50%的增幅增长，每21个月带宽速率将增长1倍；库帕定律（Cooper's Law）：无线网络容量每30个月增加1倍。库帕（Martin Lawrence Cooper，1928—）

本人是第一代移动电话"大哥大"的发明者,被称为"移动电话之父";埃德霍尔姆带宽定律(Edholm's Law):在未来,无线网络的传输效率会和有线网络的传输效率逐渐趋同,无线网络和有线网络相互融合,是通信技术发展到一定阶段后必然会产生的结果;巴特尔定律(Butter's Law):从一根光纤中导出的数据量,每9个月就会翻1倍,这也意味着在光纤网络中,数据传输成本每9个月的时间就会下降一半。其中,21世纪,摩尔定律和库梅定律具有同等重要的地位。

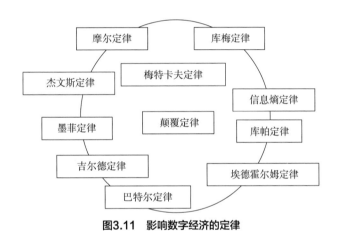

图3.11　影响数字经济的定律

在数字技术和信息科技的不断交互发展中,上述与IT硬件和软件相关的规律,或者定律可能小修正,甚至过时和被淘汰。但是,可以肯定的是,数字经济的规律,将与数字科技的规律紧密结合,形成经济－科技混合经济规律体系。正因为如此,传统经济学的很多规律已经无法适应数字经济、观念经济和虚拟经济。

数字经济需要新思维、新知识、新话语、新工具

数字化时代,需要超越传统,接受新思维、新知识、新话语和新

工具。

第一，新思维。最重要的新思维是要以复杂科学的概念认知数字经济。2021年，物理学诺贝尔奖获得者之一、意大利物理学家乔治·帕里西（Giorgio Parisi，1948—）的重大贡献集中在复杂系统（complex system）。所谓复杂系统，是具有高阶次、多回路和非线性信息反馈结构的系统。数字经济相较于实体经济，例如传统的农业和加工业，属于典型的复杂系统。预测不确定的数字经济的未来，需要非线性的新思维。

第二，新知识。数字经济本身就是新知识引发的革命结果。相关的知识至少包括计算机科学、信息科学、物理学和数学，以及IT领域的相关技术训练。当然，新知识不仅涉及不同学科，而且这些知识更新速度不断加快，使学习新知识成为终生工作。

第三，新话语。在数字技术和数字经济领域，新概念、新名词层出不穷。而且，很大的比例是英文缩写，例如Defi、NFT、DAO。我现在组织一个团队编辑数字经济词典，已经积累了数百条。如今，不懂数字技术和数字经济领域的新词汇，就意味着失去话语权。

第四，新工具。新工具是指数字技术。例如，推进元宇宙，需要新的平台，作为"最有前景的公司"英伟达推出的Ommiverse，就是实现元宇宙落地的新型平台，就是新工具。如果实践VR和AR，就需要虚拟技术的穿戴设备，就是新工具。媒体上说，在2022年最值得投资的技术中，有元宇宙、AR/VR、脑机接口、NFT，这些技术都属于新工具。

小结

2022年，数字经济进入新阶段，表现为三个改变、三个决定和三个趋势。（1）三个改变：生产要素的改变、生态的改变和资本组织模式的改变。（2）三个决定：数字经济决定经济增长的速度、规模和结构，科技革命进展决定数字经济演变模式，数字经济和科技革命决定全球化转型。（3）三个趋势：数字经济进入主导经济增长的历史阶段，科技革命全方位突破，数字全球化加快。

2022年，全球数字经济会进入新的阶段，中国的数字经济进入高速增长期，至2025年，中国的大数据产业规模将超过3万亿人民币，年均复合增长率保持25%左右。[①]

[①] 黄鑫.2025年我国大数据产业测试规模将超3万亿元［N］.经济日报，2021-12-14.

附录　关于鲲鹏技术平台的几点评估和建议[①]

从 IBM 发明个人电脑并演化成 wintel 联盟，至今已将近 40 年。在这近 40 年中，微软和 Intel 架空 IBM，逐步获得垄断地位，导致同行业上下游长期在低利润状态下挣扎。但是，wintel 联盟却催生出以 Linux 为代表的开源运动。

鲲鹏有两个非常明显的特征：采用 ARM 的新架构体系和开源软件系统。鲲鹏计算产业的成败关键就在 CPU。

随着摩尔定律的发展，一个基于 5 纳米的手机处理器芯片开发成本加掩模成本已经接近 10 亿美元，对于年出货量达不到千万级的芯片公司来说，根本负担不起最新工艺的芯片开发，能参与市场的玩家将越来越少。

建议鲲鹏考虑拓展芯粒（chiplet）的生态。芯粒技术可以支持不同供应商的裸片集成，不必采用新一代工艺节点就能获取很好的性能提升。芯粒产品中可以包括一个 55 纳米的裸片，还包括一个 28 纳米的裸片和一个 14 纳米的芯片，以满足应用所要求的成本目标。这种模块化的设计可以做到既灵活又可靠。采用芯粒架构后，核心部分独立出来，芯片面积大大缩小，有可能降低低良率。由于所采用的都是经过可靠性验证的技术，也降低了风险。

概括三点：鲲鹏计算产业需要继续强化自主可控体制；在台积电 2022 年可能实现 3 纳米，进而 2 纳米的环境下，我们应考虑积极拓展芯粒技术路线和生态；发展与国家和地方政府、企业界和科技界的全方位合作，促进开源软件和开源硬件的发展。

[①] 本文系作者在 2020 年 9 月 28 日莫干山研究院主办的秋季"新莫干山会议"，就鲲鹏计算平台未来发展的发言。

第四章

元宇宙促进产业转型升级

元宇宙将改变传统资本、产业和基础设施的存在模式,造就超越工业 4.0 的产业革命。

产业资本·金融资本·科技资本[①]

> 每个人让自己戴上项圈,因为他明白,握住链子末端的不是一个人,也不是一个阶级,而是社会本身。
>
> ——阿历克西·托克维尔

2014年,法国经济学家托马斯·皮凯蒂(Thomas Piketty,1971—)的著作《21世纪资本论》问世。作者将"资本"这个人们似乎早已熟知的话题,在新的历史大背景下加以解析,引发了不同的经济学流派、不同的意识形态群体的关注、解读和争论。在这本书中,作者提出当代资本主义经济最重要的现象,即资本回报率高于经济增长率,并论证了其深层原因及其后果,即财富主要来源于资本收入的富人和依赖劳动收入的民众的贫富的差别持续拉大。所以,资本主义历史上长期存在的财富和收入分配的不平等,不仅没有缓和,而且呈现加剧趋势,进而否定了所谓经济增长可以缓和社会经济不平等的程度的"库兹涅茨曲线"。

本文所要讨论的是自20世纪中后期,资本与科技的日益紧密结合,导致了科技资本和科技资本主义的形成。科技资本主义对发达国家的经济、政治和社会,以及全球经济的影响是深刻和持久的。

[①] 本文系作者在2021年4月11日在北京和波士顿同时举办的"大学沙龙"(原哈佛沙龙)第125期和苇草智酷沙龙第106期的发言。

从产业资本到科技资本：对资本主义演变的一个观察视角

如果以工业革命作为资本主义历史的重要时间节点，在大约 250 年的时间中，资本主义存在着显而易见的既有相互联系又有显著特征的 3 个发展阶段：产业资本主义、金融资本主义和科技资本主义。其背后就是"资本"存在形态的演变，从产业资本到金融资本，再到科技资本。

第一，产业革命和产业资本。产业资本主义主导阶段，时间跨度从 18 世纪 60 年代人类开始进入蒸汽时代，延续到第一次世界大战前后电力的发明和广泛应用，人类进入"电气时代"，长达一个半世纪。产业革命起始于蒸汽机的发明，结束了人类对畜力、风力和水力的传统依赖，推动了铁、钢和煤等产业部门的形成。但是，真正的产业资本主义的黄金时代，集中在 19 世纪后 30 年至 20 世纪的最初 10 年。在这 40 年间，一些发达资本主义国家的工业总产值超过了农业总产值，且工业重心由轻纺工业转为重工业，出现了电气、化学、石油等新兴工业部门。在整个产业资本主义发生和成长过程中，产业资本主要投入工业、农业、建筑业、采矿业等物质生产部门，以及交通运输业和某些特定服务业。总的来讲，产业资本主义的基本特征就是能源、材料和加工工业等部门构成的实体经济形态。

第二，金融革命和金融资本。金融资本主义主导阶段，时间跨度从 19 世纪 70 年代，延续到 21 世纪初，前后约 140 年。金融资本主义经历了孕育、成长和成熟的过程，分为两个基本阶段。第一阶段，生息资本和银行资本高速膨胀，银行资本、借贷资本和工业资本紧密结合的时期。第二阶段，第二次世界大战之后，从布雷顿森林会议到 20 世纪 70 年代，美国割裂美元和黄金的关系，金融资本日益成为独立于产业资本的一种资本形态，伴随资本市场、货币市场、金融市场的成熟，各种新型金融工具的发明和实践，最终形成了完备的金融产业体系，金融产业构成了产业结构中最为主要的部门，对经济增长的影响至关重要。金融资本主义的黄金时期集中在 20 世纪末至 2008 年全球金融危机之前。运作金融资本的投资银行成为资本主义的象征。

第三，科技革命和科技资本。科技资本主义，起始于"二战"之后，自 1970 年代开始加速，持续到现在。判断其是否进入黄金时期，为时过早。20 世纪中期开始，美国的一些大型公司，如 Bell、IBM、RCA，还有诸如 NASA 这样的国家机构，先后成立了实施研发的研究机构，拉开了科技资本主义的序幕。之后，以计算机和半导体为先导，互联网紧随其后的 ICT 革命全面兴起，进而引发了信息革命、人工智能革命和数字经济时代的到来。在这三四十年内，科技革命引发了科技资本的形成和膨胀，推动了科技资本主义时代的来临。当下，科技资本主义的基本特征是数字经济代表的科技产业正在成长为国民经济的主导部门，并且成为经济增长的最主要的贡献者。

当然，上述资本主义经历的 3 个阶段，以及 3 种资本形态之间，并非替代关系，而是互动和并存的关系，见图 4.1。

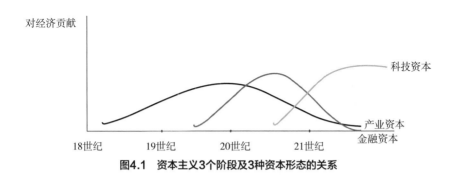

图4.1 资本主义3个阶段及3种资本形态的关系

从图 4.1 可以看出，在过去两个半世纪中，产业资本、金融资本都呈现过从低点到高点，再回落的过程，只是科技资本考察的时间长度不够，现在依然处于向高点攀升时期。

关于产业资本、金融资本和科技资本的代表性经济理论

在经济学领域,对于产业资本、金融资本和科技资本的代表性理论主要有马克思主义、凯恩斯主义、维也纳学派和货币主义。

第一,马克思《资本论》。《资本论》第一卷所讨论的是产业资本,以及产业资本的生产过程,并给予劳动价值理论,提出和论证了剩余价值理论。《资本论》第二卷论述资本的流通过程,以及剩余价值实现过程中各生产部门资本的相互联系。《资本论》第三卷分析的是资本运动总过程,涉及生息资本、剩余价值在产业资本家、商业资本家,借贷资本家之间的分配和利息问题,以及资本主义的信用、银行和货币流通。"资本之所以表现为商品,并非代表资本就是商品,这是因为利润分割为利息和本来意义上的利润。本来意义上的利润,即为实业家投资到实业上所产生的收入,而资本的利润本来应为纯粹地投入市场实业中所产生的利润,而现在是资本投入另一个实业家的投资中,所再产生的利润,此利润就需要分割出一部分为利息,还给借贷的资本家。"《资本论》三卷的出版时间分别是 1867 年、1885 年和 1894 年,正是典型的产业资本主义时代,所关注的是产业形态的资本。

第二,希法亭(Rudolf Hilferding,1877—1941)《金融资本》。该书出版于 1910 年。1910 年的资本主义与马克思时代的资本主义比较,有明显变化:其一,资本生产方式越来越集中;其二,银行资本和工业资本之间的联系愈发紧密,自由资本主义全面迈向垄断资本主义。历史证明,在马克思主义政治经济学领域,《金融资本》是除《资本论》之外整个马克思主义政治经济学史上最有影响的著作之一。列宁(Vladimir Ilyich

Ulyanov,"Lenin",1870—1924)都承认："虽然希法亭在货币论的问题上犯了错误,并且有某种把马克思主义和机会主义调和起来的倾向,但是这本书(就是《金融资本》)对资本主义发展的最新阶段做了一个极有价值的理论分析。"在21世纪的视角下,《金融资本》的历史地位在于修正了马克思的劳动价值论,提出在特定条件下的纸币可以具有价值。书中写道,"纸币的价值应当是不必求助于金属货币就能得出的""纸币这种本身没价值的东西,由于执行了一种社会职能,即流通,从而获得了价值"。历史证明,信用货币的实际作用和希法亭在1910年所预见的完全一致。此外,《金融资本》强调了工业资本对银行的依赖。

第三,列宁《帝国主义是资本主义的最高阶段》。该书写于1916年。列宁在此书中揭示了垄断资本和金融寡头的关系,由于货币资本大量积聚在少数国家,资本输出的增长导致少数富国变成食利国。列宁定义工业资本和金融资本的结合产生为资本主义的最高阶段,即帝国主义。

第四,凯恩斯《就业、利息和货币通论》(以下简称《通论》)。该书出版于1936年,提出了现代宏观经济学的理论,在承认市场的不完整性和政府干预的必要性前提下,第一次提出"货币需求"概念,并分解为基于所谓交易动机、预防动机、投机动机的3类货币需求。《通论》的核心思想是突破新古典经济学框架,将货币金融经济与实体经济分离,且作为一个独立的资本形态进行考察,解析广义的货币供给量,比较利息、债券利息、存款利息的关系,推导出货币金融资本与产业资本影响宏观经济的不同模式。

第五,熊彼特"创新理论"。作为奥地利学派代表人物,熊彼特的创新理论主要集中在他的《经济发展理论》(1911)、《经济周期》(1939)和《资本主义、社会主义和民主主义》(1942)等著作中。根据熊彼特的"创新理论",生产技术的革新和生产方法的变革对经济发展具有关键性作用。所谓创新就是要"建立一种新的生产函数",实现"生产要素的重新组合",并与生产体系相融合,从而最大限度地获取超额利润。因为资本主义社会可以不断地实现这种"新组合",形成"创造性破坏",推动资本主义的经济发展。所谓的经济周期性波动,包括长周期、中周期和短周期,都源于创新的非连续性和非均衡性特性。创新是资本主义经济最为主要的自变量。历史证明,熊彼特的创新理论所揭示的正是"科技资本主义"的核心所在。

第六,弗里德曼(Milton Friedman,1912—2006)的"货币主义"。弗里德曼在他的《最优货币数量及其他文集》《失业还是通货膨胀?对菲利普斯曲线的评价》等著作中的贡献,不仅仅在于他提出了"现代货币数量论",主张通货膨胀与货币供给之间存在紧密而稳定的联结关系,将通货膨胀归纳于货币现象,而是他将货币问题作为讨论宏观经济的制度性前提,他认为货币必然具有强烈的内生性,是经济体系内部的多种因素决定了货币供给量,而货币供应量的变化,不可避免地影响实际利率和产出水平等经济变量的调整和改变。

总的来讲,从马克思,经希法亭到列宁,他们关于资本的视野发生了一种迁移,从关注生产过程的产业资本,转移到关注银行资本、金融资本,以及与产业资本结合对资本主义发展或资本主义制度所产生的影响。凯恩斯、熊彼特的"创新理论"和弗里德曼的"货币主义",突破了新古典经济学囿于实体经济的框架,货币金融开始被认知为独立于传统实体经济的经济形态,货币经济成为解析宏观经济的环境和前提,科技创新推动资本主义经济的发展。迄今为止,资本主义演变的背后是产业资本主义、金融资本主义和科技资本主义交互作用的结果。

产业资本、金融资本和科技资本的"微观"比较

将产业资本、金融资本和科技资本加以"微观"比较，主要集中在以下八个方面。

第一，资本的来源和构成比较。产业革命和产业资本，与商业资本和资本原始积累，甚至与贩卖奴隶，存在着深刻的历史联系。1845年，恩格斯所写的《英国工人阶级状况》描述的就是英国工人阶级难以忍受的生活状况和劳动条件。马克思在《资本论》中说过："资本从来到这个世界，它的全身上下每一个毛孔都流着血和肮脏的东西。"与源于原始资本积累的产业资本比较，从银行资本到广义金融资本，其来源与构成都发生了极大的改变。至于科技资本的构成，包括科技企业积累、资本市场、风险资本（venture capital）、政府与大学的科技基金。总之，从产业资本、金融资本到科技资本，存在着一个蜕变的过程。

第二，资本的生产要素的比较。在产业资本、金融资本和科技资本这样的演变过程中，生产要素发生了根本的变化。在产业资本时代，生产要素就是资本、土地和劳动力。到了金融资本时代和科技资本时代，信息，特别是所谓的"大数据"，和知识，构成生产要素。

第三，资本的投资方式和回报期比较。传统实体经济的投资回报方式就是利润，回收期相对短，回报率容易计算。金融资本的回报方式是利息，长期债券的偿还期限在10年以上，股市的回报率从来都是波动的。科技资本的回报方式、收回周期和回报率更加复杂化，难以精确化。例如，马斯克从来不会承诺也不可能承诺他的投资的回报期和回报率。

第四，资本的成本和风险比较。产业资本的成本结构稳定，风险预期范围确定。从金融资本到科技资本，成本结构发生改变，成本控制难度增加，风险系统化。特别是相较于产业资本，金融资本和科技资本的

规模极度放大。适用于投资对象相对稳定的实体经济的"可行性研究",很难适用于金融资本和科技资本。

第五,资本的主体比较。产业资本主义的经济主体是工厂主和企业家,是产业工人,还有产业协会和工会;进入金融资本主义,经济主体是银行家、金融家、资本市场专业交易员、基金经理,还有银行和股市的散户;科技资本主义,最重要的主体则是科学家和发明家。

第六,资本的经济组织形式比较。产业资本主义的经济组织形式是工厂、企业、公司和平台。金融资本主义则是商业银行、投资银行、各类保险和基金机构。科技资本主义,特别是进入互联网时代,代表性的经济组织形式是科技公司支持的平台。硅谷是一个研发的网络体系,代表的是科技产业集群模式。

第七,资本的对应市场比较。产业资本对应的是一个物质产品为主体的或者某些服务为产品的市场,市场价格取决于供给和需求的均衡程度。金融资本则是针对不同金融产品的资本市场、金融市场、外汇市场和货币市场,金融市场存在其不同于实体经济市场的规则与机制。对于科技资本所对应的市场,不仅不同于实体经济市场,也区别于金融市场,科技创新,或者说科技供给,决定市场。

第八,资本的"边际效用"比较。在19世纪70年代,经济学界发生了"边际革命",边际分析的广泛使用是经济学研究,形成了包括边际生产力、边际成本、边际收益、边际替代率、边际消费倾向等概念、方法和理论。但是,适用于传统产业经济的边际效用理论,对于金融产业,特别是科技产业,全方位失效。例如,实体经济所存在的边际效应在一个拐点上开始下降甚至趋零的情况,在大部分的科技行为中是不存在的。

做一个概括,传统的微观经济学、厂商理论已经没有可能解释和概括金融资本时代,特别是科技资本时代的经济行为。

产业资本、金融资本和科技资本的"宏观"比较

产业资本、金融资本和科技资本加以"宏观"比较，至少表现在以下八个方面。

第一，经济发展阶段的比较。1960年，美国经济学家罗斯托的著作《经济成长的阶段》出版。该书提出了经济发展的若干阶段：传统社会阶段、准备起飞阶段、起飞阶段、走向成熟阶段、大众消费阶段和超越大众消费阶段。其中，在"走向成熟阶段"，投资的重点从劳动密集型产业转向了资本密集型产业；在"大众消费阶段"，主要的经济部门从制造业转向服务业，历史证明是正确的。但是，罗斯托的经济发展阶段是对工业革命时代、实体经济时代的发展阶段的总结，其理论框架已经不再适应金融资本主义和科技资本主义。

第二，经济周期的比较。在传统工业经济时代，经济周期就是商业周期，属于短周期，一般在4年左右，周期所包括的繁荣、衰退、萧条、复苏的阶段界限清晰。但是，金融资本主导的时代以及科技资本主导的时代，经济周期延长，基钦周期代表的4年典型商业周期过短，需要诉诸库兹涅茨周期，甚至康德拉季耶夫周期。当经济周期延长时，经济周期阶段不可避免地模糊化。回顾科学技术的发展，从ICT革命到现在，过去了半个世纪，如今才能对这个周期开始做分析。

第三，经济危机的比较。在资本主义发展史上，1873年和1929年的经济危机具有典型意义，两次危机都属于生产过剩危机，都是全球性危机。只是1873年的经济危机重创的不再是轻工业，而是重工业，危机引发钢材、汽油、石油、制造业的生产大规模萎缩；1929年的经济危机源于普遍性的生产过剩，从实体经济产业链危机传导到全球性股市危机。至于20世纪80年代后期的拉美主权债务危机、1997年亚洲金融危机、

2008年全球金融危机,都属于与传统实体经济相对分离的金融领域危机,进而波及实体经济和民众生活。2008年全球金融危机,标志着金融资本的黄金时代的终结,但是,这场危机对于民众的日常生活影响和伤害,却明显低于人们原本的预期。

第四,垄断模式的比较。产业资本时代的基本垄断模式是卡特尔、辛迪加和托拉斯。到了金融资本历史阶段,典型的垄断模式是康采恩,实现了金融资本和工业资本的结合,而且金融资本处于主导低位。在科技资本主义时期,垄断模式则是混合联合经济体(conglomerate),这是人类遇到的前所未有的一种垄断形态,有助于实现自然垄断、资源垄断和行政性垄断的融合和一体化。

第五,政府与市场的关系,货币制度和财政制度的比较。在产业资本主义的主要时期,实施的是利伯维尔场经济制度。金融资本主义时期,形成稳定的货币制度和财政制度,意味着政府对经济的干预趋于强化。但是,在科技资本主义时期,国家意志影响科技的发展,科技发展需要国家的持续增长的资本和其他资源的投入,政府作用会显著和持续提高,政府对于科技的监督、管理、治理将不断加强。所以,政府的货币制度和财政制度至关紧要。现在全球前所未有的科技竞争的背后是国家资源的竞争。

第六,通货膨胀模式的比较。在工业革命时期,特别是20世纪以来,只要货币供给量增大,就会直接导致货币贬值和通货膨胀,进而剧烈地影响民众的基本生活。但是,在20世纪末和21世纪过去20年中,货币供给持续膨胀,甚至实行不断放大的"货币宽松"政策,但是基于CPI指数的通货膨胀率始终处于相对稳定的状态。这是因为,大量货币涌进了资产领域,推高了资产价格。之后,科技领域成为吸纳货币的最大黑洞,推高了科技产品价格。所以,现在贫富差别的扩大,是因为拥有资产的人群和控制科技资源的人群，成为新的受益者。也就是说，现在的贫富差别已经不再是传统理解的社会收入的分配不均的问题，而是资本的非均衡分布问题。

第七，货币环境的比较。工业资本时代，基本的货币环境是金本位，或者是金银复本位制度。到了第二次世界大战之后，金融资本扩张，基本货币金融环境是布雷顿森林会议确定的货币制度和后布雷顿森林会议制度。现在，科技资本主义的货币环境正在急剧改变，已经可以清楚地预见到，数字货币正在全面改变货币环境。

第八，全球化形态的比较。全球化的历史包括贸易全球化、金融全球化和科技全球化。冷战之后的全球化是金融资本推动的全球化，因为金融资本的天性是要求全球流动的自由。进入 21 世纪之后，全球科技贸易日益重要。主要国家之间的基于技术转让，知识产权和专利等服务贸易的失衡，构成了新型的国际贸易摩擦和贸易冲突，已经超越了传统贸易入超和出超的矛盾。传统的国际贸易理论，例如"要素禀赋理论"，和比较优势思想已经不足以解释和判断科技全球化所产生的摩擦对未来的影响和最终后果。

科技资本主义对经济和社会的改变

如果科技资本主义，从 ICT 革命算起，也有了半个多世纪的历史。现在，科技革命已经远远超越 ICT 范围，算力革命、人工智能革命、材料革命、生命科学革命，构成了交叉性科技革命，对经济和社会，甚至人类本身，产生了日益深刻的影响和改变。

第一，科技资本主义和未来经济的复杂化和不确定性。科技革命作为一个开放系统，为经济体系注入急剧增多的变量，使之成为自我创建和自我更新的动态系统，不断强化复杂性和不确定程度。人们对未来经济的比较理性的预期和经济治理的难度越来越大。

第二，科技资本主义和时空改变。在科技革命的推动下，人类的经济活动在向宇宙空间扩张的同时，因为纳米技术和电子显微镜而进入以纳米为单位的量子结构、基因结构。与此同时，时间存在的发生也相应改变。

第三，科技资本主义及其特有规律。传统实体经济存在其经济规律，均衡理论就是经济规律的一种解释；货币金融经济也存在其特定规律，例如货币数量理论；科技资本主导的经济越来越受制于科技自身的规律，例如半导体和芯片开发的"摩尔定律"，还有关于网络的价值与联网的用户数的平方成正比的"梅特卡夫定律"。现在，人类经济活动同时接受来自传统经济规律、货币金融规律，以及科技规律的影响。可以预见的是，科技规律的影响呈现增强的趋势。

第四，科技资本主义和"科技博弈"主体，以及全球"科技秩序"。科技资本主义产生了特定的"博弈主体"：其一是科技本身，科技的主体可以人格化，也可以非人格化；其二是科技公司；其三是政府；其四是科技最终的使用者。在科技博弈过程中，不存在任何主体可以控制科技资本主义的演变。相对而言，科技本身的权重是明显的。例如，前面所说的"摩尔定律"具有显而易见的强制性，强制资本和各类资源的投入。人类可以解决如何控制核扩散，但是却没有办法在芯片演进过程中放慢竞争。所以全球"科技秩序"远比"经济秩序""金融秩序"，甚至地缘政治更为复杂。

第五，科技资本主义和新"二元经济"，新的社会不平等。在全球范围内造就了新的二元经济，即传统的物质生产为一元，高科技和硬科技，特别是数字经济为另一元的经济，包括美国在内的发达国家都进入新二元经济，冲击和改变了关于发达国家和发展中国家的划分内涵。因为新二元经济导致了"新"的社会不平等，例如"数字鸿沟""数字生存"。如果说机器大工业产生了无产阶级，那么现在的科技资本主义，会加剧传统产业就业人口的大幅度和持续性减少，导致中产阶级的萎缩，产生庞大的"无用人口"，导致"新马尔萨斯主义"的复活。

第六，科技资本主义和法律规范，以及治理方式的改变。科技革命，推动和催化了后工业化社会、信息社会、数字社会的形成与发展。例如，因为数字经济，一切社会和经济活动"比特"化，于是就有了"一切就是计算，代码即法律"的新规则。区块链就成为一种新的社会学技术。所以，传统的法律体系都需要调整，社会治理实现从人治到法治，进而法治和技术治理的融合。

第七，科技资本主义和"大转型"。1944年，政治经济学家波兰尼的著作《大转型》出版。书中提出，市场与社会之间关系的危机，根源于18世纪的产业革命。市场与组织社会生活的基本要求之间的冲突，最终导致西方文明唯有诉诸世界战争不可的地步，所以需要批判和反思利伯维尔场经济。科技革命正在彻底改变经济结构、经济制度和经济组织，推动世界从经济主导科技到科技主导经济的"大转型"，实现产业、金融和科技部门的均衡发展，建立共享经济，增加公共产品的供给，缓和社会不平等。

第八，科技资本主义和科技"奇点"。进入21世纪，全球科技革命进入叠加爆炸的历史新阶段，科技前沿不断改变，显现逼近"奇点"的趋势。科技自身的内在生命力，已经开始挑战人类对科技控制的边界。例如，人工智能、基因工程、量子科技的发展和演变正在一次次地改变人们的预期。不仅如此，科技革命还将改变人类本身，涉及科技道德、科技伦理，人类已经面临如何和人工智能合作的问题。科技发展的必然结果不是强化人类中心主义，而是削弱人类中心主义，甚至影响人类文化的演变和文明史。

如何预测和防范科技危机

资本主义经历了 250 年以上的历史演变，经历了产业资本主导，再到金融资本主导，现在进入科技资本主导的时期。在 100 多年前，产业资本是一个大圈，旁边有科技资本和金融资本两个小圈；"二战"之后，金融资本成了一个大圈，依附它的是产业和科技两个小圈；如今，科技成为一个大圈，依附它的是金融资本和产业资本两个小圈。

但是，主导不是替代，在现实世界中，产业部门和产业资本、金融部门和金融资本、科技部门和科技资本之间，存在着并行和互动关系。所谓的工业 4.0，其实就是科技革命对产业部门改造的结果；科技金融和金融科技，都是科技与金融的结合模式，加密数字货币已经深刻地改变了金融资本的构造。

可以肯定的是，在未来的 10 年中，科技革命还会继续吸纳更多的资本、更多的人类资源和自然资源，进一步改变经济运行模式、社会形态、国际格局，甚至地缘政治。

那么，科技革命是否存在发展周期和极限？是否存在科技危机？依据人类现有的知识训练和经验，还难以给出系统性回答。如果以经济危机原理作为参照系，当总需求和总供给的均衡被打破，会引发危机。对于科技经济而言，很难引用这样的分析模式，因为难以定义科技的总需求和总供给，更难以确定均衡框架。但是，科技革命危机确实存在。例如，大数据持续的、看不到尽头的指数增长，其中没有价值和意义的数据比重相应增长。存储和处理大数据，成为人类历史上前所未有的"黑洞"产业，已经和正在吸纳着巨量的算力，其背后是能源的近乎无限的消耗，与世界各国追求的"碳中和"目标背道而驰。大数据危机是否可能引发数字经济时代的科技和经济危机？至少值得观察和思考。

在当代世界，因为科技革命，全球化不可逆转，人类命运共同体建设会不断深化。世界各国在科技革命浪潮冲击面前，既要有竞争，也更需要合作。

产业周期、金融周期、科技周期的错位和失衡[①]

> 要掌握的要点是,在处理资本主义时,我们正在处理一个演化的过程。
>
> ——约瑟夫·熊彼特

当今世界,科学技术对经济周期的影响越来越强烈,导致科技周期成为成熟的周期形态。科技周期、传统产业周期和金融周期,既维持各自的特征和形态,又相互影响。进入21世纪之后,科技周期开始呈现主导产业周期和金融周期的趋势,打乱了传统产业周期和金融周期的节奏,长周期格局正在形成。所以,传统商业周期和金融周期观念和理论已经不足以说明和解释现在的经济周期结构,需要进行调整。

经济周期模型概述

如何分析现代资本主义经济发展的经济周期,存在着3种经济周期理论:基钦周期(Kitchin cycle)、朱格拉周期(Juglar cycle)和康德拉季耶夫周期(Kondratief cycle)。其中,基钦周期的长度是40个月(3—4年);朱格拉周期大致为9—10年;康德拉季耶夫周期则是长周

[①] 本文系作者于2020年11月29日在由中国国际商会和中国投资协会联合主办的"大变局"数字经济线上研讨会上所做的主题发言。

期,是50—60年。基钦周期是一种最典型的短周期,是基于消费者的周期,主要由消费品和产品频数所推动。朱格拉周期主要是基于企业固定资产所形成的周期。康德拉季耶夫周期理论则以科学技术改变作为周期基础。至于科学技术改变,包括科学原理、技术原理和科技应用三个层次。

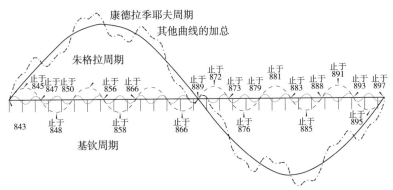

图4.2　短周期、中周期和长周期模型比较

资料来源:https://www.twblogs.net/a/5f1ab787865935acf24892af.

讨论经济周期,不可能越过熊彼特。熊彼特最早提出创新周期理论,首次将创新与发明区分开,认为引起宏观经济波动现象的是新技术商业化之后的过程,而不是科学发现到新技术发明这个过程;创新和科学技术进步之间存在相关性,唯有创新是实现经济复苏与繁荣的根本途径。但是,熊彼特的创新周期一般是以产品创新为先导,之后是新行业和新产业部门的出现。现在的现实是,创新越来越依赖于基础研究的突破,而且需要跨学科的系统性合作,所以创新周期长期化。与熊彼特的创新周期相比,康德拉季耶夫周期更接近经济现实,对建立当代周期整体模型具有较强的指导性作用。

商业周期时代的完结和金融周期的兴起

在传统产业周期走向完结的同时,金融周期开始呈现崛起的态势。在工业革命的黄金时代,金融周期依附于产业周期,并不会对真实经济产生实质性的影响。20世纪30年代的大萧条,是典型的产业危机和商业危机的结合。

尽管如此,自19世纪以后,金融周期开始进入人们的视野。沃尔特·白芝浩(Walter Bagehot,1827—1877)于1873年将金融因素纳入经济周期模型,并指出金融因素对人类经济周期影响的重要性:如果银行的可贷资金余额全部被借光,将会刺激真实经济扩张,从而拉动真实利率,使商品价格攀升,在繁荣阶段过后,已经变得十分脆弱的整体经济结构将会导致经济扩张的结束。后来,欧文·费雪(Irving Fisher,1867—1987)对周期的认识更加清晰深刻,他认为是债务和通缩之间的规律性会对金融周期产生很大影响,并提出了"债务–通缩"理论。"债务–通缩"理论是指经济主体的过度负债和通货紧缩这两个因素会相互作用、相互增强,从而导致衰退,甚至引起严重的萧条。

20世纪50年代后,逐渐出现一种趋势:金融周期从原本服务于或者是被产业周期所左右和主导,开始改变为金融周期逐渐占据主导地位,并将产业周期纳入金融周期之中。进入20世纪60年代,美国经济学家雷蒙德·弗农(Raymond Vernon,1913—1999)提出产品生命周期理论,认为工业时代耐用消费品的使用长度对产业周期有重大影响。当今社会,人们的消费模式发生巨大的变化,汽车、房子等耐用消费品对周期的影响严重衰减,商业周期已经被完全打乱,进入完结阶段。

在这样的背景下,有关金融周期的讨论研究逐渐广泛,信贷周期理论是最典型的观点之一。信贷周期理论首先假设存在信息不对称,以企业与银行的微观行为作为切入点，对经济周期展开研究，认为过度负债和外生冲击是经济周期的根源，银行信贷是经济周期的重要传播机制。信贷周期理论的核心观点可归纳为两点：一是由于信息不对称和金融市场不完美，债务合约存在有限执行问题；二是金融市场上普遍存在逆向选择和道德风险问题，因而借款人的外部融资存在一个与其资产负债表状况相关的上限。伯南克（Ben Shalom Bernanke，1953—）等进一步分析信贷市场摩擦问题如何左右经济运行，指出金融成本和金融融资之间存在一个强有力的相关关系，并据此提出 BGG 模型。BGG 模型假定信贷市场存在摩擦问题，即信贷关系中存在信息、激励等问题。这些摩擦的存在导致产生金融加速器，而金融加速器影响产出动态。信贷市场摩擦使得无抵押的外部融资比内部融资更昂贵。外部融资的溢价影响了资本的全部成本，也影响了企业的实际投资决策。技术突破、新材料的发现等对经济产生冲击，并改善经济基本面。马克·格特勒（Mark L. Gertler，1951—）等在 2010 年提出了 GK 模型。GK 模型将金融中介纳入基准周期模型，对美国金融危机背景下的信贷市场和整体经济活动进行全面考察时发现，金融中介的冲击及银行资本规模变动，会通过信贷市场影响实际经济。

进入 20 世纪 80 年代，金融周期开始逐渐主导产业周期。或者说，传统产业危机逐渐淡化，传统的产业周期和商业周期成为金融危机的内在变量，取而代之的是分布于发达和发展中国家的各种金融危机，包括 1980 年发展中国家债务危机、1990 年墨西哥比绍危机和拉美债务危机、1997 年亚洲金融危机、2008 年世界金融危机、2009 年欧盟债务危机等。

当金融业逐渐独立出来之后，金融周期不仅不再依赖于实业经济，而且对原来传统的工业周期和商业周期的影响越来越大。换句话说，产业周期逐渐隐藏于金融周期之中，并依附于金融周期。2008 年全球金融危机，首先是金融危机，之后才是隐蔽在金融危机之后的产业危机，包括粮食危机。

图 4.3 所表达的是金融周期结构，有资本组合周期、信贷周期、工业周期等，它们之间的交互部分就是产业投资周期。

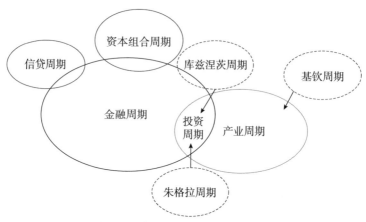

图4.3　金融周期与产业周期结构图

科技周期正在决定新经济周期结构

20 世纪 70 年代，经济学家提出了创新生命周期理论，认为经济周期过程与基本创新的引进、增长、成熟和衰退四阶段相对应；产品创新和工序创新数量在复苏和繁荣阶段高于萧条和衰退阶段；基本创新的增长和成熟时期引发经济的繁荣与衰退，而基本创新的下降和引进阶段导致经济萧条和复苏。卡洛塔·佩雷斯（Carlota Perez, 1939—）在"创新－经济周期"基本观点的基础上，研究了金融资本在经济周期中各阶段的功能，指出金融资本与技术变革具有彼此耦合的关系，技术周期具有明显的规律性。至于弗里德曼，则指出科技周期的最大特点就是新旧技术范式断裂，新产品和新产业增长出现，新范式成为主导力量，金融资本与技术资本再度耦合，促进经济持续性繁荣，生产成为时代的关键词，中产阶级成为大多数。弗里德曼还分析了信息通信时代的关键要素——芯片、计算机业、电信业在美国的产生与扩散过程，分析了从福特主义到网络企业的组织变迁，认为信息革命导致了技术-经济范式的变化。弗里德曼的研究开拓了我们对技术周期的理解和认知。

科技周期与金融周期和传统的产业周期相比，最明显的特征就是周期长，一般在五六十年。科技周期的长周期性打乱了金融周期和金融周期所掩盖的产业周期的节奏，改变了金融周期和产业周期的机制，科技周期不再是仅仅引导原本的产业升级，而是直接形成新的产业。

人类由传统工业社会进入信息社会和数字经济社会后，科学技术开始主导经济发展，或者说经济活动在更大程度上被科学技术所左右，科学技术的基本定律成为周期的核心定律，原本的经济定律一定程度上受制于科学定律。

信息时代和数字经济时代的科技资本主义

当前，中国金融体系对科技发展的支撑不足，既缺乏长期稳定的债权性资金来源，又缺乏成熟的股权融资市场支持企业创新。要进一步提升金融对科技的支撑能力，必须提高对科技与资本关系的认识，促进二者有效结合。

科技信用是一种特殊的信用，源于人们对科学知识的信赖所产生的社会共识。科技资本是科技信用与资本相结合的产物，是基于科技信用对科研进行投资并预期实现增值的资本形态。与传统劳动密集型产业的资本相比，科技资本的最显著特点就是高风险、高投入、长周期和高回报。科技资本具有天然的垄断优势，科技成为吸纳巨额资本的领域。例如，争夺量子科技霸权、参与量子科技竞争，需要超巨额资本。这绝不是民间资本所能进行的。最近，陈元将资本进行了初级资本和高级资本的分类。用于传统劳动密集型产业，或者是传统技术密集型产业的资本，属于低级资本；支持高科技发展的资本属于高级资本。

当大量过剩资本涌入科技领域之后，相当大的比例在短期，甚至中期不会产生"经济效益"，投入产出比甚至失调，巨额资本在科技创新的周期中自然消失，形成资本"黑洞"。这是工业资本主义、金融资本主义和科技资本主义的差别所在。马斯克模式所代表的是科技资本主义的特点——吸纳大量资本，长期处于亏损状态，但是仍旧有新的科技资本涌入。

目前，大量资本进入科技资本领域，进而不断推高科技资产价格。最近大家一直在讨论通货膨胀，央行前行长周小川认为，测量通货膨胀必须讨论资产价格的通货膨胀。其实，除了房地产、传统金融产品、艺术收藏品，科技资产也应该是资产中非常重要的组成部分。因此，人们需要关注所谓的科技产业巨头，因为主导世界经济发展的巨头企业几乎100%是科技企业，如苹果、亚马逊、惠普、微软、脸书、IBM、英伟达、甲骨文、英特尔、思科等。

讨论科技资本，需要深化对原来所有的概念如产业链、供应链、价值链，甚至供给侧改革等概念的理解，进而推理出科技链、科技供应链和科技价值链。科技有自己的规则和特点。高新科技完全颠覆过去的时间尺度，如开发火星、人工智能、生命科学等技术的绝对长周期性。至于马云模式，依然是传统的商业模式。从长程看，马云模式与马斯克模式相比，是没有后劲的。

现在，资本、资本主义以及经济制度都发生了较大变化，特别要注意国家力量与科技产业的关系。因为科技资本的大规模性、长期性和高风险性，导致国家介入程度的强化。2018年，美国和中国的科研资本投入都超过了GDP的2.0%以上，其中美国是4 765亿美金，占美国GDP的2.25%左右；中国是3 706亿美金，相当于中国GDP的2.0%左右。当国家资本进入科技资本领域，国家对科技和科学家的话语权和影响力增大。于是，国家对科技的影响改变了过去市场影响科技的模式。重要结果是，科技周期具有了左右产业周期和传统金融周期的节奏和规律的能力。

图4.4所要表达的是，因为科技演变，经济周期很可能进入康德拉季耶夫周期。IT革命不过三四十年而已，在可以预见的将来，科技周期的空间并没有可能超越康德拉季耶夫周期。

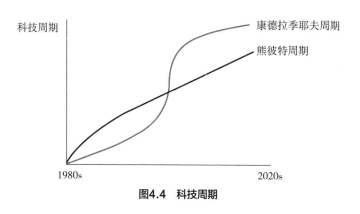

图4.4 科技周期

可以得到三个结论：一是过去几年一次的传统商业周期已经消失，再也没有重复1929—1931年的经济危机；二是技术周期的兴起带动新的商业周期；三是脱胎于传统商业周期的金融周期也依附于科技周期。

人工智能 3.0、互联网 3.0 与区块链 3.0 融合趋势①

> 人工智能是我们作为人类正在研究的最深刻的事情之一。它比火或电更深刻。
>
> ——桑达尔·皮查伊

本文试图从比较宏观的视角，解读数字经济时代机器人产业的历史渊源和演变过程，阐述人工智能产业的特征和现状，进而提出人工智能 3.0、互联网 3.0 与区块链 3.0 的融合趋势，以及对工业 4.0 的影响模式。

数字经济和人工智能关系的演变

以第二次世界大战为奇点，数字经济和人工智能的关系，经历了三个阶段。

第一阶段：同源阶段（从第二次世界大战前后到 20 世纪 50 年代中期）。1937 年，图灵设计的"图灵机"是一种抽象计算模型，或者一个虚拟的机器，替代人们进行数学运算。1950 年，图灵发表《计算机与智能》，

---

① 本文系作者于 2021 年 7 月 15 日在"第七届中国机器人峰会暨智能经济人才峰会"蓝迪国际智库机器人企业专场对接会的发言。

第一次阐述了"机器思维"和"图灵测试"的概念。1946年,冯·诺依曼和他的团队发表《电子计算机逻辑设计初探》,其理论的要点包括数字计算机采用二进制和提出了程序内存,以及计算机应该按照程序顺序执行的思想。世界第一台电子计算机ENIAC采用的是冯·诺依曼体系结构。因为图灵和冯·诺依曼各自的贡献,他们分别被称为"人工智能之父"和"数字计算机之父"。在这个阶段,处于萌芽时期的人工智能和计算机科技存在差异,本质上却是不可分割的——"图灵机"和"冯·诺依曼架构"之间存在逻辑关联性。

第二阶段:分流阶段(20世纪50年代中期至2000年前后)。1956年,人工智能的历史性会议在美国达特茅斯学院(Dartmouth College)举行,史称"达特茅斯会议"。此次会议正式出现"人工智能"这一术语,并提出人工智能的定义:使一部机器的反应方式像一个人在行动时所依据的智能。会议发起者和参加者都是当时顶尖的科学家,且正值青壮年,对通过计算来实现智能抱有憧憬和信心。[①] 麦卡锡(John McCarthy,1927—2011)和明斯基(Marvin Minsky,1927—2016)在此次会议的建议书中提出了7个领域:可编程的"自动计算机"、编程语言、神经网络、计算规模的理论、机器学习、抽象、随机性和创见性,显现了对人工智能的卓识远见。20世纪50年代中期至20世纪70年代,人工智能经历了短期爆发性发展。之后,人工智能进入反思和低迷时期,包括20世纪80年代的"人工智能冬季"。直到20世纪90年代中期,人工智能领域才回暖。

---

① 约翰·麦卡锡(28岁),此次会议的发起人;马文·明斯基(28岁);罗切斯特(37岁);还有一位40岁的香农——作为主要的参加者,除了香农以外,其他人都很年轻,还没什么名气(香农的贡献和图灵可以比肩)。此外还有6位年轻的科学家,其中包括赫伯特·西蒙(40岁)、艾伦·纽维尔(28岁)、所罗门诺夫等。

20世纪50年代中期至2000年前后，相较于人工智能技术，因为计算机、半导体和互联网的持续创新，带动以ICT为导向的数字技术的全方位突破，并在相当长时间内处于绝对领先状态。至20世纪80年代，已经开始形成"数字技术"体系支持的"数字经济"。

第三阶段：合流阶段（2000年前后至2020年）。一方面，人工智能的历史性突破：1997年，IBM深蓝超级计算机击败国际象棋世界冠军，举世震惊。AI研究再度活跃。进入21世纪，依托于大数据和互联网，人工智能深度学习受到前所未有的关注，人工智能研究进入全新的阶段。2000年，本田发布人工智能的人形机器人ASIMO；2004年，NASA火星机器人"精神号"和"机遇号"在没有人为干预的情况下在火星的表面导航；2005年，斯坦福大学发布"自动驾驶汽车"；2008年，IBM提出"智慧地球"概念；2012年，辛顿（Geoffrey Hinton，1947—）团队开创了"深度学习"革命；2016年，谷歌的DeepMind公司所开发的AlphaGo战胜世界围棋冠军。另一方面，数字经济需求的形成：数字经济规模膨胀、数字经济结构转型、数字经济全球化，以及数字经济智能化。

进入21世纪10年代，数字技术和人工智能技术明显合流，且呈现加速态势。其深刻原因有四个：（1）AI基础科学研究发生一系列重大突破；（2）AI投资规模不断扩大，调整增长速度加快；（3）人工智能产业集群形成，改变经济基础结构；（4）人工智能开始融入人们的日常生活。

值得注意的是，自2020年前后，世界主要国家，特别是中国、美国、日本、韩国和欧盟都把人工智能作为国家主要发展战略，并投入日益增加的公共资源。[①] 2017 年 7 月，中国提出《新一代人工智能发展规划》。

数字经济和人工智能的互动时代到来

数字技术和人工智能技术呈现合流的同时，彼此之间互动程度得以加深。

这是因为数字经济具有"五个超级"特征，唯有人工智能可以提供解决方案：（1）超级科技含量特征。人工智能机器人、语言识别、图像识别、自然语言处理系统是重要的选项。（2）超级大数据和算力需求，数据的生产要素化，大数据规模大爆炸。以人工智能芯片为基础的计算机集群，高速和精准计算都是重要的选择。（3）超级复杂系统和决策困境。人工智能的机器博弈系统是可以植入的最佳技术。（4）超级不确定性、信息不完整和不对称引发风险。人工智能不确定推理和算法是最重要的选择。（5）超级学习需求，创新导致知识和学习常态化。人工智能的深度学习和联邦学习成为最适当的工具。

可以得出一个结论：在 21 世纪之前，人工智能和数字经济之间存在相当大的差异。进入 21 世纪以后，人工智能以深度学习、跨界融合、人机协同、群智开放和自主智能为新的目标，人工智能技术可以为数字经济提供全方位支持。人工智能的数据、算法和算力三个支点与数字经济开始全面重合。其中，计算机、芯片等载体为人工智能和数字经济提供数据处理能力。进一步说，数字经济必然纳入智能经济，没有智能经济

[①] 日本 2019 年发布《人工智能战略 2019》；韩国 2019 年发布《国家人工智能战略》；新加坡 2019 年发布《研究、创新与创业 2020 规划》；美国 2020 年发布《美国人工智能倡议年度报告》；欧盟 2020 年发布《人工智能白皮书——通往卓越和信任的欧洲路径》。

的数字经济和没有数字经济提供场景的智能经济都不是未来。图 4.5 是数字经济和人工智能相互影响的重要历史拐点。

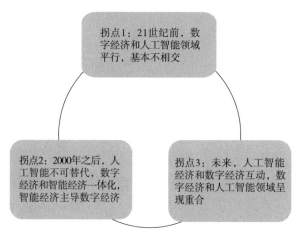

图4.5　数字经济和人工智能相互影响的重要历史拐点

人工智能产业化特征

人工智能产业的形成发展,与传统的第一次和第二次产业不同,存在四个主要特征:(1)人工智能产业需要基础科学的进展与突破。例如,人工智能的重要前提是实现与"脑科学"结合,而"脑科学"研究还处于摸索阶段。(2)人工智能产业需要科技突破为先导。人工智能的本质是用于模拟、延伸和扩展人的智能的技术科学,始终需要依赖于前沿科技的创新。也就是说,先有人工智能科学技术,后有人工智能产业化。例如,工业机器人的开发和应用,需要电动机、变速器、控制器等的突破。(3)人工智能产业需要跨行业、跨部门、跨企业的深度协作。(4)人工智能产业需要开拓应用场景,扩张和延伸产业链,构造智能产业结构。在过去 20 年,人工智能以算力、算法和数据为核心技术,推动日益增多的行业数字化和智能化。在现阶段,自动驾驶、生物芯片、多元智能传感器、知识图谱、边缘计算、增强智能,正在成为人工智能产业最引人注目的领域,为实现智能经济和数字经济一体化提供坚实的技术基础。因为人工智能产业化的上述特征,人工智能产业在创造 GDP 的同时,始终需要吸纳巨大的和持续的资本和人力资源。资本和人力资源贯穿从基础研究、研发到应用全过程。

根据《中国互联网发展报告(2021)》等文献,2020 年,中国人工智能产业规模为 3 031 亿元,同比增长 15%,略高于全球增速。如果以 2020 年中国数字经济规模 39.2 万亿元计算,人工智能产业规模占整个数字经济规模的比重约是 7.73%。2020 年人工智能技术的行业成熟度见图 4.6。

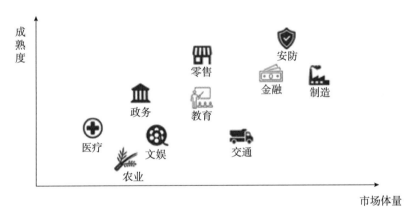

图4.6　2020人工智能技术各细分应用领域发展成熟度

2020 年中国的人工智能领域投融资金额达到 1 748 亿元,相比 2019 年同比增长 73.8%。显然,越来越多的资本会流入人工智能领域。在世界范围内,中国在人工智能领域的投资高于包括美国在内的发达国家。

实现人工智能 3.0、互联网 3.0 和区块链 3.0 的结合

现在,人工智能、区块链和互联网都处于从 2.0 到 3.0 时代的转折

点。(1)人工智能 3.0。突破神经拟态计算,自然语言处理(NLP)技术障碍,可以同时处理确定性和不确定性问题;依靠大数据驱动和少量数据也可实现更高效能的持续学习;高可靠性和符合人类设定的伦理道德标准。(2)区块链 3.0。基于通用类基础公链、功能类基础公链、行业类基础公链、联盟链开源软件及基础,实现对互联网信息价值和字节产权的确认。(3)互联网 3.0。实现"数据网络",全语义网,人工智能化。

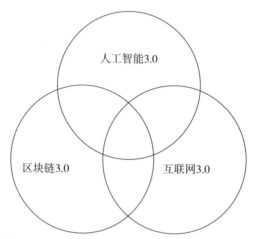

图4.7 人工智能3.0、互联网3.0和区块链3.0的结合

人工智能 3.0、互联网 3.0 和区块链 3.0 的结合,不仅有助于实现以智能合约为核心的工业互联网和物联网,建设智能经济生态,而且有助于超越经济领域,涵盖社会生活的各个方面,加速智能社会的到来,最终实现代码即法律。

人工智能领域的主要挑战和未来

人工智能正在进入这样的历史阶段:未来 5 年,全球人工智能市场规模平均增速将超过 30%。一方面,人工智能不可阻挡地蓬勃发展;另一方面，人工智能面临挑战，至少有以下五个方面：（1）基础科学方面的挑战。虽然人工智能的某些细分领域有很大的进展，但是距离实现通用人工智能和所谓的"强人工智能"，基础科学还有漫长的道路。人工智能领域的符号主义、联结主义和行为主义三大派别都需要基础科学的支持。（2）硬技术方面的挑战。AI芯片三四个月就要升级，超过了摩尔定律。此外，网络计算系框架，突破计算、存储、通信分离结构，增强边缘算力，都需要人工智能的参与。（3）量子技术方面的挑战。现在已经到了需要评估量子技术对人工智能的影响方式和后果，以及思考量子人工智能（QAI）框架的时候了。（4）人文科学和伦理方面的挑战。（5）人才短缺方面的挑战。AI与大数据领域需要具有综合性素质的人才：硬核技能，如人工智能、算法、互联网方面的知识和技能，还要有基本知识储备与数据分析、逻辑分析能力。AI与大数据人才缺口严重。

人工智能前途何在？在承认人工智能有了不错的发展和成就的前提下，存在对立的阵营。阵营的一边是保守派，甚至是悲观派。代表人物有侯世达（Douglas R. Hofstadte，1945—）、霍金、马斯克、比尔·盖茨。1979年，侯世达出版《哥德尔、艾舍尔、巴赫》（*Gödel, Escher, Bach: An Eternal Golden Braid*）一书。①该书被支持者称为人工智能"圣经"，作者在书中对人工智能进行深刻诠释的同时，也显示了作者的保守立场。几十年之后，侯世达对人工智能的立场演变为极端的忧虑和悲观。2019年，侯世达的学生米歇尔（Melanic Mitchell，1969—）出版了《AI 3.0》一书，提出了关于人工智能的6个关键问题，核心问题是：人工智能中还有哪些激动人心的问题尚未解决？答案是：几乎所有问题。在某种意义上，继承和延续了侯世达的理念。

---

① 书名中的哥德尔（Gödel）是数学家、数理逻辑专家；埃舍尔（Escher）是当代画家；巴赫（Bach）是古典音乐大师。

阵营的另一边则是乐观派，甚至激进主义派。未来科学家库兹韦尔、数学家古德（Irving J. Good, 1916—2009）、科幻小说家文奇（Vernor Vinge, 1944— ）都是这个阵营的代表。库兹韦尔提出，人类科学技术正在逼近"奇点"，其中最值得关注的事件是人工智能超越人类智能。

可以肯定的是，关于如何认知人工智能未来的分歧还会继续下去。但是，这样的分歧并不影响人工智能技术创新和人工智能产业的升级与扩展。

人工智能产业正处于非均衡发展状态 [①]

第一，人工智能产业应用不平衡。中国人工智能产业发展迅速，但是人工智能产业的整体发展面临严重非均衡。如果以传统的三个产业的结构分析，第二产业，特别是制造业与人工智能技术结合相对紧密。工业机器人开发的历史相对悠久。中国在智能制造产业方面存在非常明显的优势，有可能全球领先。近年来，人工智能与第三产业，即服务业的结合发展很快。也就是说，服务业与人工智能技术融合发展的空间和潜力很大。但是，第一产业与人工智能技术的结合，还是比较落后的。

第二，人工智能产业的区域分布不平衡。在全球范围内，北美、欧盟、日本，还有韩国，属于人工智能技术发达地区。中国是人工智能技术和产业化全面崛起的国家。至于世界其他地区，人工智能技术相对落后。在我国国内，人工智能技术发展和应用也是不均衡的，主要集中在京津冀、江浙沪、粤港澳，这三大区域属于人工智能技术的发达地区。其中，在长江三角洲区域，浙江的宁波是人工智能产业发展的中心地带，

[①] 本节系作者于2021年5月15日在"蓝迪国际智库机器人企业专场对接会"总结阶段的补充发言。

余姚是智能产业高地。余姚开启人工智能产业整整10年,十年磨一剑,如今的余姚,古有河姆渡和王阳明,今有智能产业。遗憾的是,东北和西北地区是人工智能技术和产业的洼地。河北就在北京周边,人工智能产业还是比较落后的。如果现在绘制一张人工智能产业分布的信息地图就能发现,人均GDP发达地区很可能就是智能产业人均GDP最高的地区。

第三,人工智能产业人才的不平衡。人工智能技术开发和产业成长,需要各类人才,人才的产业和区域分布,直接影响相关产业和区域的发展。人才需要引进和培养兼顾。在这方面,余姚的成功经验值得借鉴。

涿州地区组织了一个团队参加会议——蓝迪国际智库机器人企业专场对接会议。涿州的人工智能技术和产业的基础是薄弱的。涿州在人工智能领域奋起急追,核心是选择应用领域,并引进人才。服务业机器人的发展,值得涿州考虑。先从人工智能服务业做起,积累经验,之后可以考虑人工智能的制造业。

改变中国人工智能技术发展的非均衡状态,是一个长期任务。在"十四五"期间,人工智能经济要在提高全国整体水平方面下功夫,形成梯度发展格局。

元宇宙：创意、思想、意识协作的下一代网络[①]

> 在最近的200年，科学发展的速度一直在加快，我们现在达到了速度的极点。
>
> ——查理德·费曼

我已经为数本有关元宇宙的专著撰写了序言。现在为叶毓睿、李安民、何超等所著的这本《元宇宙十大技术》作序，对我来说还是颇有挑战性。因为，这本书确实推高了人们对于元宇宙的认知层次。

元宇宙不是海市蜃楼式的虚像，而是基于技术体系支持的"虚拟现实世界"。那么，解读元宇宙的技术体系，几乎是认知元宇宙的前提。《元宇宙十大技术》一书提出了元宇宙"技术栈"的概念，将元宇宙技术体系归纳为五大地基性技术和五大支柱性技术。其中，"元宇宙五大地基性技术"包括：计算技术、存储技术、网络技术、系统安全技术和AI技术；"元宇宙五大支柱性技术"包括：交互与展示的技术、数字孪生与数字原生的技术、创建身份系统与经济系统的技术、内容创作的技术和治理技术。书中进而为读者提供了"元宇宙五大地基性技术"作为底层，"元宇宙五大支柱性技术"作为第二层次的"元宇宙十大技术"架构图

---

① 本文系作者为《元宇宙十大技术》一书撰写的序言。

第四章　元宇宙促进产业转型升级

解。不仅如此，全书对上述十大技术做了具有原创性且有深度并兼有宏观和历史视角的诠释。特别值得肯定的是对如下几个技术的探讨。

第一，数字孪生技术。没有数字孪生，元宇宙无从谈起。书中首先探讨了数字孪生的五点共性：数字孪生是一种虚拟空间中数字模型、数字孪生模型对应的是物理空间实体、数字孪生模型的生成方式是利用传感器采集的实时的以及历史的数据并通过数字化的方法抽象出来、数字孪生在时间轴上是覆盖对应实体的全生命周期的、数字孪生在功能上是映射与模拟和仿真。进而，提炼出如下的元宇宙定义："数字孪生是针对物理世界中的实体，通过采集其实时数据并综合其历史数据，利用数字化的方法抽象出来的能够对该实体进行全生命周期映射、模拟和仿真的虚拟世界中的数字模型"。之后，通过时间、度、空间、数据、连接和应用诸多维度，展现了"数字孪生的理想形态"。在这样的基础上，提出了由数据、建模计算、功能和体验四个层次的"数字孪生分层技术架构"。

第二，数字原生技术。书中这样描述数字原生的内涵："数字原生是从虚拟的数字世界中产生并在数字世界中被使用、被拥有、被展现，从而产生其价值。即数字原生是生产人类物理世界存在之外的数字虚拟世界中的新场景、新物体、新'人类'（虚拟数字人）"。数字原生对元宇宙的价值意义是重大的："数字原生物和场将会是元宇宙中虚拟环境的主要构成，虚拟数字人会是元宇宙中的公民，与现实世界中人的化身共同组成元宇宙中的人类社会与文明。数字原生知识则可能给元宇宙乃至人类社会带来更深远的影响。"

第三，计算技术。因为元宇宙是基于数以亿计的个体设备组成的超大规模系统，对计算则形成了更多更大的挑战："计算任务，跨越架构和平台"，"计算位置，跨越云边端"，"计算的交互，跨越虚拟和现实"。进一步分析，元宇宙计算呈现的一系列新的特征：一是软件实体和硬件平台分离，即软件工作任务，跟支撑它的硬件平台"解耦"；二是元宇宙计算的架构越来越多，设备形态也越来越丰富——系统层次结构导致"集中和分布"并存；三是元宇宙计算的微观基础是"超异构计算"，即集合CPU、GPU以及DSA各自的优势，从同构的CPU、异构的CPU+GPU，转换成CPU + GPU + 各类DSA的超异构计算。为此，元宇宙需要计算技术的工艺创新和架构创新。

第四，存储技术。书中指出了数字资产如NFT或数字藏品存在的风险：链上索引所对应的原始数据实际多存放在中心化设备上，如加密朋克头像存放在Lava Labs的中心化服务器上，原始数据损毁将导致NFT失去意义。面对这一挑战，就需要区块链存储——一种去中心化的存储。此外，书介绍了区块链存储的定义、来龙去脉和分离，并积极探索了可能的发展路径。有趣的是，围绕着所有权、运营权和所有权的三权分置，探索了资源利用率的变革。

第五，网络技术。书中提出了"元宇宙网络"的概念，即实现现实与虚拟的一种超链接，形成数字孪生环境和"人机物"的三元融合：一个物理人可以持续沉浸到数字人的世界，物理场景可以实时同步到元宇宙中。支持超连接的网络，需要覆盖更大的范围和具备时空连续性。为此，"除了传统的基于TCP/IP（Transmission Control Protocol/Internet Protocol，传输控制协议/网际协议）协议的互联网之外，更多类型的异构网络需要被充分融合，实现万物互联、人机共生"。在技术层面上：元宇宙的内容体验需要网络高带宽；元宇宙的实时交互需要网络低时延；元宇宙的"人机物"互联，需要异构网络融合。总之，元宇宙时代的网络，必须要能够提供稳定的、持久的实时连接，满足具有高带宽、低时延、高稳定性、去中心化等特点的数据传输要求。现在可以清楚地预见，5G/6G和WiFi 6/7将有助于现实和虚拟无缝地超链接，软件定义广域网

（software defined wide area network，SD-WAN）也将有助于元宇宙的按需扩展和融合。作者通过 Helium、SETI@home 和 Pak 的 Merge 项目来说明元宇宙未来将是"创意、思想、意识协作的下一代网络"，是"多维共创互信网"。总之，元宇宙网络是基于 IT 前沿技术，以超链接、广覆盖、强边缘、高智能为特征的网络体系。

第六，AI 技术。元宇宙中的内容无论是凭空创造还是从现实中复制而来，AI 将为元宇宙赋予创新的内容和智能的"大脑"。没有 AI 与元宇宙的结合，元宇宙的成长完全不可能。例如，GAN（generative adversarial network，生成式对抗网络）属于一种深度学习模型，它能够自动化生成内容或进行内容增强，使得 AIGC（AI generated content，AI 生成内容）成为元宇宙时代的重要内容来源。AI 对于元宇宙的重要性，还体现在虚实交融：AI 弥补数字人和物理人之间的鸿沟。因为只有通过强化学习，虚拟人才会更像物理人；通过联邦学习：物理人变成了数字人，也能保留隐私。总之，"元宇宙对现实的影响可以从智能的层次提升到智慧的层次。元宇宙从物理人的行为中学习智能，反之物理人也能从元宇宙中汲取智慧。得到这样的结论是源自人们对元宇宙提供的这个巨大的人与环境的模拟系统的观察"。进而可以设想，未来元宇宙对能源、算力、存储、带宽资源的分配也将 AI 化。书中关于元宇宙和人工智能的思考，符合"广义人工智能"的方向，即将以往基于逻辑的符号 AI 和现有的基于数据的神经 AI 结合的双向 AI，因为广义 AI 可以满足知识迁移和互动、鲁棒性、抽象和推理的能力、高效性等人工智能的需求。[①]

如果说，仅仅肯定这本书提出了关于元宇宙技术体系的整体图像，

---

① 近期，长短期记忆网络（long short-term memory，简称 LSTM）提出者和奠基者，奥地利人工智能高级研究所（IARAI）创始人 Sepp Hochreiter 教授在《ACM 通讯》发表论文，系统阐述了广义人工智能的原理。

解析了其中的每项技术的结构、价值和技术发展方向，属于一本关于元宇宙技术性书籍，是对这本书价值的低估。这本书也是在探讨元宇宙技术背后的哲学意义，很有可圈可点之处。这本书在第一篇开宗明义地写道："元宇宙：意识和生命的互联网"，并且以地球和人类的角度，将宇宙演化分为五个阶段：零宇宙（奇点）是宇宙0.0、物理宇宙是宇宙1.0、生命宇宙是宇宙2.0、有人宇宙是宇宙3.0、元宇宙是宇宙4.0。是否同意作者这样划分宇宙的演变阶段是一回事，将元宇宙纳入人类对宇宙认知的体系之中的提法，是很有启发性的。特别的是，作者将笛卡尔的"我思故我在"的命题，以及凯文·凯利在《必然》一书中提到的"知化"（cognifying）概念，引入到对于元宇宙的思考中，触及了元宇宙的核心问题：元宇宙是否将是一个基于人工智能，超越现实人类的，以原生虚拟人为主体的全新的"通用智能体"？

在书的最后部分，作者们回归到人类意识发展与人工智能的未来："人脑与超脑，都需要形成对'自我'的观念。"机器在处理一些复杂任务时不得不拥有自我意识，因为人工智能技术使得人工意识（artificial consciousness）成为现实，即机器的自我意识现在不是可能不可能的问题——机器人时代大幕已然揭开。元宇宙的重要功能则是提供这样一种人与机器的交互界面，创造人工智能突破性进展，加速后人类时代到来的契机。在这样的意义上，就不难理解：元宇宙中的一切皆计算机（XaaC）和一切皆服务（XaaS）联系在一起。因为，元宇宙就是通过计算实现"意识的星辰大海"。

总之，这本书不仅具有可观的知识含量，涉及技术涵盖面宽广，基本囊括了现阶段元宇宙涉及的所有技术演进脉络并作了深入浅出的阐述，作者同时描绘了相关技术在元宇宙中的应用前景，对大众读者起到了很好的科普作用。特别需要肯定的是，该书预测了在未来元宇宙建构中，异构芯片架构、指令架构、操作系统、虚拟化、数据中心、存储、网络、带宽等领域的发展方向，以及软件定义硬件，开源加速标准和接口统一的方向。作者关于元宇宙的这些深度思想，为有技术背景的读者思考元宇宙技术发展提供了方向，留下了新的问题和思考空间。

当然，这本书存在一些思想和技术性问题，例如，作者提出的"三个世界的新划分"——"量子世界""经典世界""意识世界"，以及前面提及的宇宙演变的五个阶段的说法——新颖，但是作为科学探讨，则缺少深入论证。

特别请读者注意书的最后一个自然段："随着人类的主观能力越来越强大、自由意志得到越来越充分地释放，人类对世界的认识一方面不断地向真实的物理世界靠拢，另一方面也在不断地寻求超越、逐渐发展而比物理世界更为强大。因此，我们有理由认为：随着认知的日益发展，人机的未来需要人类的设计和自由意志的指导，人类也才有可能成己而圣，为元宇宙立心，为万世开太平"。这是迄今为止，关于元宇宙价值的最有冲击性的文字。但我还是坚持人类需要谦卑主张，看到自己的极限，包括人工智能和元宇宙网络，以及元宇宙的极限。最后，我以美国计算机科学家，首届图灵奖获得者艾伦·佩利（Alan Perlis，1922—1990）的一段话作为结语："花一年时间在人工智能上就足以使人相信上帝。"

构建工业元宇宙·推动产业升级[①]

每一次工业革命都会带来一场学习革命。

——亚历山大·德克罗

如果评选 2021 年的关键词，"元宇宙"一定排列在最前面。在短短的 10 个月中，元宇宙的概念在国内外得到前所未有的普及，吸引了众多学者、科学家、工程师、企业家和投资家的关注和参与。所以，人们把 2021 年称为"元宇宙元年"。

那么，什么是元宇宙？简单地讲，元宇宙是通过虚拟现实技术映射，所构建的平行于现实物理世界的观念世界，或者虚拟世界。现在看，元宇宙形成了三条发展路线。第一条路线：继续向虚拟世界发展，与电子游戏、观念艺术、数字金融结合，其中最重要的一个产品就是 NFT。第二条路线：元宇宙和现实世界结合，或者元宇宙与区域发展结合起来，建构元宇宙空间，最有代表性的就是首尔模式，用未来 5 年时间构造一个与现实首尔平行的元宇宙首尔。第三条路线是与实业和产业结合，形成元宇宙+产业模式。工业元宇宙就是一个最有潜力的发展方向。

如何定义工业元宇宙？工业元宇宙可以定义为将信息技术、数字技

[①] 本文系作者基于 2021 年 12 月 5 日在佛山召开的"2021 湾区经济论坛"演讲和会后人民网记者专访，以及 2022 年 2 月上旬与郭台铭探讨工业元宇宙合作研讨会议的书面资料整理。陆斌泉参与了本文最初文本的写作。

术和人工智能技术高度、精确地融合的一种工业体系。

为什么需要工业元宇宙

工业文明是最富活力和创造的文明，其遵循着劳动方式最优化、劳动分工精细化、劳动节奏同步化、劳动组织集中化、生产规模化和经济集权化六大基本原则。

但是，至少在过去二三十年中，传统工业经济已经积累了一系列危机：（1）工业产业的环节涵盖品牌设计、生产制造、供应链、物流、资金等环节。传统工业由品牌和设计占据微笑曲线两端，生产制造长期处于利润低下状态。（2）传统工业品流程从设计到生产制造，再到品牌营销，设计者、生产者、消费者是割裂的关系。（3）工业的中心化组织体系，无法适应数字化转型的需求，难以为继。（4）工人个体因信息文明的冲击，很难稳定从事高强度的精细化工作，越来越多的工作让渡给机器。招工难，底层员工不稳定，即是这种矛盾的外在表现。

在传统工业发生危机的同时，信息产业开始崛起。不仅信息文明明显胜于工业文明，开始改造工业文明，而且信息产业的进化和发展快于工业。究其原因：（1）工业文明的最终基础是原子，而信息文明最终对象为电子。与原子相比，电子的质量更小，需要的能量更少，影响人类观念的成本更低，协同成本也相对降低。（2）信息行业的运行模式主要是通过"个体协作"构建软件基础设施，而工业因精细化和规模化的特性，中心化组织仍旧占据舞台中央。

在这样的背景下，工业经济转型的核心是解决工业与人的关系。未来的工业与人的关系应是：全民参与的有共识愿景加持＋开源的信任保证＋可靠的自动化精密制造。一方面，工业要守住中心化在精密制造和规模效应的优势;另一方面,需要积极拥抱去中心化的品牌塑造和设计协同。两种近乎对立的思维逻辑,对工业领导者是极大的考验。未来工业将是中心化与去中心化协作的前沿阵地,谁能处理好两者的关系,谁就能打破微笑曲线的魔咒。

于是,元宇宙应运而生。工业元宇宙代表工业经济未来的重要选择,元宇宙将赋予工业前所未有的表现形式。工业元宇宙通过数字孪生、VR等技术将设备、构件数字化,通过区块链、DAO等技术连接设计师、生产者、供应链和消费者,组成社群,构建共建共生关系。

工业4.0、工业互联网和工业元宇宙

2010年开始,以制造业为核心的工业加速数字化转型,出现了两个新概念:工业4.0和工业互联网(IoT)。其中,工业4.0时代强调的是整个工业生产,特别是传统加工工业的智能化;至于工业互联网强调的是实现工业的横向和纵向关系网络化。

第一,工业4.0概念。2010年,德国政府战略汇集了政府各部门的研究成果,发布《德国2020高技术战略》报告。这个报告首先提出工业4.0的思想。2013年,汉诺威工业博览会正式推出工业4.0概念。工业4.0概念很快被全球工业界所关注。按照共识,蒸汽机时代是工业1.0,电气化时代是工业2.0,信息化时代是工业3.0,信息化技术促进产业变革的时代,即智能化时代是工业4.0。具体来说,工业4.0是指以物联信息系统为基础,在生产制造和市场销售信息领域,实现数据化和智能化的工业活动。或者说,工业4.0在物理生产的过程中,实现智能化、数字化技术、智能传感器、大数据、机器语言、分析技术和人工智能结合,实现制造企业更优质的发展。

第二，工业互联网概念。美国通用电气提出，产业设备应该和IT技术相融合。2013年，通用电气公司正式提出了工业物联网革命的概念。这也是工业物联网第一次被正式提出来。工业互联网概念同样被世界主要国家所接受和实践。工业互联网不是简单的互联网和工业的相加，而是工业经济与信息通信技术深度融合的一种新型基础设施，通过对人、机、物的系统连接，形成覆盖产业链、价值链和服务体系的工业新模式和工业新生态系统。工业互联网初步形成了平台化设计、智能化制造、网络化协同、个性化定制、服务化延伸、数字化管理六大类典型应用模式。

第三，工业4.0和工业互联网具有互补性。两者的结合展现了未来全新的工业模式蓝图，工业将同时具备数字化、智能化和网络化的特征，并推动一批新模式、新业态的孕育和兴起。

第四，中国的工业4.0和工业互联网。2015年5月，国务院正式印发《中国制造2025》。2021年3月，《中华人民共和国国民经济和社会发展第十四个五年规划和2035年远景目标纲要》的核心思想是，积极稳妥发展工业互联网，并将工业互联网作为数字经济重点产业，提出打造自主可控的标识解析体系、标准体系、安全管理体系，加强工业软件研发应用，培育形成具有国际影响力的工业互联网平台，推进"工业互联网+智能制造"产业生态建设。

第五，工业4.0和工业互联网的历史局限性。工业4.0提出已11年，工业互联网提出已10年，虽然有一定的推进，但都没有达到预期的效果，并逐渐产生了一种需求：如何将智能制造和工业互联网以整体的和形象的方式展现，实现工业制造全过程的数字模拟和仿真，即数字孪生。在这样的背景下，2021年元宇宙概念和应用成为热点。工业元宇宙成为一个新的思路和选项。

工业元宇宙的基本特征

工业元宇宙具备元宇宙的一般共性：本质上是一个工业信息系统，开放复杂的大型软件系统，其为底层的计算平台提供算力支撑，通过网络式计算、网络式存储，以及算力、带宽、存储等资源的均衡调度，实现社会级协作，在工业框架中重新构建新的人与物、人与人的关系。

工业元宇宙的结构，可以归纳为4个基本层次：物理层、数据层、算法层和治理层，这些层次中还包含着激励机制。如同工业互联网不是工业+互联网，工业元宇宙也不是工业+元宇宙。

工业元宇宙的基本元素：（1）在技术方面，主要是区块链技术、算力技术、数字孪生技术和虚拟现实技术；（2）在金融工具方面，主要是NFT；（3）在经济组织和管理方面，主要是DAO的模式。

从宏观角度看，元宇宙技术与数字技术、人工智能技术和互联网技术存在着重叠关系（见图4.8）。

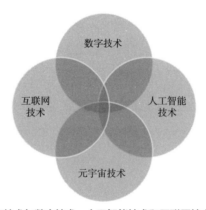

图4.8　元宇宙技术与数字技术、人工智能技术和互联网技术存在重叠关系

深入解析，元宇宙技术包括区块链技术、虚拟引擎技术（游戏与图形）、数字孪生技术、人工智能技术、扩展现实技术、新型超级算力平台、5G以及未来的网络传输技术等七大类。在上述这七大技术中，超级算力平台处于最底层的位置，为上层提供所需的一切基础算力和可扩展性支持。推动云计算、分布式存储、分布式能源等数字化方面的发展，以及工业互联网和互联网3.0的结合，形成工业元宇宙框架下的云、边、区、端全融合计算体系。

工业元宇宙高度智能化。与传统工业不同，工业元宇宙在工业数字化、智能化和互联网化的基础上，需要把智能化、数字化和信息化结合在一起，构成未来工业发展的新基础结构，以支撑未来工业的发展，也就是说，智能化已经成为未来不可避免的趋势。使用机器人，或者使用协调功能的机器人，都会加快智能化速度的发展。只有达到这样的程度，才能实现数字孪生。

工业元宇宙的内容包括元宇宙需要构建、有大量的数据资源需要开发、进入元宇宙的企业需要经营、元宇宙本身产生消费等。因此，工业元宇宙会产生GDP、产生就业，也可以增加地方政府的税收。

元宇宙的根本目标包括：（1）打破传统工业的物理边界、组织边界、协作边界，在虚拟现实世界构建工业的模型；（2）通过元宇宙将设计、生产行为等确权，通过博弈发现价值；（3）改造工业，形成创新机制；（4）探索智能制造的全新协作和管理方式。简言之，工业元宇宙将对基于工业4.0和工业互联网的工业，进行再次改造和升级，重新构建世界工业的分工体系，引导新的工业、行业、产品诞生。提高生产力，降低成本，实现制造业生产力的可持续性增长。

工业元宇宙的优势

工业元宇宙将引领数字经济时代。在工业元宇宙模式下，最大的变革就是要结束传统的工业形态，避免工业垄断，改革以工厂、以地理边界所控制的传统管理模式，形成组合性优势。

第一，价值优势。工业元宇宙最重要的价值在于，对现代工业的复杂系统，做彻底的、全方位的、系统的数字孪生，使整个工业处于完全的数字化、智能化和信息化的直观状态。最大化资产数字化和有效性。

第二，展现"信息物理系统"的工业场景。通过设备数字孪生及流程全面数字化，提供生产系统的全数字孪生镜像，实现生产托管，对物流、物资配送等，提供供应链的全链条管理；对能源、电力等，提供镜像分析与模拟试错场景；解决迭代试错成本高昂、升级困难的问题。实现可持续的降本增效。

第三，构建数字化基础。工业元宇宙，可以同步参与场景和社区，发起有影响力的开源共创项目。

第四，规范分析功能，优化运营。协调涉及多个工程和制造系统的复杂生产环境，在信息高速交换的支撑下，使物质交换更便捷，提高物质生产效益。

第五，使用即插即用、按需供给的开放式软件，建立与用户互动的体制。当出现新需求时，快速创造出新的业务功能，快速上线，并根据用户反馈持续迭代；当用户需求消失时，业务功能转为备用状态，释放计算资源。

第六，推动全方位的产品开发和创新。将行业和产品推向价值共享，将设计推向个体协作。使用工程生命周期管理工具加快数字化转型，颠覆微笑曲线。

第七，建立更快、更强、更精密的价值观。肩负人类探索未知的最大期望，实现对人类信息交互范式的颠覆，对与大众意识相关的领域，例如文化产业、健康产业、体育产业等产生全新的影响。

工业元宇宙的经济实体、路线图和商业目标

工业元宇宙所代表的改革和变革虽然刚刚开始,但是这个趋势已经不可改变。

工业元宇宙经济实体处于酝酿和呼之欲出的阶段,基本原因有:(1)工业元宇宙的需求巨大;(2)国际竞争压力;(3)政府支持和引导。经济实体需要实现以下目标:(1)元宇宙生产制造平台各环节模型设计;(2)工业元宇宙可行性分析、软硬件开发和结构设计;(3)元宇宙手板制作,以及供应商匹配、模具设计、小批量生产成本预估、检测认证模型预估、生产供货模型、项目管理、大数据分析、营销运营;(4)建立元宇宙成本评估、工艺优化模型,发起有话题效应的协作项目;(5)发起工业元宇宙的引流事件(如众创开源卫星、开源月球车、开源火星车、开源火箭);(6)推出有影响力的众创形式的工业品;(7)组建工业元宇宙DAO社群,建立工业元宇宙标识系统,建立工业元宇宙品牌。

工业元宇宙经济实体的商业模式,核心内容包括:(1)构建超级算力平台,为区块链技术提供节点算力安全,为引擎技术提供强大渲染,为数字孪生技术提供数据处理,为人工智能技术提供大规模训练,为扩展现实技术提供物理计算,等等。英伟达的Omniverse是比较成熟的参照系统。(2)按专业构建不同空间。建立Youtube、Twitter、新浪微博、B站账号,宣传理念,组建符合DAO的交互平台、协作平台。对接设计师群体和需求方。(3)建立身份体系,建立区块链的工作量证明机制,记录每一个人的贡献。(4)推动社群价值带动媒体价值、投资价值。(5)打造有影响力的工业元宇宙项目。(6)与数字货币和数字金融结合,通过与NFT结合,形成品牌价值体系。

工业元宇宙的竞争态势,主要反映在两个方面:(1)区域。将集中

在中国、美国、德国和日本。其中，美国、中国和德国具备工业制造的强大基础，有巨大市场，有配套的教育体系，有充足的工程师和数字技术人才储备。在中国，工业元宇宙潜力最大的区域集中在珠三角和长三角。（2）企业。包括互联网企业，例如脸书、微软，还有工业企业，例如百事可乐、耐克、阿迪达斯，以及越来越多的奢侈品品牌。在中国，进入工业元宇宙的公司大部分是传统互联网公司，如腾讯、字节跳动、阿里巴巴、百度等。

工业元宇宙尚处于探索阶段，需要资本投入。实现工业元宇宙的财务目标为：从盈亏平衡到赢利，产生GDP，增加就业。关于工业元宇宙的空间、内容和组织空间如图4.9。

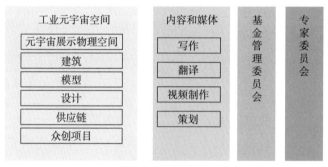

图4.9 工业DAO

附录　元宇宙有利于区域发展

人民网：刚才您以"工业元宇宙"为主题做了精彩的演讲。现在大众对于"元宇宙"这个词，还是觉得比较新颖，最近 Facebook 把名字改为 Meta 之后，又掀起了一波舆论高潮。根据您对元宇宙发展现状和未来趋势的判断，目前，中国处于一个什么样的水平？如果我们在佛山搞一个元宇宙中心，您觉得可行吗？

朱嘉明：在中国，能理解和跟上元宇宙步伐的还是那些有代表性的互联网公司，几乎所有的互联网公司和游戏公司不仅关注，而且开始参与其中。腾讯就是代表。中国在元宇宙这个新的领域，不乏想象力，技术上也没有太大的差距。元宇宙对年轻人很有冲击力，参与的人很多。

过去区域规划，城市设计院根据国家规定的土地用途设计出来一个方案，方案一旦设计出来基本不可更改，方案设计的过程在世界各地都很难做到完全透明化。而且，区域规划，牵扯多方既得利益，年轻人很难有机会参与。而创建一个未来元宇宙，例如2026年的元宇宙或者2030年的元宇宙，并不需要占用现实的物理空间——物理空间改造谈何容易，不牵扯那么多的既得利益，对GDP、就业增长都有积极意义。以后，相当多的城市改造不是先在物理空间上拆楼，而是先建立一个元宇宙。

所以，如果佛山创建一个元宇宙中心，只要设计得好，可能很多人参加。元宇宙有利于区域发展。但是，需要政府的支持。现在的问题是，政府目前对元宇宙的认识还处于一个观察阶段，需要等到有关方面对于元宇宙有一个明确说法，甚至政策支持。

元宇宙需要与实体产业结合。工业元宇宙可以实现未来工厂的信息化、数字化和智能化。美国在特朗普执政的时候，提出加工工业重新回到美国，解决美国就业。事实上，分布世界的加工业并没有回流美国，但是，美国就业大规模增加。仅仅2021年就有440万人转到数字经济领域。所以，数字经济有助于创造新的就业岗位。过去讲数字经济就是"码农"，以后不止"码农"。元宇宙有比较细致的产业细分，就业潜力不可低估。

现在民众的余暇时间很多，如何支配？元宇宙就成为一个非常好的选择。抖音为什么成功？抖音也是一种初级的元宇宙形式。元宇宙很难被垄断。未来任何人都可以创造一个元宇宙，与现在建立一个微信群没有本质差别。所以，元宇宙成为一个不可避免的趋势。如何推动元宇宙，特别是与区域发展和产业结合的元宇宙？政府和企业要合作，年轻人应该多做贡献。

人民网：延续您刚刚说的元宇宙概念，您认为元宇宙对于大湾区产业升级和数字化转型有哪些意义？尤其是，您觉得最重要的第一步应该从哪儿开始？

朱嘉明：大湾区的发展和规划，已经不是新课题，至少七八年了，也不是没有进展，但是和人们的预期还有一定差距。为什么？大湾区发展毕竟受到地理的、空间的、文化的，以及行政体制和经济制度的限制，一直没有清晰完整的、系统性的和动态性的发展规划，尤其在数字转型方面没有突破性的进展。

以下几点可能比较重要：第一，加快大湾区整体的数字基础设施的建设，使大湾区建立在一个相当发达的数字化、智能化基础之上。第二，引入元宇宙理念，完成大湾区的元宇宙规划。今天设想大湾区的发展，应该锁定到2050年，现在出生的人，到2050年也已经近30岁了。"90后""00后"都五六十岁了。在这样的情况下，元宇宙就能改变现在这种代际的影响，使每一个人都能把他的价值观体现出来。此外，在现实世界中很多试验是做不到的，在元宇宙可以做到，比如"双碳目标"

的试验。第三，开始数字金融的试验和推广。

人民网：刚才您提到一些工业的传统企业是可以进入元宇宙的，我想问一下，像佛山这样的传统工业企业的第一步应该怎么走呢？怎么才能更好地抓住元宇宙的这个机会呢？

朱嘉明：现在世界改变的速度不断加快，大数据成为生产要素。所有的传统产业要接受数字化的改造，没有数据就无法转型。在这个过程中，数据成为资产，数据需要管理。元宇宙最重要的基础是代码，代码又要以数据为前提。对于上一代，或者在过去三四十年中成功的企业家来说，如何完成资产数据化和数据资产化，是硬道理。

为此，需要引入区块链，区块链将是元宇宙重要的基石。事实上，一个企业引入区块链，将迫使企业所有数据可以被追溯，完全透明化，且不可更改，进而实现节点性管理。而这要求企业的决策者、管理层，甚至生产第一线的工人，都要完成观念的彻底改变。我特别要强调的是，在未来10年左右的时间里，企业如果不能从金字塔的管理模式进入DAO的管理模式，实现企业所有权和经营成果的分享，注定会被淘汰。因为时代变了。

元宇宙：科技革命和教育革命[①]

> 教育不是装满一桶水，而是点燃一把火。
>
> ——威廉·巴特勒·叶芝

学习模式巨变，让"元宇宙+教育"成为可能

21世纪最大的特点是科技革命不断叠加产生，科技正展现出前所未有的自我生命力。科技革命的特点主要有三个：一是技术发展带动科学发展，二是科技革命呈现集群化态势，三是科技革命周期发生周期性交叉时没有明显迹象。每一轮科技革命之间的衔接都非常紧密，在过去，科学技术研究会受经济规律影响，而现在，科学技术的发展正在对经济规律施加越来越深刻的影响。

另外，科技进步的速度已经超越教育体系的演变速度，新知识技术的诞生、扩散和消亡的周期变短，新信息的生命周期缩短，使得各个教育主体和传统教育范式都面临着新的挑战，具体表现在学科、专业、知识与教育体系等不断面临重构。我们会发现传统的授课、作业、考试、教育等链条已经不能适应新一代年轻人的学习需求。

[①] 本文系作者于2022年1月9日在"2022首届元宇宙教育前沿峰会暨元宇宙教育实验室系列丛书首发仪式"活动上的会议发言。

在此背景下，学习模式将会发生四种变化：学习终身化、跨学科学习、循环学习以及人机互相学习。过去的学习为了创造，现在学习过程本身就是创造。正是学习模式的巨大改变为"元宇宙＋教育"带来了可能性。

元宇宙重新构造了教育的时间和空间

元宇宙如何承载教育？元宇宙可以为教育带来如下改变：一是元宇宙可以重新构造教育的时间和空间。传统教育一定是在特定的时间、场合进行特定的教育，而元宇宙可以打破这一传统。二是元宇宙转变传统教育结构。从只有金字塔型顶端具有发展性和成长性，转变为每个层次都具有其自身的发展性和成长性。三是元宇宙能够承载和包容分布式学习。四是元宇宙可以提升传统教育的效率，实现学习、教育和创新速度的加速同频。五是元宇宙可以为诞生的新想法，提供认可和传播的生态。六是元宇宙可以实现学习过程的仿真化、互动化和游戏化变革；教学方式的智能化、个性化和动态化变革。七是元宇宙可以支持依靠学习获取流量和回报、发展生态，促进 Learn to Earn 模式的形成与发展。八是元宇宙有助于构建新型的学习型组织，让知识的生产不再局限于本科、硕士、博士阶段，很有可能在小学一年级就产生了。九是元宇宙可以促进教育资源供给升级，实现有教无类，助力道德模式建设，重新构造学习型组织。

在理解元宇宙与教育的结合上，应该更加强调它的整体性。现在的大学的英文 university 一词来源于拉丁文 *universitas magistrorum et scholarium*，意为教师与学者的社群。其关键词 universitas 意为整体或世界，在晚期拉丁语中也指公会。因此，教育和元宇宙的结合需要坚持整体性和世界性，这样才能够符合它的发展规律。

附录　元宇宙应用潜力最大的领域是教育[①]

对知识的投资产出最大的收益。

——本杰明·富兰克林

中新经纬：您刚刚为国内第一本元宇宙的书《元宇宙》作序，我们想听听您对元宇宙的大致想法？

朱嘉明：首先需要指出，现在并不存在元宇宙领域，它现在还处于"群聚效应"所产生的一个概念和早期认知的试验阶段，虽然刺激了一些商业活动，但并没有构成稳定的商业模式。总之，元宇宙尚处于非常早期的阶段。

强调"群聚效应"，是指元宇宙来源于不同的资源，并最终聚集在一起。从历史上来看，对元宇宙产生影响较大的因素有以下三个。

第一，文学。1992 年，尼尔·斯蒂芬森完成和出版了《雪崩》一书，这是 20 世纪最好的科幻小说之一，它的实际地位是远远被低估的。这本小说的写作背景是 1992 年，也是 20 世纪末期最重要的时段。小说所说的很多问题，经过 30 年历史都被证明具有重大现实意义。只有理解《雪崩》这本小说，才能理解元宇宙本源的含义。

《雪崩》的核心故事是：在 21 世纪的某个时刻，美国政府垮台，公司接管美国，社会秩序形成了"雪崩式"的状态。在这样的情况下，人类如何创造一个新的组织模式？作者把这个东西叫作 metaverse，现在被普遍接受的中文翻译是"元宇宙"。其实，这个词也包含"超越宇宙"的意思。今天，讲元宇宙的大多数人未必读过《雪崩》一书，直到元宇宙

---

① 本文系作者于 2021 年 9 月 10 日接受中新经纬客户端采访时的访谈记录。

概念重新火了的时候，人们才重新评价这本小说。

第二，新冠肺炎疫情。因为疫情，全世界人民不得不改变生活和工作方式，把相当的时间平移到线上。2020年，罗布乐思（*Roblox*）、堡垒之夜（*Fortnite*），还有我的世界（*Minecraft*）等线上游戏作品获得了前所未有的成功，人们发现娱乐、教育、社交、科研等所有传统的线下交流都可以在网上实现。虽然还有很多弱点，但是线上交流因其高度灵活性、规模性及低成本，在很大程度上具备更多的优势。人们体会到，在线上可以实现现实物理世界同样的事情，甚至可以实现地更好。当时，人们并没有使用元宇宙概念，但是已经逼近了元宇宙的内涵。

第三，资本和市场因素。2021年3月10日，罗布乐思公司上市，实现了400亿美元的爆发力。公司招股书中第一次使用了metaverse一词，引爆了元宇宙的概念。因为资本的诱惑，人们开始逐渐关注元宇宙。

总之，元宇宙的活动远远早于元宇宙的资本运作；元宇宙的科学概念早于元宇宙的实践——这是个漫长的历史过程。或者说，先有了元宇宙这样的一个理想，然后新冠肺炎疫情创造了普及的环境，资本造成冲击力。本质上说，元宇宙不是一件全新的事情。元宇宙现在正处于早期阶段，人们还处于亢奋状态。

中新经纬：您觉得元宇宙现在要发展需要突破的核心技术是什么？

朱嘉明：元宇宙是人类从工业化社会向数字经济和信息化转型中的一个非常重要的历史事件，也是重大的科学技术事件。

元宇宙包含着相当高的科学和技术含量。例如，元宇宙需要通过数学的诠释，否则很难认知元宇宙的原理；元宇宙需要现代物理学，包括量子科学的支持；元宇宙需要和区块链、大数据结合，没有大数据，就没有元宇宙；元宇宙需要能源的支持。此外，现阶段的元宇宙依赖VR、AR、ER和MR等虚拟现实技术，或者是裸眼模拟现实技术。

关于游戏和元宇宙的关系，现在游戏仅仅是元宇宙早期阶段呈现的形态，鼓励游戏的玩家参与再创作，使得每一个游戏成为由游戏创造者和玩游戏的人共同创造的一个互相交流的社区和平台。

中新经纬： 您刚才提到游戏是一个早期的形态，下一步除了游戏之外，元宇宙还会向哪些方面去延伸？

朱嘉明： 元宇宙（应用）最大的潜在领域其实是教育。"大学"的英文词就是 university，本身与"宇宙"相关，而 metaverse 也包含"宇宙"的意思。元宇宙和教育之间，具有天然的平行性和覆盖率。游戏的终极意义是让大家学习。

现在，人类进入"生活就是学习，学习就是生活"的历史阶段，学习变成了终生的、全天候的内容。元宇宙为这样的学习提供了最大的空间和最好的技术基础。比如，开放大学就适合在元宇宙中进行，让所有的人不再束缚于校园。

这是人类非常美好的未来。心理学家马斯洛曾提出，人的最高级欲望之一就是求知。按照传统教育基础设施和机构建设，教育资源很难解决短缺和不均衡的问题。我们希望通过元宇宙，重新构建 21 世纪人类未来的教育体系。这就是我的理想。

中新经纬： 您所说的未来的愿景，那您觉得元宇宙大概在多长时间之后能够到达或者说接近这样的一个情况？

朱嘉明： 现在，教育领域对元宇宙所包含的广阔前景认识还不够。但是，在可以预见的未来，元宇宙学校的试验不仅会开始，而且会得到越来越多人的认同，自然就会有很多突破。现在一些教育类网站都在承担部分教育功能，但是存在不能让学生成为教育的参与者、让学生进入教育角色的局限性。

未来的教育，因为知识更新速度太快，全世界的教育体制都没有办法跟上现在知识、科学、技术进展的速度。人们的全部压力、全部焦虑，是因为人们的知识储备、教育程度赶不上世界的变化。这种情况必须改变。现在太多的年轻人可以成为过去传统老师的老师，所以需要打破和改变教师和学生数千年来的边界。

呼吁教育界更多地去关注元宇宙，成为元宇宙最早的原住民，把大学办到元宇宙上。

中新经纬： 您刚才也说到元宇宙现在已经有商用的趋势了，在您看来，它现在具备了商用的能力吗？

朱嘉明： 还是具备的。在元宇宙的商业化方面，亮点很多，空间也很大。但是，我不希望元宇宙再重复互联网在某些阶段的教训，即被资本力量所裹挟和左右，改变元宇宙的本原和初衷，导致人们对元宇宙失望。

《雪崩》这本小说描述了当这个世界完全被公司所控制，即被资本所控制之后，将面临非常严重的危机和困境。所以，在强调元宇宙的商业机会的同时，要鼓励更多民众、公益组织、教育机构的参与，推动元宇宙和公共资源的结合，使元宇宙成为普通民众的新型社区、未来的家园。这是比较美好的期望。

中新经纬： 您刚才的意思是否也可以理解成现在有一些资本是在过度追捧元宇宙这个概念？

朱嘉明： 我没有太多的统计资料来说明。但是，如果过分强调有多少数量的资本涌入元宇宙，或元宇宙公司股价发生怎样的变化，很可能产生一个严重的误导，会认为元宇宙受到资本的强烈影响。如果这样的话是挺遗憾的。

我还想强调的是，元宇宙所提供的想象力，对人类发展的影响是巨大的，甚至是无限的。元宇宙正在与互联网 3.0 和区块链 3.0 结合，包含越来越多的求知、学习和精神生活，构成与物理和物质世界同等重要的世界。人类已经开始，而且会增加更多生命和时间在元宇宙中度过。

元宇宙的未来很大程度决定于大众的参与和贡献。现在需要避免的是，将元宇宙的意义和价值过于狭窄化，避免把这个有巨大潜力和发展前程的元宇宙过早局限在资本理解的框架之中，或者为财富群体所改变。

元宇宙的本质，应该成为更多公共资源的载体。国家、社会、企业、公益组织也需要更多地关注和拥抱元宇宙。

第五章

元宇宙艺术的发展前景

元宇宙已经开启了基于科技支持的虚拟美学、虚拟艺术和虚拟文化的历史进程。

非同质时代：NFT、虚拟需求和虚拟供给①

> 思维也有一段用来耕耘的时间和一段用来收获的时间。
>
> ——路德维希·维特根斯坦

我选了一个背景，是 2021 年 12 月 4 日发售的一个价格达到 9 180 万美元的 NFT 产品《合并》，英文叫 *The Merge*。这个作品大家看内容上就是几个球（见图 5.1）。

图5.1　数字艺术家Murat Pak的作品《合并》

作品发行人是数字艺术家 Murat Pak。他先创造了一种通证 ASH，又发行了这个 NFT。有两万多人参加了作品购买，最后的作品出售价格达到了 9 180 万美元。《合并》具备了 NFT 的一系列特征。但是，其最根本

---

① 本文系作者于 2022 年 3 月 26 日在零壹智库举办的"数字藏品的全球趋势与中国创新——全球数字藏品年度报告发布会"活动上的会议发言。

的特征就是创造了一个独特的、具有唯一性的虚拟创意供给，激发了一些人原本存在的虚拟需求，再与区块链支持的智能合约、通证结合在一起，最终实现了交易。总之，这是一个典型的NFT案例。

人们公认，2014年在纽约发行的《量子》（*Quantum*）是第一个NFT，作者是艺术家Kevin McCoy。但是，NFT广泛进入人们视野，引发各界关注和参与，是2021年。

以下是我关于NFT的几点基本观察和思考。

第一，存在是NFT的基础，NFT是存在的一种表达。所谓的NFT，前提就是NF（non-fungible），即非同质化。这个世界就是通过各种非同质化的物质和精神存在组成的。现实世界的非同质化现象俯拾皆是。德国数学家戈特弗里德·威廉·莱布尼茨的名言是："世上没有两片完全相同的树叶。"每一个人都有其独特的生命进程。甚至可以说，每一个生命都是一个非同质化的行为艺术。所以，存在就是非同质化的"集合"，存在和非同质化是等价的，是NFT的前提。古代的农业社会、经济行为，甚至金融货币行为也都是非同质化的。可以说，非同质是人类自古以来文明存在的基本特征。

第二，同质化是与非同质化并存的人类文明倾向。在人类文明进程中，还存在强烈的同质化追求。在思想、精神和价值观领域如此，在经济活动和社会活动中也是如此。到了工业时代，同质化成为经济活动的主流。工业时代之前的非同质化的手工业，被大机器生产的同质化产品替代。大工业的本质是追求低成本、高利润和边际效益，需要标准化和规模化。人们要集合在工厂里做工。因为同质化，微观和宏观经济都可以量化。总之，没有同质化就没有工业革命，工业时代就是高度同质化的时代。于是，人们的衣食住行呈现同质化，消费主义就是基于同质化的消费主义；广告宣传是为了同质化的需求；名牌就是同质化的一种结果；大众媒体也是非物质产品的同质化。可以说，工业时代就是同质化主导的时代。

第三，信息社会推动非同质化的回归。因为数字技术，形成数字经济和信息社会，人们开始数字化转型，也就是开始了从同质化向非同质化的转型和回归。人们因为数字技术，可以突破工业时代构造的物质的和物理的限制，人们的想象力和创造力得以焕发。在信息社会里，每个人都是信息的生产者、创造者和消费者。以非物质形态表现的信息产品不需要，也没有可能同质化。于是，信息社会的需求和供给不再是可以数量化的需求和供给。事实上，所有精神领域的活动，都是供给来源于创造，创造刺激需求。例如，好莱坞的产品创造市场需求，而不是相反。

第四，NFT的核心特征——区块链和智能合约，已经通过通证体现出价值交易。NFT，是NF加T，T就是通证（token）。因为通证，任何非同质化的存在获得价值显现。当然，如同非同质化不是新事物一样，通证也不是一个全新的东西。但是，精彩的地方在于，NFT的通证本身是多元化的，是排斥唯一性的数字化通证。例如，我前面所说的支持《合并》的通证是ASH，ASH的历史不过比《合并》早了若干个月而已。但是，NFT的意义，不仅是实现非同质化产品和通证的结合，而且是因为吸纳了互联网、区块链和智能合约技术，所以得以通过数字交易平台实现其价值。

第五，NFT的稀缺是早期现象。如果将稀缺性定义为NFT的重要特征，很可能是一种误导。说NFT是稀缺的，是指每一个具体的NFT产品很可能是唯一的，具有稀缺性。传统经济学是建立在对经济资源稀缺性假设的前提下，如果把NFT定义成一种数字经济形态，很难说支持NFT经济的资源也是稀缺的，进而推论出NFT经济属于一种短缺经济。实际上，NFT资源不是特定的物质资源，不仅不是稀缺的，而且是极其丰富的，是可以持续再生产的。所以，如果认为NFT具有稀缺性，是指特定的NFT产品，或者说是指NFT早期的阶段特征。

第六，NFT处于总需求和总供给都在爆发性增长的阶段。现在的NFT市场规模有限，而且价格波动剧烈，其市场价值缺少稳定性。特别是某些NFT产品显而易见地被炒作和操作。这表明NFT的需求与供给没有进入一个趋于均衡状态的历史阶段。NFT引发的深层虚拟需求，是人类历史上第一个非物质的需求，还处于混沌和模糊状态。正因为如此，有些特定的NFT产品可能产生超越人们想象的高价格，这是一种近乎艺术拍卖所刺激出的需求。

第七，NFT存在大众化内在逻辑。在数字化时代，数字技术发展，特别是智能手机产生，大众具有同时创造非同质资源、创作和消费非同质化产品的能力，而且随时随地地发生。事实上，抖音就是生产非同质化资源的基地。所以，NFT需要走下"神坛"，与民众生活结合，实现大众化。总之，必须把NFT变成一个大众可以生产，大众可以购买，大众可以交易的产业或生态。每一个人都能够创造NFT，每一个人都可以得到非同质化需求的满足，NFT才有希望。所以，要有更多和更方便的NFT创作上链和交易的平台，降低NFT的价格和交易成本。当然，NFT的大众化并不排斥特定NFT产品的小众化。

第八，NFT具有产业化的潜质。现在NFT已经形成了分类，包括电子艺术、音乐、视频游戏、体育瞬间、交易卡片、模因（meme）[①]、域名、

[①] "模因"概念的初创者是道金斯（Richard Dawkins，1941—），其核心含义是基因之外的延伸演化。这个概念后来被心理学与社会学等学科应用，也被一些学者用来描述文化传递的机制。作为遗传因子的基因，作为文化的遗传因子，也经由复制（模仿）、变异与环境选择的过程而演化。例如，人类大脑中的观念（模因），经由模仿或学习复制到不同人的大脑中。而经过复制的观念并不会与原来的观念完全相同，因此产生变异。这些相似却有所不同的观念，在散布时互相竞争，产生不同的内容，影响其散播能力，因此出现类似天择的现象。只是，目前模因的概念并没有广为接受的定论，对于模因的定义或适用的物种，以及是否足以解释文化变迁过程，仍有争论。

电子时尚和推特推文等。显然，上述的每个领域都可能发育成为一个行业，进而形成 NFT 产业体系。可以预见的 NFT 产业至少具有这些特征：（1）以数字技术为基础，与算力和算法紧密结合；（2）数字金融作为媒介；（3）大众高度参与；（4）想象力和创造力推动；（5）实现分布式存储和分布式能源；（6）纳入碳足迹，节俭物质资源消耗；（7）NFT 具有不可分割性和可分割性两重性，NFT 可分割归属权。NFT 产业化，将引发一次很大的经济革命。NFT 需要超越仅仅局限于美术、音乐、体育这样的范畴，因为一个思想、一个创意、一个发现，都可能是 NFT 产业的第一动力。

第九，现在推动 NFT 价格的主体是千禧一代。现在支撑 NFT 市场的并非普罗大众，而主要是千禧一代。千禧一代参与 NFT 交易的积极性和能力，甚至超过 Z 世代。为什么千禧一代成 NFT 最大的买家？因为他们真的是第一代产生虚拟需求的人类。

第十，NFT 的挑战突破人类的想象力。模因创造了 NFT 的一种开放性模式。但是，不论是柴犬，还是猫脸，都反映了人们的想象力是有限的。人们的想象力并非像人们想象的可以无止境。那么，人类想象力有限的供给 vs. 人类正在扩张的虚拟需求，会导致什么情况？这将导致将来大部分的 NFT 产品没有震撼性，导致人们很快进入审美疲劳阶段。于是，现在以为可以持续增长的某些艺术或者文化的 NFT 市场会衰败。即使齐白石的作品、毕加索的作品，其魅力和市场也不是无限大的。所以，NFT 的非特质化需求，会构成对人们的想象力和创造力的持续推动力。

结语

现在的 NFT 尚处于其早期发育阶段，主要集中体现在艺术产品领域——虽然有市场、有炒作、有价值，但是都属于各种形式的试验。NFT开启了人们追求、欣赏各种非同质化存在的新时代，一个完全不同于以同质化作为主流的工业时代。或者说，现在的数字化转型，就是从工业时代的同质化向信息时代的非同质化转型，而这个历史过程刚刚开始，NFT是这个历史过程的先声。特别是，在NFT代表的非同质化社会和经济运动中，有物质化的NFT，例如任何人用过的一辆自行车、一个背包、一本书都可以成为NFT。但是，更重要的NFT势必是精神的、思想的和艺术的。一个科学发现和定理、一个新的观念，都会成为NFT。而衡量NFT价值的尺度，将是其中的想象力和创造力，甚至是美学的含量。所以，因为NFT，人类智慧关注的形而上和形而下都将进入新的境地。

最后需要提及，元宇宙与NFT相互依存：元宇宙将为NFT提供多维发展的空间，元宇宙也将因NFT而更为丰富和充实。

元宇宙·设计革命·美术革命①

听着,另一边还有一个浩瀚的宇宙:咱们去吧!

——肯明斯

元宇宙形成的背景与趋势

世界上有两个趋势,促成了元宇宙这样的现象。一个趋势就是技术的进步,从 IT 革命到移动互联网,到价值互联网这样的一个历史过程。另一个重要的趋势,是非物质形态的产品和消费,集中表现为人们在非物质领域中所消耗的时间的增长。现在的世界进入高速增长的时代,人们的时间并没有更多地与物质消费结合在一起,而是和非物质这个形态相融合,使得非物质形态消费场所扩展和完善,社会日趋量化,形成一个特殊的"场",这个场就是元宇宙。

现在大部分国家都在实施货币宽松政策,导致货币普遍贬值,通货膨胀。在这样的背景下,人们所拥有的财富形态正在改变,已经出现了追求数字财富的群体。例如,NFT 代表的就是艺术和金融的混合体。在新的世代群体中,创造、拥有和消费数字资产,将时间向非物质空间转

---

① 本文系作者于 2021 年 11 月 22 日整合多次会议发言文稿所写就。

移,例如沉浸于游戏,甚至形成数字偶像崇拜,正在成为一种新时尚、新潮流。这一切,也催生了元宇宙的诞生。

元宇宙的技术发展

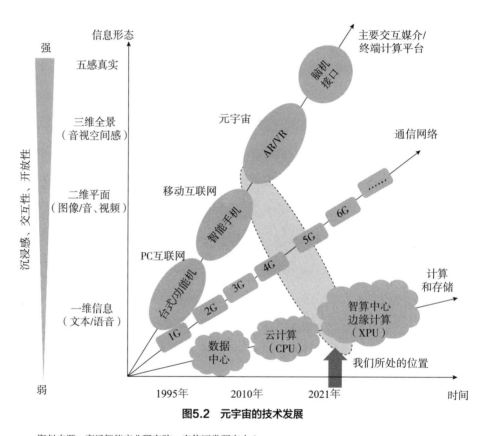

图5.2　元宇宙的技术发展

资料来源:商汤智能产业研究院,安信证券研究中心。

元宇宙技术发展的时间区间是1995—2021年。图5.2横轴表示时间,纵轴表示信息形态的演变,在这里出现了三条曲线:一条曲线主要是讲媒介体系的演变,从PC、互联网、移动互联网,现在进入元宇宙阶段。通信领域是从1G、2G、3G、4G正好进入5G。在计算和存储方面,是从数据中心、云计算,到分布式存储、边缘计算。现在这三条曲线因为有了元宇宙的概念,彼此之间发生了第一次整合,整合的结果产生了元宇宙的一些特性,比如开放性、交互性和沉浸性。所以元宇宙实际上是经过 20 余年 IT 革命之后技术演变的一个结果,包括移动互联网、智能手机、5G,一直到边缘计算。

元宇宙的三大要素

现阶段的元宇宙,三大要素的贡献十分显著:其一是技术;其二是金融,主要是数字化交易媒介;其三是艺术,艺术这个因素成为元宇宙很重要的组成部分。

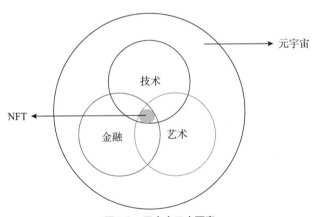

图5.3 元宇宙三大要素

关于技术要素,元宇宙首先是一种综合技术体,而且还在时时创新。除了要进行虚拟现实技术的持续创新之外,人工智能和量子技术的发展和结合,将深刻影响算法革命,进而不断强化元宇宙的算力基础。现在关于元宇宙的技术,还有一个重要方向,那就是如何实现对现有技术的组合,就像乔布斯的苹果手机实现了当时 IT 技术的完美组合。

关于数字交易媒介，NFT 很可能成为将来元宇宙世界中各种交易活动的媒介，或者凭证。元宇宙的本质是一个大同世界。在元宇宙中，传统经济学中的需求与供给、资本和利润、商品和市场等概念很可能需要被扬弃。所以，元宇宙是不是需要货币，其实是个严肃的问题。现在要避免将 NFT 与传统货币，或者其他金融形式，特别是诸如美元和黄金等混在一起，甚至元宇宙未必需要加密数字货币。元宇宙非常有可能，不需要货币，直接实现"物物交换"。不要以为这是倒退，这很可能是一种真正的进步。在元宇宙中，最崇尚的是非同质化、独特性和个性，唯有通过 NFT 得以体现。总之，未来元宇宙中所发生的各类交换和交易，将是超时空的。NFT 具有天然的优势。元宇宙会 N 多，NFT 会 N 多。将来 NFT 的主体包括人类，但是不仅仅是人类。

关于艺术元素，未来的元宇宙将是艺术和美学的殿堂，或者说，美术家、艺术家和建筑师将在元宇宙中获得前所未有的尊严和成就。在现阶段，人们已经看到，艺术与 NFT 的结合成为一种超越人们想象的新财富模式。这仅仅是开始。未来的元宇宙可以呈现最多元化的植物，引入最可爱的动物，建造地球上无法实现的建筑，还有代表人类的数字生命。将来，人们会有越来越多的时间在元宇宙中度过，元宇宙当然需要美。没有美学价值的元宇宙不是真正的元宇宙。美在元宇宙将到达从未有过的地位。无论怎样，元宇宙美学和元宇宙审美会由此诞生。

此外，元宇宙需要能源支持，需要符合"双碳"要求，实现低熵模式。一切可以再生的新能源，例如太阳能和氢能，都是元宇宙的能源资源。

元宇宙在早期阶段，将是作为碳基人类的数字化身。所以元宇宙并不需要考虑作为生物人的很多需求，例如元宇宙似乎不要厕所。现在一些元宇宙的经济实体，将现实世界的房地产，简单平移到元宇宙，其实是"误入歧途"。

元宇宙引发观念革命、设计革命、艺术革命和美术革命

现在，人类面临一系列困境。其中，观念困境首当其冲。人们的人文思想长期难以实现突破。古希腊涌现了那么多的思想家。古希腊的思想家占古希腊人口的比重在人类文明史上是最高的，而这个比重在罗马的时候下降了。文艺复兴时期再次涌现了那么多的哲学家和艺术家。但是，如今具有创造性的智慧人群的绝对数在持续减少，更为不断膨胀的人类的总数所稀释。人类的人文思想长期徘徊在20世纪的水平。在艺术领域和建筑领域也是如此，似乎不是接近和面临突破，而是无法找到突破。所以，存在着从文学、诗歌，到美术和其他艺术形式的整体性危机。至于科技，正在逼近奇点。元宇宙创造了想象力竞争的新模式。人文科学、自然科学和艺术都需要想象力和创造力。

总之，人类面临着被人工智能所代替的可能性，甚至现实性。而这似乎只是一个时间问题，有人说20年，有人说30年。有一个似乎没人反对的事实：人类的人口增长越快，总数越大，有创造性的人在总人口中所占比重就越低。在未来20年左右的时间里，人口总数很可能达到100亿。人类很可能爆发全方位的文明危机。

现在，人类正开始从以传统物质生产和物质产品为主导的世界向非物质生产，即精神产品转型主导的世界转型，思想和精神的价值会得到前所未有的认知。数千年来，人类不断寻求思想的载体，从甲骨文到纸币、书籍和电子书籍。今天，这样的思想生产模式需要改变，需要一种新的工具和方法来支持、参与和推动思想的生产，打破思想创作边界，为文学、艺术和科学知识提供碰撞组合的最佳空间，最终实现高品质思想在全世界范围的最大化传播。元宇宙无疑提供了实现这些理想的多维度空间、技术，甚至路径。现在，需要警惕的是元宇宙再次被传统资本

侵蚀和异化，沦为资本主导的一场新的游戏。

元宇宙和现实经济

人们之所以以 2021 年作为元宇宙纪元元年，主要也因为在这一年，元宇宙和资本及实体经济的结合实现了突破，甚至开始形成元宇宙经济。现在确实可以看到，元宇宙未必一定是游戏，也未必一定是音乐，元宇宙和实体经济结合已经是大势所趋。Facebook 改名 Meta，就是元宇宙和传统互联网社交平台结合的重大事件。元宇宙存在与实体经济结合的内在动力。元宇宙经济将经历两个基本阶段：以现实和传统经济为基础的发育阶段，之后进入形成独特元宇宙产业结构和机制的阶段。最终的元宇宙经济的主体，将是各类硅基生命。

在现阶段，正在形成的元宇宙企业主要有三类：其一，以创造元宇宙的虚拟现实为内容的企业。北京环球影城每天爆满，去过的人对它评价可能不是很高，但是游客依然源源不断，可见人们对于虚拟现实世界的兴趣和需求非常大。其二，开发元宇宙软件和硬件的企业，例如穿戴式的和非穿戴式的企业。英伟达是创建元宇宙平台的世界级企业。中国有两三家元宇宙硬件公司，正等待着在纳斯达克上市。其三，元宇宙和现实产业结合的企业，例如元宇宙与人工智能、元宇宙与艺术和 NFT 结合的企业。

毫无疑义，工业元宇宙发展空间和潜力最为明显。工业元宇宙就是元宇宙和制造业，特别是智能制造的结合。在工业元宇宙框架下，通过数字孪生和其他虚拟现实技术，实现企业基础结构改善，特别是能源节约和算力提高；实现管理体系的微观细节革新，提高成品率，降低成本；改造传统的生产链、供应链和价值链，实现上下游的融合，将工厂、销售和市场作为一个整体，构建元宇宙生态，甚至社区，形成稳定的利益共同体。NFT 就是一个黏结剂，把元宇宙的利益群体组合起来。

此外，每一个物质形态的产品都具有被赋予 NFT 特质的可能性。也就是说，制造业的每一个产品都是可以 NFT 化的，NFT 可以引入制造业。例如，任何一部 iPhone 13 手机注入 NFT，不仅增加了其附加价值，而且即使这部手机本身不被使用了，被 iPhone 14 替代了，它的生命力还可以延续下去。

从根本上说，元宇宙和实体经济的结合，就是通过元宇宙模式重新组合生产要素，重新组合传统产业链、供应链和价值链，并且通过 DAO 的原则，建构改善和改变传统实业经济的模式，形成以特定产品为核心的利益共同体。这就是工业元宇宙，也可以说是工业 5.0。

最后，需要重视元宇宙和区域发展的结合。不久之前，维塔利克发表题为《加密城市时代的到来》的文章，提出了一套未来社会和国家治理，特别是城市治理的模式。文章中特别强调了"现有城市或新城市可以尝试许多值得城市试验的想法"，引入包括区块链，包括 CityCoins 这样的通证、CityDAO 的组织模式，以及元宇宙的概念和技术。①

元宇宙与生命形态的演变

谁是元宇宙的主人？地球是太阳系的一颗行星，有密度、半径、地质构造，地球上人类的基本形态就是碳基人类。这两个是对应的。元宇宙不是一个以地球行星形态存在的宇宙。在元宇宙未来的发育过程中，

---

① 该文章介绍了美国迈阿密市采取了一种类似于推特的高科技初创企业战略，以吸引加密社区对该市的兴趣，美国怀俄明州构建一个 DAO 友好的法律框架，科罗拉多州则正在试验二次方投票。这些实验正在为线下世界创造更适合大众的环境。

生命形态将会发生很大的变化。

第一阶段是地球传统生命形态，加上IT革命、人工智能，包括VR等，这时人类成为元宇宙的生命主体——我们现在处于这个阶段。第二阶段是像电影《银翼杀手2049》一样，是一个混合时代，一个碳基和硅基生命混合的时代。那个时代里我们也还将存在，但在元宇宙中有很多赛博格、很多机器人——生命已经多样化了，完全超越了人类的控制。到了第三阶段，元宇宙会彻底变成数字人类或信息人类的宇宙。这个时候，元宇宙就彻底脱离了碳基人类的主宰。元宇宙的生命主体将经过这样三个阶段的演变。

地球上人类的痕迹在工业文明时代是非常明显的。在工业时代，人类改变了地球的一种状态，于是就存在着所谓的人类纪。但是元宇宙里将来的生命形态会非常多样化，而且最终有一种可能性——人类灭亡后，将以元宇宙的生命形态继续存在下去。

在这个形成过程中是否存在着外星文明？如果存在外星文明，他们怎样介入人类创造的元宇宙中？至今仍是没有最终答案和需要继续思考的问题。

终极想象

一个终极想象：地球不存在之后，人类存在着两个出路——一个是马斯克路线，把某些人类用某种方式转移到另外一个星球；第二个模式就是元宇宙模式，人类今天创造的元宇宙最后会演变成为数字人类和信息人类的载体。

在后面一种状态下，不仅这个社会是美好的，而且生命是永恒的。当然，生命有两个约束需要突破：超越我们肉体对思想的约束；脱离肉体本身的约束。有约束就要打破。到一定时候我们会发现本身已经被编程，而这一切其实都是一个已经被设计好的框架。这个过程是宇宙级的游戏，开始我们是被动的，后来我们成为游戏的主人，最后都归结到这个世界。

元宇宙视角下的艺术、媒体和时尚产业[①]

时尚是你在日常生活的现实中生存下去的盔甲。

——比尔·坎宁安

元宇宙和艺术救赎[②]

在人类文明历史中,人类活动的领域涉及经济、政治、科学、教育、宗教、艺术。其中,内涵最为广泛、最难以定义的就是艺术。究其原因,艺术与人的创造性、想象力和情感模式不可分割,艺术的边界从来都是不确定的,另外,艺术受到外生变量的影响强烈,例如意识形态、政治环境、经济技术。所以,不同的意识类别存在着不同的兴衰轨迹。自 20 世纪中后期,艺术的全方位危机的端倪已经显现。进入 21 世纪,艺术危机全方位蔓延。所以,有了"艺术危机"和"艺术终结"之类的讨论。元宇宙的诞生,很快提供了一条艺术救赎的路径。

第一,艺术危机的特征。艺术危机不同于经济危机、政治危机、社会危机、意识形态危机,以及公共卫生危机,这是因为:(1)艺术危机不会直接影响社会的正常秩序和常态运行。人类有各种冲突和战争,因

[①] 本文系作者在不同场合就元宇宙和艺术、媒体和时尚产业的发言和采访记录整理而成。
[②] 本节系作者于 2022 年 3 月 4 日与"FIRST 青年电影展组委会"座谈交流记录修订。

为艺术而起是罕见的;(2)艺术危机没有内在的传导性,不仅在艺术领域不会导致"多米诺效应",也难以波及社会其他领域;(3)艺术危机不会导致族群分裂,因为艺术群体原本就是艺术家群体,最大特征是自我和散漫的;(4)艺术危机和艺术的影响力互为因果;(5)艺术危机难以导致资本、市场和行政权力的干预,主要依赖内在的改变;(6)艺术危机愈来愈显现为从"精英"到大众对于艺术的普遍性淡漠和冷淡。

第二,艺术危机的根源。解析艺术危机,存在不同的理论。1986年,美国哲学家、艺术批评家阿瑟·C·丹托(Arthur C. Danto, 1924)出版了《艺术的终结》(*The Philosophical Disenfranchisement of Art*)一书。[①]该书的核心思想是,当代艺术创作已经从如何再现外在世界转变为表达主观情感。例如,抽象表现主义所追求的是自我纯粹情感的表现,而并不需要非主观的参考对象。于是,再现从艺术的定义中彻底消失,"艺术进入对自身的思考,也就是哲学的领域"[②]。事实上,当代艺术危机的根本原因应该是,自文艺复兴以来的艺术历史,包括文学、绘画、音乐、舞蹈、建筑、雕塑、戏剧、电影,都是以兴起的工业社会为历史前提的,都与基于工业的科学技术有着直接和间接的关系。在工业时代,艺术产业化使得所有艺术品均可被复制。其中,电影尤其如此,电影是工业技术和艺术集合的产物,甚至可以说,先有技术,后有电影。值得提及的是,在20世纪60年代,早已载入史册的艺术界人物安迪·沃霍尔(Andy Warhol, 1928—1987),大胆尝试凸版印刷、橡皮或木料拓印、金箔技术、照片投影等各种复制技法,彻底修改了艺术的含义,他将艺术的理念由机械的复制推向逻辑允许的极致,永久性打破了隔在艺术和商业之间的

---

① 书名的直译名是《哲学对艺术的剥夺》,中文版书名《艺术的终结》并非准确。
② Dr. Joyce: 一直被错译、始终是话题: 丹托《艺术的终结》。https://zhuanlan.zhihu.com/p/26373951

壁垒，实践了他本人的预言：艺术将不再是曾经的艺术，而变成一种空洞而浅薄的视觉商品。① 简言之，当代艺术的危机发生的大历史背景是"后工业社会"的到来。当代艺术危机的加深则是因为数字技术和数字经济时代的到来。

第三，数字时代加快艺术危机的积聚。因为数字技术革命和数字技术全方位侵入艺术，导致艺术急剧大众化。因为智能手机，摄影、音乐、影视高度普及，直播成为民众的艺术形式。民众日常生活"艺术化"，形成了艺术与民众日常生活互相作用的"双向运动"。其结果是：一方面，艺术理念被乌托邦化、艺术非神圣化、艺术家边缘化，艺术创新资源枯竭；另一方面，艺术和审美方式不得不向庸俗化、媚俗化和过度商业化倾斜。说艺术堕落很可能言过其实，过于苛刻，但是，确实发生了尼采很久以前预言的情况："没有一个时代，人们对艺术谈论得如此之多，而尊重得如此之少。"② 正是在这样的背景下，中国的传统古典艺术进一步萎缩，甚至消亡。相反的，基于互联网平台形成的诸如快手和抖音这样的大众艺术自媒体崛起。于是，"艺术真正的危机，在于无法介入文化现场"③。

第四，艺术必须寻求数字化转型。现在以经济为首的所有领域，都在启动和进行数字化转型，艺术不可能置身事外。但是，恰恰因为数字化技术，艺术超工业化成为可能，艺术品都具备超级复制性，艺术走向高度产业化。法国技术哲学家斯蒂格勒（Bernard Stiegler，1952—2020）

---

① 1962 年 7 月，沃霍尔以 32 幅"坎贝尔浓汤罐"系列画作举办了自己的首个波普艺术展，到如今这 32 罐罐头仍在世界当代美术史上占据一席之地，从某种程度上说，这系列作品就是如今最潮流的 NFT 作品的母版。
② 尼采.悲剧的诞生［M］.周国平，译.南京：译林出版社，2014.
③ "艺术真正的危机，在于无法介入文化现场"《美术研究》2022.02.11.

认为,"杜尚的《泉》是工业复制时代艺术品的开端"。① 不仅如此,斯蒂格勒进而得出"艺术产业化意味着艺术的衰败"的结论。② 现在需要摆脱艺术不得不进行数字化转型,又因产业化所造成的"斯蒂格勒"困境。正确的选择是,通过互联网和数字技术,基于互联网的数字化公共空间,重构艺术与创造力、艺术与技术、艺术与大众的关系,扭转艺术的空洞、沉滞和进入极限的境地,形成艺术家和大众互动的公共艺术。

第五,元宇宙对于艺术的革命性意义。元宇宙是数字科技的集大成,其本身并不是艺术,也并非通常理解的艺术平台,但是,元宇宙却为艺术提供了思想、空间、生态和技术。(1)元宇宙提供非物理形态的艺术空间,艺术家可以在虚拟现实空间中获得新的创作自由,例如数字孪生艺术可以将艺术存在于虚拟空间。(2)元宇宙拓展了艺术的疆域,例如元宇宙加速了电子游戏成为"第九艺术"的历史进程,而电子游戏加入艺术体系,将改变艺术生态。(3)元宇宙支持实现艺术价值的新手段,例如NFT。(4)元宇宙展现未来实现艺术家美学观念的全新技术手段,例如虚拟现实技术。(5)元宇宙创造可以激活或修复身体感知的艺术存在的模式,扩充包括视觉在内的感官和情绪联结的容量。(6)元宇宙再造艺术家群体,实现艺术跨界的常态化。(7)元宇宙为非艺术从业者提供艺术创造力工具,表达他们的艺术价值成果。(8)元宇宙创造开源式的艺术社区,或者社区艺术,打破传统的封闭精英艺术系统,强化大众的参与性和互动性。

总之,因为元宇宙,可以实现经济、科技和艺术的融合,实现数字

---

① 刘永谋:技术如何解决"艺术危机"? 2020.10.26. https://renzhichu1987.blogchina.com/989754010.html.
② 贝尔纳·斯蒂格勒.人类纪里的艺术:斯蒂格勒中国美院讲座[M].重庆:重庆大学出版社,2016.

化、智能化和艺术化的融合，构建深入生活现场的"新型公共艺术"，成就艺术改变生活的目标，实现当代艺术的救赎。我本人目前正在推动的元宇宙电影就是一种挽救传统电影危机的实验。

元宇宙和非经典媒体 ①

我很赞成"超媒体"（Meta Media）概念，因为"超媒体"与"元宇宙"媒体在技术和机制方面是相通的。我们正在告别传统的，或者说古典的媒体，走向非经典的媒体，即超媒体。

第一，工业时代遗留的经典问题。元宇宙时代确实到来了。元宇宙时代是互联网时代的延续。互联网时代不同于工业时代。因为互联网改变了人们生产、交易、工作、交往和生活方式。支撑互联网时代和互联网社会的是信息和大数据。

但是，人类即使进入了互联网时代，依然无法根本摆脱工业时代遗留的各种经济、政治和社会问题。人们继续对各种与实体经济相关的问题焦虑，比如 GDP 增长率、M2 的供给量增长率、通货膨胀率、利润率和就业率，还有能源问题、人口问题、老龄化问题、社会贫富差距问题，以及全球化问题，不一而足。说到底，这些问题都属于工业时代的"经典"性问题，本质是社会的总供给和总需求难以实现均衡，所以金融危机、产能过剩危机、消费不足危机等危机不断。而所有这些问题都与 4 个问题相联系：too much money、too much capital、too many people 和 too much time。

所谓 too much money，即货币供给过剩，货币贬值。所谓 too much

---

① 本节系作者在 2021 年 12 月 27 日"现代传播集团年会"《走进新时代——现代传播的超媒体时代》的发言修订。

capital，即资本过剩，资产价格上涨。所谓 too many people，即全球人口过剩，就业成为全球性、持续性压力。现在全球人口接近 80 亿，达到 100 亿，不过是在不久将来的哪年而已。这世界究竟需要多少人生产，就足以支撑 100 亿人？应该说，几千万人而已。所谓 too much time，现在人们工作时间普遍缩短，余暇时间增加。

解决所有这些工业时代的经典问题，或者遗留问题，如果仍然用传统的办法——传统的思维、传统的手段、传统的技术，会越解决越困难。势必继续焦头烂额，累得死去活来。所以，在全世界基本解决温饱之后，人类需要寻求用全新的模式，非经典的模式解决工业时代存留下来和日益恶化的经典问题。

第二，人类颠覆传统的选择方案。对于传统工业社会的各种基本问题，存在两个颠覆传统观念的解决方案，或者称为"后人类"方案。

方案 I：太空迁徙。虽然地球是人类的摇篮，但是人类不能永远在摇篮里生存，而且摇篮已经破旧不堪，且危机重重。人类已经发展到离开人类文明的摇篮——地球，实现太空迁徙的历史阶段。火星成为第一目标地。火星探测器进展显著。火星登陆计划已经启动。马斯克是太空迁徙的代表。2021 年 12 月 25 日，NASA 经过 20 多年的努力、100 亿美金的投入，发射了詹姆斯·韦伯望远镜，它是哈勃太空望远镜的继任者，也是世界上最强的空间科学天文台，在飞往宇宙尽头的过程中，观测遥远的宇宙深处，破解太阳系谜团，探索宇宙的起源。太空迁徙计划，已经刺激了太空资本投入，形成太空资本主义。

方案 II：构建虚拟现实社会。通过计算机科学，即算力革命和人工智能技术的最高成就，最新的通信技术，例如 5G、6G，以及虚拟现实技术，构建虚拟现实社会。在算力革命方面，量子科学的进展是超出大家想象的。2021 年 11 月份，IBM 宣布，推出全球首个 127 量子比特处理器，规模超越谷歌。这里所说的虚拟社会就是元宇宙。在这个虚拟社会，人类可以从事在地球上的任何活动，实现某些在地球现阶段无法实现的目标。也就是说，人们可以将时间分别用于现实世界和虚拟世界，即元宇宙。在虚拟社会，价值不再是积累，而是创造，没有想象力就没有创造，没有创造就没有价值，这是翻天覆地的变化。NFT 就是虚拟社会具有潜力的价值工具。

第三，元宇宙和媒体革命。因为数字技术推动的信息时代到来，人类开始数字化转型，而且开始了两个关系人类存亡的太空迁徙和构建虚拟社会的宏大计划，传统大众媒体模式需要革命。事实上，因为自媒体的形成和发展，传统大众媒体模式革命已经开始和深化。自媒体被定义为基于互联网和数字技术，以个人传播为主，向非特定人群或者个人崇拜者传递规范性及非规范性信息的媒介行为。但是，即使自媒体，依然保留着传统媒体的一些根本性弱点，媒体存在制造者和读者、观众的界限，继续存在信息不对称，甚至信息鸿沟。也就是没有解决读者和观众的参与问题。

现在需要将元宇宙和媒体结合，构建元宇宙媒体。相较于传统媒体，元宇宙媒体就是非典型媒体。元宇宙媒体就是将媒体功能和元宇宙的基本特征融合在一起。元宇宙的基本特征包括数字身份、社交网络、沉浸式的体验、超越现实的自由和多元性、不受地点的限制和利用终端随时随地出入、超越时空界限等。所以，元宇宙媒体体现了数字世界与物理世界、数字生活与现实生活、数字身份与现实身份的一体化。

从根本上说，元宇宙媒体形态和元宇宙信息形态将高度重合，元宇宙媒体的制造主体和受用主体也会高度重合，元宇宙媒体和元宇宙教育高度重合，形成通过 DAO 的原则，而不是现在人们熟悉的公司方式所建立的元宇宙媒体生态。到那时，传统古典媒体只存在于元宇宙的博物馆。

现在，我希望年轻人认识到，虽然人类面对太多的困难和挑战，但是，在困难和挑战的背后是一场伟大转型（great transformation），比卡尔·波兰尼1944年所描述的大转型更为恢宏，很可能是数字文艺复兴时代正在到来。谁有这样的意识，谁就代表未来。

元宇宙中的宏观经济和时尚产业 ①

问：元宇宙是否是全球商业的共识？相比"碳中和"目标，元宇宙在中国是否具有不确定性？中国企业或政府是否存在对于元宇宙的倾向和侧重方面？

朱嘉明：第一，元宇宙是不是全球商业的共识？我个人认为，目前还很难说在全球范围内，所有的行业都对元宇宙形成共识，因为这个共识是需要对元宇宙从概念、技术、基础到应用领域都有相当的认知之后，才可能形成共识。现在可以预见到，元宇宙有可能会成为全球商业相对集中关注的一个领域。至于什么时候能够形成共识，还需要时间观察。可以肯定的是，驱动元宇宙开发的动力来自不同产业对元宇宙的需求，实现和不同产业的结合，进而看元宇宙是否可以在资本市场上获得足够的资源。第二，与"碳中和"相比，元宇宙在中国是否具有不确定性问题？事实上，"碳中和"技术本身也具备不确定性。在中国，元宇宙的前途当然存在相当的不确定性。这个不确定性与技术的成熟速度、政府关于元宇宙的相关政策、全球范围内元宇宙的演变趋势，以及元宇宙对经济、政治、社会全方位的影响有着极大的关联性。第三，所谓的中国的企业和政府倾向和侧重于哪些方面？对于企业来讲，关注的是，元宇宙

---

① 本节系作者于2022年1月12日接受"华意明天传媒集团"专访时的对话记录修订。

是不是一个新的重大的商业机会，是不是未来投资的一个风口，是不是可能带来下一波数字经济的高潮？对于政府来讲，更多的是考虑元宇宙所包含的风险、政府监管以及援助。在经济范畴，元宇宙是不是增加就业，成为经济下一波发展的一个新的动力。

问：中美是否在元宇宙概念上有不同？有何不同？是否美国更趋向于数字货币金融手段？中国市场对于元宇宙的认知是否还在概念阶段？是否有哪些行业开始真正的元宇宙布局？

朱嘉明：第一，如果用中美两个国家来划分对元宇宙认知的差别，似乎并不那么"科学"。中美在关于元宇宙基本概念、基本技术和应用方向等方面，并不存在本质上的差异。即使在世界范围内，也不存在基于国别的差别。第二，美国未来元宇宙发展，在政府监管条件下，确实与数字货币存在紧密的可能性。至少，数字货币被认为是一种数字资产，在某种程度上，元宇宙和数字资产相结合，具有天然的逻辑。第三，在中国，市场对于元宇宙的理解，普遍处于概念阶段，停留在文字上或者说法上的理解。但是，中国确实有越来越多的企业和行业，甚至政府部门，开始探索和试验元宇宙与现实经济的结合。在这些方面，中国很可能是世界上跑在最前面的国家。第四，中国确实已经出现初步的元宇宙与实体经济结合的布局，现在行动最快、布局最快、潜力最大的是教育产业、文化产业、艺术产业，以及能源和加工产业，特别是智能制造产业。

问：您预判2022年元宇宙概念将在中国发展到哪一阶段？

朱嘉明：2022年元宇宙很可能在以下三个方面有非常重大的突破。首先，元宇宙与教育、文化、加工工业，还有可能与农业、医疗产业和旅游产业相结合。也就是说，元宇宙可能在第一、第二和第三产业都会有所突破。在2022年可能会有相当多的关于元宇宙与不同产业结合的新案例。所以，2022年是中国元宇宙与现实产业结合的关键一年。其次，元宇宙会和一些区域经济的发展结合在一起，形成元宇宙和区域发展互动的局面。现在这样的试验已经在北京、重庆、上海以及大湾区开始。此外，在中国，元宇宙的技术会进入加速度开发阶段，会有一系列创新。

问： 以您的判断，元宇宙对于服装行业，将有什么样的机会亟待把握？

朱嘉明： 我刚才已经提到元宇宙与文化产业的结合。文化这个概念可以是狭义的，也可以是广义的。现代服装业，具有相当多的文化特征，或者说，文化包括了服装行业。可以认为，元宇宙为服装业的发展提供了更大的平台或者空间。因为未来世界消费品，包括服装消费存在这样的明显趋势：个体化，个性体验需要虚拟和现实结合，或者说，服装业和消费者结合，将越来越取决于消费者对服装的认知和体验。所以，对服装业，包括传统的模特，只有在超越物理空间的元宇宙的平台下，才可能实现具有美学价值的新款、新潮流、新颜色的消费体验和试验，并提前通过NFT实现最终价值。

简言之，元宇宙将推动包括服装业在内的时尚产业革命。

元宇宙电影的前途和希望①

> 凡一代有一代之文学……
>
> ——王国维

2021年,"元宇宙"概念横空出世,构成了对经济、文化、艺术和社会全方位的冲击和挑战。其中,传统电影业首当其冲。将元宇宙元素体现在观念、内容、背景和技术手段的所谓"元宇宙电影",正在引发虚拟数字和电影业界的关注。如果说,自20世纪初诞生的电影是工业革命、工业科技和工业社会的产物,是工业时代的一种映射现实的存在。那么,元宇宙电影则是IT革命、数字技术和信息社会的产物。所以,元宇宙电影并非传统或经典电影的延伸,它代表的是新的虚拟时空,是一种新的艺术形态。如今,元宇宙电影还处于发育的早期阶段,但是,其潜力和张力已经展现,元宇宙电影的人文、艺术和社会的意义已经开始彰显。

影片《劳工之爱情》和传统主流电影理论

1922年1月18日,当时的明星影片股份有限公司在上海发行和

---

① 本文系作者于2022年1月18日基于苇草智库主办的"元宇宙电影的前途和希望"、2022年1月28日横琴数链数字金融研究院和电影界联合召开的"元宇宙电影是一场电影新革命"研讨会上的主题发言记录稿,合并修订而成。

上映了一部爱情、喜剧类型影片，片名为《劳工之爱情》。导演张石川（1880—1953）是中国电影的标志性开拓者。

《劳工之爱情》剧情简单，摄影技术较粗糙。影片主要角色没有一个是真正的劳工，不过是一位水果摊贩、一位卖膏药的郎中和他的女儿。至于水果摊贩和郎中女儿的暧昧，很难被称为"爱情"。但是，在1922年上海特定的历史大环境下，"劳工"和"爱情"这两个概念，不仅非常时髦，而且很有冲击力，足以吸引当时的进步人士和对电影着迷的年轻一代去看这部电影。

但是，不得不承认，该片反映了当时市井小民的真实生活。在这部电影中，郎中的眼镜掉了两次，影片通过郎中那个黑框圆眼镜透视这个世界。即使100年后，仍旧可以感受到影片穿越时空的生活气息和烟火气息。中国电影从《劳工之爱情》开始，到20世纪30年代的电影，包括《马路天使》《十字街头》，再到20世纪40年代末期的《乌鸦与麻雀》《七十二家房客》，所要追求和实现的是电影要反映真实社会的主流思想。之后的中国电影仍旧基于现实主义的原则，只是这个现实主义是革命元素主导的。

中国电影的现实主义，源于世界电影的现实主义。安德烈·巴赞（André Bazin，1918—1958）1945年提出的电影现实主义体系，就是一种理论总结和升华，影响了20世纪中叶以来世界电影的发展。巴赞认为：电影的本质就是要捕捉完整的现实，摄影为实现电影的真实性提供了一种技术保证。巴赞的"电影是现实的渐近线"成为"写实主义"的口号。巴赞的理论在国内被翻译为"纪实理论"。不论中外电影界是否存在所谓的"误读巴赞"，不能不说巴赞的核心思想在于提出了电影的本质在于完整复制现实，而电影发明前的艺术都是表现主义的体现。

元宇宙电影：解构传统电影复制现实的本质

如何定义元宇宙电影，不是讨论元宇宙电影的前提。因为现在并没有出现完整意义的元宇宙电影。但是，具有元宇宙元素，或者元宇宙电影基因的电影已经出现，其最重要的特征就是解构和改变传统电影复制现实的本质。

如果按照这样的标准，考证元宇宙电影的进化历史，最早的代表作当然是 1931 年上映的基于雪莱夫人的小说《弗兰肯斯坦》改编的同名电影。[1]《弗兰肯斯坦》作为最早的科幻电影，至少就内容而言，全然与现实和真实世界没有任何直接关系。自此，开启了科幻电影的先河。

进入 20 世纪 60 年代之后，科幻电影逐渐与现实主义电影呈现"分叉"。1968 年的科幻电影《2001 太空漫游》（2001: A Space Odyssey），被誉为"现代科幻电影技术的里程碑"，实现了冷战背景和科幻元素的结合。但是，电影在内容和观念上真正摆脱现实主义束缚，在技术上从传统技术进入数字技术的转折点，是 1977 年鲁卡斯导演的《星球大战》（Star Wars）。

进入 20 世纪 90 年代，科幻电影的张力全面显现。特别是 1993 年的《侏罗纪公园》（Jurassic Park）和 1999 年的《黑客帝国》（The Matrix），开始呈现多样性的元宇宙电影元素。其中，《黑客帝国》以典型的元宇宙思维，通过宏大的隐喻，构建了一个涵盖神话、哲学、宗教、机器人和人工智能的虚拟世界。

进入 21 世纪，含有元宇宙元素的电影获得长足的进展。被公认的

---

[1] 1931 年 11 月 21 日，美国环球影业公司发行，詹姆斯·惠尔（James Whale）导演，鲍里斯·卡洛夫（Boris Karloff）扮演科学怪人，佩姬·韦布尔（Peggy Webling）改编，剧情大致忠于原著。

代表作有 2009 年的《阿凡达》(*Avatar*)、2010 年的《创·战纪》(*Tron: Legacy*)、2014 年的《超体》(*Lucy*)、2017 年《银翼杀手 2049》(*Blade Runner 2049*)、2018 年的《头号玩家》(*Ready Player One*)和 2021 年的《失控玩家》(*Free Guy*)。目前,《头号玩家》被认为最接近元宇宙概念的电影,被操作的虚拟世界吞噬现实生活,体现出未来元宇宙所面临的危机。

总的来说,如果以电影过去 100 年作为一个历史进程来看,科幻电影的产生,导致电影内核发生了分裂:传统的,或者古典电影坚持现实主义美学路径,坚信电影是对现实的投射理念,着迷于电影和现实之间的关系;而元宇宙电影则以非现实主义为历史出发点,以展现虚拟现实为目标,元宇宙的理念、元宇宙的空间、元宇宙的生命形态,构成了元宇宙电影的新元素。元宇宙电影的路径不是折射现实,而是越来越背离现实。支持元宇宙电影的虚拟艺术带来新的虚拟主义美学,同样可以令人着迷。《阿凡达》具有典型的虚拟美学价值。

什么动力使元宇宙电影"破茧而出"

电影历史表明,是先有工业革命、工业发明,后有电影艺术。例如,电影的投影系统和摄影技术,电影从无声到有声、从黑白到彩色,都是工业发明的结果。电影是通过视觉和听觉实现的现代艺术形式,自始至终建立在科技进步和电影产业应用的基础上。或者说,电影的本质是现代科技与艺术的综合体。甚至在某种意义上说,电影至少是包括机械、光学、录音、化学,以及能源产业支持的一种特殊的"工业组合"。其中,电影需要依靠机械化过程实现某种中转。所以,没有科技和工业所支持的电影体系,传统电影所讲的现实主义美学和人文主义就将失去载体和平台。2013，美国率先停止使用胶片，欧洲跟进，这是历史的大事件，标志着传统工业技术支持的电影时代的完结，电影基于数字和数码技术基础的时代的开始。说到底，一个多世纪以来的电影，首先是工业革命和工业社会的产物。

自 20 世纪中后期，发生 IT 革命、信息革命，数字技术不断加速发展。如今，数字技术正在改造主要经济和产业部门，进而改造社会，并进入包括电影在内的文化艺术领域。数字经济、数字社会和数字艺术，正在重构一种新的"存在"。元宇宙电影正是这种"存在"的展现方式。

迄今为止，科技革命所引发的具有元宇宙元素的电影分为四类：其一，以元宇宙思维提出电影的主题，例如《星球大战》，超越地球，就是元宇宙思维。其二，以元宇宙的多维空间作为电影呈现空间，例如《黑客帝国》创造了"矩阵"时空。其三，以元宇宙的虚拟人类，或者硅基生命作为电影主体，例如《银翼杀手2049》。其四，以虚拟现实技术作为电影的底层技术，例如《头号玩家》使用了 VR 技术。近两三年来，威尼斯电影节和其他国际电影节，都设置了 VR 电影单元。VR 电影，即虚拟现实电影，伴随 VR 技术的发展，已经有了不少于 10 年的历史。

总之，是先存在了具有元宇宙不同元素的电影，因为现在有了元宇宙的概念，倒过来，将这些具有元宇宙元素的电影，纳入元宇宙电影的早期阶段。"元宇宙电影"是对一种电影新物种存在的概括。

元宇宙电影的基本特征

虽然元宇宙电影尚处于"破茧而出"的早期阶段，但是元宇宙电影的一些根本性的特征，或者说，与传统电影的基本差别已经充分显现。

第一，元宇宙电影代表的价值观念。元宇宙的价值观念体现还在形成之中，包括科学主义、后人类主义、非人类中心主义和生态主义。特别是，元宇宙电影具有与人工智能，甚至生命科学、相对论和量子科技的天然渊源，为其价值观提供了全新的科学基础。本雅明（Walter Bendix Schoenflies Benjamin）在其电影理论中，具有强烈的"技术乐观主义"倾向，他认为，因为电影是最具有科技含量的，所以科技的改变导致电影的改变。[1]也就是说，被数字科技所驱动的元宇宙电影，在与传统电影分流的过程中，不仅会扬弃基于工业时代科技的传统电影人文主义，而且会产生新的价值观。

第二，元宇宙电影改变时空维度。元宇宙电影以宇宙为视角，而不再以地球为视角，突破"矢量"形态的时间形态，未来可以插入和改变现在。

第三，元宇宙电影创造了"全局视觉"。元宇宙电影以虚拟现实技术作为其核心技术，通过VR、AR、MR和ER技术，还有3D技术，创造出360度，甚至720度的"视觉域"。而720度就是180度的全方位立体状态。其实，720度全景图是视角超过人的正常视角的图像，彻底颠覆了传统电影的"视觉域"，为观众创造了超现实世界的多感沉浸环境。此外，元宇宙电影创造了奇观支配叙事，奇观比叙事还重要，奇观即美学的范式。

第四，元宇宙电影的主体发生变化。传统电影的主体是演员，元宇宙电影大量的主体已经不再是基于碳基元素的演员，而是虚拟生命、数字生命、硅基生命，以及他们的混合生命，并具有思考能力、灵魂和性格。此外，他们还可以发育、成长和永生。

第五，元宇宙电影改变编剧、导演、演员和观众的关系。首先，元

---

[1] 本雅明《机械复制时代的艺术作品》。参见：https://ptext.nju.edu.cn/bd/59/c12244a245081/page.htm.

宇宙的观众不再仅仅处于坐到屏幕前面的被动状态，观众可以"进入和参与"电影，可以与电影的主题和角色互动，在不同设备的支持下，获得感官的全方位触动。其次，编剧是开放的，电影的故事是动态的。再次，电影演员与观众的关系，与在舞台表演中完全不同。之前他们之间是封闭的，不能彼此互动。在元宇宙电影中，这样的关系会被打破。进而，传统电影的"明星制度"会因此而动摇。此外，传统电影决定于导演的视角，元宇宙电影则观众和电影其他参与者都可以分享导演的功能。

第六，元宇宙电影的叙事语言多元化。传统电影的叙述语言是单一和从一到终的。元宇宙电影可以开一个头，通过广大网民的参与，实现几百种、几千种，甚至数万种的表达，最终在互动中生成。

第七，元宇宙电影改变了电影的主语结构。第三人称，将向第一人称转变。所谓的第三人称，在传统电影时代是"观众"，在元宇宙话语体系下，就是"玩家"。元宇宙电影将观众变成玩家，玩家成为观众。未来将是，没有玩家的电影就不是元宇宙电影，而没有玩家的电影是没有前途的电影。

第八，元宇宙电影是奇观支配叙事，奇观比叙事还重要。元宇宙电影创造了另外一种真实，甚至比真实更真实。2019年4月，巴黎圣母院被烧毁，人们为如何再造巴黎圣母院一筹莫展。而因为一部2014年制作的电子游戏《刺客信条》，展现了超越真实巴黎圣母院的虚拟巴黎圣母院，后者甚至比前者更为真实，最终解决了再造巴黎圣母院的困境。

第九，元宇宙电影可以重塑本雅明提出的"灵光"和"神圣感"。本雅明认为，艺术品原本作为崇拜仪式、宗教仪式而产生并存在，贮藏着灵光与神圣感。具体来说，灵光具有权威性、仪式性和独一无二性的特征,代表的是一种非同寻常的时空界面。① 只是现在的传统电影,"灵光"和"神圣感"不复存在。元宇宙电影可以重新引入"灵光"和"神圣感"。事实上,这已经被具有元宇宙元素的电影所证明。

图5.4 《刺客信条》中的巴黎圣母院②

第十,元宇宙电影改变了"艺术"本身。所谓的"电影艺术"概念所传达的是电影和艺术不可分割。"近20年来,无论物质,还是时间和空间,都不再是自古以来的那个样子了。人们必须估计到,伟大的革新会改变艺术的全部技巧,由此必将影响到艺术创作本身,最终或许还会导致以最迷人的方式改变艺术概念本身。"③ 因为元宇宙电影的全新技术基础,以及天然具备的沉浸性、体验性、参与性和互动性,元宇宙电影无疑正在孕育新的艺术概念和形式,如同100年前的传统电影一样。

---

① 本雅明《机械复制时代的艺术作品》。参见:https://ptext.nju.edu.cn/bd/59/c12244a245 081/page.htm。
② 参见:https://news.artnet.com/market/how-technologies-old-and-new-will-be-needed-to-rebuild-notre-dame-1520689。
③ 本雅明《机械复制时代的艺术作品》。参见:https://ptext.nju.edu.cn/bd/59/c12244a2450 81/page.htm。

大势所趋：元宇宙电影和电子游戏的融合

20世纪中后期，电子游戏蓬勃发展，成为一种新型的艺术形态。直接推动元宇宙爆发，开创元宇宙元年的《堡垒之夜》就是一款电子游戏。之前2001年的《传奇》、2004年的《魔兽世界》、2009年的《英雄联盟》和2011年的《我的世界》都展现了电子游戏的生命力、潜力和超现代的艺术特征。《魔兽争霸》曾经是一代人的记忆，其社会性影响几乎是任何电子游戏不可比拟的，《魔兽争霸》玩家形成了带有历史印记的一个社群。

所以，2011年美国国家艺术基金会正式提出游戏是一种艺术形式。进而CNN提出电子游戏将是21世纪最重要的艺术形态。

在电子游戏蓬勃发展的过程中，游戏的制作技术和游戏的技术基础远远超于电影技术，电子游戏和电影发生了多重融合，彼此融合已经是大势所趋。《哈利·波特》《指环王》同时有电影版和游戏版。2001年，《哈利·波特》电影上映，20年后的2021年，网易《哈利·波特》游戏版一上线就获得成功。在可以预见的未来，电影和游戏之间泾渭分明的界限将逐渐消失。

为什么会发生元宇宙电影和电子游戏的融合，彼此界限走向模糊？这是因为：（1）玩游戏是人的天性，元宇宙电影和电子游戏的融合能使人更多地享受游戏的快感；（2）元宇宙电影具有创建虚拟时空和虚拟美学的内在动力；（3）电子游戏本身带有天然的虚拟现实、虚拟艺术特征，以及后来形成的游戏"玩家"的参与与互动的特征。两者的互相碰撞，加剧了元宇宙电影元素的化学反应。

毋庸置疑，电子游戏对元宇宙电影的影响和改造是深刻的。没有电子游戏支持，元宇宙电影将无法实现虚拟现实。在技术方面，游戏虚拟引擎是一个物理引擎，跟现实世界人们身体所呈现的感知系统是一致的。

现在很多新的电影制作公司在制作电影特效的时候，已经广泛借用游戏虚拟引擎。游戏和电影之间的联动已经开始。电子游戏和元宇宙电影的技术正在走向一体化。

在当今世界上，玩游戏的人口大幅度超过看电影的人口。目前全世界共有约 78 亿人，据统计，2020—2021 年，全球游戏玩家增长了 5.4%，总数已超过了 30 亿。预计到 2024 年，全球游戏玩家总数将超过 33 亿。如果对 33 亿人的年龄结构做分析，可以毫不夸张地说，构成 33 亿的年龄结构的主体是 80 后、90 后，甚至更多的是 00 后，即 Y 世代、Z 世代和 Alpha 世代，他们是电子游戏的主导人群。

21 世纪以来，科技引领的视觉革命的技术，其实不是掌握在传统电影制造公司手中，而是为游戏公司所主宰。因为电子游戏公司在技术上不断推进，形成对电影公司的技术溢出和转入。电子游戏的巨头公司包括腾讯持 48% 股份的 EpicGames，还有 EA 和 UPsoft。这些公司因为技术领先优势，很可能成为影响元宇宙和元宇宙电影的发展，以及成为推动视觉艺术文化创新的经济实体。

基于参与电子游戏的人口基数和人口构成，电子游戏的经济规模远远超过传统电影的经济规模。全球游戏市场规模将从 2021 年的 1 758 亿美元增长至 2024 年超过 2 000 亿美元。[①] 这是电影票房规模的 10 倍之多。

元宇宙电影作为经济系统

20 世纪是工业时代，成就了太多工业产业，也成就了以工业技术和

---

① 调研机构《2024 年全球游戏市场规模将超 2 000 亿美元》。参见：https://www.ali213.net/news/html/2021-7/607903.html。

创新作为基础的电影产业。于是，美国好莱坞环球影城成为全球光彩夺目的文化艺术中心。之所以说电影是一个产业，是因为电影是一个以科技和艺术为基础，涵盖了包括资本、劳动和土地等生产要素的"经济系统"。这个系统通过电影企业，经过生产制作和消费，创造了价值和就业。其中，好莱坞和华尔街存在着不可分割的历史渊源。

元宇宙电影的未来发展，很大程度上取决于是否能够构建一个有别于传统电影的新型经济系统，集中在以下几点：

第一，新"资本"。因为传统电影业的制造成本越来越高，所以对资本的依赖程度也越来越高。资本对电影具有决定性话语权。实现 IPO，电影公司需要服从资本市场的规则。元宇宙电影的成长，需要与数字金融创新相结合，引入数字金融工具。例如，2021 年夏天，Vine 联合创始人多米尼克·霍夫曼（Dominik Hofmann）推出了 NFT Loot，可以启发元宇宙电影领域的金融创新。

第二，新"产业结构"。传统电影的产业链包含了制作、市场营销、消费需求和衍生产品等环节。元宇宙电影的产业生长，不是对传统电影产业链的改造和升级，而是根据虚拟艺术的特征，重构全新的"产业结构"，其中虚拟技术创新、IP 运作、衍生品发掘、用户体验和参与，将构成重要组成部门。在这方面，游戏产业、沉浸式话剧、人工智能应用于移动互联网场景产业，都提供了足够的借鉴经验。

第三，新"资产"。元宇宙电影还将积累有形的和无形的知识产权，构成元宇宙艺术资产。衡量和实现这些资产的最佳形式就是 NFT。在继续开发 NFT 的同时，需要拓展虚拟资产、虚拟艺术的价值概念和工具。最近，一个被称为"人类文明综合贡献值"的概念，很具有创造性。①

---

① 大西洲跨界创新机构创建人彭顺丰在 2022 年 1 月 28 日"元宇宙电影是一场电影新革命"研讨会的发言中提出"人类文明综合贡献值"概念。

第四,新"价值体系"。元宇宙电影价值评判将摆脱传统电影的"票房价值"标准。这是因为,元宇宙电影将会创造出以虚拟现实技术支持的数字艺术模拟空间,突破传统电影的院线传统平台。所以,衡量元宇宙电影的价值标准不会是"票房价值",而是参与数量,很近似于互联网发展史上的"点击率"(click-through rate),即指网站页面上某一内容被点击的次数与被显示次数之比。

第五,新"组织模式"。元宇宙电影的创造主体,将不再是资本主导的 corporation,而是根据非中心化组织 DAO 的原则,建立投资、创作、生产和消费者的新型关系,将元宇宙电影的内容创作过程、角色选择、拍摄制作和播放发行,都纳入 DAO 的生态,逐渐形成以合作经济和共享经济为基础的元宇宙电影体系。

关于元宇宙的经济系统结构见图 5.5。

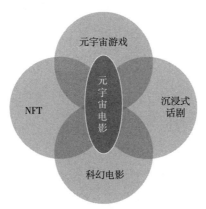

图5.5 元宇宙的经济系统结构

需要特别强调的是,在元宇宙电影经济系统背后提供支撑的是数字科技的硬核技术,包括 GPU 芯片、网络、服务器、算力、存储,还有就是充足的能源。

中国和元宇宙电影

1895年,法国发明家卢米埃尔兄弟(Auguste Lumière,1862—1954;Louis Lumière,1864—1948)发明和创造,最终推动了现代电影的诞生。此时的中国还处于农业时代的清朝,并陷于甲午战争失败的阴影中。1929年5月,已经兴起的好莱坞颁布第一届奥斯卡金像奖的时候,中国因为军阀割据和内战,经济、社会和文化进一步落后。自20世纪至今,好莱坞和华尔街集合,主导了世界现代电影潮流。

现在,因为数字科技革命与工业社会向数字社会转型,传统电影的技术基础和艺术模式也面临转型。具有元宇宙元素的电影获得了迅速发展,元宇宙电影的雏形已经呈现在人们面前。

中国在元宇宙电影领域,存在前所未有的历史机遇。这是因为:(1)在数字技术、算力技术、区块链、人工智能,特别是虚拟现实技术方面,中国具有相当的基础。(2)中国已经全方位开始元宇宙和不同产业结合的试验。(3)元宇宙相关人力资源丰厚。(4)文化底蕴源远流长。中国哲学、文化和艺术,原本就具有元宇宙基因。(5)中国具有试验和实践元宇宙电影的大众需求和社会生态。

现在中国需要在元宇宙电影的兴起之时,实现影视界和数字技术界的全面合作,创造元宇宙电影的先发优势,推动元宇宙电影革命的历史进程。

结语

现在,人们可以强烈地感觉到,基于数字技术的"数字文艺复兴"正在酝酿,甚至蓄势待发。如果说,传统电影将工业革命表现得淋漓尽致，那么集合了数字技术前沿成果的元宇宙电影，正在揭开数字时代文艺复兴的序幕。最近，在圣丹斯电影节首映的元宇宙专题纪录片名为《我们在虚拟现实中相遇》(We Met in Virtual Reality)。这部电影的主体都是阿凡达式的动画人物，高精度的虚拟人。这是元宇宙电影史的里程碑事件。值得关注的是，VRChat 为这部长达超过 90 分钟的元宇宙纪录片提供了虚拟平台。成立于 2014 年的 VRChat，目前拥有数百万名玩家，超过 40 000 名同时在线玩家，数十万个世界和超过一千万个独特的头像。

元宇宙电影本身就是 21 世纪科技革命、观念革命和艺术革命的集合，在可以预见的未来，元宇宙电影和传统或古典电影将在进一步的分流中并存，进而对后者加以侵蚀、改造，甚至解构。

近代大学者王国维先生说过："凡一代有一代之文学：楚之骚、汉之赋、六代之骈语、唐之诗、宋之词、元之曲，皆所谓一代之文学，而后世莫能继焉者也。独元人之曲，为时既近，托体稍卑，故两朝史志与《四库》集部，均不着于录；后世儒硕，皆鄙弃不复道。"虽然，王国维先生所讲的是中国文学历史，但是，其对于理解艺术历史非常有价值。原因在于：（1）自古以来，任何一种艺术都要经历从兴盛到衰亡的过程。（2）不要低估来自民间的"非精英"的艺术，它们很有可能最后"登堂入室"。中国的元曲就是如此。

比起舞台艺术的话剧和歌剧，传统电影开始并没有那么高雅，也不过是王国维先生所说的"托体稍卑"的艺术形式。然而，不过短短几十年，成为现代艺术的集大成者。不久之前，还没人接受游戏是一种艺术，现在游戏成了最有生命力的艺术，很快就进入不懂游戏就是不懂未来艺术的历史新阶段。元宇宙电影何尝不是如此。今天，传统电影的主流对元宇宙电影持怀疑，甚至冷漠的态度，因为至今尚未制作出改变电影范式的元宇宙电影。但是，传统电影从思想到内容、从技术基础到艺术形态、从资本到市场的危机积聚和加剧，会极大地刺激元宇宙电影的成长。元宇宙电影所代表的是科技、艺术、教育和生活结合的一种革命。

现在，元宇宙电影在与传统电影的博弈中胜出，不过是时间问题，即使这个时间还会很长。很可能，在未来的电影史上，经历20世纪辉煌时代的传统电影，很可能被称为"古典电影"。

附录　对元宇宙电影若干问题的思考[①]

2022年1月28日，横琴数链数字金融研究院联合电影界的朋友，召开了以"元宇宙电影是一场电影新革命"为主题的线上研讨会。与会者展开了相当深入的对话、交流与碰撞。我对会议所触及的若干基本问题和我本人的认知，归纳如下。

元宇宙电影正在构成对传统电影的全方位挑战

2021年全球最大的亮点是元宇宙的"横空出世"。元宇宙概念是对英文metaverse约定俗成的中文翻译。元宇宙的历史可以追溯到20世纪后期的互联网革命和进入21世纪后的大数据革命。元宇宙的本质是通过扩展现实技术（AR、VR、MR）、区块链、数字孪生、3D、5G、AI，以及大数据、云计算和量子技术的最新成果，构造映射现实世界和超越现实世界的虚拟世界。这个虚拟世界的本质是大数据和物联网的一种集合和集群形态。

元宇宙的出现，构成了对经济、文化、艺术和社会全方位的冲击和挑战。其中，传统电影业首当其冲：

* 将元宇宙元素体现在观念、内容、背景和技术手段的所谓"元宇宙电影"，正在成为电影新主流。
* 可参与的游戏正在侵蚀传统电影的领地。游戏和电影的界限加速模糊化。
* 支持传统电影的技术基础已经和加速改变。传统电影是摄像机对

[①] 本文于2022年1月31日发表在横琴数链数字金融研究院公众号。题目是《关于对元宇宙电影的若干问题思考》。

着现实世界拍摄，现在是用虚拟引擎拍摄电影；传统影视需要基地搭场景，现在可以使用数字虚拟场景。
* Y世代、Z世代和Alpha世代已经拥抱具有元宇宙元素的电影，未来势必成为元宇宙电影的参与主体。

现在，定义元宇宙电影还为时过早。但是，元宇宙电影和传统电影的关键性差别趋于明显：

* 元宇宙电影将打破编剧、导演、演员和观众的分工界限。传统电影的呈现方式是导演的视角，而现在是每个联网的人都可以选择自己的视角，并可以在元宇宙电影中选择各自的场景。
* 元宇宙电影的主体将超越碳基人类，而元宇宙电影则是硅基的和数字化的，具有思考能力、灵魂、性格的虚拟生命。
* 观众具有对电影全程的参与性、沉浸性和互动性功能。
* 传统电影的叙事语言是单一的，元宇宙电影叙事语言是开放的，可以生成成千上万，甚至上亿和数亿的结果。
* 传统电影的技术体系是定型的，而元宇宙电影基于的是不断涌现和升级的新的技术手段，不断改造电影的技术基础，包括多感穿戴设备和脑机接口。

传统电影危机的加速到来

目前，元宇宙电影正在破茧而出。元宇宙电影是一种元宇宙和电影结合的产物，是电影的新形态，在可以预见的未来，进入加速发展阶段。它正在导致传统电影已经存在的危机的积聚和深化：

* 传统电影的技术体系危机。电影是工业革命的产物，是照相技术、摄影技术和放映技术等工业发明融合的结果。也就是说，先有工业，后有电影艺术。今天，工业时代正在被数字时代替代，数字技术将彻底改造电影的生产模式。传统电影的技术体系危机正在到来。

* 传统电影的叙事模式危机。元宇宙电影是奇观支配叙事，奇观比叙事还重要。元宇宙电影创造了另外一种真实，甚至比真实更真实。2014年拍摄的《刺客信条》所展现的巴黎圣母院，比真实的巴黎圣母院更为真实。所以，传统电影追求的真实和人文主义的叙事模式面临危机。

* 传统电影的美学和审美危机。具有元宇宙元素的电影，带来新的美学和审美观念和标准。《阿凡达》就是一个典型案例。

* 传统电影背后的资本危机。传统电影的高资本投入，导致电影艺术，或者电影产业被资本所控制和绑架，导致电影艺术的艺术特质的丧失，观众长期以来处于被动接受的模式，形成传统电影越陷越深的结构性危机。元宇宙电影的产生、元宇宙电影制作的模式，可以打破资本的垄断。

* 传统电影制作的组织形态是工业时代中心化的"公司制"，元宇宙电影将DAO，即非中心化组织替代"公司制"。

拥抱元宇宙电影革命的新时代

虽然元宇宙电影还处于极为早期的阶段，在相当长的历史时期，元宇宙电影和传统电影还会并存和互相影响。但是，我们已经清楚地看到，不论传统电影试图进行怎样的革新，都似乎是一个步入黄昏的老人，正在走向末路。而没有硝烟和喧哗的元宇宙革命时代已经悄然来临：

* 元宇宙电影革命包括美学理念革命、艺术模式革命和技术性革命。元宇宙电影将突破传统电影的固化边界、虚拟与现实的边界、现在与未来的边界、艺术和科技的边界，展现未来世界和无限的想象力，展现21世纪的新"存在主义"。
* 元宇宙革命将重新确定电影在历史大转型中的地位和角色。传统电影曾经深刻地影响了工业文明和工业社会。现在人类会进入数字文明时代，而传统电影基本不能适应因为科技革命导致的人文主义危机和社会演变速度，严重滞后于人类社会大转型。元宇宙电影无疑具有顺应这种历史大变迁的基因，具有完成对传统电影的解构和未来电影定义和叙事语言的重构的张力。
* 元宇宙电影代表和展现的是数字文明。元宇宙电影不仅仅是一种数字技术的集合模式，更不是数字技术"野蛮人"对传统电影艺术领地的"入侵"，而是数字文明对工业文明的改造和升级。

当务之急：创建推动元宇宙电影革命的DAO

在19世纪后期，已经进入工业时代的美国发明家爱迪生和法国发明家卢米埃尔兄弟发明和开创现代电影的时候，中国还处于农业时代的清朝。进入20世纪，好莱坞和华尔街的集合，引领现代电影潮流长达一个世纪之久。

现在，人们可以强烈地感觉到，基于数字技术的"数字文艺复兴"正在酝酿，甚至蓄势待发。如果说，传统电影将工业革命表现得淋漓尽致，那么，具有元宇宙元素的电影、电影和游戏的融合将揭开数字时代文艺复兴的序幕。近日，一部名为《我们在虚拟现实中相遇》（We Met in Virtual Reality）的元宇宙专题纪录片，在圣丹斯电影节首映。VRChat 为这部长达 91 分钟的元宇宙纪录片提供了虚拟平台。这是元宇宙电影史的里程碑事件。中国需要在元宇宙电影的兴起之时，实现影视界和数字技术界的全面合作，迎头赶上，创造先发优势，推动元宇宙电影革命的历史进程。为此应该：

* 实现电影业和数字经济界"跨界"交流。
* 普及元宇宙知识，推动数字技术和元宇宙的常识性知识。
* 筹建以 DAO 为模式的"元宇宙电影"试验工作坊网络。
* 构建元宇宙电影合作基金和平台。
* 开启元宇宙电影的多元化试验，开发元宇宙电影的相关技术。
* 将 NFT 引入元宇宙电影的模式，创造元宇宙电影价值体系。
* 鼓励元宇宙电影的多样化创作和制作。

元宇宙是革命，元宇宙是世代，元宇宙是一种新文明。传统电影伴随了工业革命的整个过程，有了百余年的漫长历史。元宇宙电影将势必伴随数字技术和社会的演变，成为几代人的新视野。现在需要的是解放思想，焕发想象力，脚踏实地，加速元宇宙电影的成长，使之成为人类数字生活的组成部分。

第六章
元宇宙需要同步制度建设

元宇宙需要设计具有共享和公正特征的制度、法律和治理规则,实现社会收益和社会成本的可持续平衡。

元宇宙探索呼唤理性[①]

如果一个人贬低理性，世界就会分崩离析。

——拉尔斯·冯·特里尔

今天的会议，很可能是几乎一年来探讨元宇宙领域中的里程碑式的会议。今天我们以极大的激情探讨和理解元宇宙的同时，还要在现实世界生存，需要同时感受虚拟和现实两个不同的关联世界。此时此刻，我们在北京讨论元宇宙与碳中和，世界上还在发生战争，人类也还没有摆脱核战争的威胁。所以，我们现在已经开始生存在虚拟和现实的二元世界了，而这个二元世界前所未有的繁杂。

关于元宇宙的性质，有一个英文短语叫作 all in。这个短语是非常精准的：元宇宙可以包裹一切，所有物理的和虚拟的体系，都可以通过数字化和虚拟现实技术纳入元宇宙。对于元宇宙而言，既然无所不包，那么就构成了一个巨大的悖论和挑战——因为无所不包，意味着因此而来的无限责任。所以，对于元宇宙的思考和讨论，不仅需要想象力、激情和浪漫，而且需要理性、严肃和认真的态度。下面，我讲三个问题。

[①] 本文系作者于 2022 年 2 月 28 日在《元宇宙与碳中和》新书发布会上的会议发言。

第一个问题：为什么需要元宇宙

为什么元宇宙能获得全球性、跨界、跨世代、跨种族和超越社会阶层的关注和参与？根本的原因是，现实世界问题太多，积重难返。所有现实世界中的问题，已经不能够在已有的框架和已有的基本维度中解决了；唯有改变框架，提高维度，才能解决现实世界的问题。这是真正造成元宇宙爆炸或者元宇宙冲击波的根源所在。

在人类历史上，每次进步其实都是在遭遇危机和超越危机中实现的。而每次危机深化到一定程度，都不可能在原有的模式和维度下解决。需要通过构建新的模式并扩展维度，解决危机，人类才进入一个新的阶段。为什么人类从农耕社会走到工业社会，从工业社会走到信息社会？那是因为，农耕社会遇到的问题，农耕社会已经解决不了了，所以才有工业社会；工业社会有的问题解决不了了，才有信息社会。现实世界真正的问题是什么？是传统的经济增长模式进入全方位困境。

在我参与的 20 世纪 80 年代《走向未来》丛书中，我推荐和校对的一本书是罗马俱乐部编写的《增长的极限》。后来这本书被很多人批判，他们说罗马俱乐部的预测是错误的——因为人类经过了几十年，增长并没有到达极限。其实，问题没有那么简单。书中预测增长有极限，现在没有达到极限，并不意味着永远没有极限。今天的真实情况是，人类的增长确实已经逼近极限，导致逼近极限的核心问题就是人类经济发展所需要的资源和环境，已经不能够再支持原有的经济增长模式。在这样的情况下，人类不得不提出所谓的可持续发展。原来传统的物质性的生产不能继续下去了，因为环境已经难以支撑。这个危机是非常大的。但是，人类很难摆脱惯性，于是危机不断产生，危机叠加。如何解决霸权问题？如何解决通货膨胀问题？说了几十年，至今仍没有办法实现根本性突破。危机的趋势是物质生产和制造物质生产的能力变得越来越过剩，一方面经典的贫困被改变，另一方面新形态的贫富差距加剧。

总之，人类已经走到了传统经济结构和制度无法继续下去的历史阶段，需要新思维、新逻辑和新模式。元宇宙就应运而生。虽然人们赋予元宇宙很多想象力，甚至浪漫主义，但是，元宇宙的真正功能是为人类提供了一种新的选择和新的替代。这是元宇宙产生的本源，也是我们拥抱元宇宙的初衷。

第二个问题：如何在反差中深化对元宇宙的探索和思考

走进元宇宙，思考元宇宙，诠释元宇宙，探索元宇宙，参与元宇宙，终究需要理性。在回归理性中，需要不断转换角色，在反差中换位思考。

第一，想象和现实的反差。想象中的元宇宙和现实，究竟有多大的差距？这个差距无疑是巨大的——迄今为止还没有看到元宇宙完整落地的案例，也还没有办法证明人们所想象的元宇宙可以在现实中生根发芽。如何解决因为元宇宙、因为算力，可能使能源产生巨大缺口的问题？我们只能把它作为长期课题。

第二，理性和感性的反差。我们需要感性——如果没有感性，没有激情，怎么面向新事物？但是，感性无法替代理性。元宇宙的未来究竟是依赖自下而上的运作，还是来自自上而下的理性设计？如果是后者，理性的标准和规则是什么？如何将契约精神引入元宇宙？所有这些，都需要呼唤科学和理性。元宇宙到了更加需要科学和理性的时候了。

第三，设计与修正的反差。提出的元宇宙方案，或者框架，只有通过实践检验，进而发现误差，才能修正和完善。这是一个设计、修正、再设计的过程。

第四，定位和张力的反差。虽然人们已经对元宇宙有很多的说法，但无论如何，人们还很可能低估了元宇宙实际存在的张力。只有在探索和实践过程中，以及在实事求是过程中才能回答这样的问题：元宇宙的边界到底在哪里？新阶段的元宇宙存在哪些不可逾越的制衡条件？

第五，希望和危机的反差。一方面，我们对元宇宙充满了希望；另一方面，元宇宙很可能已经酝酿了某种危机。例如，人们是否有可能产生元宇宙审美疲劳。因为，元宇宙讲了那么多，实质性突破滞后；风声大，雨点小，会导致对元宇宙观念的一种信任危机——这是一个真实存在的逻辑。所以，从现在开始，元宇宙已经进入一个新的历史阶段。在这个阶段，更需要务实，更需要理性，更需要实践，更需要合作。只有这样，"可持续"概念和元宇宙才会结合在一起，让元宇宙成为可持续发展的目标、可持续发展的框架和可持续发展的平台。

第三个问题：元宇宙需要面对硬科技

元宇宙真正实现突破，需要解决制衡元宇宙的硬核科技问题。因为，元宇宙本身就是硬科技和软科技的结合系统。例如，元宇宙需要新能源技术，元宇宙大数据需要存储和分析，元宇宙需要标准体系，元宇宙需要新一代人工智能技术。为此，元宇宙需要更多的工程师、更多的技术人员和更多的企业家介入，需要教育革命，以支持元宇宙完成一系列实质性突破。以元宇宙电影为例，真正要做元宇宙电影，很多基础性技术困难是不可预估的，不是靠想象就可以解决的，需要系统性技术开发，真金白银的资本投入和团队的贡献。至于工业元宇宙，更为尖端，难度更大。

今天我讲元宇宙探索呼唤理性，是希望大家在激情和热情之后，在进行初步的理论性探讨之后，真正进入一个新的阶段，形成新的认知；将元宇宙作为历史性的艰辛工程，作为数代人为之努力的可持续事业；反对元宇宙的庸俗或媚俗化倾向，避免审美疲劳；要试验和实践，避免元宇宙成为一阵"其兴也勃焉，其亡也乎焉"的风潮。

数字化时代的垄断和贫富差别的新形态[1]

> 我们为自己争取的利益是不稳定和不确定的,直到它被我们所有人争取到并融入我们的共同生活。
>
> ——简·亚当斯

信息时代和信息资本主义

21世纪20年代的世界,无疑处于信息时代。在20世纪末,信息时代已经来临。20世纪90年代,有关"信息"的新词汇很多,诸如"信息经济""信息时代"和"信息化社会"。不仅如此,人们对信息技术所带来的经济与社会的改变,充满了憧憬。所有经历过这个时期的人们,对此都会记忆犹新。

1996年,历经12年的倾心研究,曼纽尔·卡斯特尔(Manuel Castells,1942—)的《信息时代三部曲:经济、社会、文化》,即《网络社会的兴起》《认同的力量》《千年终结》问世。

作者曼纽尔·卡斯特尔1942年在西班牙出生,先后在加拿大、智利、巴西、墨西哥、委内瑞拉、丹麦和美国教过书。该书的1996年繁体

---

[1] 本文系作者根据2020年11月22日在"长安俱乐部"举行的苇草智酷沙龙100期活动上所做发言记录修订。

中文版翻译，2000 年繁体中文修订版的领衔者是台湾大学教授夏铸九、王志弘，他们也是我在台湾大学教书时的同事。2003 年，社会科学文献出版社出版了简体中文版。

《信息时代三部曲：经济、社会、文化》框架宏大完整，是与信息革命进程同步的历史记录，用科学的思想来观察、想象、推理、认知一个正在来临的信息社会，给予信息时代以积极和完整的诠释，在对知识社会和信息社会的解析和描述的透彻性方面，至今难以被超越，绝非浅显的未来学著作。20 余年前，在《信息时代三部曲：经济、社会、文化》问世的时候，亚马逊诞生不久，全世界的大部分超级互联网公司尚未组建。所以，20 多年之后，这部书依然可以作为我们认知信息时代和信息社会的观念性参照系。

在全书的总导言开始，作者引用了《论语·卫灵公》的一段话："子曰：'赐也，汝以予为多学而识之者与？'对曰：'然，非也？'曰：'非也。予道一以贯之。'"

那么，什么是贯穿始终的根本呢？那就是作者所提出的"信息资本主义"（informational capitalism）概念：20 世纪 80 年代起进行的资本主义再解构过程，加速、引导和塑造了信息革命范式，并形成相关的社会形式。"因此，新的技术-经济系统可以很恰当地称为信息化资本主义"。[①] 此外，因为信息革命，需要将"发展"（development）重新定义为"信息发展"（info-development）。唯有理解"信息资本主义"，才有助于理解第一卷《网络社会的兴起》中的诸多问题，包括信息革命和工业革命的差别，信息主义、全球化和网络化，网络企业，网络时代的工作和就业，虚拟文化，流动空间，虚拟时间，以及网络社会等。

---

① 曼纽尔·卡斯特尔.信息时代三部曲：经济、社会与文化［M］.夏铸九，王志弘，译.北京：社会科学文献出版社，2003：19.

信息革命的本质是技术革命，但是，此次革命不仅没有可能与其所置身的资本主义环境分离，而且在解构了工业资本主义的同时，再构了信息资本主义，造就了网络时代的全球化。其中，最值得认识的就是基于互联网的"流动空间"的形成与拓展。于是，没有任何地方是自在自存的，因为位置是由网络中的流动交换界定的。地方并未消失，但是地方的逻辑与意义已被吸纳进网络。①

那么，如果以过去24年作为时间尺度衡量，《信息时代三部曲：经济、社会、文化》在哪些方面存在显著的历史局限性？或者预见得不够充分？主要是：（1）大数据在信息化社会的根本性地位。信息化社会就是通过大数据来改造社会的。大数据的规模以几何级数膨胀。所以，超级算力成为数字化的核心所在，而超级算力与人工智能不可分割。（2）以比特币为代表的加密数字货币的产生，新财富形态的崛起。（3）信息资本主义的垄断、贫富差别和数字鸿沟。

过去的近四分之一世纪，信息社会的异化

大约在一代人的时间，因为信息技术革命的推动，不仅实现了信息经济和信息社会的形成与发展，而且发生了若干方面的"异化"（alienation）。之所以引入"异化"这样的哲学概念，是因为信息时代具有强烈的"他者化"趋势，原本相似或相同的事物迅速改变为不相似或不相同，人们对于信息革命的理性认知和理想主义，迅速走向反面。背后的推手就是"异化"。表现在以下四个方面。

第一，科技异化。在工业革命时代，科学技术发展基于学科和部

---

① 曼纽尔·卡斯特尔.信息时代三部曲：经济、社会与文化[M].夏铸九，王志弘，译.北京：社会科学文献出版社，2003：506.

第六章　元宇宙需要同步制度建设

门。熊彼特的创新模式，是从一个创新产品的诞生，带动一个行业的诞生，再带动经济部门的产生，最后形成一个包括生产、消费、分配的完整新经济范式。信息时代之后，科技发展开始成为跨学科、跨部门的行为，科学与技术相互影响，科技革命效益叠加。科技异化特征集中体现为"颠覆定律（幂指数定律）"：科技的发展是指数式的，而社会、政治和经济体系的变革是渐进的，或者说，科技发展造就了巨大的变革可能性，而实际体制取得的变革落后于此，所以，两者之间的鸿沟不断扩大。再以"摩尔定律"为例，集成电路上可以容纳的晶体管数目在大约每经过 18 个月便会增加 1 倍。如今，摩尔定律通过芯片技术持续创新，继续主宰着半导体产业。库兹涅茨还提出了技术奇异点假设：未来技术发展可能在很短的时间内发生极大的接近于无限的进步，从而让社会乃至全人类措手不及。在这样的科技环境下，每一个人都会感到被绑架。这些都是未来学家，包括托夫勒和纳斯比克，都没有充分预见的。

第二，人的异化。信息时代的人的异化是全方位的：（1）人的身体被改造。例如，体外受精——胚胎移植技术、基因工程和基因组编辑。（2）脑部接口，接近初步的人体试验的历史性阶段。（3）人被改造为大数据的生产者、消费者和被控制的对象。（4）人被智能体系控制，成为物联网的节点。例如，智能手机、虚拟现实技术。（5）人工智能对人的影响的深化。（6）人与人的关系从物理空间转换为数字空间、网络空间。（7）人将分裂并同时生活在传统物理世界和虚拟世界。（8）人被生态环境、转基因食品改造。

第三，资本异化。经典和古典意义的资本，马克思定义的那个工业时代对劳动力剥削所产生剩余价值的资本，早已经被边缘化。在信息时代，或者信息资本主义社会，因为资本和科技结合，如何定义资本相当困难。到底是技术控制资本还是资本控制技术，到底是资本家更大还是科学家更大，是科学资本家还是资本科学家？今天，正处于资本科技化和科技资本化的历史新阶段。科学技术不再仅仅是经济的组成部分，而是科学技术改变经济，所以经济要纳入科学技术创新体系。今天最有力量的企业，都是具有超级技术（super technology）的经济体。因为科技优势，产生超额利润。在工业时代，一个成功的工业资本家，或者银行家、金融家，需要经历一代人，甚至数代人的持续努力。信息时代的信息产业的成功案例，长则10年、20年，短则几年时间。信息时代的资本和财富的代表者是比尔·盖茨、杰夫·贝索斯和马克·扎克伯格。

第四，权力异化。信息化，数字化转型，不仅发生在经济和社会体系中，而且严重地影响了政治范畴，特别是国家和政府的权力模式。形成前所未有的政治科技化和治理科技化的浪潮。在美国，2008年当选总统的奥巴马被称为第一位新媒体总统。2016年的总统选举让YouTube、Twitter、Facebook、Snapchat、Periscope、Instagram、Reddit等社交媒体影响力进一步扩大，直接改变了政治竞选生态，影响了选举结果。在中国，城市网格化管理，电子政务的敏捷、精确和高效的目标，都是通过数字化和高速算力的基础设施的支持得以实现的。如今对新冠肺炎疫情的管控，主要手段是信息技术。可以预见，因为权力的科技因素成分的增加，权力运行的结构和机制会发生深刻变化，没有科技的政治和没有政治的科技，都不复存在。

数字经济、平台经济和垄断经济

在数字经济时代，最重要的核心玩家（core gamer）由四大主体构成：(1) 技术主体。科学家、工程师、发明家。(2) 企业主体。从美国的易贝、亚马逊、谷歌、脸书到中国的阿里巴巴、腾讯和百度。(3) 资本主体。银行、基金所构成的金融力量。(4)国家和政府。与公权力结合的政治家。硅谷曾经是核心玩家,技术、资本和企业结合的中心。

支持以上核心玩家的历史舞台就是所谓的平台。一般来说,平台是科技公司创建和经营,实现技术、信息(大数据)、市场元素的结合,因为同时具有信息优势、科技优势、金融优势和管理成本优势,构成新型的垄断模式。

第一,信息优势。工业时代的生产要素是资本、厂房、工厂和机器。在信息时代,数据成为最重要的生产要素。平台创造了技术驱动吸纳信息流量,实现流量大数据智能化和价值化的模式,平台流量越大意味着该平台的价值就越高。现在的平台同时具有云计算平台、物联网平台和人工智能平台的功能。大型平台公司的活跃用户数、流量附加值和单位流量的存活期形成指数增长,形成"流量产生流量"的格局。流量模式就是平台模式,其中包括了资本的投入。平台如同黑洞,作为创造流量的主体、信息原料提供者的民众,提供源源不断的信息流量,流量产生价值。但是,作为信息的创造者,不仅失去信息的所有权,而且没有可能成为大数据的收益的分享者。平台的所有者则是大数据价值的受益者,平台通过垄断成为超额利润的获取者。信息私有化和信息被垄断,大数据的所有权和使用权分离,成为信息和数字经济时代最严重的问题,造成了比传统物质经济形态下的不平等更为严重的不平等。

第二,科技优势。科技竞争和创新是数字经济时代的竞争核心。为此,所有的企业需要完成科技转型,持续增加科技投入,提高企业的技术含量。由此,形成科技垄断巨头。科技垄断巨头可以对经济增长和生产力提升不断做出贡献。与此同时,科技优势刺激更高层次的科技先发优势,门槛越来越高,导致包含卖方垄断和自然垄断的新型寡头垄断形态。

第三，金融优势。自20世纪末期，世界主要发达国家的M2的供给呈现扩张趋势。在2008年世界金融危机之后，美国、欧盟和日本，以及新兴市场国家，普遍实施货币宽松政策，导致金融资本膨胀。金融资本主要流向是金融资产和科技领域，进而形成了日益扩大的新型科技资本。新兴产业及其平台，成为直接投资和IPO的主要对象。对于这些企业来说，资本绝对不是问题，从来不是问题。在中国，因为阿里巴巴的电商发展产生的金融服务——支付宝和余额宝应运而生，进而形成支撑和依附于电商平台的金融力量。之后，2011年创建的美团、2014年创建的滴滴出行、2015年创建的拼多多，都是大规模资本投入的产物，也改造了传统的金融形态。

第四，管理成本优势。基于天然垄断优势的互联网平台公司，包括所有信息或者大数据产业，具有显著的管理成本优势：因为信息产品的特征，只要完成了0到1的产品设计和运营，边际成本随着规模扩大大幅度递减，甚至趋于零；避免了传统企业的内部层级管理体制；有效节约劳动力成本，一个App就能管理成千上万的打工者和数量更大的消费者；属于零距离经济，消除中介，可以同时压缩生产和消费两端的利润空间；超越传统产业的地理空间和时间的限制。

总之，数字经济平台企业的垄断模式，是历史上的卡特尔、辛迪加和康采恩的垄断模式混合体：卡特尔的通常做法不过是限制其成员的产量以抬高价格；辛迪加通过签订销售和采购协定以获取垄断利润；康采恩是金融寡头主导的企业垄断组织形式。而数字经济平台企业可以在扩张规模的情况下，长期维系价格居高不下，平台参与者接受不平等的合约，金融资本放弃控制权。可以这样说，数字经济平台企业可以实现对生产链和价值链的全方位控制，可以实现对市场竞争的极度压缩。在中国，从平台类电商，到社交平台，再到直播平台，彻底改变了市场结构和机制。如果对建立在"社交＋电商"基础上的拼多多团购没有限制，通过以更低的价格，购买优质商品，其结果是不仅压缩厂商的利润空间，而且消灭数百万个夫妻店的零售商家，使其成为打工者。面对这样高度混合的新型超级寡头垄断，传统反垄断的办法很难有效。

数字经济时代的黑暗面：无用阶层和非古典贫富差别[①]

从互联网破茧而出到改变世界经济和社会生态，至少经历了两代人。曾几何时，人们对"赛博格"时代充满浪漫的期许。如今，人们开始感到、看到和认知到如同当年的工业时代的数字经济时代的黑暗面，集中体现在所谓的无用阶层的形成和扩大，以及新型的贫富差别。

第一，从无用之人到无用阶层。几年前，《未来简史》作者、以色列历史学家尤瓦尔·赫拉利首先提出在未来世界，会重新产生几十亿的"无用阶层"问题。产生"无用阶层"的大背景是，随着人工智能、算法技术革命，相当比例的人类，将不得不退出劳动生产，成为所谓的"无用阶层"，而且这个"无用阶层"的规模日益庞大。劳动力人口大幅度减少，将是人类历史上最大的变迁。甚至有这样的预测，2050年，绝大多数人可能毫无用途。无用阶层不是无产阶级，也不是单纯的失业阶层，更不属于摩擦式失业，巨大的和不断扩大的无用阶层，所拥有的GDP却是很低的，属于被科技革命排斥，失去通过劳动为社会做贡献的机会，没有经济价值、没有话语权的一个被边缘化的社会群体。"无用阶层"属于数字时代被边缘化的普通人。"无用阶层"的个体，处于数字社会鸿沟的底层，承受生命不可承受之重。在如何理解"无用阶层"概念和事实

[①] 本节系作者根据2021年10月8日在数链数字金融研究院内部工作会议中的发言记录修订。

方面，存在着分歧和争论。有一种看法，将无产阶级等同于无用阶级，进而提出：人工智能和未来劳动的"智能化""无人化"趋势发展，将为以劳动解放为基本标志的未来共产主义社会创造条件，为工人和全体社会成员腾出大量自由时间创造条件。①

第二，古典和非古典的贫富差别。在传统经济制度下，包括工业资本主义时代是"古典贫富差别"，体现为金钱和物质占有量的差别。例如，高收入和低收入的差别，丰衣足食和饥寒交迫的差别，拥有土地房屋和没有立锥之地的差别，占有奢侈品的差别，例如 LV 包。进入数字经济时代，形成"非古典贫富差别"：（1）数字资产所造成的贫富差别。拥有，或者拥有多少股票、债券、黄金、不动产等传统资产，已经超越了基于物质形态的"经典贫富差别"，而拥有比特币代表的数字资产，将是"非古典贫富差别"的标准。人类现在的货币财富的溢出规模，传统经济资产已经无力化解，需要有一个可以无限吸纳财富的工具，这就是虚拟的数字资产。这正是虚拟经济的生命力和不可阻挡的核心所在。即所谓的"第一代富人由商品利润支撑，第二代富人由股票支撑，第三代富人由加密资产支撑"。新加坡正在成为全球，至少远东数字财富管理（digital asset management）中心。比特币将是新财富的象征，近乎美国作家马克·吐温创作的中短篇小说《百万英镑》中的那张无法兑现的百万大钞。在数字经济时代，贫富差别的距离迅速进入天文距离。2020 年，杰夫·贝索斯拥有近 2 000 亿美元的财富，他本人很可能在未来 5 年左右，成为万亿富翁。这意味着世界贫富差别将以万亿美元作为衡量尺度。（2）时间领域的贫富差别。2011 年，美国上映的电影《时间规划局》（*In Time*）描述在一个虚构的未来世界，人类遗传基因被设定为 25 岁，到

---

① 蒋红群. 无产阶级会沦为无用阶级吗？[J]. 马克思主义研究，2018.

了 25 岁，富人和穷人的差别集中在前者拥有取之不尽的时间资源，后者则需要通过工作、借贷、交易、变卖，甚至抢劫等途径获取更多的时间。于是时间就成了这个世界的流通货币，类似银行的时间管理机构遍布全球。在信息时代的现实世界，巨型数字科技公司，通过两种方式占有民众的时间。一种方式是在"加班文化"名义下的 996 工作制，即上班时间从上午 9 点到晚 9 点，总计工作 10 小时以上，一周工作 6 天的工作制度；另一种方式是诸如腾讯和抖音，通过游戏和公共社交平台，通过不同产品将民众的整块或者碎片化时间占有，并转换为价值。换一种表达，民众的时间已经遭到绑架。

未来是昂贵的

2018 年，荷兰年轻学者鲁特格尔·布雷格曼（Rutger C. Bregman，1988— ）出版他的著作《现实主义乌托邦》(*Utopia for Realists*)，引用了奥威尔（George Orwell，1903—1950）的一本小说，谈到人在什么样的临界点上考虑未来。富人考虑未来，因为他要将财富留给儿子，儿子留给孙子，子子孙孙，无穷匮也。至于穷人，所要考虑的是下个月怎么办，至于绝对穷人是不考虑未来的。奥威尔说，当你有 100 多个法郎，你还想下星期怎么办？当你只有几个法郎的时候，你根本不想未来，活过今天再说。

这就是说，未来是存在的，而且确实是未来决定现在。但是当未来变得非常昂贵，用货币衡量的未来的生存成本高不可攀时，对于穷人来说，未来就是一个绝望的目标，不得不放弃对未来的信心。

那么，为什么未来会变得愈来愈昂贵？因为政府持续的印刷和发行货币，导致过剩的货币流入资产领域，推高资产价格，富人唯有拥有资产用以抵消货币贬值，因为资产升值速度足以抵消货币贬值的速度，而穷人根本不具有拥有资产的能力，于是形成因为资产价格暴涨所拉大的贫富差别。

如何解决因为不可抑制的贫富差别所造成的社会的极度分裂？如何消除古典的和非古典的贫富差别？鲁特格尔·布雷格曼主张，改变现行的经济制度，方案如下：社会要为所有人制定一个普遍性的基本收入（universal basic income），用于支付最低的生活费用——例如每年约12 000英镑（约合人民币102 454.8元）；每周的工作时间应缩减至15小时；国家开放边境，容许移民迁移至任何他们所选择的地方。

2019年，美国华人政治家杨安泽（Andrew Yang，1975—）在美出版《为平凡人而战》（*The War on Normal People*）一书，提出建立一个存在基本收入的社会。

建立全民基本收入，可以理解成建立一个向全民永续发放足够维持其正常生活之资金的福利制度。在当下的历史条件下，实施这样的制度，似乎远在天边，近乎乌托邦。但是，现在发生在荷兰、瑞典、冰岛的社会改造，使得这些国家接近布雷格曼所提出的目标。

挑战数字时代新型垄断的三位历史人物

在过去20年间，有三位历史性人物，最早觉悟到数字时代的阴暗面，而且以自己的方式加以挑战：第一位是亚伦·斯沃茨（Aaron Hillel Swartz，1986—2013），数字时代的罗宾汉，著名社交网站Reddit的联合创始人、web.py的设计者、RSS规格的作者，致力于通过网络信息开放，改变世界。因为他主张自由图书馆，挑战了麻省理工学院所构建的一种代表美国精英学校所谓的知识产权，陷入"黑客行为"的复杂案件，

2013 年选择了自杀。第二位是斯诺登（Edward Snowden，1983— ）。斯诺登支持互联网自由组织，并于 2013 年将美国国家安全局关于 PRISM 监听项目的秘密文档披露给了《卫报》和《华盛顿邮报》，随即遭到美国政府通缉。第三位是阿桑奇（Julian Paul Assange，1971— ）。阿桑奇是"维基解密"的创始人，主张透露公共治理机构的秘密文件和信息，对大众来说是件有益的事。2010 年 7 月 26 日，阿桑奇将 9 万多份驻阿美军秘密文件泄露。2013 年，阿桑奇正式组建政党维基揭秘党。之后离开澳大利亚，走上了逃亡之路。

上面三位历史人物在 2013 年发生了交集。只是，最年轻的亚伦·斯沃茨死去，后两位还在。他们三个人都在数字时代留下了深深的印迹，他们所造成的影响并没有完结，还需要未来历史的证明。

附录一　段永朝和听众对朱嘉明演讲的评论

段永朝：谢谢朱老师。本来建议朱老师今天演讲主要围绕他的新著《未来决定现在》。朱老师却认为，这本书已经是过去式了，再来多说一遍，似乎浪费时间。为此，朱老师昨天打电话给我，准备谈点书里面没写到的东西，选择一种新维度做今天这场沙龙的主讲。这个电话，其实也是对我的善意提醒，有助于更好地主持今天的沙龙。今天朱老师的演讲涉及两个维度：

第一个维度是技术和未来的关系。朱老师的著作《未来决定现在》不只是一本书的标题，而且将是一个时代的标题。问题是什么是未来？先要解决什么决定？再考虑未来如何决定现在。现在，人们都不再怀疑，技术可以搞定这个世界。特别在人工智能和大数据之后，已经没有人能够，也没有人敢于拦住技术的突飞猛进，所以吃瓜群众已经放弃了对未来的思考。至于"精英"，则笃信"代码即法律，一切皆算法"。这10个字背后的哲学思想就是计算主义。

计算主义，在美国硅谷是一种宗教激进主义。始祖是莱布尼茨和希尔伯特。莱布尼茨早年有这么一句名言：如果两个哲学家有分歧，就通过纸和笔算一算，一定有一个人是对的，一个人是错的，共识就达成了。不用吵架，更不用打架，计算就是一切。这是莱布尼茨的梦想。100年前，德国数学家希尔伯特和英国的数学家罗素试图写一套数学原理，准备从数学上搞定整个世界。他们想写出最后一本数学书，让未来的孩子们觉得不可能有当数学家的梦想，因为数学家已经完结。历史证明，技术主义并没有搞定这个世界。

今天朱老师的演讲，从不同视角告诉各位："未来决定现在"，绝非一个口号、一个观念、挂在墙上的白纸黑字，或者一本万年老皇历，今日宜动，就可以动，今日不宜出行，就不能出行。事实上，未来绝非那么容易搞定，那么被轻易决定。在"未来决定现在"这6个字背后，充满了不确定和无奈。计算不能提供一个确定的未来。未来是各种复杂信息的动态集合。

第二个维度是科技跟金融资本结盟。技术与金融资本结盟之后，似乎插上了10倍速发展的翅膀，导致新的社会状况，就是一部分人可能会变成无用之人。朱老师精彩地点出了什么是无用之人。无用之人就是没有未来，对未来没有可期的边缘化群体。朱老师讲话的时候，我在手机上做了笔记。在99%的人已经解决了吃饱饭的问题后，人的生活本质发生改变，变得越来越重要，变得绚丽多彩，这就是无用之人的用处。

在20世纪80年代，托夫勒讲的和纳斯比克所思考的未来，和我们此时此刻所预期的未来到底有什么区别？或者说，如何评估千禧年之前20年和千禧年以后的20年，大约20年光景的科学技术发展道路，是一个非常值得思考的问题。朱老师对此提出了有价值的思路。

朱老师的《未来决定现在》，很多朋友阅读过，有些人可能看得不认真。没关系，那本书不是快餐书，即使读个两三年，问题不大，不会过时。

听众评论：听朱老师所讲，在三个方面有所感悟：

第一，如何认识所谓的科学中性问题。朱老师强调，科学本质上是中性的。但是，当资本和科技结合，会导致科技异化，丧失中性特征，形成新型的科技资本垄断。我深以为然。例如，牛顿定律，基于二进制编程语言是中性的。但是，一旦码农完成一个代码产品，不论几百行还是几万行，这个产品可能就不是中性的了。所有中性的科学和技术，都可以被资本所利用，用于特定目的和产品之后，科技中性就会丧失。在20世纪80年代和20世纪90年代，托夫勒讲第三次浪潮、奈斯比特讲大趋势、比尔·盖茨 1999 年基于计算机技术提出未来之路，都是对信息时代的想象和描述。现在看，他们在那个时候所设想的未来和今天的实际情况，以及今天所面对的未来，完全不一样。互联网加大数据所形成的平台，不再是一种中性技术，而是资本的工具。因为今天的资本和过去的资本没有质的区别，贪婪、唯利是图、无孔不入，利用一切科技工具，利用一切人类所拥有的体制，为资本赢利所服务。

第二，资本在未来的作用。朱老师还提出，在未来 10 年，影响未来的最主要的是资本、技术和国家，以及它们之间的博弈。是否可能出现通过国家和技术的力量的结合，抑制资本的力量，让每个人都能够真正享受到人类技术进步和由此带来的未来财富效益？美国的特朗普试图通过国家的力量，改变美国或者在西方世界已经形成的一种技术和资本结合所构成的垄断。

第三，区块链。朱老师今天也谈到区块链。区块链技术核心思想是去中心化，通过智能合约，数据不可更改，使得任何一个节点都处于平等地位，形成分享模式。区块链技术可以改变资本利用和垄断互联网平台的局面。

附录二　朱嘉明回答问题

问：工业时代的生产要素是土地、资本和劳动力。但是，将来说农场可能是200层楼，无土栽培，第一层种麦子，第二层种小米、土豆，第三层养鱼。如果这样，土地生产要素的重要性立即会下降。人类亲自生产的时代过去，只剩下一个使命就是消费。机器人决定人类选择，劳动退出生产活动很可能是大势所趋。安德鲁·杨（Andrew Young）提出建立一种假设：30年之后，生产的问题统统交给机器，出现无人工厂、无人农场、无人牧场。生产不需要人参与。我的问题是，如果数据成为一个不可替代的重要的生产要素，数字经济时代劳动力是不是就要慢慢离场？

朱嘉明：首先要说的是，农业进入大楼已经开始，现在很多猪已经住进酒店水平的建筑，10层楼、20层楼养的猪，在恒温通风状态成长，一般人进不去，这在中国已经成为并不稀罕的现象。原来的猪圈概念已经被颠覆了。如果猪都能够住进比较高质量的建筑，种植业进楼房应该不是幻想。我支持段老师的第一个观点，全人类78亿人口，很快就80亿。从81亿人口到100亿，很可能在2050年之前，甚至在10年左右的时间达到。应该说，100亿人口，即使现在80亿人口对这个地球来说，都负担过重。即使如此，现在这个世界，让绝大多数人口消除温饱的忧虑，摆脱饥饿状态和穿上衣服，在冬天免除严寒的威胁，就生产能力来说，其实不是问题，问题出在财富分配失衡。现在的真正挑战是，支持世界80亿人口生存的生产活动，所需要的劳动力越来越少。例如，可能现在的越南就能满足全球人口穿的问题，北美的一两个国家就能解决全球吃的问题。也就是说，真正物质生产所需要的劳动力可能几百万、上千万就够了。所以，劳动力大面积、大规模地退出传统劳动力市场就只是一个时间问题。造成这样的结果不仅仅因为人工智能、机器人替代了劳动力，还因为技术创新导致劳动生产率的普遍提高。所以，劳动力资源过剩其实是更为严重的问题。现在比较激进的方案就是所谓的新乌托邦主义，让人们在有基本收入保障的情况下，减少工作时间，一周15个小时甚至12个小时。这样的方案不是让部分劳动力退出生产要素，而是让每个人大幅度减少劳动时间，避免无用人口规模失控。

问：朱老师今天还强调了科学和技术的差别，科学是中性的，但技术未必。我们很多人都被"技术中立"这4个字骗了。因为这4个字政治正确。100年前的梁启超、章太炎认为，欧洲自500年前笛卡尔确立主客分离的理论之后，人们普遍相信所谓的不以人的意志为转移的客观外部世界。之后一代又一代的技术专家试图制造不以人的意志为转移的客观锤子。今天的锤子是二进制锤子。问题是这个二进制锤子里面必定掺杂着码农的思想和情感，以及对未来的想象。技术已经不中立了。再补充一个例子，就是汽车制动时自动调节车轮的制动压力技术，简称ABS技术，涉及汽车行驶动力、运动轨迹、刹车阻力、停车等变量，已经掺入了伦理元素，因为要考虑车外生命和车内生命的平衡，已经超越牛顿经典定律。工业时代的DDT、66粉，则缺失了伦理元素。蕾切尔·卡逊（Rachel Carson，1907—1964）的《寂静的春天》揭示了杀虫剂给人类生存环境所造成的难以逆转的危害，引发抗议浪潮。

朱嘉明：现在最普遍使用的概念就是"科技"两个字。事实上，科学和技术是有差别的。科学本身确实是中性的，例如数理化就是中性的，不能说有资本主义的数理化和有社会主义的数理化，相对论和量子科学也是中性的。但是，当科学向技术转化，从空气动力学和人工智能科学派生出来的无人驾驶就是一种技术，进而是无人驾驶汽车、无人驾驶飞机、无人驾驶轮船、无人驾驶坦克，技术中性不断降低。坦克用于战争，不再具有中性特征。当然，从科学家、发明家到工程师和设计师，他们很可能并没有能力,也不需要关心有关科学和技术开发的最终用途。可以肯定的是,未来的技术发展,需要伦理学和人文关怀的介入。

问:无用之人是相对于有用之人的群体。技术是划分有用之人和无用之人的重要条件。未来无用之人增多,可以不用去劳动,不用付出,单纯享受,对大都市的未来影响很大。北京这样的大城市、大系统,每个环节都是通过劳动力支持的。如果未来每一个环节都被技术、机器人代替,劳动力作为一个资源被移出,是不是意味着这种逆城市化、逆都市化的趋势会出现,甚至发生解构?此外,只要资本和技术因素注入人性之中,终究影响无用之人。相对于无用之人,有用之人是否就有对自己的主导权?

朱嘉明:第一,有用之人和无用之人都是人,是相对的和动态的概念,无用之人并没有贬低的意思,有用之人也可能成为无用之人。或者说,每个人都存在成为无用之人,或者部分地成为无用之人的压力。现在所说的无用之人,是指在科技、资本和国家三种力量结合的过程中,失去主动性和对未来发展失去企望的群体。所谓的有用之人,是指具有一定主动性和能力的群体。问题是,技术对未来社会影响越大,人对未来的判断和参与的难度就越大,学习成本就越高。这是对当代人的相当大的挑战。

第二,人性问题。可以肯定,资本和技术是影响现代人人性的重要因素。例如,人类在过去的半个世纪的时间,阅读兴趣和能力大幅度衰退。现在很少人阅读长篇小说,更少人想成为诗人,每代人中的文学青年比重都急剧下降,最终影响了人性中对美学的追求。之所以发生这样的改变,是因为互联网的崛起。随着互联网文化的兴起,社交平台在很大程度摧毁了纸本阅读和学习传统。科学技术确实改变人性。在中国,抖音、快手、今日头条等正在塑造新的一代人的知识结构,进而影响他们的人性。

第三，现在的都市化会解构，是大势所趋。都市化的过程是一个移民的过程，是工业化所需要的产业集聚的必然结果。进入信息时代、数字化经济，人们的工作、学习和生活，特别是信息获取，都不再受制于地理空间。加之，在大都市获得相对高收入和生存的高成本比较，就业模式的改变，都导致大都市的诱惑性变得越来越低。所以，民众脱离大都市，即所谓的逆城市化会成为新趋势。

问题4：我对平台经济、算法经济持有比较正面的态度。因为科技赋能推动了平等。淘宝的运行逻辑是通过搜索框去搜关键词；拼多多和抖音，通过算法的方式获得更多的信息源，让人有了更多的选择。抖音可以根据算法，向你推荐那些你有潜在兴趣的选择。所以，技术本身为民众提供了选择的权利。当然科技和资本的结合，会带来不可避免的垄断，需要有一些其他的力量来打破这个垄断，例如国家监管。

朱嘉明：技术具有正面的历史价值和意义，不存在争议。基于算法技术所建立的平台，为消费者提供更多的选择，也是没有争议的。我今天所侧重讲的是另外一面，即基于资本和技术集合所形成的经济，具有强烈的垄断趋势，因为民众所参与的平台财富效应和价值，并没有给支撑平台的民众直接和间接参与分享的机会。至于解决平台垄断的问题，不是简单拆分这些科技巨型企业，或者强化监管所能解决的，需要探索更新的模式。

问：如果中国能够充分利用商业周期和技术迭代周期、政府加强干预的分配模式，以及经济体制优势，相较于其他国家，会不会更有活力？创新企业会更有出头之日？另外，西方政府警惕亚马逊、谷歌和脸书所代表的科技企业的垄断倾向，坚持对它们实施反垄断约束。在中国，阿里巴巴、京东、美团和拼多多，都已经具有垄断特征。

第六章 元宇宙需要同步制度建设

朱嘉明：我在准备今天的发言时，原本还想谈谈垄断的极限和极限的垄断问题。垄断是不是存在极限？极限状态的垄断是什么样子？讨论活力和未来创投的机会，需要以对宏观经济的理性分析作为前提。现在，高增长的阶段已经结束了，企业高速发展的时代也结束了，野蛮生长早已成为过去的一个记忆。过去能够产生独角兽，以后越来越难。中国的市场很大，没有争议。但是，因为经济增长放慢，民众收入增长困难，在近期和中期，中国的消费市场很难继续过去那样的膨胀速度。现在，电商、团购开始拼四、五、六线城市，实际上是为了最后一个大概20万亿的市场。其实，以中国的市场体量而言，这个市场非常小。所以，中国电商，从1998年的京东和1999年的阿里巴巴，到后来的美团、拼多多、滴滴，都已黄金时期不再，面临全方位的挑战。也正是在这样的背景下，反对垄断具有更大的现实意义，因为民众对垄断和与垄断造成的贫富差别更为敏感。

问：一个法学方面的问题。法学家贡塔·托依布纳（Gunther Teubner，1944—）写了一本书叫《宪法的碎片》。该书提出，只有技术逻辑和社会逻辑的互联网空间形成分离和对抗，才能释放互联网系统的民主潜力。金融和互联网都趋向于全球化。过去400年是以"威斯特伐利亚和约"作为政治核心的一种宪法体系，全球化突破了以往宪法上的一些障碍。托依布纳提出的思考是，未来可否在金融和互联网领域，建立如同政治领域那样的三权分立结构？这也就是我的问题。

朱嘉明：我只能讲一个观察：所有的国家都在讨论主权数字货币，也就是央行数字货币。最近欧盟国家提出了开发欧元数字货币的计划，该计划需要整体考虑包括数字技术、金融资本、主权国家、民众利益、国际社会等因素，这将是一个超主权的区域的货币实验。所以，不论是现在发行近20年的欧元，还是未来主权数字欧元，都是以民主为框架的，都是对《欧盟宪法》的一种新的实践。

问：技术、资本、政府或者权力作为影响未来的3种力量，还是不够的。美国除了有东部华尔街代表的资本力量、西海岸硅谷代表的技术力量，还有一个加州好莱坞所代表的意识形态和传媒力量。特朗普上任以来，传统的意识形态和传媒模式已经开始崩塌。2020年，有7100万人支持特朗普连任，这个社会群体显然是拒绝看CNN和《纽约时报》等主流媒体的。未来影响民众心智的方式是否会发生变化？技术和资本固然重要，但只要人还是生出来的，不是机器孕育出来的，就还是会用眼睛和耳朵来感知和理解这个社会，意识形态的影响将继续是一个比较重要的因素。

朱嘉明：关于美国总统大选，我不愿意加入相关的讨论和评论。但是，有一点是值得特别关注的，就是特朗普的治国模式，依靠自媒体的方式，所谓的推特治国。当年，奥巴马是靠互联网上台的，依靠自媒体和推特进行选举筹款和影响民意。到了特朗普，直接通过推特与民众沟通，证明在数亿人口的美国还是行之有效的。所以，加州好莱坞所代表的意识形态和传媒力量模式，应该说正在衰落。

问：美国主流媒体的绝大部分，百分之六七十以上在民主党手里，所以特朗普只能选择推特，建立以自己个人为节点的这样一个社交网络，后面有一堆狂热的粉丝点赞转发。也就是，特朗普选用了一个更适合他这样非政客出生的国家管理的模式，通过扁平化传递他的理念和政策，而不被主流媒体的各种主编的评论所影响，这是他的一个优势。

朱嘉明：理解当代美国主流媒体，需要看到三个方面：经过职业训练的专业力量、资本和政治的影响，还有，就是自媒体的崛起。在海湾战争中，CNN的影响力和冲击力空前绝后。如今CNN、美国传统电视网，还有好莱坞、硅谷、华尔街作为美国的象征，风光不再，而且一去不复返。特朗普的推特治国可以交给历史慢慢评价，但是，自媒体和媒体传播方式扁平化，则是趋势。人们的观念、社会心理，在更大的程度上将受到自己所处的社交群体的影响。

问：技术在加速，是一个很重要的因素。如果技术面临瓶颈，没有可能继续加速，而是突然减速，是不是会发生有如经济危机一样的科技危机？科技是否会导致资本的毁灭？另外，如同存在泡沫经济，是否存在科技泡沫，例如包括人工智能和量子科技，是否存在泡沫可能性？总之，科技是不是一把双刃剑？

朱嘉明：第一，现在科技呈现的是加速趋势。但是，如果研究科技发展的历史，会发现它多次发生减速，甚至停滞的情况。在21世纪20年代，科技发展的大趋势将会是加速的，而且加速会导致更加速，这是由科技的自在生命力决定的。第二，科技是一个永无结果的轮番竞赛。科技是吸纳资本的黑洞。马斯克就是引导资本家进入一个黑洞的代表人物。火星之后，还有太阳系和银河系，永远可以将资本消耗于科技的想象之中。科技很难发生诸如物质产品过剩的情况。第三，科技泡沫是不可避免的。有些是科学界主观行为可避免的，有些是商业界炒作的，有些则是不可避免的。现在的人工智能和量子技术都存在泡沫的可能性，只是这样的泡沫基本可以被控制，科技的专业性在很大程度上会抑制泡沫的扩张。

附录三　中国走向准福利社会，现应解决贫富差距过大问题[①]

搜狐智库： 包括您在内的那一代人是从什么时候开始接触经济学，并思考国民经济问题的？

朱嘉明： 我们这代人被定义为"老三届"，平均出生年份应该是在1947—1953年。据我的经历、接触和了解，这代人学习经济学最早可以追溯到20世纪70年代左右，或者"上山下乡"期间。在那个时代背景下，大家都要学习马克思主义，而马克思主义有三个组成部分：政治经济学、科学社会主义、古典哲学。

因此，这代人很大程度上是通过政治经济学的学习，特别是《资本论》的学习开始，进而进入广义的经济学领域。就我个人来讲，少年时代知道亚当·斯密和他的《国富论》，但是，真正读《国富论》和李嘉图的书，则是"上山下乡"前后了。期间，我认真阅读经济学思想史方面的书，受益极大。

也就是说，我们这代人因为马克思主义知道了政治经济学，又因为读了经济学思想史，进而加深了对经济学领域的了解，所以可以寻找到经济学的经典著作。例如，萨缪尔森（Paul Anthony Samuelson，1915—2009）的《经济学》，哈耶克的《走向奴役之路》，以及"投入—产出"的概念。

搜狐智库： 您在"上山下乡"期间，在读一些经济学系列著作时，对当时国民经济的思考是怎么样的？

朱嘉明： 我从西藏来到黑龙江兵团，从1969—1975年，开始系统思考社会主义制度下的经济，认真阅读了《苏联社会主义政治经济学教科

[①] 本文系作者于2018年12月27日接受搜狐智库"致敬改革开放四十周年"访谈节目采访时的对话内容。

书》的上下册。我意识到，中国的核心问题是贫穷问题。如果贫穷问题不解决，再好的生产关系也不能够被人民群众接受。

这也是后来那么多知识青年投入经济改革的主要原因。其一，他们对中国国情有深切的理解，每个人都体会到贫穷的状况必须结束；其二，他们对经济学有了初步的思想研究，也明白实现国民经济的增长是刻不容缓的。

期间，我参与黑龙江生产建设兵团第四师的工资制度改革，非常投入，也认识了一些后来参与改革的朋友，其中有现在大家熟悉的经济学家周其仁。我认识周其仁（1950—）就是因为阅读了他所写的《关于兵团进行工资改革制度的一些设想》，我认为这篇文章非常有价值，因此专门去了他所在的团部见了他，从此有了后来的交往与友谊。

就是说，我们这代人在"上山下乡"期间，已经开始产生了中国需要经济改革的冲动，所以，知识青年一代成为后来经济改革中重要的社会基础。

搜狐智库：您当时认为中国应如何摆脱贫困？

朱嘉明：在当时，思想认识有着知识、教育和经验的局限性，以为最重要的问题是结束铁饭碗、大锅饭、平均主义，完结"一大二公"为基础的计划经济体制，让劳动者的劳动获得相应的报酬。

所以，在我1978年读研究生之后，发表的第一篇文章的题目是《社会主义制度应该排斥竞争吗？》，刊登在上海的《学术月刊》上，之后引起《光明日报》很激烈的讨论。在当时，主流观点还是认为社会主义只能竞赛，不能竞争。我坚持认为，竞争是所谓市场经济的核心指标，没有竞争就没有市场机制。

搜狐智库：20世纪80年代关于改革的讨论氛围是很热烈的，当时哪些学说成为经济改革的思想资源？

朱嘉明： 在当时的时代背景下，仅仅就经济改革的思想资源来说，中国是相当丰富的。

第一部分思想资源：社会主义政治经济学或者说是政治经济学。在当时，这一派代表人物公认为最有影响力的是孙冶方（1908—1983），孙冶方主张社会主义的经济活动应该遵循价值规律，价值规律的背后其实是承认商品经济和市场经济。因此，孙冶方代表的社会主义政治经济学，与社会主义制度存在不可分割的关系，所以，在经济改革初期是改革派最直接的思想资源。

第二部分思想资源：苏联和东欧关于经济改革的经验和思想。二十世纪六、七十年代，包括匈牙利、波兰、南斯拉夫等国家都对计划经济体制做了一些改革，并形成了丰富的理论，在中国改革之前已经多多少少地被介绍到中国，至少一度被作为"修正主义"加以批判。当中国开始启动经济改革时，对苏联和东欧对原计划经济制度的改革经验或者教训，人们能够正面理解和解读。

第三部分思想资源：重新理解包括从古典经济学到凯恩斯主义的经济思想。西方现代经济理论，在20世纪60年代通过商务印书馆的"汉译世界学术名著丛书"的方式得以介绍。此外，还有其他方式，例如高鸿业老师翻译的萨缪尔森的《经济学》缩写版，以内部读物的方式流传，哈耶克《通往奴役之路》的译者滕维藻（1917—2008）先生，他在改革开放初期是南开大学的校长。此外，更多的思想资源比如熊彼特的关于"创造性破坏"的概念那时早已存在。

第四部分思想资源："亚洲四小龙"发展经验背后的经济理论。

第五部分思想资源：中国传统经济思想和经验。例如如何认识明清以来中国经济史的演变，包括洋务运动，以及如何重新评判中国20世纪经济史。

总的来说，刚才列举的五个部分构成了中国经济改革丰富的思想资源。

在1979年，为了有效推进经济改革，根据党中央和国务院的要求，成立了四个小组：第一个小组叫经济结构小组，该小组由马洪先生负责，我有幸参加；第二个小组叫经济体制改革小组，由薛暮桥（1904—2005）同志负责；第三个小组叫对外开放小组，由汪道涵（1915—2005）负责；还有第四个小组叫思想方法小组，由于光远（1915—2013）负责，厉以宁（1930—）参加了这个小组，他的历史贡献是很大的。

总之，我还是要强调一点，中国改革的思想资源不是从零开始的，当时广泛借用了好几代经济学家积累出来的丰富思想资源，即使摸着石头过河，也不是像人们以为的是完全盲目的。在当时特定的情况下，对河的宽度、深度，有多少风险和边界，还是有相当的基本共识的。

搜狐智库：您的意思是，厉以宁的贡献其实是把当时现代经济思想资源加以集中？

朱嘉明：厉以宁教授当时所在的北京大学经济系，是研究西方现代经济学的重镇，拥有天时地利的优势，在改革开放早期，厉以宁教授组织了"西方现代经济学"系列讲座，影响巨大。那时和今天有很大的差别，那就是在20世纪80年代，最早讲授西方经济学的老一代经济学家，大都毕业于美国哈佛大学、伦敦政治经济学院、剑桥大学和牛津大学。他们对当代经济学的介绍，基本上是和当时世界水平的时间相差不过二三十年而已，绝不是人们以为和想象的差距那么大。

在改革初期，甚至整个20世纪80年代，西方、日本和东欧的经济学家与中国交流极为频繁。1981年，在颐和园办的数量经济学学习班，邀请了诺贝尔奖获得者克莱因（Lawrence Robert Klein，1920—2013）直接给学员上课。科尔奈（János Kornai，1928—2021）、奥塔·锡克（Ota

Šik，1919—2004）等也在那一时期造访中国。他们的思想在中国的影响和被应用的程度超过他们本国，因为中国的改革实践非常丰富。这些思想资源和当时的改革现实相结合，产生了相当大的思想动力。

在1981年前后，我参与翻译了美国罗斯福时代的一本书，叫《美国经济结构报告》。这本书太厉害了，是对20世纪30年代，或者第二次世界大战前，美国的经济结构根本性的普查的总结。有哪些产业？怎样划分产业？如何将国民经济理解成是一个结构？这本书对我们启发极大，直接推动中国社会科学院和国务院技术研究中心对中国国民经济结构做地毯式地、极为细致地、彻底地调查。这本书也刺激我写了第一本书——《国民经济结构学浅说》。

中国经济改革要面对两个问题：一个是国民经济的结构问题，一个是国民经济的制度问题。改革和调整在20世纪80年代就成为相互依存、不可分割的两件事情。

搜狐智库：关于莫干山会议，为什么您说它具有超出预期的意义？

朱嘉明：还是有几个原因的。

第一个原因，这个会议最后产生的成果，除了价格双轨制之外，还产生了大概十余份报告，实实在在地对当时的经济改革、战略选择、政策制定起到了直接的作用。

第二个原因，这个会议形成了一代中国经济学人的网络，原来大家并不存在全国性的沟通，这个会之后就派生出了像北京青年经济学会、上海青年经济学会等组织。而这些网络的关键人物在过去三四十年的经济改革中发挥了重要作用，比如张维迎，他因为这个会议脱颖而出，成为有影响力的经济学家。

第三个原因，随着历史前行，有的东西的评价会被提高，有的会被贬低。莫干山会议的很多意义是后来被发掘的，特别是有了新莫干山会议之后，原有的莫干山会议被大家用新的视角来评论。

作为这个会议的参与者和组织者，我的初衷相当简单：只是希望将全国中青年经济学工作者聚在一起，提供机会让大家讨论和发表意见。所以非常感谢被大家记住，我有时还是觉得诚惶诚恐的。

搜狐智库： 在众多议题中，您参与了哪些议题的讨论？主张是什么？

朱嘉明： 我的重点是主持对外开放组，我当时关注两个问题：一个是开放问题，一个是科技问题。

在20世纪80年代，历史的真实逻辑是，改革是为了开放，开放推动改革。那时，我认为开放原本是改革的初衷。改革最初是为了开放才进行的改革，因为中国唯有开放才能引进技术，才能使中国现代化有前提。所以，在莫干山会议上，我的主要精力是关于在沿海城市开放特区问题、如何和世界经济接轨的问题。但在当时的历史条件下，开放问题远远不像价格改革那样具有极强的现实意义，所以价格改革特别是双轨制被提到了更重要的位置。随着改革的深入，开放逐渐被纳入改革的框架中。

至于科技，我的硕士论文主要写的是科技产品如何转化成商品的问题，如何推动科学研究成果对经济产生影响。之后，我始终关注科技进步问题，直到今天。

搜狐智库： 中国经济的高速增长掩盖了周期性因素，目前中国经济进入下行轨道，您认为影响周期性的因素有哪些？

朱嘉明： 我不同意很多像"下行""软着陆""硬着陆"这样的概念。我把经济增长分成所谓的"常规状态"和"非常规状态"。就世界经济史和中国经济史看，过去的高增长时代，甚至接近15%的高增长，不是一个常规状态。因此，今天中国经济增长率走到6%～7%，是对常规状态的一种回归，因此它不叫"下行"，甚至再低落一点也属于正常状态。中国在今后维系在5%～7%的区间的增长，就是常态。

当前经济增长的压力很大程度上更直接的原因是来自财政和就业压力，并非社会所创造的物质财富不能够满足国民需要。在理解这样的大前提下，才能够理解什么叫"经济周期"。"经济周期"仅仅是指在正常状态区间和非正常状态区间规律性的波动。

"经济周期"是存在的。在计划经济时代，我国的经济周期很清楚。但是，在中国这样大规模的经济结构和制度转型过程中，所有传统的"经济周期"模式是被打乱的，目前并没有足够的根据能对中国当前的"经济周期"加以归纳，因为时间还太短。想要解释清楚中国改革开放后的"经济周期"特点，恐怕还得再过10年甚至更长时间。

搜狐智库：您之前说中国的人口红利并未消失，但近几年中国人口老龄化逐步加剧，您还坚持此前的观点吗？

朱嘉明：需要打破关于"人口红利"的狭义理解。现在要讲广义的"人口红利"。广义的"人口红利"是指人口中能够从事劳动，继续有创造性贡献的人口。我现在讲的人口红利是绝对数，讲绝对数中这些人的质量。第一，就年龄结构来讲，中国的人口红利并没有消失。为什么呢？人口红利除了所谓的劳动力人口比重之外，还有一个绝对数概念和质量概念。"80后"和"90后"就绝对数和质量来讲，远远超出中国改革初期。第二，随着平均寿命的延长，很多老年人并不可能也不应该退出所谓的劳动力市场。他们还会以这样或那样的方式来做贡献。

搜狐智库：2020年初您有一篇文章也谈到改革开放40周年的经济思想史。你认为中国已经到了告别和自觉超越市场经济的历史阶段，应该如何理解这个观点？

朱嘉明：纯粹的、经典的市场经济时代只存在于19世纪。进入20

世纪，告别纯粹的市场经济时代已经开始。20世纪有几种告别市场经济的模式：

第一种模式是列宁模式，即通过革命建立计划经济，建立所谓的指令性计划，彻底告别市场经济。列宁模式的变种叫作列宁加斯大林的告别方式。第二种模式是罗斯福方式，罗斯福新政已经使美国改变和脱离了19世纪纯粹的利伯维尔场经济时代。第三种模式是北欧国家方式，即通过福利社会的方式解决社会经济模式和经济运行机制的问题，等于是国家通过再分配的方法来影响社会的经济运转。

当然，还有中国方式。我国的市场经济不是，也不可能是在清空原来的经济制度上建立的，从改革伊始，既要解决如何重建，或者回归市场经济的问题，又要解决如何避免市场经济的各种弊端的问题。所以，中国改革面临对市场经济制度的回归，同时也是对所谓的纯粹市场经济的一种背离，这是一个复杂的历史过程。

今天评价中国经济改革过程，涉及如何有效处理政府和市场的关系的问题。我反对用纯粹的市场经济作为唯一的标准来衡量一个社会的经济状态和经济制度，因为在现实生活中并不存在这样的经济模式。

搜狐智库：改革开放遗留下来很多尚未解决的问题，比如产权问题并没有得到解决，而且变得日益复杂化，这应该如何理解？

朱嘉明：必须纠正一种观点，即认为产权问题就是公有制和私有制的问题，其实不是那么简单的。现在，产权日益复杂化，现存的法律体系、经济制度都跟不上产权的变化。

举个例子，大数据的产权问题是非常复杂的，再比如人工智能，假定机器人被普遍应用之后，机器人的产权问题应当如何界定。再如共享经济的产权问题。21世纪所面临的产权问题，远远超出20世纪，当然也超出改革开放初期所面临的产权问题。

现在更复杂的产权问题已经不是土地的产权问题,太多的产权问题遍布所有新兴产业和更为广泛的领域。企业要越来越多地给职工股份,共享经济让所有人分享红利。简单地说,我反对把产权简单理解为私有制问题。

搜狐智库:您认为中国经济的核心压力来源于财富分配的压力,未来我国的收入分配制度改革应往哪个方向去?

朱嘉明:我是赞成消灭贫穷的。改革初期的分配问题是指针对平均主义的分配问题,现在解决的是贫富差距过大的问题。前者需通过经济发展来解决,后者要通过制度设计和制度改革来解决。

中国已经向准福利社会过渡,应通过第二次分配的办法,使社会的贫富差距缩小。特别是使广大民众在就业、健康、医疗、教育等方面能够得到基本保障。

元宇宙的商业前景、技术路径和治理规则[①]

创新区分领导者和跟随者。

——史蒂夫·乔布斯

元宇宙产生一种人类的生存格局

中国经营报：您如何看元宇宙在互联网发展史中的地位？元宇宙的哪些特征决定了它对未来世界的深远影响？

朱嘉明：互联网的历史，可以追溯到20世纪50年代，至今已有长达六七十年的时间。即使以从互联网的里程碑事件——万维网的诞生来计算，也已经有30年的历史。在这个过程中，人们看到了互联网的演变，即互联网经历了从 Web 1.0 到 Web 2.0，再到 Web 3.0 的过程。这是关于互联网演变和进程的共识。

对 Web 3.0 而言，2006 年被提出，至今尚未有非常强有力的和鲜明的落地表现。人们更多的是在讨论 Web 3.0 的概念和趋势，其最好的应用集中在与以太坊相关的应用。

我认为，正是在这样的背景下，元宇宙的出现，可以被视为是 Web 3.0

[①] 本文系作者于 2022 年 1 月 19 日接受《中国经营报》记者专访的对话记录。

发展演进的最重要的成果。我们可以用两句话来理解元宇宙与互联网的关系。第一句话：元宇宙是互联网从 Web 1.0 到 Web 3.0 渐进的一个结果。后面更重要的一句话：元宇宙本身也是一个突变——如同物种进化突变出的新的物种。由于它是互联网和其他一系列新的技术结合在一起的产物，这个新物种导致元宇宙突破了互联网的局限性。

也就是说，没有互联网，没有 Web 3.0 的演变，就没有元宇宙。元宇宙是互联网演变的结果。同时，它又是一个物种上的突破——元宇宙不仅包含互联网技术，还包括虚拟现实技术、数字孪生技术等。元宇宙是互联网的一个渐进加突变的结果。可以预见，因为元宇宙，Web 3.0 进入高速成长期。

至于元宇宙有哪些特征，大家说法很多，总结也很多。但是，元宇宙的这些特征需要与元宇宙带来的历史意义结合在一起。在我看来，元宇宙的根本性特征有三个：

元宇宙的第一个特征：技术集大成。元宇宙的技术，甚至可以追溯到图灵和冯·诺伊曼，以及第二次世界大战以来所有的信息革命。图灵机和冯·诺伊曼构架本身就包含着元宇宙的基因。由于是技术的集大成者，在这个世界上，还没有任何一个新的物种能够超过元宇宙，能够承载、吸纳和容纳所有信息革命的技术。

元宇宙的第二个特征：展现一种新的经济制度。元宇宙是需要经济制度支撑的，而这个制度不是地球上经济制度的平移，而是需要避免和排除资本主义制度影响或主导的市场经济的很多弊端，消除垄断和贫富差别。或者说，元宇宙的经济制度应该，也需要具有强烈的共享和平等的基因。元宇宙的主体可以按照一种新的平等的方式来组织新型的经济活动。这是元宇宙非常了不起的潜力，好像有点过度理想化，但确实是可能的。

例如,在元宇宙里,很难存在一些人垄断和控制另外一些人的劳动、思想和时间的可能性。因为元宇宙无法实现真正的"封闭",没有在地球村"画地为牢"的办法。任何一个元宇宙,如果有人不高兴,就可以"改换门庭",从一个元宇宙跑到另一个元宇宙。

元宇宙里的主体都会接受这样的观念:"我不是非要在你这里,因为我随时随地可以在不同的地方。"在元宇宙中,不会建立一个城市元宇宙,或者一个乡村元宇宙;一个发达国家元宇宙,或者一个新兴市场国家元宇宙。所以,元宇宙具备为人类,甚至人类的数字身份提供一个自由选择的可能性。元宇宙很难被资本束缚,不存你在这个元宇宙打工,就不能在另一个元宇宙打工的问题。

在发展经济学里有一个词:"迁徙"(migration)。元宇宙提供了自由迁徙的可能性。

元宇宙的第三个特征:人类生存模式的改变。元宇宙和现实世界存在显而易见的"分工"。在元宇宙内,不需要解决地球村人类的生理性和物质性需求。例如,没人会思考和讨论在元宇宙如何实现"厕所革命"问题,因为在元宇宙内不存在人的排泄问题。

所以,在元宇宙的新型空间中,其主体的生存模式、生存格局、生存内涵都会发生非常大的变化。在物理世界里,人类的时间被柴米油盐酱醋茶、生儿育女等复杂的程序所填充,而元宇宙,其主题将从一堆琐碎的日常生活中解放出来。

元宇宙里天然会产生一种人类的生存格局。很多人试图把凡俗世界的东西向元宇宙平移,而这都是要失败的。元宇宙不能承受现实世界之重。人类将因元宇宙而有两个家:把传统留在传统的地方,把美好带到未来的地方。例如,人们可以将夜里没有做完的梦,白天在元宇宙里继续做,而在现实世界里却不行。元宇宙不是分享灾难、痛苦和眼泪的地方。

对于这一目标，它能不能实现和实现到什么程度不是一回事。人们好不容易找到一个地方，就是要让它阳光灿烂。

特别强调，人类需要这样一个新型天地。元宇宙提供这样的可能性。元宇宙这个天地很大：它不是乌托邦，也不是各个宗教中的极乐世界或神秘圣地。从后工业化社会以来，人类最大的需求是心理需求，这个心理需求，在现实世界即使心理医生也没法满足。元宇宙提供了改善人类心理需求的一面，将人们逝去的童年和少年时代的幸福感弥补回来。元宇宙最重要的特性就在这儿——为人们提供想象。如果人们以为可以把地球上玩的东西在元宇宙那里再玩一遍，一定会碰得头破血流。元宇宙本质上是一个公共的空间，是人类演化和技术集大成派生出来的一个"公共容器"——它属于每一个人。

正是因为元宇宙具备上面的这些特征，所以它理所当然地将对未来世界产生相当深远的和全方位的影响：从技术的深入发展，到人类经济制度的演变，再到人类的生活模式，特别是新人类的心理模式。

此外，在元宇宙里，人们还会重新构建人机关系，以及各种人工智能之间的关系。目前，在现实世界里，人与机器的关系还没有特别大的突破。"人"是碳基的，有生理特征，有生物属性；"机"是物理的、机器的。它们之间有交互。到了元宇宙世界里，它们的物质载体就不再存在了，它们以虚拟的方式进行交互，双方更容易产生更大的公约数，也将没有界限。这是对未来的重要影响。

所以，我多次讲，元宇宙时代是与"后人类社会"相匹配的。元宇宙将是一种新的存在。虽然，元宇宙是被碳基人类所创立，但是未来元宇宙的主体将逐渐让渡给数字人和虚拟人，是科幻电影《银翼杀手2049》中的所谓"人类"。因为是数字人和虚拟人，才同时可以参与 N 个元宇宙。否则，一个元宇宙也上不去。现在的碳基人类，只有通过数字人和虚拟人表达意愿和实现欲望。

如果一定要说明当下碳基人类和数字人、虚拟人的关系，那么，我们可以这样解读：人只有一个，因为人一定会生老病死，但可以有 N 个数字人和虚拟人。前者无法永生，而后者可以永生。也就是说，任何碳基人类的个体生老病死后，其数字化形象和虚拟方式都可以依然留在这个世界上。这就需要两项技术：一是如何将现实人的数据信息存储下来；二是如何模拟与碳基人类个体一样的数字人，并将其生命延续。

元宇宙的此"商业"，非地球上的彼"商业"

中国经营报：在可见的未来，元宇宙将带来哪些商业应用上的前景？对投资人和产业界人士来说，在当下有哪些显而易见的机会？从长期战略来看，哪些产业性布局会变得日益重要？

朱嘉明：这样的思想方法是需要改变的。我要格外强调的是，发生在元宇宙的"商业"，非地球的那个"商业"。元宇宙世界中的商业，难以像在现实世界中的商业那样存在、演变和发展。退一步讲，即使元宇宙的商业和现实世界的商业有血缘和基因的联系，但是已经是不同类的商业，属于已经彻底"分叉"的两类不同商业模式。

我认为，元宇宙的商业是一种更强调非物质状态的商业，更强调时间形态的商业，更强调虚拟模式的商业，更强调消费者参与的商业。这些都是和现实世界中的商业不一样的。例如，百事可乐在现实世界中是饮料，而这个饮料的结果最终引导你去厕所小便；而百事可乐在元宇宙所要展现的是百事可乐的NFT，是一个观念。所以百事可乐有商业模式，一个属于物质和生理层面，满足口欲，是与可口可乐竞争的饮料；另一个是基于精神和美学的商业模式，进军的是以想象力为要素的赛道。总之，元宇宙的此"商业"，绝非传统地球上物理形态的彼"商业"。

那么，现实世界中的企业该如何努力构建在元宇宙中的商业前景呢？还是以百事可乐为例，百事可乐是一个经济主体，它将有物理世界和元宇宙世界的两种存在形式。但是，这不意味着百事可乐可以把现实世界中的东西移植到元宇宙里去，元宇宙也不是百事可乐做广告的地方。元宇宙的广告，也将是新的、基于高创造性和想象力的模式。此外，耐克、阿迪达斯也开始进军元宇宙，它们也在构建物理性和虚拟性共存的"二元"产品模式。

在元宇宙中，企业必须要创造新的产品。企业布局元宇宙的商业机会，一个重要的方向是实现艺术、想象、美学和新数字金融工具的融合。前面所说的百事可乐、耐克、阿迪达斯都尝试创造了元宇宙早期的商业模式，值得肯定。

面向未来的布局，有三个产业至关重要：一是智能制造，二是教育，三是文化艺术。

中小企业最重要的是理解元宇宙产业链

中国经营报：要真正打开元宇宙的大门，有哪些核心技术有待突破？是否会存在一个元宇宙的技术路径图？中小企业如何在这里找到自己的机会和定位？

朱嘉明：有三个方面的核心技术：一要有新能源，二要有新算力，三要有人工智能3.0。因为元宇宙最终是靠能源支撑的，需要大量的能源供应元宇宙的运行，而现在的传统能源不足以支撑将来爆炸性的元宇宙的发展。同时，现在的算力也跟不上。只有量子计算的算力可以来支持元宇宙。最后运行元宇宙的主体将不是人类，而是人工智能。所以，新能源、新算力和新人工智能的结合，才能最终全面启动元宇宙，支持元宇宙的发育和成长。

在我看来，元宇宙应该至少用 10 年来建立目标，用 30 年来发展和奠定基础，用 50 年左右的时间，才能使元宇宙成为人们期望的与现实世界平行的、新的人类存在的空间。现在的问题是，人们对元宇宙发展需要较长的时间，缺乏理性的认知，急于求成，过于焦躁，过于功利。这样，会破坏元宇宙发展的环境和生态。

需要说明的是，技术自己是有生命力的。新能源、新算力和新人工智能的技术，既有差别，也有互动关系。它们每一个都有自己的路线图，而这 3 个路线图的叠加就是元宇宙技术路线图。例如，量子技术应该在未来 3—5 年中有根本性的突破，实现量子计算机和经典计算机平行发展，但是它的完全普及和大规模使用还需要 10—15 年的时间。

同理，人工智能 3.0 也需要 10 年左右的时间，它有不同的发展方向。比如人工智能自己的发展方向和人工智能直接改变人存在模式的方向，比如脑机结合技术。这些都需要时间。简言之，元宇宙的路线图就是能源、算力和人工智能 3 个 10 年发展图的叠加，和找到它们之间存在的关系。

在元宇宙浪潮中，中小企业没有可能或者极难成为元宇宙赛道的领先者。因为中小企业没有办法适应元宇宙赛道的基本特点：元宇宙需要组合性的高技术的投入、组合性的高技术人才的投入和组合性的资本的投入。对于中小企业来讲，理解并完成这些是非常困难的。

所以，中小企业想要得到机会，最为主要的是理解元宇宙产业链，继而在元宇宙产业链中寻找自己可能的位置。

元宇宙是人类共同体的一种试验

中国经营报：您认为，在元宇宙世界里，需要建构哪些层面的治理规则？这些治理规则会如何影响元宇宙世界的发展轨迹？

朱嘉明：回答这个问题，首先要明白一个重要前提：谁将是影响元宇宙世界的主体？答案是有三个主体：首先是世界级企业，包含着游戏公司，比如微软所购买的暴雪公司；其次是元宇宙的玩家，那些在数字经济中冲浪的年轻人；第三个则是政府。

制定规则的是政府，但政府却不是元宇宙的发起者和第一推动力。现在，政府需要做四件事：一是从缺位到就位，选择自身确切的定位。现在关于元宇宙的说法众说纷纭，需要学习、观察、分析和辨别，以期对元宇宙做出正确的判断和决策。二是要建立政府协作、联合治理的体制。元宇宙本来就是跨区域的，甚至是跨主权的，难以进行传统物理性控制的。除非对所有的元宇宙全部封闭，否则解决了 A，大家跑到 B。三是创建符合元宇宙特征的法律。现在在法律和法规方面，基本处于空白状态。四是形成元宇宙的税收模式。元宇宙会产生经营，而政府要实现它的贡献，应该得到税收的支持。

元宇宙世界发展的轨迹，是人类共同体的一种历史性的试验，所以元宇宙的治理，涉及对人类基本价值、对人类基本规则的一些认知。在此基础上才能达到元宇宙与人类共同体的一致目标。

元宇宙里不存在中央银行和 IMF

中国经营报：在元宇宙世界里，金融规则和数据规则与现实世界的规则会如何连接，又会有哪些异同？

朱嘉明：这与我前面所说的对商业的看法一样：元宇宙的商业是此"商业"非彼"商业"；同理，元宇宙的货币和金融体系也不是地球上的平移。人们不能用现在对地球村的货币金融的认知，来想象元宇宙的货币金融体系。元宇宙里不存在中央银行和IMF，这都是常识，否则就会发生相当大的混乱和误导。例如，在元宇宙里，很难开某家私人银行，或某家商业银行；也很难出现这样一种情况：某一种法币在这一种元宇宙通行，而另一种法币在另一个元宇宙中通行。因此，未来元宇宙很可能逐渐演进和进化出一种所谓元宇宙的通货，与现实世界中的银行、法律、金融制度有某种关联性。如果有这样的概念，就会发现，NFT还有巨大的潜质。

元宇宙提供了一所前所未有的大学校

中国经营报：元宇宙世界的到来，将对企业的战略、投资和产业布局产生怎样的影响？对企业家和政策制定者来说，如何为元宇宙的到来做好准备？

朱嘉明：元宇宙所带来的是新的疆域、新的市场概念和新的经济主体。新疆域、新市场、新主体，这是支持元宇宙的三个引擎。因此，投资和布局元宇宙就需要有新的观念、新的手段和新的团队。

对于企业家和政策制定者来说，有四个方面很重要。

第一，要学习。我对元宇宙研究较早，但是我不认为我对其的理解就已经到位，所以我每天还在思考。很多人以为自己懂得了元宇宙，其实未必。现在绝大多数人的思想跟不上元宇宙自身演变的速度。所以，要学习。

第二，企业管理层接受数字化转型的"扫盲"。未来的企业管理层，如果不能理解和实现数字化转型，就谈不上参与元宇宙——这是比赛的入场券。

第三，建立与时俱进的新型技术队伍。未来企业，都要有元宇宙的团队，包括元宇宙工程师、架构师，以及区块链、人工智能、量子技术方面的专业人才。为什么现在布局的公司都是互联网的巨头或 IT 产业的领跑者？因为它们具有相当的技术积累。这是一个技术积累重于资本积累的时代。因为，有技术找资本不难，但是有资本却不一定就可以找到技术。

最后是解放思想，知道自己不知道什么。所有的人，在元宇宙面前、在数字革命面前，都是小学生——即使现在成功领先，明天也可能被淘汰。

元宇宙提供了一所前所未有的大学校，跟上元宇宙的时代就是跟上时代。所以，现在应该办元宇宙学习班，要做技术普及。所有企业，我都非常支持和倡议要设两个职务：一个叫"未来战略官"，一个是"数字技术官"。不然，终究会因为数字经济转型的速度，加剧发达国家和发展中国家之间的、数字企业和传统企业之间的所谓"数字鸿沟"问题。

在未来，元宇宙是地球村的一种选择，是人类未来发展中多种选择中的一种。只是，元宇宙很可能是最有前途的一种选择，代表一个历史性方向。但是，这不是说人类可以将现实世界统统装到元宇宙里，物理世界和元宇宙体现的数字世界与虚拟世界，将长期并存。当然，未来的元宇宙成长过程中还会存在很多风险和挑战，甚至危机。例如，在元宇宙中，也可能发生恐怖主义攻击。对于地球村的每个个体而言，当然也可以不赞成或拒绝元宇宙，就如同工业社会和城市化进程中，如果愿意，你仍然可跑到神农架当野人。但对绝大多数人来说，还是需要与时俱进，正视元宇宙将对现实世界的重构。

DAO：数字经济时代的管理模式创新[①]

> 如果折断一只蜘蛛的头，它就会死掉；如果折断一只海星的脚，它会再长出一只新的，那只被折断的脚会长成一只全新的海星。蜘蛛是可以被消灭的，海星却不能。传统由上至下的组织如同蜘蛛。现在，海星式的组织正在改变企业及世界的面貌。
>
> ——布莱福曼和贝克斯特朗《海星式组织》

麻省理工学院斯隆管理学院的管理科学特征

麻省理工学院（MIT）斯隆管理学院资深教授彼得·圣吉（Peter M. Senge，1947— ）是学习型组织理论的奠基者，他在20世纪90年代的著作《第五项修炼》（*The Fifth Discipline*）影响深远。

我和斯隆管理学院关系很深，1991—1995年我在麻省理工学院做研究和读书。当时麻省理工学院斯隆管理学院的院长是莱斯特·瑟罗（Lester Thurow，1938—2015），他也是我的指导教授。瑟罗在二十世纪八九十年代，最关注的问题是在全球商界、政界的零和博弈关系，以及如何避免这个世界发生在政治、经济和商业领域的零和博弈。瑟罗最后

[①] 本文系作者于2021年12月19日在"2021年上海管理科学论坛"的会议发言。

一本书是1997年出版的《资本主义的未来：当今各种经济力量如何塑造未来世界》，讨论的是当代世界的"间断性平衡"的机理和对当代人类社会的严峻挑战。

斯隆管理学院和哈佛管理学院中间只隔了两站地铁，都坐落在查尔斯河的岸边。但是，这两个学院有非常明显的差别。麻省理工学院斯隆管理学院有三个显著特征：第一，将学习本身纳入管理学。因为世界变化太快，终身学习是斯隆管理学院的宗旨。第二，强调创新。麻省理工学院有一个媒体实验室，代表这个学校最重要的创新理念。将管理和创新作为不可分割的整体。第三，主张微观管理和宏观管理，短期管理和长期趋势的统一性。

事实上，未来世界管理或者治理，确实存在两个趋势：（1）因为世界的不确定性和非稳定性常态化，任何一个企业、任何一个微观单位的管理不可能完全脱离宏观大背景。管理的本质其实是对不确定和不稳定的管理。（2）不再存在脱离科学技术的经济，不存在脱离创新的管理。管理和创新已经一体化。

DAO 的本质

在过去 20 年间，当数字经济成为主导之后，管理科学遇到的最大挑战是词汇的挑战，是新概念的挑战。DAO 是其中的一个。DAO 是相当新的概念。DAO 是英文 decentralized autonomous organization 的缩写。DAO 难以使用音译，如果把 DAO 直接翻译成中文的"道"，很可能产生误解，与老子的"道可道，非常道"的概念发生混淆。所以，大家约定俗成，通常翻译为"去中心化自治组织"。我用的是"非中心化组织"，而非"去中心化组织"，主要是"去"是动词，"非"是形容词，"非"是很中性的。

通常认为，DAO是一种全新的人类组织协同方式，是加密人在公有区块链去中心化保障和经济激励的基础上形成的一种自组织形式的社会组织。DAO是一个由拥有共识的人群形成的非中心化组织，通过不断迭代的管理和运作规则（共识）以智能合约的形式逐步编码在区块链上，在没有第三方干预的情况下，通过智能化管理手段和通证（token）经济激励，使组织按照预先设定的规则实现自运转、自治理、自演化，进而实现组织的最大效能和价值流转，以公开、民主的方式实现共享资源的高效配置。

DAO系统受到三个定律的整体性支持。定律一：诚信机制。靠多个DAO节点来对每一个DAO节点的行为进行互相审查，来确保所有的规则能够被强制实施。单个节点违背规则，即使是系统的制造者不遵守规则，都会被集体直接封锁。定律二：不可侵犯机制。确保在没有多数股东同意的情况下，对任何DAO规则（源代码）的更改都是不被执行的；没有一半以上的投票同意采纳，哪怕是对极少数节点的侵犯也是不会成功的。定律三：自我保护。能够让整个系统采取更多的手段，以抵挡对DAO的生存造成的任何威胁。一个公开的系统或者开源系统，通过上述手段就能避免由于引入不良节点而造成整个系统的崩溃。

进而，DAO形成了四个基本特征：（1）分布式与非中心化特征。通过自下而上的网络节点之间的交互、竞争与协作来实现组织目标。（2）自主性与自动化特征。组织规则由程序自主运行，管理是代码化、程序化且自动化。（3）组织化与有序性特征。运转规则、参与者的职责权利以及奖惩机制等均公开透明。（4）智能化与通证化特征。以数字化、智能化、链上链下协同治理为治理手段，将组织中的各个元素（例如人、组织、知识、事件、产品等）通证化，从而使得货币资本、人力资本以及其他要素资本充分融合。通证是 DAO 的重要内容，是 DAO 的激励机制的载体。

DAO 可以看作是最复杂的智能合约。这是因为智能合约是 DAO 的基石。DAO 的非中心化自治网络，可以在预先设定的业务规则之下自动运行，衍生出人工智能的概念。这些智能合约不仅能够像一个自治企业模式一样运作，还能够构建一些完全和现实世界中商业模式一样的功能。一旦完成部署，它将不受其创建者和任何外界力量的影响。

DAO 和区块链有着深层关联性。区块链和 DAO 是不可分割的。在 DAO 的运行中，其交易记录和程序规则在区块链上维护，这种方法不再需要传统金融交易中受交易双方信任的第三方，DAO 的运行依靠区块链通证的激励机制。现在，区块链和产业结合，特别是和工业智能制造、工业 4.0 结合。未来，区块链将成为管理中最重要的基石。简言之，没有以 DAO 为原则，没有区块链作为 DAO 的基石，未来的管理是不可想象的。

在区块链的发展过程中，中国与世界发生了分叉，中国之外区块链和数字货币结合在一起，中国的区块链的出路是和产业融合发展。将来 5 年、10 年，这种分叉和进化演进的结果会大相径庭。目前很难说谁更好或谁更有意义。

DAO 具有相当大的张力，是数字经济时代管理模式的前提或管理模式的必要选择。在不同的环境和语境下，DAO 有不同的目的性。但是，只要是 DAO，就需要遵循 DAO 的规则，需要开放标准和协议，建立和发展链上群体智能。总之，DAO 的本质是在一个统一框架指导下的一种新型协作模式，非常适合复杂系统的协作和治理。甚至可以认为，DAO 就是抽象虚拟社会、社区的存在方式。

DAO 的起源和演变

DAO 并非一个新的东西。差异在于，现在的 DAO 具备大数据技术的基础，是可以模型化的。

事实上，DAO 的历史与人类文明历史的演变不可分割。所有的文明演进都因 DAO 而起，因 DAO 而发展，最后因为 DAO 遭到否定，DAO 被集中制和集权制所替代，原来的文明就不可避免地走向衰败。文艺复兴、工业革命、英国大宪章运动、美国独立战争，最初都是通过 DAO 的模式启动，之后通过 DAO 的模式成功，最后因为 DAO 的原则被废弃，都走到了反面。其实，资本主义制度，并不是一个自上而下被设计的结果，而是 DAO 的发源和发育的过程。亚当·斯密的市场经济分工、自由竞争、"看不见的手"，无一不是 DAO 的存在形式。总之，从原始社会部落的 DAO，农耕社会和小农经济的 DAO，工业革命时代以公司和企业体现的 DAO，到现在数字经济时代的 DAO，其本质就是自组织模式的演进过程。

但是，DAO 作为非中心化的一种组织形式，进入学术讨论，最早可以追溯到 20 世纪六七十年代，①1997 年，德国计算机科学教授维尔纳·迪尔格（Werner Dilger, 1942—2007），在他的论文《依据免疫系统的智能家居非中心化自组织》(*Decentralized autonomous organization of the intelligent home according to the principle of the immune system*) 中，第一次系统阐述了 DAO 的概念。

2006 年，美国作家奥里·布莱福曼（Ori Brafman）和罗德·贝克斯特朗（Rod Beckstrom, 1961— ）在一本名为《海星式组织》(*The Starfish*

---

① Shubik, 1962；Beckhard, 1966；Freeland & Baker, 1975

and the Spider）的书中写道：蜘蛛是中心化（细胞）组织，如果把它的头切掉，整个组织无法生存；海星则是由彼此对等（无中心）的一堆细胞组成，海星撕下的每只触手，都可成长为完整的海星。在未来世界，海星型组织、海星型去中心化运作的组织具有强大的生命力。因为DAO的特性，可以在短时间内裂变式地高速增长，内部的协作成本却不会同步增长，成员之间可自行沟通优化结构，在组织不断扩大的同时，保持高效协同能力。

2008年，中本聪发明比特币，网络上就开始流传非中心化自公司作为一种新组织形式的概念。2013年，Bitshares和Steem的创始人丹尼尔·拉里默（Daniel Larimer）公开在媒体上提出DAC的概念。2014年，DAO理念有了相当大的发展，很大程度上发展由以太坊推动。以太坊基金会创始人维塔利克·布特林提出DAO，并强调了DAO是比DAC更为宽泛的概念。自2014年开始，DAO形成了这样的态势：DAO慢慢延伸到DAOs、DACs、DASs等，人们对这个思想进行了快速的演进。

期间的2016年4月，一个以The DAO为名称的非中心化风险投资基金试验，通过其智能合约发行通证筹款，不到一个月就筹到了1 270万个以太币，当时价值1.5亿美元。The DAO被誉为"DAO之母"。作为回报，该通证可用于投票表决以决定资金分配项目。同年6月，The DAO遭到黑客攻击，几个小时内，360万个以太币被盗，当时价值7 000万美金。一方面，这个事件一度让人们对DAO产生怀疑；但是，另一方面，这个事件的交易都被记录在公共区块链上，而且永远不会消失。最终证明DAO的构想、逻辑和技术原理依然是成立的。

DAO、数字经济、社区和企业管理

第一，DAO 和数字经济。为何需要非中心化，需要 DAO？基于以下原因：（1）物质经济有明确的产业链，必须通过中心化解决——这是由物质生产的本质决定的。数字经济中数据供给与消费都是非中心化的，不需要中心化环节，没有中心化的审计、批发或仓储——数字经济必然要求非中心化的组织形态。（2）传统的物质市场中，无法随时创造节点，而数字经济中每个人都可以成为节点，融入到庞大的协作网络中。（3）物质生产中的交流多发生在纵向上下级之间，数字生产中的交流多发生在横向协作者之间。（4）传统物质经济中金融行为是集中化的，如主权货币和中央银行，数字货币如比特币和以太币等都是非中心化的。（5）非同质化通证（NFT），作为数字经济中的重要基础设施，本身就是以非中心化的理念设计的，必然导致数字经济以非中心化组织为核心。

简言之，数字经济和非中心化自组织有着天然的关系，经济本身的基因和数字经济相关，形成的价值链、产业链天生排斥集中性管理。在数字经济时代，自上而下就是有问题的。科学研究、技术创新，大家都明白这是没有办法用指令性计划建立金字塔结构来实现的，创新可能发生在任何场合、任何时候。对科学的管理、对技术的创新不可能用传统的自上而下的模式来解决。

第二，DAO 和社区。和 DAO 重叠性概念最多的一个词是什么呢？是"社区"，社区天然和 DAO 联系在一起，这和讲企业责任就是要讲企业对社会的贡献，本质上是相同的。不是说现在 DAO 没有问题，它问题很多，它有相当多的局限性：（1）关于 DAO 的法律体系是不健全的；（2）DAO 的所有者未必是 DAO 发展的积极参与者；（3）DAO 在安全性上存在着明显的技术性困境。

现在，美国一些州已经通过法律，对 DAO 做了法律上的规范。预计在 1—3 年的时间，所有国家的法律制度都会把 DAO 纳入监管和规范的领域。美国走在最前面的是怀恩明州，在 2021 年 4 月通过了 DAO 相关的法律，同年 7 月 1 日已经生效。美国当年对公司的监管法律也是走的相同的道路，从加利福尼亚州开始，继而在全美推开。

第三，DAO 和企业管理。进入数字经济时代，DAO 开始挑战人们所熟悉的管理学和现代管理必须面临的概念——"公司"。现在的 MBA 管理课程，并没有重视 DAO，也少有研究 DAC 替代传统公司的问题。传统公司的管理体制，一定是金字塔结构，通过自上而下的科层集权制，控制公司的各类资源，创造财富。但是，数字经济时代，要求打破传统公司的等级制度。道理很简单：传统公司的集权制，需要对信息分级控制，而数字经济需要打破对信息的控制，克服信息不对称，以减少交易成本。非中心化自组织与公司的对比如图 6.1 和图 6.2：①

图6.1 非中心化自组织与公司的对比图

---

① 参见：https://www.sgpjbg.com/info/28705.html。

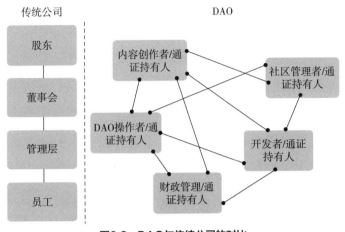

图6.2 DAO与传统公司的对比

资料来源：Nansen，国盛证券研究所。

DAO 影响并已经改变传统企业管理的基本内涵：（1）决策模块。决策不再是原来的模式——开个董事会决策，董事会上看谁的股份多。DAO 代表新的决策模式、新的决策程序，创造新的决策工具。（2）方案讨论和获准决定。（3）网络。（4）Gas 费（以太坊首创的一个概念）。所有的东西在 DAO 的状态下不是零成本的，大家都要付 Gas 费，要把成本分摊。

还有传统公司具有的法人和自然人地位问题。事实上，公司和自然人享受同等的法律地位，但是彼此完全没有可比性。人们虽然始终在深刻反思公司制度，但是公司一直主宰着世界。这也证明目前的组织形式出现了问题，因此在最初阶段，DAO 是通过讨论 DAC 开始的，即先考虑如何在公司的框架下解决组织内部的问题。因而先有 DAC，然后才有 DAO，最后的目标才是 DAS。

现在，越来越多的领域中产生了 DAO。2021 年，Aragon 设计了 DAO 的平台，即 As a Service。该平台已经设计了诸如财富管理、查账、审计和安全，甚至防止贪腐问题的解决方案，将 DAO 要面对和要解决的内容纳入进去。

这些去中心化组织的代表公司，尽管仍处于初期阶段，但已经涉及100多亿美元的资本规模。如果对DAO进行分析，已经形成如图6.3所示的这些类型。①

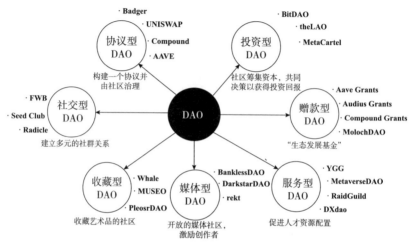

图6.3 按照目标分类的DAO

资料来源：国盛证券研究所。

数字经济和DAO的集合，形成宇宙大爆炸效应，被越来越多的机构所接受。图6.3中所列的企业都是在数字经济领域中人们耳熟能详的企业。虽然它们成立的时间很短，但是已经改变了世界。今天我们讲DAO已不是一句空话，它是有强大的系统技术支持的。数字经济时代的效率的概念和工业时代的效率的概念是不一样的。加密数字货币和数字金融在其中起到的作用是重大的。

---

① 参见：https://www.sgpjbg.com/info/28705.html。

DAO 与元宇宙

元宇宙的协作组织是 DAO。或者说，DAO 是元宇宙发展的重要构成形态。历史发展的逻辑是 DAO 在前，元宇宙在后；没有 DAO，就没有元宇宙；元宇宙给了 DAO 充分发展的机会。为什么说 DAO 在前，元宇宙在后？凡属于不是通过自上而下模式，特别是集权模式所形成的组织和所发生的事件都是一种 DAO 的实现。元宇宙并非由一个自上而下的力量或集权组织设计出来的，因此元宇宙的发生、演进和前途都是以 DAO 为前提的。这是历史，也是现实。

在数字化时代，DAO 催生了元宇宙的诞生？元宇宙的诞生有技术原因，也有经济、社会、文化和艺术等原因。如果对这些原因加以分析，就证明了过去几十年间，以科技革命为主导的演进，就是 DAO 的实现——没有什么力量和资源能实现绝对垄断。在所有这些现象中，开源运动就是 DAO 的代表。元宇宙需要 DAO，同样元宇宙也需要区块链。

迎接 DAO 的挑战，DAO 的组织要完善，法律要完善，还要在管理中把政府和 DAO 结合在一起。DAO 并不意味着政府的缺席，而是对政府的治理提出了更多更加严格的要求。DAO 的技术刚刚开始，DAO 和元宇宙怎么结合，DAO 和区块链怎么结合，一切都在进行过程中，比所有人想象的都快。

DAO 包含着一种合作精神。今天我们讲合作社，这里面有 DAO 的意识，DAO 里包含着社会主义的基本理念。Web 3.0 的到来推动着人类活动和价值的转型变革，分布式社区和利益相关者之间的协作变得愈发重要。

当 DAO 和元宇宙融合，DAO 成为元宇宙的组织模式，元宇宙为 DAO 提供平台，两者的特征会形成怎样的互动模式，使得两者相得益彰？基于DAO的元宇宙如果得以发育，将怎样影响现实世界，即人类的经济、社会、政治生活？元宇宙不仅将颠覆资本主义制度，也将解决人类现存制度的各种弊端，打破现在这种社会资源在分配中越来越失衡的困境。当然，这一方面需要发挥各种自主力量，另一方面又需要依赖于强有力的政府干预。

元宇宙DAO的组织规则由程序监督运行，组织规则最终的保障是代码。代码的事前约束使得DAO能够在更低信任的模式下形成组织，用户在数字世界可更广泛地参与全球协作，DAO弥合了全球各地的参与者在围绕同一使命和目标进行建设的鸿沟。

在元宇宙框架下，DAO的原则对微观世界有什么影响？对企业和各种基本社会单位、社区治理的分析发现，实现DAO和元宇宙的结合将是一个漫长的历史过程，一代人的时间无法完成。这将是一场社会变革运动。

DAO的未来

DAO是一场充满魅力的社会大试验，代表共享经济。很难想象，中心化的组织和管理在数字化时代还能继续下去。目前DAO的发展虽然尚在初期，但是其资产规模已经超过107亿美元，共有187个DAO的实体。

DAO的未来取决于是否可以克服和超越基本的制约因素。（1）法律地位不明确，代码难以解决所有问题。目前全球范围内没有对DAO进行清晰的法律界定。与传统公司自上而下的结构、多层次的管理和官僚主义的协调不同，DAO不存在注册的商业实体，它为彼此缺乏事前了解的个人和机构提供了一个共有的操作系统，而这些个人和机构可能生活在不同的司法辖区，适用的法律政策有可能不同。（2）通证持有者投票参与度较低。大多数通证持有者仅对其价格变动感兴趣，但对所赋予的投票权却不感兴趣。(3) 存在一定的安全问题。DAO 一旦上线，就无法在缺乏共识的情况下进行代码更改，而达成共识需要一定的时间，这有可能错过 DAO 项目的黄金除错时间，进而对项目产生负面效应。

DAO 未来的发展，对于线上和线下都会产生越来越大的影响。特别是链下治理，因为 DAO 的项目在发展时期采用的就是链下治理。未来伴随 DAO 的不断成熟，会实现全面的链上治理，把规则制定权交给社区。区块链、DAO 两者的结合是元宇宙世界的基石。

DAO 的未来前途，还取决于：(1) 开源的程度。未来所有的技术发展都需要和开源结合。DAO 机构是全世界工程师开源的平台，只有 DAO 才有可能带来更多的人参与，形成各种各样的社区。(2) 技术的开发和融合。例如，数字孪生、智能制造、工业互联网或工业物联网、Web 3.0，统统需要 DAO 的参与。

DAO 正在改变很多东西，包括区域之间的关系，所以现在有 DAO 的城市，有 DAO 和区域发展的结合。我们也看到，未来的全球化不会是被一个国家、两个国家所主导的，未来的全球化需要接受 DAO 的思维和模式。

更为重要的是，DAO 将直接影响科学技术发展和科技创新。因为，科技发展和创新，固然需要国家发展战略的支持，但是，更需要非中心化的协作，鼓励大学、科研机构、企业和个体的自主创造性。特别是企业，需要将创新作为生命力。

结语

让我们全面迎接 DAO 的时代。DAO 的最终目标是 DAS。因为

DAO，现在已经开始这样的历史进程：改变人与人的社会关系，改变传统国家权力结构，改变政治生态，改变区域关系，甚至国家之间的国际关系，最终奠定向非中心化社会（DAS）过渡的文化、技术和经济基础。人类终将进入 DAO 的时代。

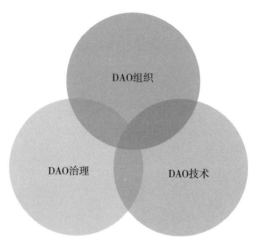

图6.4　DAO组织、治理与技术互有重叠

法律资源与制度如何应对数字化转型的挑战①

虽然技术的发展意味着我们的选择范围的扩大,但是,我们可能会怀疑,从长远来看,这种影响是否会削弱我们的自由。换句话说,我们可能想知道我们的技术命运是不是从今天的一些新选择中获益,却发现我们明天失去了其他选择。

——《牛津法律、规制和技术手册》

背景

进入21世纪以来,世界范围内的"数字化转型"呈现加速度的趋势。这次数字化转型,起源于20世纪后半期的IT革命、互联网革命,一直到近年来人们所关注的大数据、云计算、人工智能、5G、区块链,以及各类数字资产、DeFi、NFT和元宇宙等。

在此次信息科技进步所推动的社会转型过程中,人类的生活方式和经济活动都发生了根本性变化。一方面,数字技术与实体经济深度融合,企业的生产经营、商业模式发生改变,数字社会、数字经济正在成为推

---

① 本文系作者2021年11月26日在"2021年第二届区块链法治高峰论坛暨中国科学技术法学会第十四届'创新与法治论坛'"的发言记录,并以此文为基础,形成新文本。上海中伦法律事务所樊晓娟律师参与新文本的撰写。

动经济发展的新引擎；另一方面，以物质生存为主要目标，基于物质财富支撑的物质化社会体系，正全方位转型为数字经济和数字社会。数字技术正在改变着人们的生活。这个变化是自人类文明产生以来，从农耕社会到工业社会之后，数千年来最大的一次变革，是文明史上最重要的一个转折点。因为这次转型，全球经济和社会面临信息化、数字化、智能化和虚拟化的改造。在中国，数字经济不仅列入顶层设计，而且全方位实施。"十四五"规划提出，打造数字经济新优势，加快推动数字产业化，推进产业数字化转型。

迄今为止的人类法律体系和法律制度都基于物质生产。数字化转型，改变了现存的法律体系和法律制度存在的前提和基础，导致传统法学理论、法律资源、法律制度的背景或场景发生根本的改变，构成对传统法律体系的挑战。现在，挑战的层次、内容和范围变得越来越清晰。法律和实践是双向推动的。法律是社会和经济活动的规则，数字经济活动也不例外，应当受到法律规制；同时，数字化转型也在推动法律制度的变革。如何使现有法律制度适应数字化转型带来的改变？对于法律研究者、从业者，甚至立法者来说，都是必须面对和探索的问题。

法律主体的挑战

在传统法律制度下，对法律主体的界定清晰、成熟，已形成被普遍认可的规则。法律主体通常指依法享有权利、负有义务和承担责任的自然人、法人和非法人组织。自然人是指具有生命的、法律人格的个人，包括公民、外国人和无国籍的人；法人则是与自然人相对的概念，是具有民事权利能力和民事行为能力，依法独立享有民事权利和承担民事义务的组织；非法人组织是不具有法人资格，但是能够依法以自己的名义从事民事活动的组织。①因为数字经济的兴起，如何确认数字世界中数字身份的主体资格成为首个法律挑战：

第一，数字经济时代的法律主体。数字身份的确认是解决包括社交、财产流转、继承，甚至侵害其他用户的权利的行为等一系列问题的前提。在传统法律体系下，主体是非常清楚的，即每一个自然人，或者每一个法人，因为每个自然人都具备法人的特征。在中国，身份证和户口现在是证明。但是，在数字经济时代，法律主体这个概念似乎被技术手段模糊化了，已经超越了人们原本对自然、生物、法律的理解；每一个人现在都可能被科技、数字和信息这些元素改变；每一个生物人，都可以有数字人的存在方式；每一个传统的生物人，都可能被硬科技改造。例如，芯片植入大脑，脑机接口。人本身的基因可以被编辑，甚至存在克隆技术对人本身的威胁。数字主体的身份具有两个显著特征：（1）每一个自然人都可能有相当多的不同的身份。（2）主体的身份表现形式就是一串代码组成的ID号，仅凭这串代码，难以判断ID号背后是自然人、法人，还是非法人组织，甚至无法判断操作这个ID号的是人类还是机器。（3）主体的身份不再是一个单一的法律概念，而是一个多维度的、复杂化、虚拟化的概念。确定每个主体本身已经存在技术性困难，所以需要诉诸人脸识别、指模识别、声音识别等手段。目前对于数字人主体所采取的技术性对应手段，都不足以应对其多元化改变和多样性组合的速度。

现在元宇宙开始进入与现实世界的互动阶段。在未来的元宇宙中，可以设立DAO所代表的虚拟组织，主体是谁？因为自然人可以在元宇宙中创建一个甚至多个数字主体身份，如同每个人可能拥有若干微信账号

---

① 《民法典》第五十七条；《民法典》第一百零二条。

一样，并以此数字身份在数字世界中畅游。元宇宙的数字身份是否需要与现实身份关联？在什么情况下应当关联？如何保证实现正确关联？虚拟组织如同法人或非法人组织一般依照法律规定进行登记？组织运行时，所产生的法律行为又该如何规制？以上皆需要法律和技术的解决。

第二，身份穿透。数字身份，虽然给传统法律主体戴上了一层面纱。但是，当传统法律主体利用数字身份实施违法行为时，该层面纱需要被毫不留情地揭开。无论是否利用了数字身份，相应主体如果违犯了现实世界的法律制度，那么包括刑事责任在内的法律责任，将最终落在现实世界中的违法主体身上。所以，在法律意义上，数字身份如何被穿透、在什么情况下应当被穿透、穿透到什么程度、身份穿透与隐私保护如何实现平衡，是传统法律制度面临的又一个挑战。

第三，争议解决和管辖。因为在数字世界中，会产生社交和经济活动，必然会衍生出侵权和纠纷，于是解决纠纷的机制也成为数字经济对法律制度的一个挑战。在现实世界，对于民事纠纷，尤其与财产相关的纠纷，除了提起诉讼之外，交由虚拟社区调解也是一项可以采取的措施。① 鉴于数字世界仍处于一个新概念阶段，所涉及的纠纷数量不多，尚未形成完整的体系处理相关纠纷，经营者大多采用社区管辖模式：即如果用户双方产生纠纷，则需要服从虚拟社区的规则。社区规则是仰仗社区大多数用户的共识，依照现实世界中的法律，根据社区特性所构建的一种"共识机制"，是针对虚拟社区纠纷的一种习惯法。该规则的执行多由经营者提供仲裁，做出最终裁判结果，再由用户主动执行，如果用户拒绝执行，可以采取封号、冻结数字身份中的资产等手段。

简言之，在数字世界里产生的纠纷，由数字世界经营者进行管辖能

---

① 目前的法律制度对于数字身份和数字资产的确认还存在法律空白，在现实世界中的诉讼可能无法解决数字世界的纠纷。

够有效解决纠纷，与其他方式相比更具效率，而如果数字世界里产生的纠纷延续到现实世界中，则要根据现实世界的法律来确认管辖。

数据作为生产要素的挑战

传统社会的生产要素是土地、劳动力和资本，这些要素也是传统社会生产活动所必需的社会资源。随着科技的发展，近现代社会确立了知识产权制度，技术、信息也被作为基础的生产要素的组成部分。近20年，是科技爆发式增长的时代。随着数字经济的不断发展，数据、信息和知识成为数字经济时代的主要生产要素。其中，信息的本质和存在形态最终体现为大数据。在中国，政府通过推进政府数据开放、因地制宜地在法律框架下探索建立地方数据管理制度、制定数据交易相关法规等手段，不断发掘数据的资源价值，加强数据的规范流通与共享，充分发挥了数据作为数字经济时代首屈一指的生产要素的作用。数据在各行各业中的应用不断深入，数据已经切实成为国家经济活动中重要的生产要素。2020年4月10日，《中共中央、国务院关于构建更加完善的要素市场化配置体制机制的意见》（简称"意见"）正式公布，其中特意指出，要加快培育数据要素市场，提升社会数据资源价值，并探索建立统一规范的数据管理制度。

第一，大数据的基本特征。与物理状态的物质形态不同，大数据具备以下特征：（1）物质生产、物质财富的增长速度不可能超过算术级数，而大数据天生就是以指数级数、指数模式增长和膨胀的。（2）在物质生产状态下，物质的产业结构相对稳定和清晰；大数据状态下支撑的经济结构是非稳定、非结构化、复杂化的。（3）大数据本身的开发、生产、供给、管理、整合、使用等环节，都没有清晰的边界，彼此都存在着相互的交叉，导致大数据的所有权分割，此现象将长期存在下去。（4）大数据的周期特征和物质对象的周期特征，也是大相径庭的。

第二，大数据的权属问题。数据的使用价值和交换价值是产生经济价值的关键。大数据的特性，特别是难以像物质对象那样有清晰的边界，又构成了对法律体系的挑战，导致现存法律对象遇到了前所未有的困难。明确数据权属，确定个人、企业及国家对于各类数据的权属划分，以及所拥有的权利、权益、责任及义务，是数据成为生产要素以来迫在眉睫的课题。就目前的立法来看，数据权属的界定仍然模糊。数据权属问题涉及多方利益，不仅与个人、企业有关，与国家主权也有一定关系。

第三，大数据的安全及隐私。对于国家来说，数据是重要的战略资源，尤其是事关国家安全与民生的重要数据，要保证国家对于这类数据的控制权，对于其他类型的数据，也应在管控与跨境流通之间寻找到合适的平衡点。国家先后出台的《网络安全法》《数据安全法》和《个人信息保护法》，对数据安全、个人信息安全都做出了保护性规制，个人对于其自身数据的知情同意权、修改权和查询权等权利都应依法受到保护。而企业大多作为数据采集者和数据交易者的角色参与市场活动，无论是交易数据本身带来的收益，还是通过数据获得用户画像、用户偏好，从而获得商业上的成功，企业能够从数据中获利这点都是毋庸置疑的。企业在收集和交易数据时，获得个人同意是一切活动开展的必经程序，否则将面临违法使用个人信息的风险。

数字财产制度的挑战

传统法律体系，强调清晰的产权，明确提出，私人资产的不可侵犯性，那是因为界定产权，特别是界定私有产权，在观念上、技术上、法

第六章 元宇宙需要同步制度建设

律的处理上，是相对清楚的。

第一，传统财产权制度及特点。目前，各国现行的财产权制度虽有差异，但并无显著区别。以中国为例，根据《民法典》总则，主要从物权、债权、知识产权、继承权、股权等方面规定民事财产相关权利。通常，将具备以下性质的权利客体称为财产：（1）价值性。财产应当具备经济性或价值性，是由人类通过一定的劳动付出而创造，可以通过金钱作为对价转让、交易、产生收益，具有一定的使用价值和交换价值。（2）稀缺性。财产应具备稀缺性，其取得或者产生应当具有一定的难度，而非随意获取。（3）可支配性。财产具备可支配性和排他性，具有明确的边界、内容并且可以被转让、分离，持有人可以对数字资产占有、使用并获得收益。

第二，数字资产的形式和特点。数字资产同样具有传统财产的价值性、稀缺性和可支配性，则其财产属性应当得到确认，即属于数字财产。① 数字财产的显著特征包括：（1）匿名性。因为其匿名性，也对金融安全法律制度提出了挑战。（2）任何具有数字资产意义的资产，包含着公共财产、国家财产、公益财产和私有财产，都不存在严格的边界，划分它们之间的财产界限存在难度。（3）伴随数字资产比重的提高，财产结构发生变化。在这方面，数字货币提供了一些经验。以比特币为例，比特币网络进行隐私保护或匿名产生的结果是：地址的生成无须实名认证；通过地址不能对应出真实身份，同一拥有者的不同账号之间没有直接关联，无法得知特定用户的全部比特币数。②

第三，传承。数字资产不像房屋、黄金等实物的表现形式，又不像股票等有价证券存在明确的中心化登记机制。因此，数字财产的传承更

---

① 目前国家是认可数字资产的虚拟财产属性的。
② 参见：https://www.120btc.com/baike/coin/11406.html。

应当引起重视。（1）直接转移。数字资产的持有形式通常是储存于某个特定账户的数据。那么数字资产的直接转移就是原权利人将账户中的数字资产转移给接收方，使该数字资产储存于接收方的账户内。直接转移的方式简单，但也有一些问题。首先，直接转移必须在原权利人生前完成，难以通过继承或遗赠的方式完成。在此情况下，原权利人生前就对相应的数字资产进行处置，可能并不符合传承的初衷。如果接收方因为所在地政策限制或技术限制等原因无法开立或控制自己的数字资产账户，那么这种形式也不可行。进一步说，从财富传承的角度，还需要考虑继承人是否兼具足够的意愿和能力管理被传承的财富。（2）遗嘱传承。另一种常见的形式是通过立遗嘱，即立遗嘱人通过订立遗嘱和确定遗嘱执行人来安排其身后财产的分配，数字资产作为财产的一种，确实也可以作为遗嘱分配的内容。立遗嘱可以使立嘱人的财产在立遗嘱人过世后（而不是生前），按照立遗嘱人的意愿处理。虽然初衷是合理的，但是，通过遗嘱传承数字资产也会遇到一些问题。其中，最主要的问题是，数字资产存于特定账户中，这些账户的服务提供商（如 Facebook）出于隐私保护或其他考虑，在用户协议中制定禁止共享账户的规则，并且保留对账户的控制权。仅有遗嘱，服务提供商可能不会向遗嘱受益人开放账户的使用权，因而遗嘱受益人可能无法控制特定账户。有人采用规避的方法，比如通过遗嘱或者其他方式，直接告知受益人特定账户及其密码，但如果特定账户中有多项数字资产，而立遗嘱人希望分配给不同的受益人，或只分配其中的某一部分，那么直接提供账户及其密码的方式显然不够妥当。

第四，反洗钱及恐怖主义集资。由于部分数字资产基于区块链技术，因此其天生便具有区块链技术带来的匿名性特征，使其成为洗钱与恐怖主义集资的温床。监管机构开始对该类数字资产进行严格监管。例如，2019

年 8 月 26 日发布的指导性文件中，瑞士金融市场监管局（Swiss Financial Market Supervisory Authority，简称 FINMA）提供了有关该等技术中立规则如何应用到区块链上支付交易的具体方式。所有受 FINMA 监管的机构只被允许发送加密货币或者其他通证到其客户的外部钱包。该等客户必须是身份已经得到验证而且也只能被允许从这一类客户中接受加密货币或者通证。因此，受 FINMA 监管的机构禁止接收来自其他机构客户的通证，也禁止发送通证给其他机构的客户。只要有关发送方和接收方的信息无法在相应的支付系统中可靠传送，那么就应当适用上述规则。

第五，强制执行。基于数字资产确实存在难以强制执行的问题。随着技术的发展，虚拟货币追查的能力也在不断提高，需要说明的是，美国司法部和联邦调查局已经多次成功追回以比特币形式交付的赎金。以 2021 年 5 月的 Colonial Pipeline 案件为例，该公司受到黑客攻击后向黑客支付了 75 个比特币（约 500 万美金）。而美国司法部和联邦调查局则于同年 7 月宣布其以通过分析比特币的公开账本，追查到黑客的私钥地址，并通过技术手段追回其中的 67.3 个比特币。

总之，与数字财产制度相关的法律已经加速提上所有国家进行立法和监管的议事日程。

智能合约的挑战

在传统的商业经济时代、农耕时代及工业经济时代，所有经济活动都需要契约的支持。合同和其他契约模式，主要以书法形式与文字语言形式构成。人为因素占据主导。但是，存在人工审核导致交易效率低下、道德风险较高等问题。在数字经济时代，原来的合同和书面契约方式已经无法适应人和人之间的契约关系，以及经济组织之间的契约关系。其中，最严重的挑战是即时变化，大规模交易的安全，于是"智能合约"成为未来的选择，因为只有智能合约才能够有及时性、动态性、即时追踪性，实现包括有形资产和无形资产大批量的即时交易。

第一，智能合约的历史。20世纪90年代，智能合约概念得以形成，但囿于当时的技术水平，并未广泛使用。过去10年，因为区块链技术的广泛应用，智能合约重新回到人们的视野，使之成为数字经济时代数字通证交易的重要技术支撑。2019年，美国统一法律委员会（Uniform Law Commission）发布了关于区块链与智能合约在统一电子交易法与电子签名法的指引。该指引对于智能合约的定义是：预设条件满足的时候，区块链内状态发生改变的计算机代码。这个定义较为清晰明了地阐述了智能合约的本质就是计算机代码。

第二，智能合约的特点。（1）合同含义清晰。传统形式的合同内容经常会比较复杂，也常有同一个合同中前后条款含义不一致或有歧义的情况。在此情况下，如果发生争议，还需要依赖律师的介入和法院或仲裁机构的裁决。相比而言，应用智能合约的合同确定性更强，更为明晰和准确。智能合约是一套计算机代码，因此其执行逻辑必须是输入确定的条件和输出确定的结果。当某一个合同条款的含义模糊时，它是无法被编制成智能合约的组成部分的。（2）安全性高。就基于区块链的智能合约而言，区块链所具有的去中心化、不可篡改的特点为智能合约创造了可信环境，智能合约对应的合同内容难以被篡改，确保了合同内容的安全性和可信性。（3）执行的确定性高。智能合约的执行是必然地、不可逆地自动执行，几乎不涉及人为干预的因素。传统的司法实践中，如果合同的当事方拒不履行，合同的另一方需要申请法院或仲裁机关的强制执行来获得救济。智能合约为合同履行提供了一个新思路，通过代码运行直接改变使相当一部分合同得以直接履行，不再依赖于成本高昂和耗时长久的司法审判和执行。

第三，智能合约的应用场景。（1）虚拟货币的转移。人们可以借助智能合约方便地完成虚拟货币的转移、交易。以比特币与 USDT 兑换为例，人们可以借助部署在链上的智能合约，当卖方收到相应 USDT 对价时，自动将卖方钱包中的比特币转移到买方钱包中，基于区块链的特性，这类比特币的交易过程不会受到任何干扰，除非双方约定的交付条件未满足。（2）保险理赔。传统的保险业中理赔流程的复杂程度让人望而却步。Tezos 区块链推出了一款名为 TezSure 的 APP，旨在简化保险理赔流程，节约管理费用。通过 TezSure，保险公司可以创建智能合约形式的保险产品，然后将保险费用自动转移到保险资金池中，等待索赔。一旦智能合约中的索赔条件成立，智能合约将直接按照其中的约定从保险资金池中向受益人支付款项。（3）司法存证。2018 年 9 月，杭州互联网法院司法区块链正式上线，其通过智能合约的应用，实现网络行为"自愿签约—自动履行—履行不能智能立案—智能审判—智能执行"的全流程闭环，高效处理少数违约行为。由于智能合约的应用，交易各方所有的协商、签署、履行、纠纷等过程都将一字不漏且无法篡改地被记录在司法区块链，相关数据直接进入司法区块链存证，极大提高了法院的诉讼效率。

第四，智能合约面临的挑战。目前，智能合约在实际应用中同样存在许多局限性。（1）预见外情况的处理。为保证智能合约的自动执行性，需要在运算代码中直接编写合同执行各阶段发生各种情形时的各种处理方式，这也意味着交易各方在交易开始前就需要对未来可能出现的所有情况进行预测、预判和预设处理方式。但是，人的预见性往往是有限的，在传统世界的合同中，交易各方一般会在合同中设置一个兜底条款。例如，若合同中的未尽事宜发生，或有不可预测的情况发生时，各方将另行友好协商处理。智能合约一旦启动执行，一般不再受到人为的影响和干涉，但当实操中确有预见外的情形发生时，智能合约该如何处理，还是一个值得思考和讨论的问题。（2）合同变更和强制执行处理。由于部署在区块链的智能合约由区块链自动运行，法院或其他第三方也无法强制修改。[①] 进一步而言，基于区块链的智能合约，其数据被分布记载于全链节点，就算修改某一个节点上的数据，也无法实现全链记录的变动。那么在法院或仲裁机关的裁决与智能合约相左的情况下，法院、仲裁机关或执行机关如何去修改或停止区块链上计算机代码的运行，从而实现裁决内容中合同的变更、撤销、解除、终止和强制执行等事项是一个值得进一步探讨的问题。

数字化组织形式的挑战

当今的商业社会模型大约是在17世纪的欧洲开始逐渐形成的，整个过程包含了对传统封建社会的法律法规和财务制度的改进，其中最重要的三大基石莫过于复式记账法、公司制度和保护私有财产的法律。

在工业社会，公司、合伙企业、基金会等各种组织形式，是社会经济的最基本的组织模式。公司资金来源可能不同，但是都以营利为目的，都采用了自上而下的组织结构，组织内部的其他部分必须服从并执行中心的决策，实现高效协作。为此，传统组织形式有着共同的、不可避免的痛点，例如封闭性、民主与效率的矛盾、安全性差等。因为数字技术推动的数字经济和数字社会，其组织模式必将超越工业经济时代的公司形式。因为，公司模式已经不足以应付数字经济时代。所以，近年来，

---

① 普里马韦拉，亚伦·赖特.监管区块链：代码之治[M].卫东亮，译.北京：中信出版社，2019.

人们开始寻求摆脱工业社会和商业社会的《公司法》的架构影响，关注如何实现将社区作为未来社会组织的主要载体。

第一，数字化组织形式：DAO。区块链、智能合约、加密算法、5G等新兴技术的诞生建立起了陌生人之间的共识机制，也提供了人与人之间合作模式的新思路，可应用于一种创新的组织形式：DAO。DAO与公司、合伙企业等不同，DAO成员的范围可以非常广泛。以各种形式向DAO做出贡献并参与区块链DAO活动中的所有成员，都可以称为该DAO的成员。因此，DAO一词确实能非常形象地反映出区块链组织中成员之间平等协作、互惠互利的关系。而DAO成员应当通过各种方式（包括DAO通证）行使自身的权利，包括投票权、报酬权、分红权以及出入权等，并按照DAO章程、组织制度等规则文件承担作为成员的义务，为DAO做出贡献。

第二，DAO的结构。（1）权力机构。DAO的全部成员构成DAO的权力机构。成员人数可以很多，每个人都是DAO的所有权人和受益人。每个DAO成员在DAO都拥有一定的表决权，对于DAO的每一事项表决或对某一事项给予授权。区别于传统组织只有中心或部分成员对于组织的发展和运营具有话语权，DAO的每一个成员都对DAO具有话语权。一方面，由于DAO的投票可以通过区块链在线上操作，多个DAO成员可以同时点下鼠标，几乎实时产生结果，无需反复讨论协商甚至互相博弈，解决了传统世界效率和民主之间的天然矛盾；另一方面，根据分布式记账的原理，区块链上的投票结果被记录于链上的每个节点，不易被篡改，在全体成员中形成共识。（2）策划机构。策划机构由DAO全体成员投票选举产生。策划机构类似于公司的经营管理机构，但又不完全相同。策划机构不承担决策和执行职能，而是对于DAO的相关事项进行策划，并提议DAO成员对方案进行表决。如果DAO成员对某一事项拥有自己的建议或要求，也应有机会依据 DAO 规则提议 DAO 成员表决并推动执行。例如，如果是 DAO 内的公益事项，则可以要求策划机构提议；如果是为特定 DAO 成员利益的提议，则可以通过向其他 DAO 成员支付一定的 DAO 通证而要求大家参与投票等。(3) 执行机构。执行机构可以与策划机构相同，也可以由 DAO 成员另行投票选举产生。执行机构负责执行 DAO 决策通过的项目，并把项目所得收益通过智能合约以 DAO 通证或其他合法的形式分配给参与项目的 DAO 成员。项目的收益情况应当能在 DAO 的区块链上真实地体现，公开透明。

第三，DAO 的治理。DAO 从某种程度上类似于现行组织形式中的社团，需要有一定的组织机构。较现行组织形式自上而下的结构，DAO 更趋于扁平化结构。各种区块链 DAO 因其运营模式和运营目的不同而其组织机构形式各异，很难有一种完美适用于所有区块链项目的组织机构。就目前而言，较为常见的 DAO 模式下，应由拥有投票权的全体成员构成 DAO 的权力机构，由发起人成立的基金会或基金会管理人作为管理机构。由于区块链技术、5G 等技术的应用，尽管全体 DAO 成员可能较为分散或人数众多，这些投票都已可以在链上进行，快捷并且安全。

第四，DAO 通证。[①] DAO 通证被区块链社区广泛采用，一方面可以作为 DAO 成员身份的凭证，凭此参与 DAO 内的活动，行使自身权利；另一方面可以作为 DAO 中的支付工具。DAO 通证由 DAO 的发起人创设和发行，通常数量固定，不得增发。发行 DAO 通证可以要求对价，包括以法定货币、其他虚拟货币、提供研发或其他服务、提供内容或服务等作为认购对价；当然，也可以"空投"[②]。DAO 通证作为 DAO 收益分配和激励成员的主要工具。当 DAO 运行达到一定成熟度和规模，DAO

---

① DAO 通证的设计需要遵守国家法律中关于"虚拟货币"的相关规定。
② "空投"指项目方无需任何对价，直接将社区通证分发到成员的电子钱包中。

通证将不仅具有实用价值（如作为燃料），也会具有一定的投资价值，即DAO通证持有者不仅可以将DAO通证用作支付工具，还可以期待从DAO通证的增值和转售差价中获益。在此情况下，成员将寻求获得更多且价值更高的DAO通证，DAO通证的激励作用得以充分体现。另一方面来说，DAO通证价值的提升也来源于DAO成员的共同努力，与成员通过贡献促进DAO组织运转形成良性循环。

第五，DAO面临的挑战。尽管DAO在一定程度上解决了传统组织形式中的弊端，但DAO本身的特点也对传统法律制度形成了新的挑战。不同于传统组织形式，DAO组织更趋于扁平化结构。DAO内部权力要如何分配，尚无法律规定，不同的DAO正在进行各自的探索，孰优孰劣尚待实践检验。

第六，DAO的法律责任的承担方式。如果在DAO中，发生需要承担法律责任的情形，相关主体应当如何承担责任，又如何确保法律责任会被承担呢？（1）区块链技术。一般DAO组织建立在区块链为基础设施的技术基础之上，人们可以为DAO和区块链运行设计一套严格的制度，以确保DAO有序运行。在区块链项目中，有相当一部分活动是自动化运行的，而自动化运行的部分依赖于智能合约的自动执行和其他计算机程序的安全运行。当然，制度执行还需要每一个节点的硬件设备能够稳定、可靠地工作。所以，区块链技术的高速发展、DAO制度的有效执行需要可靠的软件技术和硬件设备提供有力保障。（2）Staking。Staking简单来说就是POS[①]机制的衍生。DAO通证持有者将DAO通证质押，用于担保其在诚信参与区块链DAO活动和能够承担相应法律责任。如果DAO通证持有者没有适当履行其义务，触发智能合约预先设置的条件时，被质押的DAO通证就

---

① POS是指Proof of Stake，股权证明。

会被没收或者自动转移给受偿方。并且由于这些操作都在区块链上进行，也会被记录于区块链上的每个节点。这个过程就是 Staking。（3）保险。由于加密货币存在币值波动大、被黑客盗取的风险，市面上已有保险公司推出了保险产品来应对这些风险，例如 Lloyd 为 Coinbase 提供 2.55 亿美元的保险。但保险业界对于数字资产交易相关的保险服务目前仅是初步试水的定制阶段，是否能够全面应用还未可知。但作为法律责任的承担方式，如何确保责任方在无力承担责任的情况下，被侵害方仍能得到救济呢？强制责任保险[①]是个可供考虑的选项。

法律实施对科技的依赖趋势

新技术层出不穷，而法律先天限于立法者认知水平及在制定法律时有限的预测情况，具有一定的滞后性。在暂时没有对新技术做出具有针对性的规制时，延伸适用现行有效的法律法规是司法实践中对法律主体最为有效的保护方式。法律实施更为依赖科技。技术发展促进法律制度呼应技术的进步而做出改动；而法律转而划清技术在商业活动及日常应用中的活动界限，避免因技术滥用而侵犯其他法律主体合法权益的行为发生。现在法律和技术的关系，存在三种基本情况：

第一，数字科技改变法律体系。技术进步为司法实践的安全和效率保驾护航，法律实施将更为依赖科技。因为数字经济的发展，数字社会的到来加剧数字科技对法律的影响和冲击。例如，数字财产交易需求与日俱增，从而对自动化交易的频次和规模提出更高的要求，开启电子交易之后，特别是智能合约进入自动化交易，引发交易模式的革命性迭代

---

① 强制责任保险在现实世界的典型例子是机动车交通事故责任强制保险。

升级，在各种解决方案中，包括第三方监管和电子签名等，都要求法律保障。因为数字经济和数字技术的发展，产生了一系列与数字经济相关的定律，比如说摩尔定律、梅特卡夫定律、香农定律、墨菲定律等，都会要求制定相关的法律，进而影响数字经济时代的法学理论、法律资源和法学方法的形成。

第二，积极互动关系。技术进步为司法实践的安全和效率保驾护航，法律实施将更为依赖科技。例如，互联网法院已经上线数年，2021年6月16日，《人民法院在线诉讼规则》出台，自2021年8月1日起施行，在线诉讼方式将全面推广。尤其在疫情期间，不仅互联网法院在线开庭得到广泛应用，通过在线立案、在线调解等方式处理案件也已经成为疫情期间的常态，是防控疫情的有效手段。此外，区块链技术在司法存证方面的应用日益广泛。① 根据南京仲裁委员会官网消息，南京仲裁委员会网络仲裁平台已于2018年9月上线试运行。该平台深度利用区块链技术，协同存证机构、金融机构、仲裁机构等对电子数据的存管，实现证据实时保全、电子送达、在线审理与裁决。② 而智能合约已经被嵌入司法区块链上，2020年初，杭州互联网法院宣判的司法区块链智能合约技术应用于民事诉讼审判程序的全国首例案件就是一个典型案例。③

第三，法律不能完全兼容新技术。例如，"人脸识别"技术得到广泛应用后，在手机解锁、身份验证、购物付款等贴近生活的方方面面都得到了应用，在没有配套法规加以规制的情况下，大量不需要人脸识别的场合都在使用这项技术，导致个人隐私权利被侵犯。在中国，2020年，

---

① 参见：https://www.njac.cn.
② 参见：http://ac.nanjing.gov.cn/zczx/gzdt/201809/t20180927_5801949.html.
③ 参见：https://www.netcourt.gov.cn/lassen/party/app/standalone/news-detail?securityId=8B-iCJa6hUGS PSdn3iUl-Q.

《民法典》将"生物识别信息"纳入保护范围内；在 2021 年 7 月 27 日，最高人民法院出台了《关于审理使用人脸识别技术处理个人信息相关民事案件适用法律若干问题的规定》，滥用人脸识别技术侵犯个人信息及隐私的民事案件都以该司法解释作为审判标准；在该司法解释颁布后不久，《个人信息保护法》终于落地，于 2021 年 8 月 20 日发布，并于同年 11 月 1 日得以施行。至此，人脸识别技术的应用终于有法可依，这是技术促使立法进步、弥补立法空白比较直观的实例，可以很直接地看出技术进步对法律制度的影响。

世界性法律体系的融合

因为数字经济时代的到来，两个法律体系，不论是英美普通法体系，还是大陆法体系，都面临趋同性的改革。比如，按照大陆法体系，因为数字经济，很难立刻对原来的法律结构和框架产生挑战，做及时、迅速地调整，在这样的情况下，唯一的选择就是强调案例判决。例如，对于比特币如何处理，普通法体系就有很大的灵活性。

反过来说，数字经济的发展、财产结构的演变，又使得这样的判别更加依赖专业人士的参与，更加强化具有专业训练和专业素质的法官的判断，而不是简单的过去的陪审员，或者律师就足以应对的新局面。于是，数字经济时代将使普通法体系和大陆法体系，各自的优越性放大，并且非常有可能因为数字经济和数字社会的到来，推动普通法体系和大陆体系的整体的融合，穿透两个法律体系彼此之间的界限。

因为数字经济时代的到来，数字经济和数字社会急剧来临，法的社会化内涵发生了相当大的变化，因为现在不仅人和人的关系呈现网络化趋势，而且人和人的交往模式、人和人之间确定身份的方法都不同了。

今天如何理解数字化社会的内涵，直接关系着未来法学资源的调整。

不仅如此，在数字化社会，人们之间的两大基本关系会发生实质性变化：（1）"公有财产"和"私有财产"的关系。数字经济时代，公共财产在社会财产中的比重急剧增加。数字经济改变了人们对财富结构的重新理解和认知。见图6.5：横轴是"数字社会"，纵轴是"智能社会"，自左下角到右上方的一个45度的曲线，就是"公共财产"。

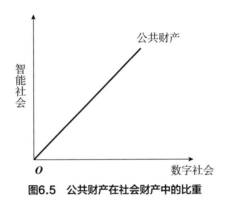

图6.5 公共财产在社会财产中的比重

（2）"公共利益"和"个人权利"的关系。因为数字社会，个人权利不是扩张，而是急剧下降。见图6.6，横轴是"社会权利"，纵轴是"个人权利"。

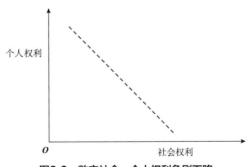

图6.6 数字社会，个人权利急剧下降

总之，在数字社会，必须重新界定"公有财产"和"私有财产"，寻求"社会权利"和"个人权利"的新平衡，丰富"社会正义"的概念，引发对新的自然法学的创新性认识。

在数字经济时代，数字经济对法律制度带来前所未有的挑战。大陆法系和普通法系具有各自的优势，其相辅相成将更好地应对数字经济对法律制度的挑战。大陆法系属于成文法系，依赖于成文法条指导法律实践，成文法的优势在于能为法律实践提供更为明确的依据；而普通法系则在遵循先例方面具有悠久的历史传统，长期践行引用判例指导新案件的裁判方法。恰当引用判例则能够更为灵活地弥补成文法中的不足。

实践已经和正在证明：普通法系国家在其针对数字经济活动的立法和法律释明脚步迅速，而大陆法系国家则在尝试以判例指导案件裁判。例如，针对基于区块链技术的电子交易，美国统一法律委员会（Uniform Law Commission Executive Committee，简称ULC）于2019年1月发布了一项指引——*Guidance Note Regarding the Relation Between the Uniform Electronic Transactions Act and Federal Esign Act*，确认现行电子交易法和Esign可以直接适用。

在新的法律制度加以完善的实践中，当人们无法从现行法律和既有经验中，分析或推断出法律法规应该如何适用，则人们需要更加依赖专业法律人士的分析、判断和深度参与，包括对法律条文的分析，也包括借鉴判例，从立法本意出发，来推断出更恰当的法律适用。

针对科技创新所带来的新兴的法律问题，中国的立法者不断与时俱进，对现行法律进行更新和补充，为各法律主体提供了更为明确的法律指引。最高人民法院于2021年11月发布了《最高人民法院统一法律适用工作实施办法》，进一步明确了类案检索的情形和范围，明确类案检索说明或报告的制作规范，强化类案检索制度要求，促进"类案同判"。

小结

科技创新对于激发社会活力,在推动产业革命发生、促进经济发展等方面具有重大利好的态势,同时对现有法律制度造成了强烈的冲击,给法律制度带来前所未有的挑战。在经济和社会发生数字化转型的历史进程中,立法者需要推动法律体系和制度改革:在立法中体现技术变革所带来的变化,在实践中依靠技术落地法律,将技术与法律深度融合。态势、技术始终不能超越法律,必须在法律规制内得以运用和发展。法律变革需要平衡创新与监管之间的关系,让法律作为监管方式、司法治理的依据,为新技术的发展点亮指路的明灯。唯有如此,技术创新所带来的便利才能真正渗透到社会中,并得以规范应用,实现社会与经济的发展、社会公共利益和个人利益以及社会正义的均衡。在新的法律制度完善过程中,当人们无法从现行法律和既有经验中,分析或推断出法律法规应该如何适用,则更加依赖专业法律人士的分析、判断和深度参与,包括对法律条文的分析,借鉴判例,根据立法本意推断出更恰当的法律适用。相信在不久的将来,科技会加快推动地球村的建立,数字世界将会得以建立,普通法系和大陆法系将会逐渐趋同。

元宇宙·制度设计·公共选择[①]

> 但是,普遍福利必须限制和规范个人权利的伸张,因为个人必须从社会权力中获得自己的力量。
>
> ——弗雷德里希·李斯特

从2021年春夏之交,我就元宇宙问题,发表了数十场讲话和十余篇文章,主要集中在元宇宙的技术领域。今天我将聚焦元宇宙制度设计和公共选择问题,探讨未来元宇宙究竟是谁说了算,或者说,谁决定元宇宙的未来。

首先,《陆家嘴》杂志提出关于元宇宙的十本小说。我认为,第一本带有元宇宙元素的科幻小说是雪莱夫人在1818年所写的《弗兰肯斯坦》,中文的译名是《科学怪人》。这本小说的核心故事是,一位科学家制造了一个机器人或者生物和机器结合的人,之后引发了这位科学家和他制造的科学怪人之间的冲突,最后以同归于尽的悲剧收场。2018年,我为纪念雪莱夫人这本小说出版200周年做了很多工作。这本小说非常了不起,而不了解这本小说,基本上就不能理解科幻文学的历史。如今,204年已经过去,人们讨论的机器人伦理等问题,其实并没有超越雪莱夫人提出的这样的一个思路和框架。所以,讲元宇宙文学,要从雪莱夫人的

[①] 本文系作者对2022年2月17日上海《陆家嘴》杂志交流会第二期发言记录修订。

《弗兰肯斯坦》开始。还有一位很重要的科幻小说大家是阿西莫夫（Isaac Asimov，1920—1992），他提出的"机器人三定律"被称为"现代机器人学的基石"。至今，在科幻小说领域，没有人超过他。科幻小说的历史几乎是理解元宇宙的钥匙。

而"元宇宙大爆炸"，已经持续了近一年时间。在世界范围内，中国可能是，应该说肯定是思考、讨论、卷入和实践元宇宙人口最多的国家，也是元宇宙概念最为普及的国家。所以，我们身在其中，是有历史责任的。如果十年以后，或者二十年以后，回顾我们此时此刻关于元宇宙的所思所想，究竟有哪些方面得到了历史验证，究竟哪些方面是幼稚的、无知的，我们在当下就需要认真思考以下几个问题：

为什么元宇宙得以产生

在这方面，大家已经做了很多讨论和分析。但是，总体而言，这些讨论缺乏认知元宇宙演变的思想和理论的方法。社会主流对于元宇宙的关注重点则是元宇宙的经济特征，以及元宇宙和产业、经济、资本及投资的关系。这反映了人们思想上的强大惯性，将元宇宙和经济活动，特别是潜在的商业目标联系在一起。这样的倾向和偏好，会误导对于元宇宙的真实意义的理解。

为了深入理解元宇宙的由来和发展，需要引入经济学的历史学派的分析方法。在这方面，我要讲到两位在经济学思想史上不可忽视的大家：一位是李斯特（Friedrich List，1789—1846），代表作是《政治经济学的国民体系》；一位是罗雪尔（Wilhelm Roscher，1817—1894），代表作是《历史方法的国民经济学讲义大纲》，又被称为《历史学派宣言》。他们是现代历史学派的奠基者。其中李斯特在工业发展阶段，对国家干预和国际贸易平衡方面做了开创性研究。罗雪尔则在国民经济与自然、劳动和资本的关系的理论方面做了开创性研究。根据德国历史学派的李斯特和罗雪尔的观点，任何经济现象都不是纯粹的经济现象，不可完全用经济活动本身来解释，而要超越经济体系本身，从历史实际出发。元宇宙绝非一个单一的世界，包含了技术、科学、社会、人文，甚至政治意义。

如果吸纳历史学派的分析方法，从大历史角度诠释元宇宙的发生和演变，有助于更为深刻地认知元宇宙发生的一系列原因，包括科技革命和主导经济增长、传统经济结构的解构、市场经济制度的危机、实体经济供给和需求、经济周期紊乱和增长模式的困境、全球化分工和市场竞争机制、劳动生产率和就业、人口膨胀和余暇增长以及"二战"之后的美国"丰裕社会"模式的终结。

所要强调的是，工业革命两百多年以来，以工业技术支持的物质生产活动和经济社会，基本走到极限，工业产品供给和生产能力普遍过剩。例如，衣食住行的供给大体可以满足需求，相应的生产能力都趋于饱和。人类不再需要一如既往地投入那么多的人力资源，投入那么多的时间用于物质性生产活动。市场制度危机和传统经济结构解构形成了交叉影响，改变了社会和经济的深层结构。现在，任何国家的国民经济，所要解决的核心问题是如何实现生产和消费的均衡、如何实现公平分配、如何实现生态环境的改善。所有这些，构成了元宇宙发生的系统性背景。

元宇宙是具有复杂科学"涌现"特征的历史事件

如果仔细观察从 2021 年上半年到现在元宇宙的演进轨迹，不难领悟到，元宇宙是一个符合复杂科学"涌现"的历史事件。

"涌现"的核心特征就是"整体大于部分之和"。在现实世界，普遍存在整体大于个别的现象，很多现象和事件发生时，其实已经具有整体性。元宇宙最大的特点就是，元宇宙在初始阶段就是一个整体、一个系统。现在，人们之所以对元宇宙存在如此多的看法，就是因为元宇宙具有太多的层面。人们对于元宇宙的认知，很容易陷入盲人摸象的状态。这是因为，象本身是一个大系统，盲人没有能力建立对"象"构成"整体"的认知系统。我们每个人都会越来越感觉到，人类处于涌现叠加的时代，需要应付层出不穷的涌现挑战。

进而，元宇宙也是一个当代历史的重大事件。这个时间是若干事件的集合，是多维度事件，而不是单一性质的事件。例如，2001年发生在美国的"9·11"事件，属于单一性质的政治事件，或者恐怖主义事件。

元宇宙是避免现实世界进一步内卷化的选择

现在世界有这么多的问题，如果按照传统的思路和方法，解决这个世界问题和危机的过程，大概率是内卷的过程。现在，有了具有巨大张力的元宇宙，为人类提供了极大的想象和试验空间，可以扭转内卷的关系，即：凡是在人类真实社会无法进行很大规模社会实验的，都可以在元宇宙先做模拟性试验；凡是现实世界解决不了的，都可以在元宇宙中实践。

元宇宙的潜力还有待发掘，千万不可过于急功近利。相较于互联网已经经历的七八十年的历史，元宇宙还处于早期。元宇宙的了不起之处在于：为人类在此时此刻提供了一个 all in 的选择。

元宇宙的真正功能在于满足人类的余暇扩张需求

这里向各位展示"世界主要国家人均工作时长排行"。德国：日5.2

小时，周 26 小时；法国：日 5.8 小时，周 29 小时；瑞士：日 6.0 小时，周 30 小时；英国：日 6.6 小时，周 32 小时；日本：日 6.6 小时，周 33 小时；美国：日 6.8 小时，周 34 小时；韩国：日 7.8 小时，周 39 小时；中国：日 9.2 小时，周 49 小时。①

以上主要国家人均工作时长排行展现了一个基本规律：人类生存的时间分配模式正在改变，越发达的国家工作时间越短。总的来说，人类的余暇呈现扩大的趋势。见图 6.7：

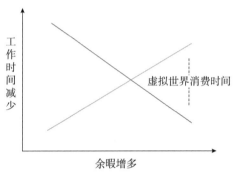

图6.7 人类余暇呈现扩大趋势

工作时间减少，意味余暇增加。也就是说，不管是碎片的，还是整体的，人们因为不需要"上班"而"无所事事"的时间增加，导致所谓的虚拟时间消费增加，构成元宇宙的基础性推动力。其实，人们刷手机已经属于元宇宙的一种生活方式，人们沉浸于手机，就是世界的改变。当然，刷手机并不是完全意义的元宇宙，而是最初始的。因此，将民众碎片的时间吸纳到抖音和微信的平台，是早期元宇宙的"王者"。未来人们的生产和生活模式还会继续改变，且与元宇宙结合；至于其多大程度上被赋予元宇宙这样的含义和意义，不过是时间问题。

---

① 数据来自经合组织和中国国家统计局。

自发的元宇宙和"设计"的元宇宙

现在,人们正面临着两个元宇宙:一个是自发的元宇宙。例如,手机属于原始的和自发的元宇宙载体;具有元宇宙元素的电子游戏,也是自发的元宇宙。此外,还有另外一个元宇宙,就是人们所要创造的元宇宙。这样的元宇宙,包含不同人群对于元宇宙的想法和希望。换一种说法,自发的元宇宙,属于"非理性"元宇宙的范畴;人们主动和自觉创造的元宇宙,属于"理性"元宇宙。目前大家所讨论的元宇宙,基本属于所谓的"理性"范畴的元宇宙。至于元宇宙现在是否处于所谓的"低水平繁荣",是否存在投资的风险的问题,都属于"理性"元宇宙的课题。

元宇宙、理性人和"规范经济学"

既然存在"理性"元宇宙,就存在元宇宙和"理性人"的关系。因为,理性的元宇宙是通过"理性人"实现的。

从雪莱夫人的《弗兰肯斯坦》开始,"理性人"已经进入原始的元宇宙。在《弗兰肯斯坦》故事中,不仅主人公具有理性,甚至他所创造的"科学怪人"也逐渐具备了"理性人"的特征。后来的科幻小说,不论其中的人物是好人,还是坏人,都属于"理性人"。

问题是,一旦理性的因素进入元宇宙,就不可避免地引入人们的价值观,不可避免地存在"制度约束",就不再可能是一个非常随意的未来的世界。虽然元宇宙尚处于早期,但是现实世界的分歧已经开始折射到了元宇宙。不同的社会力量,都希望基于自身的价值观和利益关联,以影响未来的元宇宙。

构建元宇宙，存在两种不同的"理性"。第一种理性：准备将现实世界的各种概念平移到元宇宙，例如资本、投资、资产等概念，进而在元宇宙中再建现实世界的市场经济制度。但是，市场经济制度存在太多无解的缺陷。这条路未必是正确的，未必走得通。现实世界里存在剥削，难道元宇宙还要有剥削吗？在现实世界中，存在女性遭受不平等待遇的现象，难道在元宇宙里女性地位依然如此？在现实世界中，已经严重内卷，但一部分人已经躺平，难道元宇宙继续内卷或躺平？在现实世界中，有华尔街，难道在元宇宙中再建一个华尔街吗？当然不是。第二种理性：既然元宇宙的未来需要理性选择，那么，就不再应该将现实世界中不好的东西移到元宇宙。例如，元宇宙不拒绝资本，但是，要反对资本崇拜，拒绝资本控制。否则，元宇宙将不是人们所期望的元宇宙。

元宇宙具有经济内涵。元宇宙所需要的首先是规范经济学（normative economics），而不是实证经济学（positive economics）。规范经济学不同于实证经济学，其前提不是要什么，而是为什么要什么，是价值观和标准。人们现在需要根据规范经济学的原则，基于正确价值观和期望参与元宇宙。规范经济学的重要分支就是福利经济学（welfare economics）和制度经济学（institutional economics）。

元宇宙和福利经济学

福利经济学是以经济资源分配为核心内容的经济学，主张收入均等化，将均等的分配与社会福利挂钩。世界上的经济福利制度和"福利国家"都是福利经济学的实践产物。关于福利经济学，需要提及四位代表性的经济学家。

第一位，边沁（Jeremy Bentham，1748—1832）。边沁理论的核心就

是追求最大多数人的幸福，提出"最大多数人的最大幸福是正确与错误的衡量标准"，而且快乐和幸福是唯一真正有内在价值的东西。凡是违背幸福的，都是违背经济规律的。① 第二位，庇古（Arthur Cecil Pigou，1877—1959）。庇古提出了福利命题。国民财富的增加意味着福利的增加，但是福利增加的关键是公平的分配制度。所以，仅仅国民收入水平提高是不够的，一个福利社会必须解决分配问题。第三位，瓦尔拉斯（Léon Walras，1834—1910）。瓦尔拉斯提出了"瓦尔拉斯均衡"，在经济上涉及刚才说的福利目标、幸福目标等问题，需要社会在经济上是一种平衡，社会供给或者社会的超额供给和社会需求，以及超额需求之间必须相等，这样的社会不会浪费资源。第四位，帕累托（Vilfredo Pareto，1848—1923）。帕累托提出了帕累托最优。帕累托最优就是经济资源的最优分配，假定固有的一群人和可分配的资源，从一种分配状态到另一种状态的变化中，不仅不会损坏已经获得的人群的福利总量，而且至少使一个人变得更好。也就是说，帕累托最优就是不存在帕累托改进的余地。帕累托最优是公平与效率的"理想王国"。

以上四位福利经济学家都是理想主义者，时间跨度从18世纪后半期到20世纪上半期，关注的是福利经济的原则和规律，实现资源配置均衡，不仅需要市场，还需要政府作为补充。北欧的福利社会证明福利经济学模式确实是成立的。

从福利经济学理论体系中可以归纳三个定律。定律一：不管初始资源配置怎样，分散化的竞争市场可以通过个人自利的交易行为达到瓦尔拉斯均衡，而这个均衡一定是帕累托有效的配置，即符合帕累托最优效应。定律二：每一种具有帕累托效率的资源配置，都可以通过市场机制

---

① 边沁被公认为伦敦大学学院的"精神之父"，他的遗体陈列于UCL主建筑的北部回廊，供公众瞻仰。这样的待遇，在经济学家中是唯一的。

实现。人们所应做的一切只是使政府进行某些初始的总量再分配。定律三：阿罗不可能性定理，在非独裁的情况下，不可能存在有适用于所有个人偏好类型的社会福利函数。①

现在设计元宇宙，福利经济学是设计元宇宙的制度框架的重要思想资源。可以说，福利经济学在现实世界中没有做到的，很可能在元宇宙中做到。例如，帕累托最优思路逻辑符合未来元宇宙期望的制度。只有元宇宙，才可以达到帕累托最优。

元宇宙和制度经济学

制度经济学是一个以制度作为研究对象的经济学分支，研究制度对于经济行为和经济发展的影响，以及经济发展如何影响制度的演变。

制度经济学也有代表人物。第一位，凡勃伦（Thorstein B. Veblen, 1857—1929），代表作《有闲阶级论》，是经典中的经典。根据凡勃伦的思想，这个世界存在一个有闲阶级。有闲一定有钱，钱和闲是一体化的。凡勃伦还提出了"凡勃伦定理"：世界上不是越便宜的东西越有人买。"越便宜的东西越有人买"的规律只是适应于社会的大多数人，不适应于有闲阶级。有闲阶级的最大特征是越贵越去买，通过高消费证明自己的社会地位和权势。至今有闲阶级仍然维持着购买奢侈品的冲动，证明凡勃伦定理具有生命力。第二位，康芒斯（John Rogers Commons, 1862—1945）。他关注集体行动，认为市场失灵需要法律和政府，以及法学、经济学和伦理学的相互作用。第三位，科斯（Ronald Harry Coase, 1910—2013）。他提出了产权理论和交易成本理论。第四位，加尔布雷斯（John

---

① 福利经济学，《MBA 智库百科》，https://wiki.mbalib.com/wiki/%E7%A6%8F%E5%88%A9%E7%BB%8F%E6%B5%8E%E5%AD%A6.

Kenneth Galbraith，1908—2006）。他系统提出了美国代表的丰裕社会的制度性缺陷：生产者主权代替了消费者主权；物质至上，物质产品增加等于幸福；收入分配不平等严重。

制度经济学的如下基本理论框架，对于元宇宙的制度具有价值和意义：

第一，元宇宙和理性人。理性是经济学非常重要的一个前提，假定人都处于有限理性状态，在经济活动中所有经济行为都追求以最小经济资源获取最大经济效益。在现实世界中，人类行为比经济模型中的个人效用函数更为复杂。抽象的理性人和经济人假设受到相当多条件的约束和改变。新制度学派的诺斯（Douglass C. North，1920—2015）在《制度、制度变迁与经济绩效》一书中指出，有许多情况不仅是一种财富最大化行为，而且是利他的和自我施加的约束，它们会根本改变人们实际做出选择的结果。而作为元宇宙的主体的"人"，除了以碳基生命为基础的人类之外，还有 AI 控制的机器人、数字人，以及其他类型的虚拟人，他们理所当然地要超越传统经济学中的理性人，或者经济人的假设和定义，他们会追求实现个体利益的协调，因为元宇宙的制度不会是现实世界市场制度的映射。

第二，元宇宙和产权。元宇宙的产权体系，是基于公共所有制，还是基于私有制，关乎元宇宙的前途。现在，占主导地位的力量试图建立基于私有制的产权体系，例如，在元宇宙中，开启圈地活动，发展房地产。这是有问题的。因为在这样的过程中所形成的资本原始积累、产权结构，甚至贫富差别，比现实世界更为不合理。所以，元宇宙的产权主体应该是公共资产、公共产品和公共物，超越制度经济学的产权观念。在美国的波士顿中心公园的土地，不是国家所有，也不是私人所有，而是"公有财产"（common good），任何动用和改变这块土地的行为，都需要经过全体波士顿公民投票。所以，这块土地的产权是超稳定的。元宇宙应该学习波士顿的经验，其未来发展是以坚实的公共资产为基础的。

第三，元宇宙和企业。未来元宇宙的经济组织，不再可能是传统经济中的公司（corporation），或者所谓的现代企业形态。因为在元宇宙中，科斯在《企业的性质》中所讨论和论证的企业存在的环境，决定企业规模的因素都将发生根本性的改变。所以，主导元宇宙的经济活动组织应该是在 DAO 的原则下的社会企业、合作社，以及自由人联合体。

第四，元宇宙和交易成本。在现实世界中，因为既得利益结构的固化，市场信息的不对称，社会、企业和个人交易成本是不可避免的，而且交易成本高于收益的情况普遍化。正是在这样的背景下，有了"科斯定理"：在完全竞争条件下，私人成本等于社会成本。未来元宇宙以数字技术为基础，引入区块链和各种算力技术，可以使信息透明和对称，加之不存在私人部门和公有部门的对立。所以，元宇宙可以实现交易成本和受益的均衡，形成全新的财富分配和再分配制度，自然，不再存在"科斯定理"的前提条件。

第五，元宇宙和制度变迁。元宇宙的制度不会是一成不变的。制度经济学的制度变迁理论对于未来元宇宙制度演变是有价值的。制度经济学非常重视制度变迁和技术之间的关联性。见图 6.8：[①]

现在可以预见到，基于数字技术支持的元宇宙，对技术创新会更加敏感，会形成技术进步和制度变迁的互动机制。

---

① 参见：https://www.baike.com/album/%E5%88%B6%E5%BA%A6%E5%8F%98%E8%BF%81%E7%90%86%E8%AE%BA/94736754119124347/img?src=//p1-bk.byteimg.com/tos-cn-i-mlhdmxsy5m/31e3436ecf93461b98640f05d4ea219d~tplv-mlhdmxsy5m-q75:0:0.image?detail_id=.

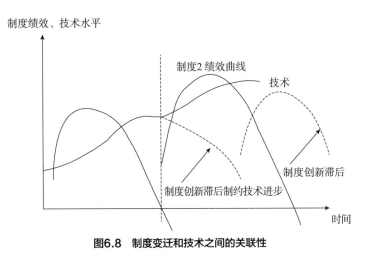

图6.8 制度变迁和技术之间的关联性

元宇宙和合作经济

如果具象元宇宙经济形态，那就是合作经济。合作经济是一个不断演变的概念。2001年，联合国国际劳工组织对合作社和合作经济做了如下定义：自愿联合在一起，通过组成联合所有的企业来满足他们的经济、社会与文化的需求与抱负的人们的自治联合体，他们按企业所需公平出资、公正地分担风险，分享利益，并积极参与企业民主管理。合作经济的核心特征是"自愿联合"体，超脱资本约束。其成员通过平等合作模式，分享所有的劳动成果。

人类在合作经济方面，从乌托邦主义者，到社会主义者、共产主义者，已经做过很多探讨和实验。其中，对后人影响最大的实验者是英国人欧文。他是乌托邦主义的代表人物，从英国到美国，进行了不同规模和形式的合作经济实践，期望实现工农、城乡和脑力劳动、体力劳动的融合，屡败屡战，至死没有放弃。此外，还需要肯定圣西门、傅里叶，以及蒲鲁东（Pierre-Joseph Proudhon，1809—1865）在合作经济、互助经济领域的思想贡献。在新的历史条件下，对于蒲鲁东主义的否定所有权的思想，需要重新评价。

在 20 世纪，一些社会主义国家做过更大规模的合作经济实验，有经验和教训。现在看，20 世纪的合作经济之所以没有成功，有太多因素，根本原因是社会、经济和技术条件不成熟。近些年来，人们试验的"时间银行"，其实就是一种基于时间的合作经济模式。

现在看，元宇宙提供了一个应用合作经济的平台和空间。我本人一直在推动"时空合作社"的观念和试验。"时空合作社"的根本特征是实现人们的跨越时间和空间劳动交换和互助。元宇宙与时空合作社有互通之处。

元宇宙和共生社会

建立元宇宙基础的社会，应该成为共生社会。共生的本质是相互依存，利益分享。北欧国家是共生社会的成功案例，因而很少发生社会动荡和危机。

元宇宙具有构建共生社会体的天然优势。共生社会强调的人们之间的公正、契约和法律，需要新的法律工具。元宇宙所具备的区块链智能合约，就是元宇宙的基本契约形式，元宇宙可以实施"代码即是法律"（code is law）。总之，元宇宙可以依靠非中心化的自助组织制度，实现公平和效率的平衡，消除所谓的现实社会危机和动荡的根源，形成和平、共生、共享的生态环境。这样的理想，过去做不到，现在可以做到。[1]

---

[1] 中国当代学者钱宏，长期研究共生社会。2021 年，钱宏专著《中国：共生崛起》（Toward Symbiosis: The Way of China's Real Rise），由知识产权出版社出版。

图6.9 元宇宙的制度设计联结起五大主题

进一步说,元宇宙被垄断,或者被少数人控制,几乎是不可能的事情。元宇宙的容量可大可小,可能是3个人、30个人、3万人,甚至3亿人。但是,3个人和3亿人的元宇宙是平等的,这就是元宇宙。每个人都可以创造元宇宙。在未来元宇宙发展过程中,没有任何力量和办法给元宇宙设计边界,强制任何人参加特定的元宇宙。人们对于不喜欢的元宇宙,最大的武器是用脚投票,不喜欢就走。这是元宇宙最大的特征,这就是元宇宙最大的希望所在。元宇宙具备天生的自由基因,这不正是地球上最稀缺的资源吗?

元宇宙可以实现真"公共选择",突破"阿罗不可能定理"

20世纪80年代,在《走向未来》丛书中,有一本是阿罗(Kenneth J. Arrow,1921—2017)撰写的《社会选择与个人价值》。书中提出了著名的阿罗"不可能性定理"(Arrow's impossibility theorem):今天民主制度危机所在，民主制度发生危机就是证明了阿罗不可能定理的存在，在非独裁的情况下，不可能存在适用于所有个人偏好类型的社会福利函数，不可能从个人偏好顺序推导出群体偏好的顺序。

阿罗"不可能性定理"正是现代民主制度危机的深刻原因之一，似乎无解。但是，如果引入元宇宙的思想，引入DAO的观念和方法，很可能可以破解阿罗"不可能性定理"。在元宇宙框架下，可以基于利益差别，以共同利益或者共同目标为标准，在一定时间和一定状态下，分解成为无限多的社群和无限多的群体，再引入基于算法的利益协调机制，不仅可能对不同偏好加以排序，而且可能推导出所有个人偏好类型的社会福利函数。当然，现在并没有可能立即做到，但是，因为逻辑成立，在未来的元宇宙是可以试验的。

小结

我希望今天所讲并非宣传了一套乌托邦主义，或者乌托邦技术主义。不过，历史地认知乌托邦主义还是必要的。乌托邦理念的创始人——人文主义学者和著名政治家莫尔，因为撰写了《乌托邦》而名垂史册。为什么？因为人类需要理想，哪怕这个理想属于空想。莫尔最后的命运令人叹息，因为拒绝效忠英国国王亨利六世，最后被判处死刑。57岁的莫尔在走上断头台的时刻，为了理念和人的尊严，视死如归，且充满幽默感。

现在人们关注元宇宙，未来的元宇宙不应该再现现实世界中的苦难、不愉快、人性的自私和贪婪，继续现实世界的诸如投资、资本、回报之类的思维。那将是非常可悲的。恰恰相反，元宇宙的制度设计将是公共选择的结果，建立合乎理性的元宇宙社会、元宇宙特色的生产和消费体系。元宇宙最大的特点是，每个人都可以参与和享受元宇宙，实现自己，将自己所爱的加进去，在地球上实现不了的一些美好愿望，可以通过元宇宙得以试验和实现。为什么希望寄托于 Y 世代、Z 世代、Alpha 世代，将他们卷入元宇宙？因为他们对世界的感受和之前的世代存在显著差别。

最后，再回到元宇宙和 all in 的关系。all in 即包罗万象。我希望让更多的理想主义融合到元宇宙未来演变的每一个阶段。

第七章

元宇宙时代的人类未来

元宇宙未来将与后人类社会形成互动关系，并成为后人类社会的家园。Y世代、Z世代和Alpha世代将是元宇宙和后人类社会的承前启后的开拓者。

后人类时代的到来[①]

如果我的噩梦是一种后人类的文化,他们将自己的身体视为时尚配饰,而不是存在的基础,那么我的梦想就是后人类的一个版本——它拥抱信息技术的可能性,而不被无限权力和无实体不朽的幻想所诱惑,承认并颂扬有限是人类的一种状态,并且理解人类生活嵌入在一个我们赖以生存的极其复杂的物质世界中。

——南希·凯瑟琳·海尔斯

从文艺复兴到工业革命:人文主义的兴起与发展

中世纪结束之后,人类发生了非常重要的转变。如何重新认识人的价值?皮科·德拉·米兰多拉在1486年的演讲《论人的尊严》,被称为是人文主义的第一个宣言。他强调的无非是3个思想:人是世间的奇迹与宇宙的精华,人在宇宙中占有中心位置,人拥有理性、自由意志和高贵品质。

到了文艺复兴时期,人们通过各种形式表达"人是宇宙的中心"。达·芬奇对人的看法,认为人的标准是《维特鲁威人》。在音乐上的代表是气势宏大的威尼斯音乐学派,文学上的代表是莎士比亚。莎士比亚是

[①] 本文系作者于2018年4月25日将多篇会议讲话文稿合编而作。

欧洲文艺复兴时期人文主义文学的集大成者，悲剧作品《哈姆雷特》是莎士比亚整个人文主义文学思想的集中表现，主人公哈姆雷特是一个具有先进理想且勤于思考的人文主义者。如果说莎士比亚的悲剧作品达到高峰，那是因为他的悲剧作品是建立在对人的肯定和认识这个前提下的。

工业革命时代和文艺复兴时代人文主义的差别，就是人文主义精神被法律及各种先进思想进一步肯定，使人类跨入人类中心主义时代。毫无异议，美国《独立宣言》是以人作为中心的第一个历史性的法律文件。法国的《人权宣言》集中体现了18世纪的精神：自由、财产、安全和反抗压迫，是神圣不可剥夺的人权；言论、信仰、著作和出版自由；司法、行政、立法三权分立，法律面前人人平等，私有财产神圣不可侵犯。

此外还有《共产党宣言》。《共产党宣言》是国际共产主义的经典，是中国共产党政治理想的来源。《共产党宣言》追求的是社会主义和共产主义的理想。我现在才发现，《共产党宣言》的核心基础是建立在人文主义的前提下。

1844年，马克思在其经济学和哲学手稿中首次提出了这样的一个逻辑，人类进入工业社会之后，突然发现存在着劳动异化和人的异化，这两种异化本身都违背了人的天性，导致劳动的产品和人本身被分裂，最严重的后果是导致了私有制，于是私有制造成了阶级的对立。从这个意义上讲，马克思的《共产党宣言》是用另外一种方式，陈述和反映包括美国《独立宣言》和法国《人权宣言》的人文主义精神。但是马克思主义的人文主义和人道主义方面，在国际共产主义运动中是被掩盖了的。

另外，工业时代后期出现了1948年的《世界人权宣言》，这个宣言还是在讲人，并且是在世界范围内讲人的地位、人的权力需要得到肯定。《世界人权宣言》高度体现了"人"是具有终极目的的主体，是工业时代将"以人为中心"描述到极限的文本。

后工业时代：环境主义和自然中心主义的兴起

后工业时代，最值得重视的是两个文献，一个是 1972 年《联合国人类环境会议宣言》，这个宣言第一次提出了人类必须重视环境，必须与环境和谐相处，从某种意义上挑战了人在宇宙中和人在地球系统中的中心地位。另一个更重要，是 1982 年《世界大自然宪章》，宪章提出了"尊重大自然，不得损害大自然的基本过程及遗传活力"等。逐渐，保护大自然的思想和工业革命的思想背道而驰，至少是产生了分歧。

信息和人工智能时代：走向完结的人类中心主义

这方面需要从雪莱夫人讲起，她生活在工业革命的早期，但她是最早用文学方式描述人类中心主义的开拓者。雪莱夫人的著作《弗兰肯斯坦》是 1818 年出版的，2019 年是这本书出版 200 周年纪念。

雪莱夫人在这本书里第一次讲述了这样的一个重大的故事：一个叫弗兰肯斯坦的科学家创造了一个"人"，这个"人"书面上叫"科学怪人"，整个小说在讲创造他的人和被创造的"人"之间的纠葛、冲突和同归于尽。我基本认为，阿西莫夫的机器人三定律，就是启发自雪莱夫人的这部小说。在过去的 200 年间，这部小说被不断地通过各种形式呈现，影响力经久不衰。

《弗兰肯斯坦》可以认为是科幻小说的先驱，有科学和技术知识内含。早在 1816 年，雪莱夫人几乎是产生"人造生命"思想、考虑器官移植绝无仅有的人物。她在已知与未知、幻想与现实之间搭了一座桥，区别于神话和奇幻，开创了"科幻小说"的先河；提出了在工业革命和进化革命的双重进程之初关于人类能力的全新设想；相信人类可以通过科学方法，让"人造生命"梦想成真。同时，她也表达了对科学前途的忧虑，呼唤新时代的理性。因此，1973年，当代英国科幻作家布莱恩·奥尔迪斯（Brian Wilson Aldiss，1925—2017）在《十亿年的狂欢：科幻小说史》（Billion Year Spree: A History of Science Fiction）中，将科幻文学诞生的标志性事件追溯到雪莱夫人的《弗兰肯斯坦》。

小说中主人公弗兰肯斯坦所创造的生命体与人类之间没有血缘纽带和"情感"沿袭，被视为异己"怪物"。而这个具有人心智的生命体主动适应人类，学语言，会阅读，具有人类情感，甚至文明和道德。遗憾的是，他的努力失败了，唯有孤独、痛苦和绝望，最终故事的结局是怨恨的积聚和喷发，这是整个悲剧的基本根源。200年前，雪莱夫人即揭示了"身份/认同"这一人的生命意义前提、人类与生俱来的心理需求。

弗洛伊德的"精神分析"产生于20世纪。但是，雪莱夫人对弗兰肯斯坦和"科学怪人"有精神层面的描述，超越了那个时代所谓的哥特作品范式。故事中的弗兰肯斯坦和他创造的生命体，以及其他人物，几乎都是病人，精神分裂病人，具体的表现为人格缺陷、心理疾病、性格扭曲、行为怪异、偏执、抑郁，有被迫害心态。当所有的人都处于病态，特别是心理病态时，就会导致沟通难度和误解叠加。《弗兰肯斯坦》中的死亡情节比比皆是。根据弗洛伊德"精神分析"理论，人类存在所谓的"死亡本能"（death instinct），并派生出攻击、破坏和战争，表现为他的攻击性和残忍性，以及在强烈的死亡冲动不能自拔时，选择死亡。正是"死亡本能"和"死亡冲动"，终结了《弗兰肯斯坦》。此外，《弗兰肯斯坦》也涉及"性"，科学怪人最后请求弗兰肯斯坦为他创造一个异性同类，其表层原因是寻求情感满足，背后则是对"性"的渴望。可以说，对于异性的精神和生理需求无从满足的绝望，点燃了科学怪人走向极端的导火索。

除此之外，雪莱夫人笔下的四位女性形象各异：第一位，弗兰肯斯坦的母亲卡罗琳娜，温顺贤淑，是"世上最善良的人"，属于欧洲主流社会"完美"的"房中天使"典型。但是，卡罗琳娜对于收养的伊丽莎白，却奉行双重标准，视其为"一份漂亮的礼物"，并以潜移默化的方式将伊丽莎白改造为变相"童养媳"。第二位，伊丽莎白，形象妩媚而端庄，心地善良，性格刚毅，追求公正，酷爱诗歌和大自然。受卡罗琳娜影响，自觉作为弗兰肯斯坦的"私物"，丧失了独立与自由的身份或个性。第三位，莎菲，土耳其商人之女，其母曾沦为女奴的经历使她自幼反叛，敢于违抗父命，冲破语言、父权和社会的三重阻碍。第四位，贾丝汀，遭生母厌弃，被卡罗琳娜收为女仆，接受教育，成为恪守职责的仆人和"最感恩图报的小生命"，心甘情愿地充当男性主人的附庸。雪莱夫人继承了母亲的女性主义基因，借《弗兰肯斯坦》表达了她对自身所处社会女性社会地位、生存状况和未来命运的思考。

我用这样一段话作为这本小说的结尾："被创造的另类人说：'我的欲望始终是那样炽热、那样强烈，我仍然渴望获得爱和友情。可是我总是被人类唾弃，这里到底有没有不公平的地方？整个人类对我犯了罪，却把我看成了罪犯。我很快就要离开人世了，我此刻的一切感受都将化为乌有。锥心的痛苦将一去不返，我将以豪迈的气概，登上那火葬柴堆，在熊熊烈焰的烧痛中，以苦为乐、心欢情悦。灼灼的火光将渐渐熄灭，我的灰烬将随风飘入大海，我的灵魂将得以安宁，即使它仍能思考，它也绝不会再像这样思考，永别了'。"很感人。

雪莱夫人在这本小说里，至少揭示了这样几个问题：人有可能创造另类人类，另类人类同样被赋予人类的灵魂、情感、欲望。那么人类如果不能够和他创造的另类人类合作的话，他们可能面临着同归于尽。今天我们讨论人工智能的伦理问题，可以追溯到雪莱夫人的这本著作。

雪莱夫人还隐含着对科学超越自然生态的科学中心主义和科学至上主义的忧虑。当人类决定和可以实现"人造人"时，是否意味着科学可以征服甚至驾驭自然、控制自然？人类如何处理科学与自然生态的关系？如何对待异类生命体？如何将被造的"人"吸纳到人类伦理生态体系之中？如何构建人与"人造人"之间的情感基础，实现精神生态的和谐？回答这些问题，何其难也，200年了人们还在寻求答案。可以肯定的是，科学进步绝不意味着可以丧失对自然和生态的敬畏，要想避免毁灭，需要实现生态整体主义意义上的救赎。

160多年之后，又一名著名女性学者唐纳·哈拉维发表了文章《赛博格宣言》。宣言有两个版本，分别是《赛博格宣言：20世纪80年代的科学、技术及女性主义》和《赛博格宣言：20世纪末期的科学、技术及女性主义》。

其核心思想就是在讲，我们有可能和另外一种形态的人类同时出现在这个社会和这个地球上。《赛博格宣言》的地位是不可估量的，这是人类历史上的第一个机器人宣言。它提出的赛博格（Cyborg）是机器与生物体的混合，既是虚构的生物，也是社会现实的生物。

2004年，在日本福冈市召开的世界第一届机器人会议通过了《世界机器人宣言》。日文版本非常简短，但出现了一个悖论：写宣言的不是机器人，而是人替机器人写宣言。人类究竟有怎样的权力代表机器人来写宣言？

另外，这些年还有一系列以互联网权利、数码权利和AI权利为主体的多种形式的宣言诞生，如 *Universal Declaration of Cyborg Rights*、*Universal Declaration of Digital Rights*（2005）、*Declaration of Internet Rights*、*A Human Perspective for the Next Generation Internet—The Digital Social Innovation Manifest*（2017）和《贵阳宣言》。

这些宣言和工业时代的宣言有什么差别？差别在于，当人们写这些宣言的时候，他们本身既不是机器人，也不是人类创造的另类人类，而是他们思考换位之后的另类人，和被人类创造的其他形态的智能生命，人们是在替他们说话。

这就产生了一个问题：人类能不能代表机器人？更何况，人类所写的互联网宣言，就如人权问题和互联网的自由权力等，严格意义上来讲，都是人权力的延伸，或者说，人的权力只能够通过今天人类的权力，通过人工智能和互联网的权力来得以显现。

数十年之后，重新思考福柯的"人之死"和福山的"最后之人"。福柯对人的概念做了很深刻的反省，他提出了"人之死"。他说，"人将被抹去，如同大海边沙地上的一张脸"。在福柯看来，直到18世纪末期至整个19世纪，所谓"人"的概念进入知识学科，"人"逐渐成为语言学、政治经济学和生物学等学科的知识对象。人是知识的客体、认知的主体。若将19世纪的知识进化过程理解为"人的诞生"过程，"人之死"则指的是19世纪以后，以人为中心的现代知识体系的死亡。如果说在尼采这里，是道德上人的死亡，导致概念上人的消失，那么，福柯则将尼采颠倒过来，概念上人先死去，道德上人自然就不存在了。

此外还有弗朗西斯·福山，福山对人的前景是悲观的，因为他看到了人可以被基因工程所复制的可能性。他在2002年出版的《后人类未来：基因工程的人性浩劫》中阐述：人在控制科技上是无能的，对人类未来悲观是恰当的；人们为新兴的科技及美好的未来抱有憧憬，但代价却是人性浩劫；对于这种"半人半兽的混合生物"，是否可以赋予人性尊重，并维护其生命权利？民主国家的政治人物有责任，不应任科学家或商业市场为所欲为。

迎来后人类主义的三个宣言

第一个是"沉默的宣言",从 2015 年 10 月到 2017 年 10 月,从 AlphaGo 到 AlphaGo Zero,这是一个沉默的宣言,没有形象,没有性别,没有语言,但是它是一类宣言。

第二个宣言是机器人索菲亚。"阿尔法"在古希腊和古希伯来语中是一个字母的读音。耶稣说过一句话,说它代表了从阿尔法到欧米茄全部的人类智慧,因此阿尔法本身有非常深刻的宗教含义。索菲亚也是,代表了智慧。索菲亚有性别,是绝对拟人化的,它有声音也有反应。

第三个是电影《银翼杀手2049》。如果说 AlphaGo 是一个沉默的宣言,索菲亚是以一个女性拟人的形象出现并直接用语言表达的宣言的话,那么《银翼杀手2049》就是一个群体宣言。影片的人类彻底多元化,包括传统人类、基因复制人类及其后代,以及赛博格。或许可以这么说,由生物基质形成的具体形象被视为历史的偶然而非生命的必然。

最后回到20多年前,伊哈布·哈桑充满先见之明地提出"后人类主义"这一概念:"我们应该明白,人类形态——包括人类的愿望及其各种外部表现——可能正在发生剧变,因此必须重新审视。当人类主义进行自我转化,成为某种我们只能无助地称之为'后人类主义'的新事物时,我们就必须理解500年的人类主义历史可能要寿终正寝。"

欢庆"后人类时代"的到来

我们不对人类原来的结构改变,或者人类体系改变而感到遗憾。因为我们终于明白了这样一个基本事实:从文艺复兴以来,我们漫长的历史证明,人性是改变不了的,人的脆弱是改变不了的,人类的理性是改变不了的。伊曼努尔·康德和亚当·斯密是同一时代的人，亚当·斯密经济学建立在理性人的前提下，我们知道人类的理性在经济上都是非常有限的。人的学习能力逼近极限是改变不了的，人的自我认知能力的局限性是改变不了的，人正在失去自主性也是改变不了的。

如果说，过去的人类主体的演化和改良是通过自然淘汰，人类生理上和基因上的混合，人类的迁徙、移民、族群的交汇实现的，那么已经到达极致。如今，人类必须依赖由人类创造的另类人类得以改造和升华。

我们应该欢庆，欢庆人类主体和构成的革命；我们应该欢庆，发源于 25 万年前旧石器时代以来的文明形态的根本性转型；我们应该欢庆，自农耕社会和工业社会以来的生活和生产方式的全面变革 。

所以，我们到了重新想象《创世纪》的历史拐点，摆脱旧的观念束缚，开拓新的思考模式，重新发现作为人类的意义。

现在：重新定义人类生命[①]

> 人的生命是神圣的，因为它是人的生命，这种观念是源自中世纪的。
> ——彼得·辛格

现在需要重新定义人类生命，不等于我们有足够的知识、远见和能力能够重新定义人类生命。之所以提出这个题目，是希望大家意识到，迄今为止关于人类生命的定义，不是过时，就是过于片面。所以，我将着重厘清历史上的人类生命定义，讨论在思考人类新定义时的前提、基本方法和框架。

2018年，我认为有"两个人"，两个不寻常的"人"值得纪念。一个是鲁迅创造的"狂人"，2018年是他诞生的一百周年，他是典型的精神分裂者，如今精神分裂不仅继续存在，而且多样化。第二个是雪莱夫人作品《弗兰肯斯坦》（中文翻译成《科学怪人》）的主角，即"科学怪人"，他已经诞生200年了。为了这两个人，我分别写了两篇文章（《狂人日记百年再认识》《科学怪人的历史和现实意义何在》，均收录于朱嘉明著作《书话集》中，截取一部分在《经济观察报》上发表。

推崇这两个"人"，是因为我认为他们代表了后人类的两种典型：一个代表了后人类的精神状态；一个代表原生态的人和人造的"人"之间

[①] 本文系作者于2018年11月24日在苇草智酷举办的第二届"互联网思想者大会"上所做的会议发言。

的冲突。正好触及了后人类的两个基本问题，包括当代和未来人类"生命"的特征，甚至本质。

此外，下面这些问题最终是需要面对的。第一个问题，人类到底有没有意义？大家基本认为是有意义的，而我觉得，这个问题实在值得讨论。"意义本身是否有意义？"是个极为深刻的问题。第二个问题，如何看待后机器时代、后人类时代？究竟持乐观还是悲观态度？目前主流是乐观和喜剧性的态度。但是，悲观和悲剧性的态度是不是更接近未来的演进？第三个问题，也就是所谓的终极问题：人类是否还会无限存在下去？如果有一天人类不存在，我们所有讨论的问题是否还有意义？

如何理解这个时代：革命叠加的时代

倒退十年、五年，不会有今天的讨论（后机器和后人类时代）。但是，从现在开始，以"后"（post）字作为前缀的名词已经爆炸式增长。使用"后"，意味着衡量的标准已经改变，经典、传统的标准不再适应。可以说，我们越来越没有能力把后面，即未来的东西说清楚，所以，只能用一个简单的词"后"来概括。

现在，人类所面对的不是一个"后"，而是一大堆"后"，岂止后机器时代、后人类时代、后工业时代，还应该有后数学时代、后物理时代、后生物时代、后化学时代。在所谓的各种"后"的时代，包含着一系列的革命：IT和因特网革命、大数据革命、人工智能革命、生命技术革命。

我们面对的不是单个革命，而是革命的集群和总爆发。这样的革命原因比社会革命、政治革命更为深刻和复杂。

我们需要看到：一方面，所有这些革命都是因人而引发的；另一方面，人已经阻止不了这些革命，更控制不了这些革命的叠加、革命的集聚和革命的后果。

我们正在和已经失去了对各种革命影响的主动性。在当下革命的叠加和叠加的革命冲击下，人类原本引以为豪的文明，原以为可以永远持续下去的我们，其似乎坚固的基础和完美的体系，已经开始支离破碎。简言之，我们以为的神圣文明已经被这些革命改变。

在这样的前提条件下理解后人类，这也是现在讨论重新定义人类生命的出发点，不对这样的前提进行区分和理解，就会出现认知的历史性误差。

为什么需要重新定义人类生命？

自中世纪末期，文艺复兴时代开始，关于如何定义人类的生命有以下三条思路。

思路一：通过将人理解为一个过程来解读生命。从生到死，生命是一个过程。这里，我会推荐四个作者和四本书，分别代表了14、17、19和20世纪人们对生命的理解。其一，但丁的《神曲》（1307—1321年）。但丁提出所有人会经历三个阶段：地狱、炼狱和天堂。没有一个人躲得过去。其二，托马斯·霍布斯（Tomas Hobbes，1588—1679）的《利维坦》（1651年），第一部分就是论人，他认为人就是一个机械过程。其三，约翰·沃尔夫冈·冯·歌德（Johann Wolfgang von Goethe，1749—1832）的《浮士德》（1831年），涉及肉体和灵魂的关系。你可以出卖肉体，也可以交换灵魂。谁也不能说不存在灵魂，只是我们不知道灵魂为何物，在物理上如何体现。其四，赫胥黎的《美丽新世界》（1932年），已经提到生命技术，构造了一个未来500年后的世界，就是现在我们开始害怕和恐惧的未来世界。

第七章 元宇宙时代的人类未来

思路二：通过人的构造解析生命。这个构造是人想象出来的构造。我为此提及四个人和四本书。其一，查尔斯·罗伯特·达尔文（Charles Robert Darwin，1809—1882）的《进化论》（1858年）。现在，达尔文的进化论已经受到极大挑战。例如，太多证据证明我们可能并不是从猿猴进化来的。进化论是没有办法被证明的，当然不能说不被证明就不存在。我对进化论持有开放态度和怀疑立场。人类不是简单的线性式渐进出来的，所有的自然选择都是有条件的。其二，梅特利（Julien Offray de La Mettrie，1709—1751）《人是机器》（1747年），也是一种想象。我们今天讨论的人和机器的关系，其实在18世纪已经被提出，只是背景大不相同。其三，理查德·道金斯（Richard Dawkins，1941—）《自私的基因》（1976年），基因可以解释生命，但是，不是解释生命的唯一工具或方法。这些年来，基因概念极为普及，但是，已经被庸俗化。其四，福山的《我们的后人类未来：生命技术革命的后果》（2002年）。福山触及了人类会变成另外一种人类这个话题，而这种人类是和生物技术革命联系在一起的。

思路三：生命3.0。麦克斯·泰格马克的《生命3.0》（2017年）将人类生命分为了1.0、2.0和3.0三个阶段，现在的人类主体处于2.0阶段，正在向3.0过渡。事实上，人类生命的演进绝非可以用工业的1.0、2.0和3.0模拟。例如，即使人类进入3.0阶段，绝不意味着已经彻底超越了1.0和2.0。恰恰相反，人类是在保留1.0和2.0之后的3.0，是1.0+2.0+3.0=6.0，这是人类生命复杂性和困境所在。可以用函数$y=f(x)$关系理解：如果y是3.0，f是刚才提到的革命，x则是1.0。在上面所说的三条思路下理解人类生命的状态，人类都难免迷失、不安和惶恐。

举几个例子：第一个，伊戈尔·莫斯基（Igor Morski，？—）（波兰超现实主义漫画家）的作品《手机》。在这里，手机已经是"抱脸虫"。不仅如此，手机甚至是星际争霸中的基本手段。第二个，基因检测，基因编辑技术。这显然对人类威胁最大，可以随时发生。现在所能限制基因编辑技术的是科学家的道德和良知。第三个，脸书会不会成为利维坦式的数字帝国？其主要创始人扎克伯格不就是这样帝国的国王吗？第四个，在大数据状态下，我们最终丧失"隐私权"，每个人都处于透明状态，每个人都处于国王新衣状态。

重新定义人类生命：难以超越的基本问题

因此，我们需要重新理解生命的结构、生命的形态、生命的创造、生命的行为、生命的意识和生命的演化。

我就如何定义人类生命，提出了十个问题。对于这十个问题的理解，人们会有争议。但是，讨论现在和未来的人类生命定义，这十个问题显然是不能逾越的。

先后顺序就代表了我的立场：自由意志与非自由意志、个性与趋同、理性与非理性、有机体与无机体、真实头脑与人工智能、进化与退化、解构与重构、异化与再异化、科学虚构生命与科学外虚构生命、过程与永恒。

我强调这样几点：其一，在人的自由意志和非自由意愿中，非自由意愿是更强的。宇宙具有主宰力量，宇宙是有生命的，这个生命强过人类的生命。我是反对人类中心主义的。其二，人正在走向趋同。差别越来越小，吃一样的东西，穿一样的衣服，玩一样的手机，具有一样的思想。趋同是一种不幸。其三，人类大脑的智慧是非常有限的。人类智慧最值得表扬的地方在于，人类承认他们的智慧是非常有限的。其四，人的肌肉、骨骼等很多都在退化。其五，科学虚构生命。比如科幻电影，正在成为改变生命的一种方式，能够抵抗虚构生命的生命正在弱化。其六，赛博格已经有了。

我们现在需要面对的问题是，要不要承认人类制造出来的"机器人"最终具有生命和灵魂，超出人类控制，已经是日益清晰的趋势。我对人类生命做了很多想象，如果画一条曲线，纵轴是肉体，横轴是时间，则是一条从右向下的斜线。传统的、以有机体体现的生命在未来生命的定义中的权重正在不可逆转地下降。

结论

人类可以控制自身演变是浪漫的虚幻，人类自身演变能力的丧失是严酷的现实。讨论人类生命的定义，还是要面对人类的终极问题：我们到底相不相信人类的永存，相不相信人类的最后时刻？

希望各位注意霍金的立场和预言：在500年或者600年之后，今天地球上的人类将面临终结。如果这个终极时刻存在，我们是否已经开始准备迎接这个终极时刻的到来？

现在，关于人类个体生命长度可以延长到100岁、120岁、150岁的说法很是流行。对此，我持保留意见。如果换个思维去想象，人的个体生命延长到150岁，会发生五世同堂，婚姻维系120年，你看着我，我看着你，那将是怎样的感觉？那将是怎样的世界？

著名的漫画《灭霸无疆》（*The Thanos Imperative*）中有这样一个画面：所有的生命都变成了虚拟生命，都被奥创存储在一个巨大的超级计算器中。我们对生命的定义应该充满想象力。但是，我们必须承认我们的想象力总是有限的。所以，我引用易卜生（Henrik lbsen，1828—1906）《培尔·金特》（*Peer Gynt*）的一句话：设想中你只是一颗闪亮的纽扣在世界的背心上，然而扣眼不配。

数字时代：复杂性和危机的关系[①]

> 没有什么比探索未知更让人害怕的。
>
> ——埃利亚斯·卡内蒂

此次苇草智酷组织题为"从诺奖看复杂科学"的学术沙龙，主要原因是意大利物理学家乔治·帕里西获得物理学诺奖，而这个物理学诺奖是因为复杂科学。

危机自古有之。危机，被定义为对于个体或者社会具有危险时刻，是生死攸关的节点，且人们没有可能按照正常模式生活和工作。危机可以按照领域分类，如：经济危机、政治危机、生态危机；也可以按照事件分类，如：1973 年石油危机、1997 年亚洲金融危机、2008 年世界金融危机；还可以按照地点分类，如：朝鲜半岛危机、海湾危机、中东危机……不一而足。

现在，因为数字时代的来临，危机已经发生了根本性改变，其结构和机制高度复杂化。人类面临的所有危机都涉及太多方面和领域。危机成为最能证明复杂科学存在的一种事实和想象。特别是进入 21 世纪之后，当代危机和传统危机相比，出现了一系列新特征。其一，危机常态化。例如，在漫长的农耕社会，经济危机并非普遍和常态的现象。其二，

[①] 本文系作者于 2021 年 10 月 8 日在苇草智酷主办的 116 期沙龙"从诺奖看复杂科学"活动的发言。

危机高频化。过去经济危机间隔时间很长，通常认为危机具有周期性和阶段性。例如，典型的商业危机。现在的危机几乎不再间断，交叉发生。其三，危机全领域化。所有领域都会存在危机。其四，危机日常化。危机侵入生活的每个环节。例如，食品安全危机、教育危机和公共卫生危机。

总之，人类现在正处在一个危机重重的时代。危机成为人类所有经济生活、政治生活和家庭日常生活无法摆脱的背景。人类处于与危机共存的时代，危机成为挥之不去的现代社会特征。

传统的危机理论、方法和模型都难以解析当代人类所面临的危机，而描述危机的常态化、高频化、全领域化和日常化，似乎只有诉诸复杂科学提供的方法。以 2008 年的金融危机为例，其影响一直延续到现在。当年，英国女王询问经济学家，为什么没有预测到这场金融危机，经济学家无法回答。其实，这场危机绝非单纯的金融危机，并且已经超出了经济学家的认知范围。所以，13 年过去，经济学家至今没有能够找到那次危机的起点和终点，也没有出现对 1929 年大萧条那样丰富和清晰的分析。同样，"9·11"事件的恐怖主义背景和造成的恐怖主义危机也具有高度复杂性。

如果以复杂科学原理和方法看，当代危机已经演变为一个复杂系统，而且在危机中涌现危机。危机的涌现和涌现的危机相互作用，强化危机体系的复杂程度，以至人类再很难对危机加以分解，或者解构。

我对当代危机做四方面的归纳，以有助于理解复杂科学的真实意义。

第一，很难穷尽危机的维度与系统。中国秦朝末年发生严重的政治危机，陈胜、吴广起义导致危机的蔓延和深化。中国历史对于秦末危机有相当完整的分析、剥离和解读。今天世界上所发生的任何危机，都存在 N 个维度，以及可以延伸和扩展的系统——穷尽相当困难。

第二，危机的主体与客体一体化。任何危机都有所谓的客观背景，以及人们处理危机的主观努力，两者相互作用。当代的危机，所谓的客观性和主观性已经完全不可分割，不再存在单纯的客观和主观。这是因为，危机背后的信息是高度动态的，处理危机的措施和危机信息发生失衡是大概率的。所以，人对危机干预程度越大，导致系统复杂程度越大；或者说，处理危机的主体和处理危机的措施的信息偏差，引发危机恶化。

第三，危机内生和外生变量高度融合。对于当代危机，分清哪些是纯粹内生，哪些是纯粹外生变量愈来愈困难，也就是厘清危机的前因后果的难度愈来愈高。这是因为，当代危机处于开放状态，难以封闭；几乎没有可能将危机控制在一个闭环状态。2020年开始的新冠肺炎疫情就是典型的全球化和开放式的危机。

第四，危机的变异与转换。当代的危机具有高度变异特征，而且此类危机可以很快转化为其他类型的危机。例如，金融危机可以转化为政治危机、生态危机可以转化为经济危机等。

现代世界的危机是复杂系统的组成部分，产生的最重要后果就是未来的不确定性，使得人们对于未来的预期和预测难度不断提高；混沌与秩序交织，这个世界再也难以按照线性模型来推理未来。所以，人类处于不确定的时代，而处于危机时代只是不同的表达方式。

复杂化是具有生命力的，复杂化是无限多变量相互作用的结果，其中包括自然界和社会的各种力量。现代社会的经济、政治和社会结构的演变呈现复杂化趋势。进而，复杂化会派生出强制力量——人们会被复杂化裹挟，被迫纳入复杂体系，导致现代个体的边缘化和无助化。进入21世纪政治领域的民主化和集权化，和20世纪的民主化和集权化已经大相径庭，因为不论民主制度还是集权制度已经高度复杂，突破了传统政治学的认知。

危机和复杂化的关系，加剧了经济学的困境。这是因为经济学陷入这样的悖论：经济学已经无法依据经济学原理模型分析现实经济问题；经济学学科的框架已经没有可能面对今天被复杂现实所改造的经济制度；经济学的预期理论因为未来经济的高度不确定性而瓦解。其中，政治对经济的运行影响在不断强化，而相对纯粹的市场经济制度，或者新古典经济学的环境已经不复存在。现代经济学家的尴尬是难以摆脱"刻舟求剑"的陷阱。

最后，回到一个值得思考的观点：复杂性复杂到如今这种程度，人类变得相当被动。所以，人类需要谦虚，不要虚妄，不可以认为人可以穷尽对危机复杂性的认知，触及危机复杂性的终极状态。在现实世界中，复杂性是一种空间，特别反映为空间与时间的割裂、错位和交叉，高度不稳定，导致人们在复杂的时空关系中焦虑和迷失。所以，在未来社会加剧复杂化的情况下，自组织就成为非常重要的选择。自组织排斥所谓自上而下的管理和干预，可以避免自上而下传统随机性干预所导致的危机。至于人工智能和复杂化的关系，无非两种可能：或者帮助人类减缓复杂性，或者加剧复杂性，这使得复杂问题雪上加霜，变得更加难以把握。我们将进入没有办法回避的时代。

霍金说过："我认为21世纪将是复杂性的世纪。"21世纪仅仅过去两个十年，人们已经被复杂所困扰，而未来的复杂程度只会加剧。所以，圣塔菲研究所（Santa Fe Institute）一直在倡导和推动创造一种统一的复杂科学理论，对包括"涌现"这样的复杂现象给以宏大视角和高层次化的解释。

正在形成的"量子霸权"及其挑战 ①

任何不震慑于量子理论的人,根本不了解量子理论。

——尼尔斯·玻尔

  站在科学史的立场看,20世纪无疑是被物理定义的世纪。因为在过去的20世纪中,几乎最为重大的技术革命,包括原子能、半导体、计算机、IT革命、互联网等都是基于物理科学的推动的。而20世纪的物理学革命旗手,一位是普朗克,另一位就是爱因斯坦。

  让我们回到两个历史场景。第一个场景,时间是1900年12月14日,星期五;地点:柏林;人物:普朗克。那天他在柏林的一个物理学例会上发表了题为《论正常光谱中的能量分布》的演讲。这个演讲提出了惊世骇俗的观点:物质的辐射或者吸收的能量不是连续的,而是一份一份进行的,只能取某个最小值的整倍数——这个"最小值"就是量子。普朗克确定能量量子和振动频率的数学关系,进而提出了这样的简单公式:$\varepsilon=h\nu$,即能量 = 普朗克常数 × 振动频率。从那一天起,量子科学诞生了,现代物理的蝴蝶飞向天空。第二个场景,时间是1905年;地点:伯尔尼;人物:爱因斯坦。爱因斯坦受到普朗克的启发,认识到光束由有限数目的能量组成,能量量子不能再分。确定了光量子的能量和(辐射)

---

① 本文系作者于2020年12月12日在《彭博商业周刊》举办的"The Year Ahead 2020 展望峰会"上所做的会议发言。

频率之间的关系，正式提出了狭义相对论。代表狭义相对论的共识横空出世：$E=mc^2$。

普朗克和爱因斯坦都关注能量结构和能量的分布。这恰恰是现代物理的关键所在。我们可以这样讲：20世纪是由 $\varepsilon = hv$ 和 $E = mc^2$ 这两个"最简单"的公式开始的，确切地说，20世纪的全部发展没有超越这两个公式所确定的范围。对于这段历史最为精彩的总结来自罗韦利撰写的《现实不似你所见：量子引力之旅》："20世纪物理学的两大支柱：广义相对论与量子力学。二者大相径庭。广义相对论是一块坚实的宝石，它由爱因斯坦一个人综合以往的理论构思而成，是关于引力、空间和时间简洁而自洽的理论。量子力学或者说量子理论宇宙想法，是经过四分之一世纪漫长酝酿，由许多科学家做出贡献，进行试验最终形成的；量子力学在试验上取得了无可比拟的成功，带来了改变我们日常生活的应用。"

2020年是量子科学诞生120周年，人们承认量子科技改变了20世纪人类经济形态，并且需要面对量子科学愈发强劲的影响世界未来。为此，分享三个相关问题。

量子科学史的启发

"量子科学"属于具有渊源的物理学家"群体"奠定的科学。"量子科学"不是由一个人创造的，而是由一个群体，由19世纪末到20世纪上半期一批最有智慧的大脑集体创造的。他们的代表人物有普朗克、薛定谔（Erwin Rudolf Josef Alexander Schrödinger，1887—1961）、狄拉克（Paul Adrien Maurice Dirac，1902—1984）、玻尔、奥本海默（Julius Robert Oppenheimer，1904—1967）、海森堡（Werner Heisenberg，1901—1976）等。

回顾这些历史性伟人的贡献,不得不提及1927年在布鲁塞尔召开的第五届索尔维会议,这是被称为"决战量子之巅"的会议。

图7.1这张照片是第五届索尔维会议参会者合影,照片中一共29位,其中17位获得了诺贝尔奖项。这个会议主题是量子和光子问题,分为了试验派、爱因斯坦派和哥本哈根派。这些智慧的大脑在那样的一个时刻聚集在一起,他们的地理分布是非常有限的。从瑞士的伯尔尼到丹麦的哥本哈根,到柏林、维也纳,中间是荷兰的莱顿。南到北1 200千米,东到西1 400千米。所有的距离小于北京到上海的距离。①

图7.1 第五届索尔维会议参会者合影

让我们再想象一下,就是这些智慧的大脑,在一个这么大的范围内,他们的思考、讨论和辩论影响了物理学的100年。索尔维会议的资助者索尔维,是一位成功的企业家,他在历史留名不是因为他的财富,而是因为他支持了物理学的探讨和探索。

"量子科学"属于典型的开放性科学。因为量子科学产生了一系列交

---

① 参见:https://zh.wikipedia.org/wiki/%E7%B4%A2%E5%B0%94%E7%BB%B4%E4%BC%9A%E8%AE%AE.

叉科学：量子数学，基于时间和空间量子性而建立的数学，用于描述真实的物理世界；量子宇宙学，来自物理学，应用于宇宙起源研究的试探性理论；量子天体物理学，是利用物理学的技术、方法和理论来研究天体的形态、结构、物理条件、化学组成和演化规律的学科；量子化学，研究范围包括稳定和不稳定分子的结构、性能及其结构与性能之间的关系，分子与分子之间的相互作用，分子与分子之间的相互碰撞和相互反应等问题；量子生物学，利用量子力学研究生物过程和分子动态结构，研究量子水平的分子动态结构和能量转移。总之，"量子科学"像一个主干，延伸出来了一个量子科学的集群。

"量子科学"是基于实验的大科学。量子科学和其他科学最大的不同之处是需要强大的试验条件，因此量子科学是基于试验的大科学。没有试验，就没有量子科学和量子技术的进展。量子科学是大科学。大科学是指投资大、多学科交叉的大型的基础科学研究项目。由于其建造成本相当大、设备体量大、研究目标大、牵涉面大，意义重大，因此谓之大科学。量子科学属于大科学。量子科学未来发展，不是说哪一个企业家以一人之力、少数教授以他们的想象力，就可以实现突破的。2008年建在日内瓦的强子对撞机、"量子望远镜"和"核聚变实验堆"、中国发射的"量子空间试验中心"，都属于巨额的资本和跨学科量子科技的"基础设施"。关于"科技与新基建"，其实最大的新基础建设是支持科学研究的基础设施建设。

科学同时派生出全新的科学哲学理念。在20世纪开始的时候，牛顿在17世纪所创建的经典力学被认为是非常完整的、无懈可击的科学体系。人们甚至认为，未来大家仅仅是对牛顿力学加以精确地测算而已。但是，量子力学和相对论颠覆了"牛顿力学"。"量子科学"具有"分离性、不可确定性和关联性"及崭新的时空观念，例如，世纪不再是所谓的"矢量"。人们根据"相对论"和"量子科学"理解的时空，与人们在经验中感受到的是不一样的，改变了牛顿力学的绝对时间和空间思维模式。其中，最重要的是所谓的"决定论"问题。

在20世纪80年代的《走向未来》丛书有一本是《上帝怎样掷骰子》，在当时是极为前沿的内容。其背景是在1927年的布鲁塞尔物理学大会上，玻尔和爱因斯坦的重要争论就是如何看待随机性？爱因斯坦确实说："上帝是不掷骰子的。"也就是说，爱因斯坦相信这个世界是既定的和完美的，我们看到的世界的缺陷，不是世界本身的缺陷，而是因为人们的认知有问题。而玻尔，也就是哥本哈根学派认为："这个世界是很随机的，上帝有可能掷骰子。"因此"上帝是不是掷骰子"就是量子科学提出之后最严肃的一个哲学问题。

为什么说"量子科学"是未来十年最大的变量

从1900年开始，过去120年间，"量子科学"经历了两个阶段：基于工业社会和后工业社会的第一次"量子科学革命"；基于信息社会和经济与数字经济的第二次"量子科学革命"。

第一次"量子革命"开始于1900年，工业革命方兴未艾，美国成为工业大国，引领世界潮流。在工业革命的大背景下，特别是第二次世界大战和冷战，在很大程度上推动了第一次量子科技革命，从原子能到核能、激光、半导体、计算机、互联网、智能手机，都与第一次量子科技革命休戚相关。与此同时，量子科学理论持续突破，例如：1964年"夸克模型"、1974年"霍金黑洞辐射理论"，最近有些媒体报道，试验证明黑洞存在，也就是说霍金理论是可以被证明的。

20世纪80年代之后，开启了第二次"量子科学革命"。大背景是世界快速进入后工业社会和信息社会。IT革命成为主导。硅谷崛起。其中，最有里程碑意义的事件是1981年夏天IBM和麻省理工学院组织的"计算物理第一次会议"（First Conference on the Physics of Computation），会议地点在麻省理工学院校园不远的Endicott House。计算科学和量子物理史上最有影响力的主要人物出席了这次会议，包括康拉德·楚泽、查尔斯·贝内特（Charles Bennett, 1943—）、理查德·菲利普斯·费曼（Richard Phillips Feynman, 1918—1988）。理查德·菲利普斯·费曼对量子理论有重大贡献，他在会议上正式提出使用量子效应进行计算的想法，即需要量子计算机。这个会议形成了主要的共识：量子计算机会将信息存储在所谓的量子比特，也就是量子位中，并且可以使用量子纠缠和量子干涉来找到指数级大数据计算的解决方案。只有几百个量子比特的量子计算机所执行的计算量，要比已知宇宙中的原子数量更大。无论如何，这是划时代的。

自20世纪80年代，在量子科学领域，还有理论性突破：1984年有"超弦理论"，1990年代有M理论。

第二次"量子科技革命"的成果是显著的。表7.1罗列了自1984年"量子通信BB84协议"提出至今量子科技取得的主要进展。

表7.1 量子科技取得的主要进展

时间	国别	分类	内容
1984	美国、加拿大	量子保密通信	美国科学家Charles H. Bennett和加拿大科学家Gilles Brassard提出BB84协议
1994	美国	因数分解	Shor发明了一种因数分解的量子算法，可以将因数分解计算量减少到多项式级别
1996	美国	搜索算法	Grover提出了一种搜索的量子算法，对经典算法的计算量有了指数级的改进
1997	奥地利	量子隐形传态	赛格林、潘建伟等在《自然》上发表了《实验量子隐性传态》，第一次实现了量子隐性传态，并入选了《自然》"百年物理学21篇经典论文"

续表

时间	国别	分类	内容
2011	加拿大	量子计算机	D-Wave 推出了 D-Wave One，绝热理论的量子退火技术，并用 128 量子位来解决最优化问题的量子计算机
2016	中国	量子保密通信	我国发射世界第一颗量子科学实验卫星"墨子号"
2017	中国	量子保密通信	京沪干线是中国首条量子保密通信干线，实现了连接北京、上海，贯穿济南和合肥全长 2 000 余公里的量子通信骨干网络。于 2013 年 7 月立项，2017 年 9 月 29 日正式开通
2019	美国	量子计算机	IBM 推出了 53 量子比特的量子计算机，并计划向外部用户开放使用
2019	美国	量子计算机	谷歌宣布新的 53 位量子计算机 Sycamore 处理器，可以在 200 秒内运行需要全球最庞大的超级计算机耗时 10 000 年才能完成的测试，实现了所谓的"量子霸权"
2019	美国	量子计算机	由 IBM 创造了量子因数分解的最新纪录，可以将 1 099 551 473 989 分解成 1 048 589 × 1 048 601
2020	美国	量子计算机	霍尼韦尔在 2020 年 6 月发布 64 位量子体积的量子计算机

资料来源：崔巍教授团队。

从这个表可以看出，自 1984 年到现在 30 余年，量子科技的主要领域集中在量子通信、因数分解、算法、计算机、保密通信等。今天讲"纳米技术"，讲 7 纳米。新冠病毒是 100 纳米，1 纳米是头发直径的几万分之一。芯片是讲 2 纳米、3 纳米、7 纳米，所有的这些东西离不开量子科学的工具和技术。值得重视的是，2019 年量子计算机发展加速，打破了人们以为的量子计算机还属于遥不可及的技术的保守认知。

从 20 世纪 80 年代到现在，第二次量子革命大体完成了从 R 到 D 的转轨，完成了基于量子特性的量子器件为基础的革命，形成了臻于完备的量子软件与硬件结合的技术体系。

更为重要的是，在第二次量子革命过程中，量子科技与信息社会，以及数字经济形成交互作用关系，开始改变人们对于微观世界和宏观世界的认知，形成信息与物质/时空一体化的新世界观，"基本粒子完全源于量子信息（量子比特）：它们是与我们的空间相对应的纠缠量子比特海的集体激发。美妙的几何杨－米尔斯规范理论以及物质粒子之间奇特的费米统计从此具有共同的代数量子信息起源"。①

量子霸权和量子霸权竞争

量子科学、量子计算、量子测试，正在成为国家的力量、资本的力量、企业焦距和竞争的全新领域。

2012年，美国物理学家普雷斯基尔在《量子杂志》上首先使用了"量子霸权"概念，把"量子霸权"定义为，当量子计算机做到了经典计算机做不到的事情的关键节点，无论所做的任务是否有实际意义，量子霸权都已经形成。

"量子霸权"公认集中在三个领域：量子通信、量子计算、量子精密测算。

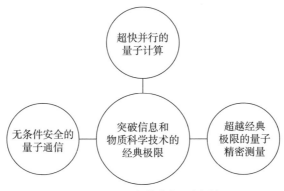

图7.2　量子霸权集中在三个领域

----

① 杨－米尔斯（Yang-Mills）理论，又称规范场理论，是由物理学家杨振宁和R.L.米尔斯在1954年首先提出，是研究自然界电磁、弱、强、引力之间相互关系的统一理论。杨振宁，等. 拓扑与物理[M]. 常亮，崔星山，于立伟，译. 南昌：江西科技出版社. 2021：232.

2019年9月20日，谷歌公布了一个报告，因为发明了53量子位计算机，因此说获得了"量子霸权"。对此，IBM是不同意的。但是，从我的观点来讲，谷歌是否获得"量子霸权"的竞争已经真正开始。

而国家成为"量子霸权"竞争的重要组成部分。实现"量子霸权"代表着超越经典量子技术能力从理论走进实验，标志着一个新的计算能力飞跃时代的开始。2002年美国国防部发布《量子信息科学和技术发展规划》，提出两个基本目标：一是在未来5年，美国的公司和实验室将演示量子网络基础科学和关键技术，包括量子互联、量子终端机、量子存储器、高通量量子信道和洲际天机纠缠分发，同时将查明这些科学技术潜在的影响和改善应用带来商业、科学、卫生和国家安全等方面的好处。二是在未来的20年，量子互联网链路将利用网络化量子设备实现经典技术无法实现的新功能，同时促进对量子纠缠作用的理解。

欧盟在2016年、德国在2018年、英国在2014年、俄罗斯在2019年、印度在2020年，都提出各自的"量子计划"。

当下量子技术的发展，20世纪80年代美国总统里根提出的"星球大战计划"（The Strategic Defense Initiative）具有参考价值。但是，事实上今天的"量子霸权"争夺，就规模而言，包括资本投入、国力投入、人力投入，以及对现实经济生活、社会生活、地缘政治所产生的深远而剧烈的影响，远远超过"星球大战计划"。所以，与会者提出"二战"前后的"曼哈顿计划"也可以作为历史参照系。因为"量子霸权"竞争更需要在特定的目标下，以国际资源集结更多的学科部门和人才。

2020年席卷全球的疫情没有阻止"量子科技"的历史进程。例如，2020年6月，霍尼韦尔（Honeywell）公司基于IBM提出的量子体积（quantum volume）的性能评价概念（影响因素包括量子比特数、测量误差、设备交叉通信以及设备连接和电路编译效率等），发布了量子体积达64的量子计算机，为当今最强。2020年8月，Google量子研究团队宣布其在量子计算机上模拟了迄今为止最大规模的化学反应。2020年9月，IBM发布了扩展量子技术路线图，该路线图将带领IBM到2023年实现超过1 000量子比特的量子计算设备。紧接着英国量子软件公司Riverlane宣布，其高性能通用操作系统Deltaflow.OS已经进入了量子计算机商业化关键阶段。

非常值得庆幸的是，中国的"十三五"和"十四五"规划已经将"量子科技"列为国家科技战略的组成部分。2020年中共中央政治局会议，也讨论了量子技术的问题。

除了调动国家资源参与"量子霸权"竞争之外，企业和资本的"集结号"已经吹响。

表7.2　参与量子霸权竞争的企业

科技巨头	初创企业
谷歌（Google）	D–Wave Systems（加拿大）
国际商业机器（IBM）	Rigetti（美国）
霍尼韦尔（Honeywell）	IonQ（美国）
英特尔（Intel）	Psi Quantum（美国）
微软（Microsoft）	Alpine QuantumTechnologies（奥地利）
阿里巴巴（Alibaba）	Quantum Circuits（美国）
亚马逊（Amazon）	本源量子（中国）

这些科技巨头，有些大家熟悉，有些大家不熟悉。最近有这样的报道：正在大力开发量子计算机的企业中既有谷歌、IBM、英特尔等科技巨头，也有Rigetti和IonQ等初创企业，等待付费使用霍尼韦尔量子计算机的公司已经大排长龙，这也标志着量子计算即将迈入重要的发展新阶段。2020年11月初，IQM——欧洲超导量子计算机的领导者宣布，其完成了3 900万欧元（约合人民币3亿元）的A轮融资，迄今已筹集的

资金总额为 7 100 万欧元（约合人民币 5.5 亿元）。人们常常在商业领域当中讲"赛道"，现在量子科技的赛道已经铺好，关键"玩家"早已上场。对于后来者来说，如何获得比赛的资格和入场券是个问题。

关于量子科技的商业前景，无非两种。一是急功近利的商业前景，实事求是地说，量子技术在短期内很难达到对投资有较高回报的商业效果。二是中长期的商业前景，量子技术的商业前景应该是乐观的，这是因为量子科技代表未来大趋势。

在高科技和硬科技，甚至"黑科技"竞争领域，马斯克创造了将科技、资本，以及人类中长期发展方向结合在一起的商业模式。这值得中国企业家思考。2019 年，马云和马斯克在上海有一个面对面的对话。在对话过程中，两人的差别是非常大的。马云以地球人代表自居，对 AI 持有相对保守的态度；马斯克代表火星人，主张火星移民，对 AI 充满激情和想象力。两人的差别背后，其实是两种不同的商业模式，或者说科技商业模式的差别。

整体而言，中国量子科技的前途任重而道远。相关学科的协调方面还是较为薄弱，人才短缺，相关的基础教育也较为落后，特别是在量子技术的硬技术方面，实现创新和突破的难度是很大的。但是，中国在量子计算理论和量子技术软件方面，特别是建立量子技术标准体系方面，还是可以有所创新和有所突破的。所有这些领域，需要大量的科研经费与人力资源投入，中国具有巨大潜在优势和很大发展空间。

21 世纪 20 年代，人类全方位进入科技主宰经济、科技资本整合金融资本和产业资本的新时代。量子科技将引领我们经历突破信息和物质科学技术的经典极限的激动人心的时刻，将在未来科学技术革命中具有核心和主导地位。不足 100 个量子比特可以存储整个世界，已经不再是可望而不可即的理论说法。而现在的问题是，人们普遍对于量子计算机进入产业化和应用领域的"时间点"过于保守,对于量子计算机为全球现有互联网通信所带来的颠覆性冲击,估计不足。可以毫不夸张地说,以量子科技主导的量子产业体系正出现在地平线上。所以,回到本文的主题:量子科学是未来十年最大的变量,量子技术是数字时代的基石,量子科学决定未来经济。

元宇宙重塑全球化：从 WTO 到 "WTB" [1]

> 全球化就像一列远去的火车，无法控制。
>
> ——戈登·布朗

现在需要对全球化有一个比较完整和历史性的总结了。我们现在所说的全球化，是指第二次世界大战之后，由美国和欧洲发达国家所主导的全球化，到现在已经 70 余年。在这次全球化的过程中，经历了东西方冷战，但是并没有改变全球化的基本体制和模式。进入 21 世纪之后，特别是 2008 年世界金融危机、2018 年开始的中美贸易摩擦，使全球化进入深层危机状态。现在，需要通过数字技术兴起的历史契机，启动新一轮的全球化。

战后全球化的构成和危机

第二次世界大战之后，金融货币、贸易服务与知识产权、科技治理与科技秩序、地缘秩序，构成了全球化的 4 个方面，或者说 4 个支点，它们存在着相互依存/相互促进的关系。不得不承认，这样的菱形支撑

---

[1] 本文系作者根据三次发言（2020 年 8 月 11 日在火星区块链主办的 "POW'ER: 2020 技术与应用峰会" 上的会议发言、2021 年 9 月 12 日在 "数字一带一路与数字世界观学术研讨会" 中的会议发言与 2022 年 1 月 16 日在中国人民大学重阳金融研究院主办的 2022 宏观形势年度论坛活动上的会议发言）的记录文稿修订而成。

的全球化维持了战后长达六七十年的全球化的稳定性。可以称之为全球化的 1.0。现在全球化 1.0 的危机，集中发生在以下四个方面。

第一，金融全球化和危机。战后全球化起源于金融，金融的全球化则起源于布雷顿森林会议，以及与此同时成立的两个国际金融和货币组织，即世界银行和国际货币基金组织（IMF）。IMF 的宗旨就是维系一个稳定的国际金融秩序。1971 年 8 月，美国当时的总统尼克松关闭黄金窗口之后，世界货币体系进入汇率自由浮动时代。从那之后，国际货币基金组织担负了更重要的任务，协调国家与国家之间的中央银行，维持国家与国家之间的汇率，保障金融国际化、金融全球化的基本秩序。在金融秩序方面，存在着美国和欧盟主导的特征，美元霸权这类的问题。

金融全球化的危机起始于 1971 年，美国为缓和越南战争引发的国内经济困境，关闭了黄金窗口，美元与其他主权货币开始进入浮动汇率状态。之后，货币金融危机不断，其中影响最大的危机莫过于 2008 年全球金融危机，之后世界主要国家都普遍实行所谓的货币宽松政策，引发世界性的零利率或负利率的现象。这次危机从根本上动摇了战后建立起来的全球金融秩序，其后遗症到现在还没有痊愈，并导致了世界金融体系进入了事实上的解构阶段。在这期间，中国也提出要对 IMF 做制度性改革和框架性改革的建议，但目前没有实质性的进展。

第二，贸易全球化和危机。20 世纪三四十年代，世界贸易保护主义盛行，成为世界经济萧条，甚至第二次世界大战的深层原因。所以，"二战"结束的第二年，由美、英等 19 个国家组成的联合国贸易与就业会议筹备委员会，起草了《联合国国际贸易组织宪章》，与此同时，筹备"国际贸易组织"，开始就削减关税和其他贸易限制等问题进行谈判。1947 年，美国等 23 个国家在日内瓦签订了"关税与贸易总协定"。但是，因为关税与贸易总协定不是一个正式的国际组织，在体制上和规则上有着多方面的局限性，总协定的有些规则缺乏法律约束，也无必要的检查和监督手段，所以从 1947—1994 年，世界关税与贸易总协定举行了多次漫长的多边贸易谈判，直到 1995 年世界贸易组织（WTO）建立。WTO 的核心任务是在国家与国家之间的贸易服务、知识产权方面能够维持一种全球秩序。WTO 的建立，标志着全球化构建完成，是全球化最重要的组成部分，与 IMF 主持和主导的世界金融秩序形成呼应关系。

但是，进入 21 世纪之后，在传统贸易方面，不同的国家为了各国自己的利益，实行有形的和无形的、技术性的和非技术性的贸易壁垒，贸易全球化的危机逐渐加深。2018 年之后，中美贸易摩擦因为发生在两个世界最大的经济体之间，导致了贸易全球化全方位的深刻危机。

第三，科技秩序和危机。第二次世界大战后，一直存在一个西方发达国家主导的全球科技管理治理体系。1949 年，在美国的提议下成立了"输出管制统筹委员会（Coordinating Committee for Multilateral Export Controls），有 17 个成员国。因总部设在巴黎，又被称为"巴黎统筹委员会"。该委员会的宗旨是限制成员国向社会主义国家出口战略物资、尖端技术产品和稀有物资。冷战结束后的 1994 年，"巴黎统筹委员会"宣布正式解散。但是，1996 年，以西方国家为主的 33 个国家在奥地利维也纳签署了《瓦森纳协定》（Wassenaar Arrangement），即管理世界尖端科技，特别是具有民用和军用双重功能的技术的协定，是一种建立在自愿基础上的集团性出口控制机制。1996 年之后的历史证明，《瓦森纳协定》的作用是不可低估的。2018 年 4 月 16 日美国对中兴实行的制裁，2019 年 5 月 15 日对华为的制裁，都可以被认为是对全球科技秩序的一种破坏。

第四，地缘政治和政治秩序危机。二战后期和战后初期，形成了美苏两分世界的雅尔塔体系，之后演变为美苏代表的两个阵营的冷战格局。20 世纪 80 年代末 90 年代初东欧剧变，德国统一，苏联解体，冷战结束。

第七章 元宇宙时代的人类未来

进入 21 世纪之后,地缘政治格局不断调整。中东和东北亚、欧洲的乌克兰都成为过地缘政治的热点。2001 年 "9·11" 恐怖事件,恐怖主义兴起,标志着战后相对稳定的政治秩序的完结。

深度解析全球化危机

那么,如何解读正在日益加深的全球化危机呢? 20 世纪 90 年代,存在着乐观主义和悲观主义两种思潮。

在 20 世纪 90 年代上半期,西方主流对全球化持乐观态度,其理论基础主要是新自由主义,核心内容是利伯维尔场经济,主张政府的角色最小化、快速化和私有化。代表性事件是 1990 年的 "华盛顿共识"。1992 年,美国政治学者弗朗西斯·福山的著作《历史的终结及最后之人》(The End of History and the Last Man)发表,描述了一个所谓的 "历史的终结处":各不相同的社会建立起奉行开放市场的自由民主国家,政治经济自由平等,生活在其内的人得到 "完全的满足"。显而易见,弗朗西斯·福山是肯定全球化的。

但是,进入下半期,出现了不同的声音。1996 年,萨缪尔·亨廷顿(Samuel Huntington,1927—2008)出版《文明的冲突和世界秩序的重建》(The Clash of Civilizations and the Remaking of World Order)一书,提出著名的 "文明冲突论":冷战后的世界,冲突的基本根源继续存在,不过不再是意识形态主导,而是源于文化方面的差异,主宰全球的将是 "文明的冲突"。2004 年,美国《时代》周刊高级编辑乔舒亚·库珀·雷默(Jshua Cooper Ramo)发表的一篇论文,提出 "北京共识",即适合中国国情和社会需要、寻求公正与高质增长的发展途径的发展模式。显然,"北京共识" 和 "华盛顿共识" 的内涵是大相径庭的。

2008年,世界金融危机爆发,全球化不只是受到挫折,而是危机不断,全球秩序体系呈现解构趋势。主要证据是,全球化直接投资下降,股市投资减少,各国对外发行债券收缩,对外借贷全方位衰减,失业率上升,贫富差距扩大。由此形成了关于全球化危机的不同解析。最有影响力的是两个陷阱理论:其一,美国经济历史学家查尔斯·金德伯格(Charles Poor Kindleberger,1910—2003)提出的"金德伯格陷阱"(Kindleberger Trap),讲的是美国霸权衰退,国际领导权处于真空状态,国际秩序发生根本性的动摇,自然也提出谁能填补这个真空的问题;其二,以古希腊历史学家修昔底德(Thucydides,约公元前460—公元前400)命名的"修昔底德陷阱"(Thucydides Trap),主要讲的是如果当代世界两大经济体发生碰撞,甚至脱钩,其后果不仅影响两个经济体本身的深层结构,而且关系整个世界的平衡,例如中国和美国。

此外,还有一种理论,即所谓的"超全球化"(hyper-globalization)的概念,"超全球化"改变了国家主权和政府的地位,加剧了世界性的贫富差别和社会分裂。

在全球化危机显著深化的2020年,又发生了席卷全球的新冠肺炎疫情,并且持续到了2022年。新冠肺炎疫情改变了全球的交流方式,导致全球经济指标持续恶化,加剧了全球化危机。

无论如何,20世纪90年代黄金时代的战后全球化,辉煌不再。甚至"逆全球化"思潮形成了诸多影响,不少人甚至认为"逆全球化"会是世界新的趋势和未来。不得不指出,迄今为止,关于全球化危机的诠释理论,思想方法是陈旧的。人类历史进入20世纪,特别是进入21世纪以后,绝对不能够用过去的线性模式简单地推理未来,更不能用部分学科和部分学科的理论试图证明具有复杂性质的全球化问题。

战后以来长达70余年的全球化,无论多么辉煌,都属于工业时代的全球化。因为在全球范围内，传统工业时代已经结束，数字经济时代已经开始，科技革命加速，而且形成科技革命的叠加，最终出现了熊彼特所说的"创造性破坏"（creative destruction）。这是全球化 1.0 版的危机的深层原因。也就是说，现在的全球化危机与其说来自世界的经济秩序、国家和政府、利益集团，不如说源于科技创新的、不断集聚的、集群式一浪又一浪的创造性破坏。

数字经济重塑区域发展和全球化

从 20 世纪 70 年代开始，特别是进入 80 年代、90 年代和 21 世纪之后，数字技术、数字经济全面崛起，彻底改变了工业时代的经济结构和区域发展模式。

第一，数字技术与经济全方位改变传统产业系统。（1）产业结构的差别。主导数字经济的基本部门，不再是传统的农业、传统的加工工业和服务业，不再是传统的劳动密集型产业，而是诸如大数据、云计算、物联网、人工智能、量子计算等新兴信息产业。（2）生产要素的差别。数据一旦产生就永远存在，就可以长期重复使用，没有损耗，没有折旧。数据成为生产要素，数据相关的信息进入无限扩张阶段。（3）货币等金融资产的差别。2008 年之后，以比特币为代表的加密数字货币的诞生，以及支持加密数字货币的区块链的诞生，使得新型的不受主权国家控制的加密数字货币或加密数字财富在全球兴起。（4）经济资源的差别。教育和科技资源，形成创新的核心学科和领域。（5）人力资源的差别。一方面，构建企业家、科学家、工程师和生产者的共同体；另一方面，数字经济创造新型的就业。在抖音后台，有几万人做最简单的劳动，属于提供就业机会的劳动密集型产业。（6）数字化带动各行各业收入提升、成本节约、产业优化、规模增长。

第二，数字技术与经济改变区域发展模式。（1）改变了传统产业区域地理分工的差别。数字化可整合区域内产业、科技、创新、应用板块，发掘产业集群和集聚的潜力。（2）超越传统地理空间，拓展产业空间和时间范围，配置地理空间优势，建立区域经济新生态。（3）推动城市和乡村数字化转型。在中国，根据城乡居民的需求，数字化新基建的投入已落实到城市和乡村的能源、交通、教育、医疗、社区、政务等领域，使得城乡更安全、更高效、更生态和可持续。（4）可合理配置城市经济资源，调整产业集群分布。（5）区域内数字化、智能化、低碳化一体化，可带动区域内互联网3.0、人工智能3.0、区块链3.0的效益叠加。

第三，数字技术与经济重构全球化。（1）数字化技术提供全球化新基础结构。例如，因为区块链技术的天然优势，可以即时追溯贸易产品价值形成的全过程，实现贸易智能清算，调整国与国之间的贸易平衡问题，最终减少贸易冲突发生的可能性。区块链技术和智能合约可以重建全球化的基础结构。（2）数字化提供新的话语体系。传统全球化的沟通语言的基础是自然语言，表达方式是政治和商业语言，包含参与者自身的价值观。因为数字技术，形成基于编程语言的话语体系，这势必是统一和同质的。（3）数字化改变全球传统产业分工模式。因为数字经济时代到来，需要重新发掘不同区域的生产要素禀赋，导致世界经济的分工发生根本改变，打破传统第一、第二、第三产业为基本特征的分工，转变为以数字经济和非数字经济的分工。特别是，简单劳动和智慧劳动之间的差异会持续扩大。（4）数字化改变了全球的贸易结构。传统的贸易结构基本上是以有物理特征的、物质特征的贸易构成，服务贸易也是为实体贸易服务的。以数字服务、数字产业为特征的国际贸易，正在迅速增长，而且在国际贸易中占有越来越重要的位置。在未来的国际贸易中，服务贸易会占主导地位，而服务贸易中，广义的数据贸易将成为相当重要的组成部分。数字经济支撑的国际贸易在贸易中的比重急剧上升。例如，2020年以来，DeFi、NFT，以及其他数字经济金融工具兴起，促进了超越传统物质形态的数字贸易的发展。①（5）数字化改变了全球的金融体系，也影响和正在改变着全球的货币市场、资本市场。例如，数字人民币的影响正在扩大。（6）数字化构建全球区域新平衡。这个世界上存在着发达地区和非发达地区，就存在着发达国家和发展中国家，数字化加剧了全球区域之间的不均衡，以及发达地区和非发达地区之间的发展差距。现在，要通过数字技术的基础结构，来构建全球区域新平衡。（7）数字化改变了传统价值体系。数字化转型对人们的世界观和价值观产生深刻影响，包括经济价值、社会价值、产业价值和商业价值。

总的来说，人类正处在这样一个历史节点：一方面，20世纪40年代建立的全球化的框架、体系、机制走向衰落，面临危机；另一方面，因为数字经济的发展和崛起，另外一种类型的全球化正在兴起。在未来相当长的时间里，这两种全球化会构成未来全球化的二元状态。

中国的数字国家战略和"一带一路"倡议

数字经济是继农业经济、工业经济之后的一种新的经济社会发展形态，数字化、智能化不断发展的无限供给时代，推动经济构造、制度和机制的彻底改变。

第一，数字战略的紧迫性。过去40余年间，一波又一波的IT革命和数字技术创新，不仅改变了世界范围内的产业结构，而且改变了区域

---

① 例如，至2021年10月，以太坊上的DeFi锁仓总价值达到了1 000亿美元。

发展和全球化的传统模式。在这样的背景下，世界发达国家和新兴市场经济国家，不得不调整经济发展战略，改革经济制度和完善经济机制，增加科技创新投入，调整产业结构，超越自亚当·斯密时代以来所形成的区域间的世界分工体系，寻求全球化过程中的利益最大化。所以，数字化转型成为联合国、欧盟、经济合作与发展组织、国际货币基金组织持续关注的主题，成为世界主要国家、主要企业的发展战略。

第二，数字战略的基本内涵。面对全球范围内的经济、社会和政治领域的数字化进程，数字科技竞争加剧，世界主要工业国家的数字战略包括：确定构建数字枢纽/中心的战略目标，培养和引进优秀人才，增加信息与通信技术（ICT）基础设施和构建国家级人工智能超算中心的投入，建立网络安全、数据隐私、技术伦理等明确的法规/框架。数字科技进程开始主导经济发展，以 ICT 作为经济增长的核心驱动力，其中，AI 已渗透到价值链各个环节，带动金融、物流、制造等行业升级。伴随半导体、通信、云计算、AI 的普及和发展，美国占全球 ICT 产业总值 31%，欧盟占 19%，中国占 13%。

第三，数字化"一带一路"。2013 年，中国国家领导人正式提出 21 世纪的"一带一路"倡议。2015 年，中国国家发展改革委员会、外交部、商务部联合发布了《推动共建丝绸之路经济带和 21 世纪海上丝绸之路的愿景与行动》。"一带一路"的根本目标旨在推进和形成政治互信、经济融合、文化包容的利益共同体、命运共同体和责任共同体。自 2013 年到现在，世界科技、生态、经济、地缘政治等方面发生了一系列根本性变化。特别是，因为数字化、数字经济的崛起，要求所有的经济活动要适应数字化本身的要求，所以，"一带一路"需要增加数字化的元素。要把产业数字化和数字产业化作为数字经济时代"一带一路"的核心任务。为此需要：（1）推进数字化基础设施建设，包括大数据、云计算、新型通信设施、算力中心的建设。（2）推进产业数字化和数字产业化，创建数字贸易，形成逐渐完善的数字经济产业链。（3）积累数字资产。数字资产是无形的，并且引导用户资产化。强化数字化金融，将金融科技化和科技化金融紧密地结合。特别是，构建中国主权数字货币（DCEP）在"一带一路"的地区和国家的推广的生态环境。（4）培养数字化人才。在很大程度上是为了消除、避免因为数字化落后所导致的一种新型数字贫穷。总之，通过数字化"一带一路"，帮助所有的地区和国家在经济、社会和政治领域的数字化进程，缩小与发达地区和国家之间的数字鸿沟，实现联合国可持续发展目标。

数字经济世界观、元宇宙和全球化的 2.0

第一，接受数字世界观。要重新认知"微观世界"和"宏观世界"。过去人们所说的"微观世界"是相当不确切的。量子和基因，以及病毒都是"微观世界"的代表。基因和量子的质量之小超出人们的想象，人类没有办法用肉眼看到它们，只能依靠电子显微镜。疫情改变并强化了"微观世界"的定义，新冠肺炎病毒不过是 100 个纳米左右。关于"宏观世界"，在地球上，在特定的条件下，人们可以勉强看到火星。火星离地球最近的时候是几千万公里，离地球最远的距离达到 4 亿公里。在比较远的时候，需要用天文望远镜。人类处于"微观世界"和"宏观世界"之间，人类的肉眼只能看到世界上 4%～5% 的物质，95% 以上是看不到的。而人类命运愈来愈为人类眼睛所看不到"微观世界"和"宏观世界"所左右。如何把握人类肉眼看不到的"微观世界"和"宏观世界"？首先是思想，其次是科学技术。所以，思想是 power，相比较其他 power——权力和金钱，思想是最重要的 power。人类需要谦卑，需要更多的思考和想象，从而获得 power。

第二，从 WTO 到"WTB"。今天讲国际贸易，离不开 WTO。在 20 多年前，全中国有很多研究 WTO 的机构，探讨和分析中国成为 WTO 成员的利与弊。WTO 的前身是 GATT，即关税与贸易总协定。GATT 的 A 就是协议（agreement）。后来 WTO 替代 GATT，意味用组织（organization）替代协议（agreement）。但是，WTO 现在已经没有办法应对如此复杂的世界贸易局势了。如果人们能够接受新思维、新科学、新技术，通过引入区块链（blockchain）替代传统的 agreement 和 organization，WTO 转型为"WTB"，国家之间的贸易失衡可能会改善，世界经济秩序也将大为改观。

第三，元宇宙的历史地位。元宇宙具备四个"超越"能力：（1）元宇宙是超越传统地域的，元宇宙没有边疆。（2）元宇宙超越科学、技术和经济的界限，完全跨界。支持数字经济最重要的技术基础，包括大家所熟知的大数据、云计算、人工智能、虚拟现实技术、5G 和未来 6G 的通信技术以及量子技术，都将构成元宇宙的技术基础。（3）元宇宙是超越主权的。目前，所有兴起的元宇宙都没有局限于主权国家的范围之内，具有天然的超主权特征。与元宇宙戚戚相关的开源代码系统，本质上是支持大数据产业的一种公共资源，这些资源现在难以受到主权国家的有效控制。（4）元宇宙超越了现存各国和国际的法律框架——它将产业、区域、金融、信息融为一体。元宇宙的发展速度远远超过我们的想象力。通过元宇宙，在保存各自文明特征的前提下，强化和刺激各种不同的文化之间的趋同性。可以肯定的是，元宇宙的未来是传统观念所不能想象的，Y 世代、Z 世代和 Alpha 世代，即 1980 年之后的三个世代，熟悉和理解的数字经济将成为新型全球化的基础。因为元宇宙，未来的全球化很可能发生实质性的改观。

第七章　元宇宙时代的人类未来

20多年前，美国历史和东亚语言文学教授彭慕兰（Kenneth Pomeranz, 1958—）的著作《大分流：欧洲、中国及现代世界经济的发展》(*The Great Divergence：Europe, China, and the Making of the Modern World Economy*)出版，影响很大。这本书的基本观点是，1800年以前的世界，并没有一个经济中心，西方并没有任何明显的、完全为西方自己所独有的内生优势；只是到了18世纪末19世纪初，历史来到了一个岔路口，因为欧洲工业化得到充分发展，世界发生了"大分流"，形成了占支配地位的西欧中心和其他边缘地带。

20世纪之后，世界经过冲突和战争，最终到了世纪之末，彻底结束了彭慕兰描述的"大分流"历史，实现了基于实体经济主导为特征和基础的全球化。但是，好景不长，这个1.0版本的全球化，很快危机重重。进入21世纪20年代，需要重启全球化，即不再是基于工业经济和工业社会形态，而是基于数字经济的全球化，是全球化2.0。人类现在要适应两种全球化的同时存在，接受这两种全球化之间的互相影响、互相渗透，甚至互相冲突。但是，未来最终属于基于数字经济的全球化。人类需要创造新的全球化，需要重新定义全球化。

碳中和的实现：没有负熵，就没有元宇宙[①]

> 宇宙的能量是恒定的。
> 宇宙的熵趋向一个最大值。
>
> ——鲁道夫·克劳修斯（1865）

我非常高兴为熊焰、邢杰、王彬三位友人共同撰写的《元宇宙与碳中和》一书作序。在这篇序言中，我不想过多介绍本书的思想和内容，而是希望为这本书缺失的方面做一些拾遗补阙，主要集中在"元宇宙""碳中和"与"熵"的关系。因为元宇宙与碳中和都无法绕过熵，而熵是衡量元宇宙生长是否具有真正价值的基本尺度单位。元宇宙的本质是一种特定的信息集合状态，但是，这并不意味着元宇宙可以脱离物理状态的宇宙。不论是在理论意义还是实践意义上，元宇宙和物理宇宙均存在着不可分割的关系。人类历史已经进入了极为激动人心的时刻：一方面，物理宇宙需要虚拟元宇宙的诞生；而另一方面，虚拟元宇宙需要物理宇宙作为其基础。虚拟元宇宙和物理宇宙开始了互动和共存的历史进程。

[①] 本文系作者于2022年2月9日为熊焰、邢杰、王彬所著《元宇宙与碳中和》一书做的序言。

熵理论的渊源

在物理宇宙中，存在数量相当可观的定律。但是，按照爱因斯坦的看法：熵定律是科学定律之一——"熵理论对于整个科学来说是第一法则"。为什么？因为早在1850年，基于早期的热力学第二定理，英国数学物理学家，被称为"热力学之父"，本名威廉·汤姆森（William Thomson, 1824—1907）的第一代开尔文男爵（1st Baron Kelvin），又称"开尔文勋爵"（Lord Kelvin），就推导出宇宙终极命运——热寂理论（heat death of the universe）猜想。根据这个猜想，如果宇宙的熵达到极大值，宇宙其他有效能量都转化为热能，物质温度进入热平衡，宇宙中的任何生命能量将不复存在。

此外，熵理论也是斯蒂芬·霍金的科学体系和理论宇宙学中的基石。霍金提出了黑洞面积定律（Hawking's area theorem）：黑洞事件视界的面积不可能随着时间的推移而减少。黑洞所包含的熵更是直接被证明与黑洞事件视界的面积，也就是黑洞表面积成正比。因为这个定律与由热力学第二定律导出的熵增原理非常相似，肯定孤立系统自发进行的演化只能让系统的熵增加，该定律后来被称为"黑洞热力学第二定律"。① 总之，在宇宙的尺度下，热力学第二定律不可改变，只是改变了存在方式。黑洞会将其吸入的物质转化为能量，以辐射形式释放出来，从而导致物质无序化。黑洞本身也会因为这种辐射而损失质量，所以，宇宙中的熵永增不减。②

最近，意大利国际高等研究院（SISSA）等机构的科学家在新一期《天体物理学杂志》上撰文称，首次对恒星级黑洞的数量进行统计，计算

---

① 环球科学.霍金50年前提出的黑洞理论，终于被验证[J].环球科学，2021-07-05.
② 黑洞是熵增还是熵减少. https://www.zhihu.com/question/381247142.

出了其在整个宇宙中的分布情况,并据此计算出目前可观测宇宙中黑洞的数量约为 4 000 亿亿个。[①] 如果黑洞和熵增并存,熵在宇宙中至关重要,进而宇宙"热寂"的假说至少是难以否定的。

总之,熵定律关乎地球和人类生命生死存亡的终极问题。理所当然,熵定律是物理学乃至科学定律体系中的核心定律,因为虚拟元宇宙与物理宇宙的关系,避免熵增乃是元宇宙存在的前提所在。

熵理论的发展及趋势

现在,从宇宙回到地球。1906 年,奥地利物理学家路德维希·玻尔兹曼(Ludwig Edward Boltzmann,1844—1906),在度假期间自杀身亡,时年 62 岁。他一生的大部分时间,都在为自己的理论辩护,造成导致他自杀的严重抑郁症。玻尔兹曼的理论就是把物理体系的熵和概率联系起来,证明任何的自发过程,都是从概率小的状态向概率大的状态变化,从有序向无序变化。所以,熵增是不可避免的和不可逆转的。1877 年,玻尔兹曼推导出熵与状态概率之间的数学关系 $S = k \lg W$,构建了统计力学和热力学之间的桥梁。玻尔兹曼的贡献是不可替代的。所以,作为对玻尔兹曼的致敬,他的墓碑上刻有这个由他推导出的关于熵的公式,在这个公式的背后,还有玻尔兹曼以音乐和艺术的天赋对熵的感知。熵并非仅仅是一种热力学现象,20 多年之后的 1900 年,马克斯·普朗克对玻尔兹曼的熵公式做了修正。

当然,熵理论的开拓者应该归于德国物理学家和数学家、热力学奠基人之一的鲁道夫·克劳修斯(Rudolf Julius Emanuel Clausius,1822—

---

① 科普中国. 元宇宙究竟有多少黑洞?终于有答案了 [J]. 科普中国,2021-01-23.

1888）。1850年，克劳修斯发表论文《论热的动力以及由此推出的关于热学本身的诸定律》。他在这篇论文的第二部分，提出热力学第二定律的核心思想：热不能自发地从较冷的物体传到较热的物体。因此，克劳修斯成为热力学第二定律的两位主要奠基人之一，而另外一位是上文提到的英国物理学家开尔文勋爵。1868年，克劳修斯在提出热力学第二定律的基础上，系统提出了熵理论。孤立系统在自发状况下，一是热能传递具有不可逆的方向性，只能从较热的物体传递到较冷的物体；二是具有传递性，热能传递不能从单一热源吸取能量；三是熵值随时间向增大的方向变化，孤立系统在自发状态下熵总向增大的方向变化，不会减少。

熵理论不仅符合热力学宏观理论，在微观层次也具有同样的意义。

如果比较克劳修斯和玻尔兹曼对熵理论的贡献，克劳修斯是基于热力学原理对熵加以定义：在热力学过程中，有用能转化为无用能的不可逆程度的一种量度；玻尔兹曼是基于统计学定义熵，即分子随机热运动状态的概率分布大小的量度，或者是物质系统内部分子热运动和状态的混乱无序度。总之，热力学的熵增律告诉人们，在一个封闭系统中，热量总是从高温度的物体流向低温物体，从有序化到无序，如果没有外界向这一系统输入能量，那么熵增过程就是不可逆的，而系统陷入混沌无序后，最终的大熵导致物理学的热寂。所以，在很多人看来，熵定律是令人绝望的物理定律。

自18世纪的工业革命后，工业经济时代到来，形成了门类齐全的工业行业和部门。人类通过大机器开发自然资源，形成包括煤炭、石油和天然气为整体的化石能源体系，制造出持续不断的物质产品和物质财富。也因此，导致了熵的膨胀，集中体现为碳排放，全球在加速变暖。2019年，出现有卫星观测记录以来的最高值。2020年，尽管发生了新冠肺炎疫情，全球气温仍然比工业化前上升了1.2摄氏度。如此下去，冰川融化，干旱和沙漠化面积扩张，极端天气常态化，农业难以为继，人类生存危机将会深化。所有这样的现象，都证明了地球"熵"增的态势。

人类如何面对不可逆转的熵增的大趋势？1944年，量子力学奠基人薛定锷在《生命是什么》里提出和阐述了负熵概念：在自然界中，所有事情的发生都是所在的那个局部世界的熵在增加，并开始走向大值熵。如果说存在解决办法，就是从自然环境中汲取抵消熵增的负熵。自然界的水分、空气和阳光都属于所谓的"负熵"，生物依赖负熵为生。"新陈代谢的本质乃是使有机体成功地消除了当它自身活着的时候不得不产生的全部的熵。"①

在这样的背景下，实现"碳中和"成为世界各国的根本性选择。2020年9月22日，在第75届联合国大会一般性辩论上，作为大排碳国的中国承诺力争在2030年前达到碳排放峰值，2060年前实现碳中和。

信息和熵的联系

长期以来，有一种说法很具有影响力：自然界和人类活动决定于三个要素，即物质、能量、信息。但是，物质、能量和信息的关系究竟如何？如果假定信息实际上是物质与能量的运动状态与方式，那么，是否存在信息和熵的内在联系？

1929年，德国物理学家利奥·西拉德（Leo Szilard，1898—1964）在该国的《物理学期刊》上发表论文——《精灵的干预使热力学系统的熵减少》。人们公认，西拉德首次提出经典热力学中从未出现过的概念和术语"负熵"，并开创性地阐述了熵、负熵与信息之间的关系，将熵的对象

---

① 薛定谔.生命是什么[M].周程，胡万奎，译.北京：北京大学出版社，2018.

从分子热运动，扩展到了非分子热运动。在这篇论文中，西拉德将热力学的熵称作约束信息，将信息熵称作自由信息，信息熵和热力学熵既存在相关性，又存在差异。西拉德的主要贡献是定义了信息熵：即信息熵所表达的是物质和社会系统状态及运动的确定性。西拉德进而提出计算信息量的公式：$I = k(w_1 \ln w_1 + w_2 \ln w_2)$。公式中：$I$ 是信息、w 是热力学概率。西拉德的工作是现代信息论的先导，但令人遗憾的是，西拉德这篇开创性的论文当时没有被人们充分理解，而他本人也没有沿着这条道路继续探索下去。值得赞赏的是，虽然西拉德曾参与美国研制原子弹的曼哈顿计划，却倡导和平利用核能和反对使用核武器。

西拉德的思想得到重新的认识，已经是第二次世界大战之后的事了。首先，美国数学家和控制论创始人诺伯特·维纳在其1948年的著作《控制论》中，给予了信息著名的定义："信息就是信息，既非物质，也非能量。"几乎是同时，克劳德·香农创立了信息论，他在题为《通信的数学理论》的论文中提出："信息是用来消除随机不确定性的东西。"香农的信息论核心思想是，不确定性的计算与信息出现的概率有关。香农的信息量计算公式与玻尔兹曼的物理熵公式以及西拉德的信息量计算公式都极为相似：$H(x_i) = -P(x_i) \lg P(x_i)$。据说，是约翰·冯·诺依曼根据西拉德"物理熵减少同获得的信息联系"这一结论，向香农推荐将这个公式命名为信息熵。

香农的信息熵，被定义为信息 $\lg P(x_i)$ 的期望值，或者将信息熵理解成特定信息的出现概率。简单地说，信息熵是衡量一个系统有序化程度的指标，对信息作用的度量。具体解释：信息量是随着发生的概率的增大而减少的，而且不能为负。一个事件发生的概率越大，确定性越大，系统变得越有序，混乱度越低，所需的信息量就越小，信息熵的绝对值就越小。换一种说法，当一件事发生的概率为1，它的信息量为0，信息熵就为0，那么就可以实现熵减的效果。反之，越是小概率事件，不确定性越大，混乱程度越大，所需的信息量就越大，其信息熵的绝对值也就越大。

所以，可以达到逆香农定义："信息是确定性的增加，即肯定性的确认。"总之，香农所提出"信息熵"，是与基于热力学第二定理的熵不同的熵。于是，世界上同时存在信息熵和热力学熵，或者物理学熵。一方面，这两类不同的熵，形成于不同的理论体系，具有不同的定义、研究对象和应用场景。但是，还有另外一方面，因为信息熵概念的出现，不仅扩展了熵概念的含义，解决了信息的定量描述问题，而且为熵概念的进一步泛化奠定了基础。"在包括生命科学在内的自然科学乃至社会科学的各个领域，存在着大量不同层次、不同类别的随机事件集合，每一种随机事件的集合都具有相应的不确定性或无序度，所有这些不确定性和无序度都可以用信息熵这个统一的概念来描述，因此信息熵又被称为泛熵或广义熵，用于度量任一物质运动方式的不确定性或无序度。"①

因为工业社会向信息社会全方位转型，信息在人类生存、生活和生产中的重要性不断提高。又因为信息需要大数据作为载体，大数据呈现指数增长模式，各种小概率事件，各类所谓的"黑天鹅"事件的发生常态化，导致不确定性加大，系统失序，混乱和风险度提高，造成日趋严重的信息熵增大。于是，熵增与焦虑成为所谓数字化时代的重要特征。

信息熵与热力学熵

在今天的世界上，主要发达国家和新兴市场经济国家，已经彻底超越了同时存在于传统部门和现代部门的"二元经济"，以及与之不可分割

---

① 苑娟，等.熵理论及其应用[J].成都：中国西部科技，2011，10卷（5）.

的所谓"城乡二元结构"。①但是，这些经济体在未来相当长的时间中，却会处于"新二元经济"，或者"新二元社会结构"中，即实体经济和数字化经济并存的"二元经济"，实体社会和信息化社会并存的"二元社会结构"。因为这样的"新二元经济"和"新二元社会结构"，不仅会同时导致热力学熵和信息熵的并存，而且发生着两类熵的交互作用。

图7.3 热力学熵和信息熵并存且交互

相较于物理世界和热力学熵，信息经济和信息社会的信息熵更为复杂。所以，美国物理学家艾德温·詹尼斯（Edwin Thompson Jaynes, 1922—1998）在1957年提出了大信息熵原理（Principle of Maximum Entropy），并认为热力学熵可以视为香农信息熵的一个应用。

这是因为，"信息并不只是我们对于这个世界的了解，它或许正是构成这个世界的东西"。②"宇宙当中信息无处不在，随着空间的延展而增加，随着时间的变化而变化。人类无法知晓基本粒子内部的结构信息，也无

---

① 美国经济学家威廉·阿瑟·刘易斯在1954年发表的《劳动无限供给下的经济发展》中提出了发展经济学模型"二元经济模型（Dual Sector model）"，并因此成为1979年诺贝尔经济学奖获得者。

② 约翰·阿奇博尔德·惠勒，肯尼斯·福特.约翰·惠勒自传：京子、黑洞和量子泡沫［J］.长沙：湖南科学技术出版社，2018.

法探究 150 亿光年之外宇宙的边界，人类所能够感知的信息只是几乎无穷无尽但依然在不停增长的所有客观信息当中的一个微不足道的子集"。①需要强调的是，信息的本体大数据时代信息熵有效衡量了大数据的真正价值，大数据本身还只是混乱无序的数据，还不等于有效信息。信息源于物质与能量各种属性的差异性。如果假设宇宙中的物质与能量不存在差异性，此处与别处相同，此时与彼时相同，那么不论从任何角度来衡量任何事件的概率也只有 1，根据信息熵的定义，信息量为 0。问题是，物质与能量在时间与空间上存在差异性几乎是绝对的。"此处与别处的差异，此时与彼时的差异才能呈现出不同的事件概率来，信息量才不会为 0。因此我们不难得出结论，'信息就是差异'"。②

因此，信息熵具有负熵特性是有条件的。在真实的信息社会，作为信息熵的负熵特性就会被干扰和改变，从而信息负熵不是增加，而是减少，导致信息系统的混乱，并传导到物理系统，增加热力学熵。1961 年，美国物理学家罗尔夫·朗道尔（Rolf Landauer，1927—1999）提出了朗道尔原则：任何抽象信息都必须有物理载体，对信息的操作就意味着对物理载体的操作，而对信息的处理有些是逻辑不可逆的，因此也就会伴随着热力学上的不可逆③（见图 7.4）④。

图 7.4 还显示了，人类要在应对物理世界的热力学熵的同时，还要面临称之为信息熵增的积聚压力。热力学熵和信息熵增的交叉和叠加，将会导致物理形态的现实世界和信息形态的虚拟世界陷入失序，触发内卷

---

① 赵错《信息与社会熵》。
② 赵错《信息与社会熵》。
③ 量子位.克斯韦妖再现江湖，熵减成真！曾纠缠物理学家一百多年[E/OL].[2021-4-24]. http://zhuanlan.zhihu.com/p/367437767?utm_medium=social&utm_oi.
④ 朱嘉明.未来决定现在[M].太原：山西出版社，2021.

化的社会熵增，引发生态的、经济的、社会的和政治的全方位危机。尼尔·史蒂芬森的小说《雪崩》所描绘的那种美国社会公司化和政府瓦解的极端状态，属于社会熵增到达极限的后果。也是这本《雪崩》提出了"元宇宙"概念。

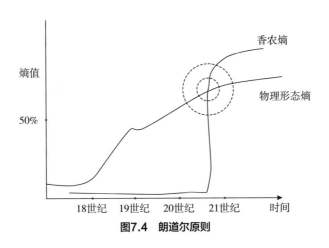

图7.4 朗道尔原则

元宇宙与耗散结构

2021年，元宇宙思想、概念、技术和试验，席卷全球。将元宇宙和碳中和结合的构想值得肯定。因为，在元宇宙的早期阶段，就需要充分考虑：第一，如何避免热力学熵的侵入和侵蚀；第二，如何避免信息熵增的积累；第三，如何避免热力学熵和信息熵增的融合。

那么，元宇宙如何避免上述的"双熵增"？那就是引入和实践"耗散结构"（dissipative structure）理论，将元宇宙设想和设计为耗散结构系统。

耗散结构理论的提出者是比利时科学家伊利亚·普里高津（Ilya Prigogine，1917—2003），其代表作是《结构、耗散和生命》，该文发表于 1969 年的"理论物理与生物学会议"。普里高津因为提出了耗散结构理论而获得 1977 年诺贝尔化学奖。根据耗散结构理论,任何系统都可能从无序性转变为有序状态的"耗散结构",其必要前提条件包括:一是该系统需要开放,通过与外界交换物质和能量以获取负熵,达到熵减效果;二是该系统必须远离平衡态,唯有系统内的物质运动处于不均匀、非线性的情况,可以实现与外部能量交换时的突变;三是该系统的内部元素之间,具有非线性自组织结构关系,支持与外部能量交换时,形成的内部协同作用。

以上"耗散结构"的前提条件,其实就是"耗散结构"的底层逻辑。其核心目标是通过开放系统与外界的能量和物质交换,刺激负熵的产生,进而因为熵减而形成有序结构。深刻理解负熵概念,就需要理解英国物理学家、数学家詹姆斯·克拉克·麦克斯韦所提出的"麦克斯韦妖"(Maxwell's demon)(见图 7.5)。因为"麦克斯韦妖"其实是耗散结构的一个雏形:将一个绝热容器分成相等的两格,中间是由"妖"控制的一扇小"门",容器中的空气分子在做无规则热运动时形成对"门"的撞击,而"门"可以选择性地将速度较快的分子放入一格,而将较慢的分子放入另一格。这样,其中的一格就会比另外一格温度高,可以利用此温差,驱动热机做功。这就是所谓的第二类永动机。

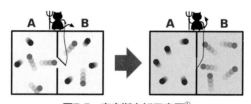

图7.5　麦克斯韦妖示意图[①]

---

① 参见:https://zh.wikipedia.org/wiki/%E9%BA%A6%E5%85%8B%E6%96%AF%E9%9F%A6%E5%A6%96#/media/File:Maxwell's_demon.svg.

显然,"麦克斯韦妖"存在悖论。但是,如果将"麦克斯韦妖"引入信息系统,问题可能改观。1982年,美国物理学家查尔斯·贝内特提出,可以将"麦克斯韦妖"理解为一个信息处理器——它可以主导单个粒子的信息的记录、存储和删除,并决定何时开门和关门。[①]

进入21世纪,无论科学家关于麦克斯韦妖系统的试验是否有实质突破,都要想象元宇宙需要"麦克斯韦妖"。约翰·惠勒的名言是"万物源于比特"(It from bit)。基于比特的元宇宙,需要元宇宙维系其系统开放,远离平衡态,形成自组织结构和协调机制。

元宇宙与碳中和的实现

我非常高兴是这本《元宇宙与碳中和》著作重要章节的最早读者。作者在全书的前言写道:"元宇宙现在很热,但真面目若隐若现,就像天上的一朵云。而碳中和是国家战略,各级政府和大企业都有很大的压力,实实在在就像一座山。如果能把这朵云和这座山联系在一起,云显然就接了地气,增加了厚重感,而山也显示了高度,增加了想象空间。"在这个"想象空间"中,重要的就是应对和破解:第一,物理世界的生死劫:不可逆转的熵增长;第二,信息世界的永恒难题:熵增和熵减的均衡;第三,打破热力学熵增和信息熵增,实现双熵增的结合。

只有这样,这本书第七章所提出的"元宇宙与碳中和的高阶平衡"方能得以实现,创建"高绿色能源元宇宙",联合国多年来所主张的"可持续发展"战略,推动人类接近薛定谔在《生命是什么》中提出的人类目标:"人活着就是在对抗熵增定律,生命以负熵为生。"

[①] 量子位.克斯韦妖再现江湖,熵减成真!曾纠缠物理学家一百多年[E/OL].[2021-4-24]. http://zhuanlan.zhihu.com/p/367437767?utm_medium=social&utm_oi.

本文最后需要指出：元宇宙还是一种文化的共识形成的动态过程。元宇宙终不可避免具有社会属性，与特定民族、社会组织，以及特定的价值观结合。注重"天人合一"和谐理念的中国文化，存在与生俱来的元宇宙的基因。所以，中国更有机会实现元宇宙和碳中和的"一体化"。因为这样的"一体化"，能有效地抑制熵增，对于人类命运共同体的乐观态度就有了坚实的基础。

从现在到 21 世纪中叶，决定于 Y 世代、Z 世代和 Alpha 世代①

我希望未来的世代有自由，自由地怀疑、发展；自由地继续冒险去发现做事情、解决问题的新方法。

——理查德·费曼

自文艺复兴时代开始，出现了这样的现象，每个世纪的上半叶，其实决定于上个世纪的"80 后""90 后"，以及新世纪的"00 后""10 后"。自 20 世纪末期以来，就有了所谓 Y 世代、Z 世代和 Alpha 世代划分。其中的 Y 世代是 80 后到 90 年代中期，Z 世代从 90 年代中期之后至新世纪的第一个十年，Alpha 世代则起始于 21 世纪的第一个十年。

Y 世代、Z 世代和 Alpha 世代的划分和历史地位，至少适用于 20 世纪的历史。100 年前的 1922 年，影响 20 世纪上半叶的 Y 世代、Z 世代和 Alpha 世代三个世代的代表人物或者已经登上历史舞台，开始在不同领域扮演不同主要角色，或者已经开始崭露头角或者进入人生关键的启蒙阶段。在科学领域，以物理学界为例，除爱因斯坦 1879 年出生以外，绝大多数的物理学家包括薛定谔、狄拉克、泡利（Wolfgang Ernst Pauli,

---

① 本文系作者于 2022 年 1 月 1 日在"从现在到 21 世纪中叶，决定于 Y 世代、Z 世代和 Alpha 世代"活动上的会议发言。

1900—1958)、海森堡,都是"80后""90后"和"00后";在哲学界,博格森(Henri Bergson,1859—1941)、维特根斯坦、萨特、海德格尔、马尔库塞(Herbert Marcuse,1898—1979),几乎是清一色的"80后"和"90后";在经济学界,凯恩斯、熊彼特、哈耶克、弗里德曼,都属于"80后""90后"和"10后";在文化艺术领域,著名的画家、艺术家、文学家,也几乎都是"80后"至"00后",例如,毕加索(Pablo Ruiz Picasso,1881—1973)和卓别林(Charles Spencer "Charlie" Chaplin,1889—1977)是"80后",梅兰芳(1894—1961)是"90后";《尤利西斯》的作者乔伊斯(James Augustine Aloysius Joyce,1882—1941)是"80后",鲁迅(1881—1936)是"80后";在政治领域,影响和改变20世纪世界政治格局和走向的毛泽东(1893—1976)、戴高乐(Charles André Joseph Marie de Gaulle,1890—1970)、罗斯福(Franklin Delano Roosevelt,1882—1945),也都是"80后"和"90后"。总之,历史证明,19世纪的Y世代、Z世代和Alpha世代的代表人物,他们的价值观、他们的选择,直接影响着20世纪上半叶历史的格局和走向。

特别值得提到,奠定当代计算机科学理论的冯·诺依曼是Z世代,图灵属于Alpha世代,信息论的奠基人香农也是Alpha世代。

进入21世纪,已经和正在重复着20世纪上半叶的历史。现在,已经有太多的事实,正在显示着Y世代、Z世代和Alpha世代将决定21世纪上半叶,甚至更为长久的历史走向。基于这样的几个原因:

首先,Y世代、Z世代和Alpha世代在全世界人口中的绝对数惊人和比重过半。根据最新资料:Y世代人口数是17亿,Z世代人口是25亿,Alpha世代是7亿,占世界总人口的比重超过60%(见图7.6)。[①]

---

① 参见:https://www.schroders.com/en/ch/wealth-management/insights/markte/what-investors-need-to-know-about-gen-z/.

第七章　元宇宙时代的人类未来

其次，Y 世代、Z 世代和 Alpha 世代在与现代科学技术的结合方面，达到了历史从未有过的水平。他们是互联网、移动互联网、智能手机的一代，他们与人工智能、虚拟现实技术，甚至量子计算有着天然的纽带。在 Y 世代、Z 世代和 Alpha 世代那里，可以实现 Web 3.0、区块链 3.0 和 AI 3.0 的融合。①

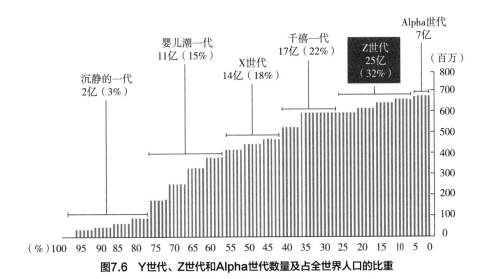

图 7.6　Y 世代、Z 世代和 Alpha 世代数量及占全世界人口的比重

表 7.3　不同世代人群特征比较

代际	静默	婴儿潮	X 世代	Y 世代	Z 世代
出生年代	1928—1945 年	1946—1964 年	1965—1980 年	1981—1995 年	1995—2016 年
人群占比	3%	15%	18%	22%	32%
重大事件	"一战" "二战" 大萧条	冷战 登月 晶体管	冷战结束 计算机 Live Aid 演唱会	"9·11" 事件 2008 金融危机 社交网络	新冠肺炎疫情 Me Too 零碳能源
关键技术	汽车	电视	电脑	智能手机	AR/VR

---

① 参见：https://www.schroders.com/en/ch/wealth-management/insights/markte/what-investors-need-to-know-about-gen-z/.

续表

代际	静默	婴儿潮	X世代	Y世代	Z世代
兴趣	阅读	看电视	网上冲浪	听音乐	玩游戏与看视频
穿着	舒服	斜纹棉布裤	牛仔裤	运动装	循环材料
最大恐惧	2020	被指责	失落的一代	学生贷；环境	电池低电量环境
标志性人物	丘吉尔	撒切尔	盖茨	扎克伯格	马拉拉·尤萨夫扎伊
出行方式	捷豹	四驱越野	普锐斯	妈妈的普锐斯	为什么要开车？
关键人生问题	都是怎样这么差劲的？	我能有钱退休吗？	有啥意义？	什么是职业生涯？	什么是有线电话？
社交网络	扶轮社	酒吧	脸书	Instagram	油管/抖音

资料来源：作者译制，Cazenove Capital, BofAML。

再次，Y世代、Z世代和Alpha世代几乎是都是在电子游戏和科幻小说熏陶下长大的——他们有共同的偶像。小说《哈利·波特》所构建的魔法世界就是这样的代表。

最后，Y世代、Z世代和Alpha世代生逢历史性的大转型，经历和参与了经济和社会的数字化转型。他们目睹了2008年世界金融危机对普通民众的伤害，不仅接受而且积极参与和拥抱数字金融、区块链、NFT和元宇宙。Y世代、Z世代和Alpha世代是"占领华尔街"的目击者，甚至是参与者。他们追求数字平等，想象"代码即法律"（code is law），而且属于已经和继续成为DAO的践行者。

在Y世代、Z世代和Alpha世代已经涌现了影响数字化引发的"大转型"的代表人物，"80后"和"90后"的代表人物，或者风云人物，有扎克伯格、斯诺登、布特林。特别值得怀念的是为互联网开放性所牺牲的倡导者艾伦·施瓦茨。

在中国，企业界的张一鸣（1983— ）、黄峥（1980— ）、汪滔（1980— ），数学界的韦东奕（1992—）、恽之玮（1982—）、张伟（1981—）、袁新意（1981—）、朱歆文（1982—），都是杰出的"80后""90后"。

每个世代都有每个世代的使命。作为一位"50后"，所谓的婴儿潮一代的一员，我认为，不管现代医学如何进展，平均寿命怎样延长，从现在直到21世纪中叶，甚至21世纪的中后期，人类命运的主人属于Y世代、Z世代和Alpha世代——他们必将不同。

附录一

元宇宙的数字解释

在所有关于自然学科的特定理论中,我所能够发现多少数学,就能发现多少真正的科学。

——康德

元宇宙作为一种存在,需要数学表达,或者说,元宇宙本身所包含的数学,需要我们去挖掘。本文就是基于这样的一种努力,希望通过拓扑、抽象代数和自然变换等数学工具解析元宇宙。但是,这仅仅是一种初级尝试。因为如何用数学解析和表达元宇宙,还有很远的路要走。

拓扑空间

拓扑学(topology),直译是"地志学",最早是指研究地形、地貌相类似的有关学科。拓扑学所关注的是物体间的位置关系,而不是它们的形状和大小,主要以各种"空间"在连续性的变化下不变的性质和不变量为研究对象的数学分支。或者说拓扑学是用映射（函数）的方法，研究空间变换，不同形态之间变化后保持不变的性质的学科。一般定义的拓扑学，是狭义的拓扑学，寻找一个空间立方体在空间变换中存在的不变规律和普适规律。哲学意义上理解拓扑学，更接近广义拓扑学。

早在17世纪，莱布尼茨指出"位置的几何学"（geometria situs）和"位相分析"（analysis situs），提出了拓扑学的最初基本概念。1736年，瑞士数学家、自然科学家莱昂哈德·欧拉（Leonhard Euler，1707—1783）的柯尼斯堡七桥问题与欧拉示性数被认为是该领域最初的定理。1848年，利斯廷（Johann Benedict Listing，1808—1882）第一次采用"拓扑学"一词。1851年，黎曼（Georg Friedrich Bernhard Riemann，1826—1866）定义了黎曼面，极大地推动了拓扑学的建立。1858年，默比乌斯（Mobius，1790—1868）和利斯廷独立地发现不可定向曲面。1863年，默比乌斯给出形势几何学的定义。使拓扑学正式成为一门独立学科，归功于庞加莱（Jules Henri Poincaré，1854—1912）。20世纪以来，拓扑学的研究就变成了关于任意点集的对应的概念。拓扑学中一些需要精确化描述的问题都可以应用集合来论述。20世纪30年代以后，提出诸如一致性结构概念、抽象距概念和近似空间等概念，拓扑学得以显著发展。拓扑学在理论上已经呈现两个分支：其一偏重于用分析的方法来研究的，叫作点集拓扑学，或者叫作分析拓扑学；其二偏重于用代数方法来研究的，叫作代数拓扑。现在，这两个分支又有统一的趋势。因为大量自然现象具有连续性，所以拓扑学具有广泛联系各种实际事物的可能性。现在，"一个很吸引人的想法是通过几何化的方式描述物质，并用几何中的拓扑性质描述物质的那些守恒性质"。[1]

---

[1] 杨振宁，等.拓扑与物理[M].常亮，崔星山，于立伟，译.南昌：江西科技出版社.2021：002.

附录一

在拓扑学里,拓扑空间是核心概念。拓扑空间是具有最基本的结构的一组数学对象。

拓扑空间定义:拓扑空间 (X, τ) 的数学对象集合是 X,空间拓扑是 τ,τ 包含 X 的一系列子集,满足下列条件:(1) X 和空集包含在 τ 中;(2) τ 中集合的任何并集也在 τ 中;(3) τ 中集合的任何有限交集也都在 τ 中。[①] 如果指定了 X 的一个子集族 τ 其中集合叫 X 中的开集,它具有下列性质:

a) $\emptyset \notin \tau$; $X \in \tau$.

b) $(\forall \alpha \in A; \tau_\alpha \in \tau) \Rightarrow \bigcup\limits_{\alpha \in A} \tau_\alpha \in \tau$

c) $(\tau_i \in \tau; i = 1, \ldots, n) \Rightarrow \bigcup\limits_{i=1}^{n} \tau_i \in \tau$.

则称集合 X 装备了拓扑空间结构或装备了拓扑,或者称 X 是拓扑空间。通过拓扑学的研究,可以阐明空间的集合结构,从而掌握空间之间的函数关系。在函数范畴,如果 A 是自变量,B 是因变量。在拓扑范畴,自变量被称为"原象的集合",因变量被称为"象的集合"。映射所指的就是"原象集合"和"象的集合"的函数变化关系。见附图1。

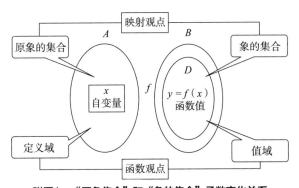

附图1 "原象集合"和"象的集合"函数变化关系

---

① 中科院物理所,"核科普:什么是拓扑?"https://zhuanlan.zhihu.com/p/214200642.

因为拓扑性质使然，拓扑空间具有针对集合的紧致性与连通性；针对子集的稠密性，以及针对映像的连续性特征。一般的拓扑空间中已无范数，只有开集，所以拓扑学一上来就定义开集。拓扑空间中连续性的定义是，X, Y是拓扑空间，$f: X \to Y$是映射，f在X中连续的充要条件是，对于Y中的任意开集U, $f^{-1}(U)$是X中的开集。

计算机网络引入拓扑结构概念，是指网络中各个站点、节点相互连接的形式，反映网络中各实体的结构关系，是建设计算机网络的第一步，也是实现各种网络协议的基础，它对网络的性能、系统的可靠性与通信费用都有重大影响。拓扑空间无疑为思考元宇宙空间提供了思想资源。因为元宇宙就是一种拓扑空间形态。

元宇宙和抽象代数 [①]

抽象代数（abstract algebra）又称近世代数（modern algebra），是研究各种抽象的公理化代数系统数学学科，并与数学其他分支相结合产生了代数几何、代数数论、代数拓扑、拓扑群等新的数学学科，也是现代计算机理论基础之一，产生于19世纪。抽象代数的重要奠基人是伽罗瓦（E. Galois, 1811—1832），他提出的伽罗瓦群理论被公认为19世纪最杰出的数学成就之一。之后，经过数学家凯利（Cayley, 1821—1895）、戴德金（Julius Wilhelm Richard Dedekind, 1831—1916）、施坦尼茨（Wihelm Steinit）、数学家诺特（Emmy Noether, 1882—1935）等，最终构建了现代抽象代数体系。

虚拟世界和现实世界的关系，非常符合抽象代数的"同构群定理"。

[①] 本节的抽象代数和下一节自然变换部分，系谢涛教授和他的团队撰写。

抽象代数研究基本代数结构性质以及能在代数结构间保持运算性质的映射（也叫态射，morphism）。通过研究确定一个对象集合的性质以理解与解决另一个对象集合中的复杂关系问题，寻找可能存在于它们之间的某种集合元素所对应变换的等价性。如果 R 是现实世界的客体元素集合，R' 是虚拟世界或元宇宙中的虚拟元素集合，进而 R' 是对现实世界 R 的缩小或压缩，即虚拟世界 $R' <$ 现实世界 R。所谓的"元宇宙"就是现实世界 R 与虚拟世界 R' 之并集。抽象代数所建立的同态映像与同构模型，有助于我们理解"元宇宙"与现实世界的关系。见附图2。

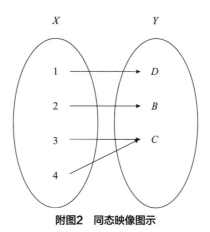

附图2　同态映像图示

抽象代数的基本概念是群（group）、环（ring）、域（field）。或者说，群、环、域构成抽象代数的基本代数结构。讨论元宇宙和抽象代数的关系，着重集中在群理论和群模型。

基本定义：（1）代数运算。定义了一个代数运算的非空集合。（2）结合律。$(ab)c = a(bc), \forall a, b, c \in G$。（3）单位存在律。$\forall e \in G, ea = ae = a, \forall a \in G$。（4）逆元存在律。$\forall a \in G, \forall b \in G, ab = e$。

群定义的衍生：（1）群（group），满足前述4条群的基本定义的非空集合。（2）半群（semigroup），仅满足前述群的基本定义中的前2条的非空集合：定义了集合上的代数运算；适用结合律，但不要求存在单位和逆元。（3）幺半群（monoid），满足前述群的基本定义中的前3条的非空集合：定义了集合上的代数运算；适用结合律；存在单位，但不要求存在逆元。（4）阿贝尔群（Abelian group），在满足前述全部4条群的基本定义的前提下，再补充一条：群元素满足交换律。

群与现实世界：（1）平面晶体群（plane crystallographic group），又被称为"贴墙纸群"（wallpaper group），G. Polya 已经在 1924 年完成对平面晶体群的分类：共有 17 种不同的平面晶体群。（2）空间晶体群（space crystallographic group），Fedorov 和 Schonflies 分别独立地证明了空间晶体群共有 230 个。（3）魔方群（Rubik's Cube group）。①

群与数集：整数加群，实数加群，n 次单位根群（U_n 的生成元成为复数域中的本原 n 次单位根）。几何中群的例子主要包括：（1）欧几里得群（Euclidean group），符号 E_n，定义为 n 维空间所有正交点变换的集合；（2）二面体群（dihedral group），符号 D_n，定义为正 n 边形的对称群，$n \geq 3$。

群与代数：相对复杂，见附表 1。

附表1　群与代数

中文名称	英文名称	符号	定义	说明
模 n 剩余类环	Modulo n Residual Rings	Z_m	$Z_m = 0, 1, 2, \cdots, m-1$	该群的生成元是 $\bar{1}$ ($\bar{i} = i\bar{1}$)
Z_m 的单位群	Z_m's Group of Units	$U(Z_m)$ 或 Z_m^*	$Z_m = 0, 1, 2, \cdots, m-1$	该群的生成元是 $\bar{1}$ ($\bar{i} = i\bar{1}$)

---

① 参见：https://en.wikipedia.org/wiki/Rubik%27s_Cube_group.

续表

中文名称	英文名称	符号	定义	说明
Z_p 的乘法群	Z_p Multiplicative Group	Z_p^*	当 m 为素数 p 时，Z_m 中所有非零元组成的集合对于乘法构成的一个 abel 群	该群是一个 abel 群当 m 为素数时，根据欧拉定理 Z_p 中的所有元素都有逆元（inverse unit）
一般线性群	General Linear Group	$GL_n(F)$	域 F 上所有 n 级可逆矩阵组成的集合，对于矩阵的乘法所成的群	是矩阵群（matrix group）的一种
特殊线性群	Special Linear Group	$SL_n(F)$	在一般线性群定义的基础上再补充定义，所有的矩阵行列式为 1	是矩阵群（matrix group）的一种
正交群	Orthogonal Group	O_n	实数域上所有 n 级正交矩阵 ($AA^T = A^TA = E$) 组成的集合	是矩阵群（matrix group）的一种
特殊正交群	Special Orthogonal Group	SO_n	在正交群定义的基础上再补充定义，所有的矩阵行列式为 1	是矩阵群（matrix group）的一种，通常 SO_n 被称为 n 维旋转群（rotation group），它所指定的旋转对应的旋转轴可以通过求解一个线性方程组的基础解析来计算得到
酉群	Unitary Group	U_n	复数域上所有 n 级酉矩阵组成的集合，对于矩阵乘法所成的群	—
特殊酉群	Special Unitary Group	SU_n	在酉群定义的基础上再补充定义，所有的矩阵行列式为 1	—
集合 Ω 的全变换群	Full Transformation Group on Set Ω	S_Ω	非空集合 Ω 到自身的所有双射组成的集合，对于映射的乘法构成的一个群	—

续表

中文名称	英文名称	符号	定义	说明
n元对称群	Symmetric Group on n Letters	S_n	S_Ω，当Ω为有限集合时	S_n具备对称性，其中的每一个元素（是一个双射）被称为Ω的一个置换（permutation），对于Ω有n个元素的情形，该置换被称为n元置换（permutation on n letters）。S_n中引入了r-轮换（r-cycle）的概念；特别的，当$r=2$时，轮换被称为对换（transposition）；并且可以说明：每一个置换都可以表示成一些对换的乘积，并且对于置换进一步引入了由其等价的对换分解式中的对换的个数的奇偶性确定的奇置换或偶置换
n元交错群	Alternating Group on n Letters	A_n	S_n中所有偶置换组成的集合	—

群与元宇宙的关系，涉及群与对称性本质，以及群的9个定义。

定义1：假定集合$X=\{1, 2, 3, \cdots, n\}$，集合X的一个置换是对自身的一个双射。

定义2：集合X的所有置换，记为S_x，称为集合X上的一个对称群。当$X=\{1, 2, 3, \cdots, n\}$时，S_x一般记为S_n，称为n字母的对称群。

定义3：假设$\alpha \in S_n$，$i \in \{1, 2, 3, \cdots, n\}$。如果$\alpha(i)=i$，则称为$\alpha$固定$i$，否则称$\alpha$移动$i$。

定义4：设$i_1, i_2, \cdots, i_r$是$\{1, 2, 3, \cdots, n\}$中的不同整数，如果$\alpha(i_1)=i_2, \alpha(i_2)=i_3, \cdots, \alpha(i_{r-1})=i_r, \alpha(i_r)=i_1$，且$\alpha$固定其他整数，我们称$\alpha$为$r$-轮换，也叫长度为$r$的一个轮换。称长度为2的轮换2-轮换为对换，1-轮换为单位元。

附录一

定义5：如果 G 是一个群，$r \in G$，记 $\langle r \rangle = \{r^n : r \in G\} = \{r$ 的所有幂$\}$，称 $\langle r \rangle$ 是由 r 产生并属于 G 的循环子群。如果存在 $r \in G$ 使得 $G = \langle r \rangle$，则称 G 是一个循环群，r 是循环群 G 的生成子。见附图3。

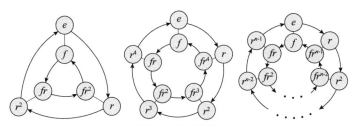

附图3　循环群同构

数学（代数）结构示例：循环群中每一个元素都由一个特殊元素（generator：生成子）的循环运算（比如指数幂运算）生成，构成一个自我封闭的循环，生成元素的个数称为循环群的阶。循环群是最简单的代数结构。如附图3所示，外层从左到右，分别为3、5和 n 个元素组成的循环群，都由同一个元素生成，内层为通过 f 变换映射出来的另一个同构的集合。内外两层元素组成的集合的性质在 f 变换下是相同的，如果研究外层元素集合比较困难，可以做一个同构（同态）变换，转而研究比较简单的内层元素集合的性质，二者是等价的。

数字推盘游戏（n-puzzle）是一种最早的滑块类游戏，常见类型有十五数字推盘游戏和八数字推盘游戏，也有以图画代替数字的推盘游戏。Noyes Palmer Chapman 在 1874 年发明十五数字推盘，Sam Loyd 在 1891 年也宣称有其发明权。

附图4所示为一个 15-puzzle 初始状态，移动规则是：#字符只能上下/左右移动，与相邻一数字进行换位。游戏的目标是通过有限步移动#字符，使得包括#字符的16个字符恢复成如附图5的最终有序状态。

3	15	4	8
10	11	1	9
2	5	13	12
6	7	14	#

附图4　游戏初态

1	2	3	4
5	6	7	8
9	10	11	12
13	14	15	#

附图5　游戏终态

历史上的游戏实践表明，有的 15-puzzle 初始状态可以通过有限步移动恢复最终有序状态，有的则不行。按照游戏移动规则，只能通过移动 # 字符才能更新字符排列状态，因此，如果要求最终状态的 # 字符必须回到原位，则 # 字符的移动步数必须是偶数步。如果把 # 字符的每一步移动等价为一个对换，通过置换群理论可以判断任何一个游戏初态是否能够通过游戏移动规则回到最终状态。我们把游戏初态看成是最终状态的一个置换，可以根据置换分解定理及置换的奇偶性判断一个游戏初态的奇偶性，如果游戏初态是偶性的，则可以通过有限步恢复最终有序状态；如果游戏初态是奇性的，则不能够通过有限步恢复最终有序状态。例子中的初始状态置换可分解为 α=（1 3 4 8 9 2 15 14 7）（5 10）（6 11 13）（12）（16），可以计算其奇偶性 sgn $(\alpha)=(-1)^{16-5}=-1=$奇性，因此，该初态不可能通过游戏规则恢复成最终有序状态。

定义 6：运动变换是一种可以保持几何距离的双射变换 φ。$R^2 \to R^2$，对于 R^2 中的所有点 $P=(a,b)$ 和 $Q=(c,d)$，$\|\varphi(P)-\varphi(Q)\| = \|P-Q\|$，其中 $\|P-Q\|=\sqrt{(a-c)^2+(b-d)^2}$。由所有运动变换构成复合函数下的一个运动变换群 M，M 是 R^2 中置换群 S_{R^2} 的一个子群。如果 P 与 Q 是平面上两个点，记连接 P 点与 Q 点的线段为 PQ，则运动变换满足以下性质：

$$\|\varphi'(\varphi(P))-\varphi'(\varphi(Q))\| = \|\varphi(P)-\varphi(Q)\| = \|P-Q\|;$$

$$\|P-Q\| = \|\varphi(\varphi^{-1}(P))-\varphi(\varphi^{-1}(Q))\| = \|\varphi^{-1}(P)-\varphi^{-1}(Q)\|;$$

存在三种基本运动变换：旋转、反射、位移。可以证明，任何一种运动变换都是此三种基本运动的复合，运动变换可以保存几何图形的性质。

旋转变换：由一个图形变换为另一个图形，在变换过程中，原图形上所有点都围绕一个固定点按同一个方向旋转同一个角度，这样的图形变换叫作图形旋转变换，简称旋转。这个点称为旋转中心，转动的角称为旋转角。

反射变换：由一个图形变换为另一个图形，并使这两个图形关于某一条直线成轴对称，这样的图形变换叫作图形的反射变换，简称反射（reflection），也称为轴对称变换。轴对称变换不改变原图形的形状和大小。

平移变换：由一个图形变换为另一个图形，在变换过程中，原图形上所有点都向同一个方向移动，且移动相等的距离，这样的图形变换称为图形的平移变换，简称平移。

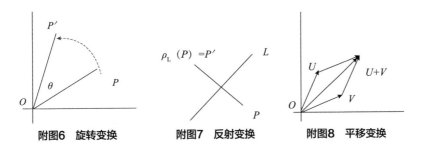

附图6　旋转变换　　附图7　反射变换　　附图8　平移变换

如果 φ 是一种运动变换，PQ 是平面中端点为 P 与 Q 的线段，则 $\varphi(PQ)$ 就是端点为 $\varphi(P)$ 与 $\varphi(Q)$ 的线段。如果 Ω 是一个端点为 $v_1, v_2, \cdots, v_n$ 的多边形，则 $\varphi(\Omega)$ 就是一个端点为 $\varphi(v_1), \varphi(v_2), \cdots, \varphi(v)$ 的多边形，且 Ω 与 $\varphi(\Omega)$ 是全等的。

定义 7：平面图形 Ω 的对称群 $\Sigma(\Omega)$ 是满足 $\varphi(\Omega) = \Omega$ 的所有运动变换 φ 的集合，$\Sigma(\Omega)$ 是平面图形 Ω 的对称图形集合。

定义8：端点为 $v_1, v_2, \cdots v_n$ 且中心为 O 的正多边形 π_n 的对称群 $\Sigma(\pi_n)$，称为具有 $2n$ 个元素的二面体群，记为 D_{2n}。

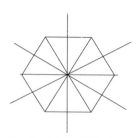

附图9　正六边形的对称性

拉格朗日定理：如果 H 是有限群 G 的子群，则 $|H|$ 一定是 $|G|$ 的一个除数因子。

定义9：对于两个群 $(G,*)$ 和 $(H,\cdot)$，如果对于所有 $x,y \in G$ 都存在 $f(x*y) = f(x) \cdot f(y)$，我们称函数 $f:G \to H$ 是一个同态映射。如果 f 还是一个双射，则函数 f 就是一个同构。如果群 $(G,*)$ 和群 $(H,\cdot)$ 之间存在同构映射 $f:G \to H$，则 G 与 H 是同构的，记为 $G \cong H$. 举例：加法群 R 与乘法群 $R^>$ 之间存在由函数 $f(x) = e^x$ 定义的一个同构，因为对于所有 $x,y \in R$，我们都有 $f(x+y) = e^{x+y} = e^x e^y = f(x)f(y)$。复数加法群 C 与加法群 R^2 存在一个由 $f: a+ib \to (a,b)$ 定义的同构映射 $f:C \to R^2$。

第一同构定理：如果 $f:G \to H$ 是一个同态映射，则有 $\ker f \triangleleft G$ 和 $G/\ker f \cong \operatorname{im} f$。进一步，如果 $\ker f = K$，则函数 $\varphi: G/K \to \operatorname{im} f \leq H$ 是由 $\varphi: aK \to f(a)$ 定义的一个同构映射。

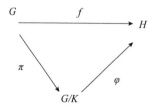

附图10　第一同构定理图示

可以认为虚拟世界 R' 是对现实世界 R 的缩小或压缩存在。一般地，虚拟世界 $R'<$ 现实世界 R。因此，元宇宙 = 现实世界 R + 虚拟世界 R'。见附图 11。①

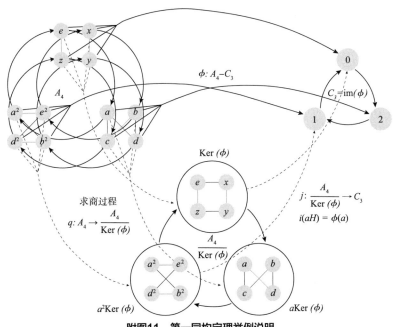

附图11　第一同构定理举例说明

A_4：现实世界的客体及其关系，由 12 个元素构成，实质上可抽象成 4 个最简单的循环群，每个群 3 个元素：$(e、a、a^2)$，$(x、b、c^2)$，$(y、d、b^2)$，$(z、c、d^2)$；

C_3：代表虚拟世界，是现实世界中客体及其关系的抽象或压缩，可用 3 个元素表示：0，1，2；

$\mathrm{Ker}(\phi)$：称为 ϕ 的核，指 A4 中可被 ϕ 映像到 C_3 中 0 元素的 4 个元素集合，即 $\{e、x、y、z\}$；

---

① 参见：https://blog.csdn.net/hanss2/article/details/99173432。

$A_4/\text{Ker}(\phi)$：通过 $\text{Ker}(\phi)$ 构造 A_4 的商群，相当于取模运算的压缩作用，将 A_4 中元素按照映像 ϕ 与核 $\text{Ker}(\phi)$ 分成 3 个子集：$\text{Ker}(\phi)$、$a\text{Ker}(\phi)$ 和 $a^2\text{Ker}(\phi)$，分别映射到 C_3 中的 0、1 和 2 元素。理解例子：将 0，1，2，3，4，5，6，7，8，9，10，11 分成 0、3、6、9 [即 $\text{Ker}(\phi)$，可表示为 $3 \times i+0$, i=0、1、2、3]；1、4、7、10 [即 $a\text{Ker}(\phi)$，可表示为 $3 \times i+1$, i=0、1、2、3]；2、5、8、11 [即 $a^2\text{Ker}(\phi)$，可表示为 $3 \times i+2$, i=0、1、2、3]。通过 ϕ 映射，$\text{Ker}(\phi)$ 映像成 C_3 中 0 元素，$a\text{Ker}(\phi)$ 映像成 C_3 中 1 元素，$a^2\text{Ker}(\phi)$ 映像成 C_3 中 2 元素。

第二同构定理：如果 H 和 K 是群 G 的子群，$H \triangleleft G$，则 HK 也是一个子群，$H \cap K \triangleleft G$，并有 $K/(H \cap K) \cong HK/H$。

第二同构定理说明，当一个子群是正规子群时，存在一个关于群阶的乘积关系，即：如果 $K/(H \cap K) \cong HK/H$，则有 $|K/(H \cap K)|=|HK/H|$，即 $|HK||H \cap K|=|H||K|$。

第三同构定理：如果 H 和 K 是群 G 的正规子群，$H \triangleleft G$，$K \triangleleft G$，$K \leq H$，则 $H/K \triangleleft G/K$，$(G/K)/(H/K) \cong G/H$。同构第三定理说明，$(G/K)/(H/K)$ 中 K 可以相互抵消。

第四同构定理（关联定理）：设 G 是一个群，$K \triangleleft G$，$\pi: G \to G/K$ 是一个自然映射，则 $S \to \pi(S)=S/K$ 是从 G 中所有包含 K 的子群 $\text{Sub}(G;K)$ 到从 G/K 中所有子群 $\text{Sub}(G/K)$ 的一个双射。如果定义 $S^*=S/K$，则有：当且仅当 $T^* \leq S^*$ 时，我们有 $T \leq S \leq G$，$[S:T]=[S^*:T^*]$；当且仅当 $T^* \triangleleft S^*$ 时，我们有 $T \triangleleft S$，$S/T \cong S^*/T^*$。

除了上面的 4 个同构定理之外，还涉及以下 4 个相关定理。

卡雷定理（Cayley）：每一个群都能在对称群 S_G 中找到一个同构子群。如果 $|G|=n$，则 G 与 S_n 的一个子群同构。

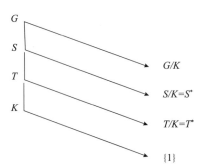

附图12 第四同构定理（关联定理）图示

陪集表达定理：设 G 是一个群，H 是 G 的一个指数为 n 的子群，则存在一个同态 $\varphi: G \to S_n$，$\operatorname{Ker} \varphi \leqslant H$。

因为素数阶的群具有唯一性，我们只列出阶数为合数的一些有限群的非同构的群数量，见附表2。

附表2 有限群的非同构的群数量示例

群的阶	非同构的群数量	具体组成
4	2	Z_4, V
6	2	Z_4, S_3
8	5	Z_4, $Z_4 \times Z_2$, $Z_2 \times Z_2 \times Z_2$, D_8, Q
16	14	—
32	51	—
64	267	—
128	2328	—
256	56092	—
512	10494213	—

科西定理（Cauchy）：如果有限群 G 的阶可以被素数 p 整除，则 G 中包含一个阶数为 p 的元素。

定义：如果 G 是作用在有限集合 X 上的一个群，$x \in X$，则 x 所在轨道，记为 $O(x)$，是集合 X 的一个子集，$O(x) = \{gx : g \in G\} \subset X$；定义 x 的稳定集 G_x，$G_x = \{g \in G : gx = x\} \leq G$，则 G_x 是 G 的一个子群。

非贝恩斯坦定理（not-Burnside's Lemma）：假设 G 是作用在有限集合 X 上的一个群。如果 N 是轨道数量，则有 $N = \dfrac{1}{|G|} \sum_{\tau \in G} F(\tau)$，其中 $F(\tau)$ 是对于 τ 固定的集合 X 上的元素数量。应用举例：计算红白蓝三色带国旗设计方案数量。

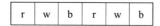

假定国旗具有 6 个色带，每个色带的颜色可以为红白蓝三色之一，问：总共存在多少种不同的色带组合方式？我们将色带排列看成由 6 个元素组成的排列组合集 X，$x = (c_1, c_2, c_3, c_4, c_5, c_6) \in X$。假设 $\tau = (6,5,4,3,2,1)$ 是对 $(1,2,3,4,5,6)$ 的一个逆置换，即 $\tau(123456) = (654321) = (16)(25)(34)$，则由 τ 构成一个作用于集合 X 上的循环群 $G = \langle \tau \rangle$，$|G| = 2$。对于 $x = (c_1, c_2, c_3, c_4, c_5, c_6)$，如果存在 $c_1 = c_6$，$c_2 = c_5$，$c_3 = c_4$，则 $\tau(x) = x$，即 τ 固定 x。因此，我们可以根据非贝恩斯坦定理计算 6 色带国旗的不同设计方案数量为：$N = \dfrac{1}{2}(3^6 + 3^3) = 378$。

范畴理论（Category Theory）

"范畴理论"分支的"自然变换"（natural transformation）理论，有助于理解"元宇宙"形成的深刻原理。根据这个理论，自然变换是将一个函子变为另一个函子，使相关范畴的内在结构（就是态射间的复合）得以保持。因此可以将自然变换视为"函子间的态射"。这里的"函子"（functor）概念首先现身于代数拓扑学；"态射"（morphism）是两个数学结构之间保持结构的一种映射。①

在数学范畴论中，自然变换提供了一种将一个函子变换成另一个函子的方法，同时考虑了所涉及范畴的内部结构（即态射的合成）。因此，自然变换可以看作"函子的态射"。事实上，这种直觉可以形式化来定义所谓的函子范畴。自然变换是范畴论中继范畴和函子之后最基本的概念之一，因而出现在范畴论的大多数应用中。

假设 F 与 G 是范畴 C 与 D 之间的函子，从 F 到 G 之间的自然变换 η 是满足以下两个要求的态射族：1）自然变换必须将 C 中的每个对象 X 与一个对于 D 中对象的态射 $\eta_X : F(X) \to G(X)$ 相关联；2）态射 η_X 称为 η 在 X 的组件。组件必须满足，对于 C 中的每个态射 $f : X \to Y$，我们有：$\eta_Y \cdot F(f) = G(f) \cdot \eta_X$。最后一个方程可以方便地用交换图表示如下：

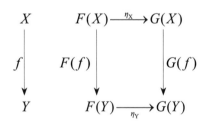

如果 F 和 G 都是逆变的，则此图中的垂直箭头是可以反向的。如果 η 是从 F 到 G 的自然变换，我们可以写成 $\eta : F \to G$ 或 $\eta : F \Rightarrow G$，即态射族 $\eta_X : F(X) \to G(X)$ 在 X 中是自然的。

如果对于范畴 C 中的每个对象 X，同态 $\eta_X : F(X) \to G(X)$ 是 D 中

---

① 许多当代数学领域中都有态射的身影。例如，在集合论中，态射就是函数；在群论中，它们是群同态；而在拓扑学中，它们是连续函数；在泛代数（universal algebra）的范围内，态射通常就是同态。

的一个同构，那么 η 称为自然同构，有时也称为函子的自然等价或同构。两个函子 F 和 G 称为自然同构或简单同构，如果存在从 F 到 G 的一个自然同构。从 F 到 G 的次自然变换只是一个态射族 $\eta_X : F(X) \to G(X)$，其中，所有 $X \in C$。因此，自然变换是次自然变换，其中，对于每个态射 $f : X \to Y$. $\eta_Y \cdot F(Y) = G(X) \cdot \eta_X$。 η 的归化器 $\mathrm{nat}(\eta)$ 是 C 的最大子范畴，包含 C 中所有受自然变换限制的对象。

范畴论的奠基人之一桑德斯·麦克莱恩（Saunders Mac Lane，1909—2005）曾说过："我发明范畴不是为了研究函子；我发明它是为了研究自然变换。"正如没有同态的研究，群的研究就不会完整一样，没有函子研究，范畴研究也是不完整的。原因是，没有自然变换的研究，函子的研究本身是不完整的。麦克莱恩这番话的背景是同源性的公理化理论。构造同调的不同方法可以被证明是一致的：例如在一个单纯复形的情况下，直接定义的群与奇异理论的群是同构的。如果没有自然变换语言，就不能表达同调群与对象之间的态射相容，也不能说明两个等价同调理论之间不仅具有相同的同调群，而且具有相同的态射。

附录二

澳门转型需要引入区块链和数字金融[1]

有一种新经济在20世纪最后25年里,在全球尺度上浮现。我称之为资讯化(informational),全球(global)与网络化的(networked)经济,已标明其基本且独特的特征,并强调特征之间的交织连接。

——曼威·柯司特

产业区块链:有助于澳门与横琴一体化

巴比特: 您怎么看产业区块链的未来发展?

朱嘉明: 简单地说,产业区块链包含着两个概念。其一,将区块链作为传统产业数字化转型的技术手段或者基础设施。例如,传统实体经济农业、加工业、一般性服务业,要实现数字化改造,区块链就成为必

---

[1] 本文系作者在2020年7月16日接受巴比特记者专访时的谈话记录。

要的技术前提；其二，以区块链为基础设施的新型业态，具有天然的区块链基因。例如，以大数据为产业基础的拼多多。这类产业与区块链的结合与互动相对比较容易。这是两个思路，前者是产业的区块链化，后者是区块链的产业化。

巴比特：在"10·24讲话"之后，区块链在中国被上升到国家战略高度，这是一种历史机遇吗？

朱嘉明：区块链技术具有很多特征，其中有两点值得注意：其一，区块链技术对产业改造和经济转型具有重大意义；其二，区块链对未来国家之间的竞争模式具有重大意义。

2019年10月24日之后，区块链被上升到中国国家战略的高度，这在世界上是领先的。之后，区块链成为区域发展和产业改造的新热点。中国大部分省市，都以区块链产业化作为下一个阶段的发展方向，列入下一个五年计划的重要目标。因此，现在讲区块链的战略意义，包括了三个层面：行业转型层面、区域发展层面和国际竞争层面。

在国家竞争层面，发达工业国家的动态是值得注意的。例如，美国国防部在2020年3月20日发布了关于区块链的报告。在该报告中，首先讨论的是区块链对全球的影响问题，特别提到了中国和俄罗斯。

巴比特：澳门区块链产业相较于其他城市，有什么独特性？

朱嘉明：澳门作为中国的两个特别行政区之一，享受"一国两制"的优势条件。理解澳门经济，需要关注澳门经济发展的三个基本阶段。第一个阶段：20世纪60年代—20世纪80年代末，因为澳门与香港历史和地理的关系，与欧洲的历史纽带，形成以加工工业为基础、出口为导向的产业体系，成为"亚洲四小龙"经济起飞的组成部分。第二个阶段：20世纪80年代末—2019年，澳门传统产业转移到内地，开始形成以博彩业为基本产业的产业形态。第三阶段：自2019年，甚至更早一些年，澳门开始寻求产业多元化之路。正是在这样的背景下，澳门选择区块链作为产业转型中的主要的技术手段或者重要工具。

当然，目前区块链在澳门的产业化和落地，尚处于相当早期的阶段，应用范围基本上是在较小的行业、中小企业，特别是传统服务业。但是，澳门的区块链发展有很大的前途，这是因为区块链在澳门的应用，会集中在新型产业。特别是，区块链为澳门和横琴的经济和金融合作，提供了前所未有的技术前提，有助于澳门与横琴的一体化。

关于产业区块链，推荐两篇文章：1.《朱嘉明：2020年将是区块链与产业结合的重要年份》；2.《杭州区块链国际周｜朱嘉明：迎接科技产业化和产业科技化新时代》。

DeFi：具有推动金融新技术制度的可能性

巴比特：最近DeFi是行业的一个热点，7月18日，数字资产研究院发起了"DeFi涌现"的研讨会，您近日也为牛顿先生（贺宝辉）的一篇《中国创投集体踏空，DeFi开启区块链落地》的文章做了推荐，怎么看DeFi的未来发展之路？

朱嘉明：尽管DeFi并不是一个新的课题和新技术，现在处于观察和研究的阶段，还不具备做全方位评估的历史条件，但是，有四个方面需要关注和探讨：第一，如何理解为什么DeFi经过相对低落的阶段之后，如今呈现出全面涌现的状态？第二，如何评价DeFi解决方案的技术基础，以及这些技术基础是否具有引发金融制度的某种创新的张力，包括相关的开源软件的潜力评估？第三，如何评估和预测DeFi的未来应用场景，特别是与传统金融产业的关系？第四，政府将如何处理对处于发展状态的DeFi的监管模式？

不久前，贺宝辉先生的一篇关于 DeFi 的文章，提出了一个严肃事实：过去一段时间，DeFi 在海外的发展速度远快于国内。如果 DeFi 真的具有金融制度创新的潜力，我们如何避免被动局面？这些问题是值得人们关注的。

所以，此次关于 DeFi 的研讨会，还是以探讨为主，深入 DeFi 的技术层次，涉及案例分析，希望能够形成某种共识。

巴比特：我追问一下，您怎么看 DeFi 和 CeFi 之间的关系？或者，现阶段我们是否需要去思考这个问题？

朱嘉明：现阶段，并不存在需要特别关注 DeFi 和 CeFi 之间的关系。因为，从广义上来说，传统金融的理念和 CeFi 所倾向的集中式金融没有冲突。但是，DeFi 更有挑战性。最近，孟岩先生在他的一篇文章中提出了一个"技术制度"的概念，很值得人们思考。过去人们讲制度，都是"软"制度，包括经济制度、市场制度和社会制度。现在，任何制度都需要科技介入，甚至支撑。现在讨论和关注 DeFi，就是因为 DeFi 具有推动金融新技术制度的可能性。或者说，DeFi 是否有可能建立起基于技术的新型金融机制？如果存在这种可能性，加之 DeFi 在全球范围内的进展，特别是技术方案的推进，当然需要尽早研究。

推荐文章：1.《朱嘉明推荐｜中国创投集体踏空，DeFi 开启区块链落地》；2.《孟岩｜从 DeFi 内卷式发展看数字资产的意义》。

Libra：对建立普惠金融提出了新思路

巴比特：此前，您非常关注 Libra 的发展，如今 Libra 2.0 向监管做出了很多妥协，您依然看好它的后续发展吗？

朱嘉明：自 Libra 2.0 之后，目前没有看到太多的新资料。Libra 的未来无非是三种可能性。第一种可能性：Libra 团队在 1.0、2.0 的基础上，继续推动和完善这个项目，最终有可能形成一个落地的 3.0 文本，并完成试验性的落地。现在没有证据可以评判这样的可能性有多大。第二种可能性：推出 Libra 2.0，对 Libra 从形式到内容加以重新包装和调整，以满足政府监管的需求。① 第三种可能性：没有明确时间表的推迟，甚至最终不能落地。造成第三种可能性的主要原因，很可能是在监管和法律上，特别是在跨国境监管上，没有办法进行实质性的突破。

无论如何，Libra 的 1.0 到 2.0 白皮书，其中包含的一些思想和技术，为区块链、数字经济的发展，特别是对建立普惠金融所提出的新思路，以及数字货币与监管部门博弈的模式，还是有历史性贡献的。所以，无论 Libra 最终能否落地，已经不那么重要。

如果 Libra 最终能够落地，这个过程中，Libra 团队在框架设计和技术基础上还能做哪些工作？这是值得所有关注 Libra 的个人和机构思考的。Libra 2.0 发布之后，证明很多人对于 Libra 从 1.0 到 2.0 的转变，缺少预见性。如果有 3.0 版呢？②

数字金融和澳门未来

巴比特：您是否认为，无论是 DeFi，还是 Libra，对澳门未来发展，都是有价值的？

朱嘉明：澳门未来需要引进数字技术，启动金融创新，着手设计和

---

① 2020 年年末，Libra 更名为 Diem，结构大为简化，目标是推出锚定美元的数字货币。Diem 在拉丁语中是 Day 的意思。
② 2021 年 10 月，Facebook 更名为 Meta，来源于"元宇宙"（Metarerse）。直到 Facebook 更名，再无关于 Diem（前身是 Libra）的任何公开进展消息。

构建数字金融基础结构。我们现在无法预期 DeFi、Libra 的未来走向，但是，DeFi、Libra 以及加密数字货币从思想、技术到监管的经验与教训，是有借鉴价值的。

后 记

> 已知者有限，未知者无限；就知识而言，人类就像站在汪洋中的孤岛上。每一代都想多争取一些地。
>
> ——托马斯·赫胥黎

在过去两三年间，特别是去年以来，在不同场景下，我就元宇宙和数字经济主题，对不同听众和读者有过数十次的演讲、媒体对话。其中的大部分都以"公众号"的方式发表，总字数大约 50 万。这本《元宇宙和数字经济》就是在这样的基础上，做了合并、补充和修订，形成现在呈现给读者的 38 篇文章，40 余万字。这是一个将思想变成文字的大工程。

真正决定编纂这本书、启动这个大工程，中译出版社乔卫兵社长是第一推动力。2021 年，我同时在准备两本书：一本是《历史不会熔断》文集，呼应 2020 年出版的《未来决定现在》；另一本是《元宇宙的科学原理》。两本书工作量巨大，如果以字数计算，可能超过 60 万。加上不断有其他工作的插入，造成不堪重负的工作量，使我难以全身心和全天候的写作，所以，两本书的"工期"不断延后。2022 年春节前，乔卫兵社长提出了一个建设性方案：希望我以"元宇宙与数字经济"为主题，将上述两本书的相关文章单独成书，书名即前面所说的《元宇宙与数字经济》。我接受了这个建议。但是，这是相当大的挑战，因为这本书不是仅仅讲元宇宙或者数字经济，而是要将二者作为既有差异，又有深刻关联性的有机整体加以描述和诠释。

于是，我立即着手以下的工作：第一，将《历史不会熔断》与元宇宙和数字经济相关的文章，以及《元宇宙的科学原理》手稿的部分章节抽出，形成一个新的框架和体系；第二，对选入的所有文字做合并、补充、删节和修订；第三，因为元宇宙和数字经济的话题不断推陈出新，及时增加我在这个领域的新讲话和新文章。

尽管我已经充分预期所要承受的工作量，但还是低估了。因为所有这些工作，不仅是文字性工作，更多的是原创性的思想工作。我几天前在一个工作群中这样写道："从春节到现在，一个多月来，我每天的大部分时间（平均每天10小时）都在补充和修订新书文本。今天早上，我领悟到，修订此书，焕发了我大脑中沉积或者处于休眠状态的大量思想和知识记忆，导致我无法抑制的创作亢奋。只要体力可以支持，大脑的思想就无法停止，即使进入睡眠，也无法关闭思考的窗口。我突然明白如何比喻现在的我：一个72岁的思想飙车者，且欲罢不能。我被我的思想和思想背后的激情，激情背后的完美主义所裹挟。"

这本书的工作开始于"大寒"节气的冬天，现在已过"清明"，很快就是"谷雨"，进入春夏之交，全书历经两月余，终于修订完毕。此时此刻，如释重负，非常欣慰。

这本书还是有些缺憾和不足的：

第一个缺憾是，全书主要基于不同场合、不同地点、不同听众、不同读者的演讲稿、采访稿和其他文字形式，即使对每篇文章都做了修订，也难以实现统一的文字风格和严谨的结构。

第二个缺憾是，这本书包含很多可以发挥的学术思想，但是，如果将这些可能的学术思想加以阐述并在学术规范中表达出来，绝非数个月

后 记

甚至数年内所能完成的。所以，这本书只能定义为具有学术思想、观点的非专业性、非学术性著作。

第三个缺憾是，书中的文字严格来说不免粗糙，有些内容不免有所重复。其中，书中的引文和注解，距离规范标准，尚有一定的距离。

第四个缺憾是，在成书过程中，为了减少本书成书过程中的技术难度，一些有意义的图表、数字和图片，不得不忍痛割爱。

作为一本书，最重要的是看这本书究竟有多长的生命力。在罗列上述缺憾之后，我自认为这本书还是有生命力的。数字化转型是人类社会继工业革命之后在数字技术和信息技术推动下的大转型。我本人从20世纪80年代早期，参与邀请和安排《第三次浪潮》作者托夫勒访问中国，投入全国性关于全球技术革命大讨论，之后经历了北美和欧洲的IT革命最重要的阶段，从拥有PC、E-mail和Skype账号到使用智能手机，并一直在数字金融、区块链、元宇宙前沿，成为这个大转型的目击者、思考者、参与者和贡献者。这本书在一定程度上就是这个大转型时期的一些真实的记录。

如果说，我希望这本书有怎样的社会价值，那就是希望元宇宙与数字经济相互促进，相得益彰。从2021年冬春之际开始，元宇宙成为人们普遍关注的一个热点，已经整整一年。元宇宙所包含的目标，是人类古已有之的跨越时间与空间的共同探求，包含了柏拉图的"理想国"和孔子的"大同世界"的基本元素，提供了人类走向更高层次开放与融合的一种选择。但是，元宇宙毕竟刚刚开始，将是一个跨世代的历史运动，还有漫长的道路在前面。所以，人们在元宇宙面前，更需要的是理性和谦卑，不要以为元宇宙可以再现"巴别塔"。我也不希望元宇宙"其兴也勃焉，其亡也忽焉"，昙花一现。希望元宇宙成为可持续的思想、技术与社会相结合的历史运动。

从决定写书到成书的整个过程中，我有幸得到乔卫兵社长的支持。与我相比，乔卫兵社长尚属中青年，却是中国出版界的老兵，为几乎两代经济学家著作的出版做出过不可替代的贡献。经乔卫兵社长之手所编写出版的经济学类著作，就是世界过去二三十年间经济改革与发展的历史缩影。2021年以来，乔卫兵社长带领下的中译出版社成为元宇宙领域新思想的聚集之地，在元宇宙书籍出版、教育和知识普及方面贡献卓著。我还要感谢中译出版社的龙彬彬和于宇两位编辑，他们在持续超负荷的工作量下，与我紧密配合，令我感动。只是我常常担心我的这本书不要再挤压他们已经少之又少的休息时间。同时，我要感谢横琴数链研究院的两位助理——袁洪哲和张爽，他们为此书做了大量资料整理和沟通的工作。特别是袁洪哲，全天候地陪伴我度过了这本书成书的最为艰辛的阶段，最后阶段工作的强度和压力确实是巨大的。我还要感谢关注这本书的进展和在精神层面给以支持的家人和友人。

雪莱（Percy Bysshe Shelley，1792—1822）有过这样的诗句：

看啊，

在这无边无际的荒原上，

思维之翼究竟栖身何处？

如果说元宇宙尚处于开发早期，甚至还是蛮荒时代，这里正是新观念和新思维产生与栖身之处。

此时的窗外，阳光明媚，春天来了。无论如何，对于自己思想和精神产品的期待，是一种幸福指数极高的期待。

朱嘉明

修订于北京

2022年4月6日

索引

凯恩斯（John Maynard Keynes，1883—1946）P1, 196, 208–210, 342, 470

卡尔·波兰尼（Karl Polanyi,1886—1964）P2, 4, 35, 217, 287

熊彼特（Joseph Schumpeter,1883—1950）P3, 32, 120, 209–210, 221, 321, 342, 449, 470

欧文（Robert Owen,1771—1858）P4, 49, 405

萨尔瓦多·阿连德（Salvador Guillermo Allende Gossens,1908—1973）P4, 81

茨威格（Stefan Zweig,1881—1942）P4

马斯克（Elon Musk,1971—）P6–7, 18, 94, 101, 115–117, 120, 128–130, 134–143, 145–148, 154, 190, 193, 211, 226, 235, 278, 285, 339, 442

史蒂芬·霍金（Stephen Hawking,1942—2018）P7–8, 91, 96, 104, 146–147, 235, 427, 431, 436, 457

爱因斯坦（Albert Einstein,1879—1955）P7, 14, 65, 82, 85–86, 89–90, 108–109, 432–434, 436, 457, 469

尼尔·斯蒂芬森（Neal Stephenson,1959—）P4–5, 258

蒂姆·伯纳斯-李（Tim Berners-Lee,1955—）P5

邓小平 P6

史蒂文·斯皮尔伯格（Steven Spielberg,1946—）P9

凯西·伍德（Cathie Wood,1955—）P9

留基伯（Leucippus, 约公元前 500—约公元前 440）P11

德谟克利特（Democritus, 约公元前 460—约公元前 370）P11

但丁·阿利吉耶里（Dante Alighieri,1265—1321）P11, 43–45, 424

列奥纳多·达·芬奇（Leonardo da Vinci,1452—1519）P11, 44, 413

约翰·塞巴斯蒂安·巴赫（Johann Sebastian Bach,1685—1750）P11, 44, 235

托马斯·莫尔（Saint Thomas More,1478—1535）P12, 47, 408

托马索·康帕内拉（Tommaso Campanella,1568—1639）P12, 47–48

约翰内斯·瓦伦丁努斯·安德雷（Johannes Valentinus Andreae,1586—1654）P12, 47

玛丽·雪莱（Mary Shelley,1797—1851）P12, 49–50, 131, 292, 394, 399, 415–418, 422, 502

元宇宙与数字经济

艾萨克·阿西莫夫（Isaac Asimov,1920—1992）P12, 50-51, 64, 131-132, 395, 415

小汤玛斯·戈德史密斯（Thomas Toliver Goldsmith Jr,1910—2009）P12, 53

艾斯托·雷·曼（Estle Ray Mann,）P12, 53

大卫·巴苏奇（David Baszucki, 1963— ）P13

乔恩·拉多夫（Jon Radoff, 1972— ）P13

罗伯特·兰扎（Robert Lanza, 1956 – ）P15, 84, 102

唐纳·哈拉维（Donna Haraway,1944— ）P17, 418

雷·库兹韦尔（Ray Kurzweil,1948— ）P5, 17, 236

弗朗西斯·福山（Francis Fukuyama,1952— ）P18, 419, 425, 447

蒂姆·斯威尼（Tim Sweeney,1970— ）P20

约翰·P·巴洛（John Perry Barlow,1947 — 2018）P21

笛卡尔（René Descartes,1596—1650）P23, 77, 82, 126, 242, 334

黑格尔（Georg Wilhelm Friedrich Hegel,1770—1831）P23, 126

萨特（Jean-Paul Sartre,1905—1980）P23, 470

福柯（Michel Foucault,1926—1984）P23-24, 125, 419

海德格尔（Martin Heidegger,1889—1976）P24, 64, 470

维特根斯坦（Ludwig Wittgenstein,1889—1951）P24, 470

博德里亚尔（Jean Baudrillard,1821—1892）P24

陆九渊（1139—1193）P24-25

王阳明（1472—1529）P24-25, 237

奥维德（Publius Ovidius Naso, 公元前43—公元17）P25

哈耶克（Friedrich August von Hayek，1899 - 1992）P35, 340, 342, 470

迈克斯·泰格马克（Max Tegmark,1967— ）P40, 94-97, 103, 105-106, 425

柏拉图（Plato, 公元前427—公元前347）P43-44, 48, 79, 126

马克·皮特森（Mark Peterson,1955— ）P45

曹雪芹（1715—1763）P46

亨利八世（Henry VIII,1509 - 1547）P47

弗朗西斯·培根（Francis Bacon,1561—1626）P48

摩莱里（Étienne-Gabriel Morelly,1717—1778）P48

巴贝夫（Francois Noël Babeyf, 1760—1797）P48-49

圣西门（Claude-Henri de Rouvroy,Comte de Saint-Simon,1760—1825）P49, 405

傅里叶（Charles Fourier,1772—1837）P49, 405

卡雷尔·恰佩克（Karel Čapek,1890—1938）P50

克里斯托弗·斯特雷奇（Christopher Strachey,1916—1975）P53

A.S·道格拉斯（A. S. Douglas）P53

威利·希金博特姆（Willy Higinbotham,1910—1994）P53

诺兰·布什内尔（Nolan Bushnell,1943— ）P54

达布尼（Ted Dabney,1937—2018）P54

西德尼·梅尔（Sidney Meier,1954— ）P61

约翰·卡马克（John Carmack II,1970— ）P61

索引

理查德·加里奥特（Richard Garriott,1961—）P61

狄更斯（Charles Dickens,1812—1870）P63

麦克卢汉（Marshall McLuhan,1911—1980）P63

诺伯特·维纳（Norbert Wiener,1894—1964）P64, 79–80, 111, 363, 461

尼尔斯·玻尔（Niels Henrik David Bohr,1885–1962）P69, 433

艾伦·麦席森·图灵（Alan Mathison Turing, 1912—1954）P69–74, 95, 111, 120, 152, 228–229, 243, 350, 470

冯·诺依曼（John von Neumann,1903—1957）P69, 72–75, 100, 111, 152, 229, 461, 470

希尔伯特（David Hilbert，1862—1943）P71, 96, 104, 108–109, 330

拉格朗日（Joseph-Louis Lagrange,1736—1813）P72, 486

克劳德·香农（Claude Shannon,1916—2001）P75–76, 111, 152, 198, 389, 461–463, 470

L. V·贝塔朗菲（Ludwig von Bertalanffy,1901—1972）P79–80, 111

安培（André-Marie Ampère,1775—1836）P79

理查德·亨利（Richard Conn Henry,1940—）P84, 102

约翰·惠勒（John Wheeler，1911—2008）P84, 96, 104, 118, 467

爱德华·威腾（Edward Witten,1951—）P86, 88–89

史瓦兹（Melvin Schwartz,1931—2006）P87

迈克尔·格林（Michael Green,1946—）P87

布赖恩·格林（Brian Green, 1963—）P91

毕达哥拉斯（Pythagoras, 约公元前 580 年—约公元前 500 至 490 年）P92–93

开普勒（Johannes Kepler,1571—1630）P92–94

邱奇（Alonzo Church,1903—1995）P95

哥德尔（Kurt Friedrich Gödel, 1906—1978）P95, 97–98, 235

康拉德·楚泽（Konrad Zuse，1910—1995）P96, 437

约翰·巴罗（John D. Barrow，1951—）P96

尤尔根·施密特胡贝尔（Jürgen Schmidhuber, 1963—）P96

斯蒂芬·沃尔夫拉姆（Stephen Wolfram, 1959—）P94, 96

赫尔曼·外尔（Hermann Weyl, 1885–1955）P98

卡尔·爱德华·萨根（Carl Edward Sagan, 1934—1996）P98

柯朗（Richard Courant，1888—1972）P99

马克·卡克（Mark Kac，1914—1984）P99

沃尔特·范·苏伊克科姆（Walter van Suijlekom）P100

尼克·博斯特罗姆（Nick Bostrom，1973—）P101

尼尔·泰森（Neil deGrasse Tyson，1958—）P101

詹姆斯·金斯（James Hopwood Jeans, 1877—1946）P103

休·埃弗雷特三世（Hugh Everett Ⅲ, 1930—1982）P105, 330

罗素（Bertrand Arthur William Russell, 1872—1970）P108, 330

费米（Enrico Fermi, 1901—1954）P106, 439

普朗克（Max Karl Ernst Ludwig Planck,

1858—1947）P108-109, 432–433, 458

范内瓦·布什（Vannevar Bush，1890—1974）P111

比尔·盖茨（William Henry Gates III，1955—）P116, 130, 134, 235, 322, 332, 472

黄仁宇（1918—2000）P119

乔布斯（Steven Paul Jobs, 1955—）P120, 130, 142, 154, 273

爱迪生（Thomas Alva Edison，1847—1931）P123, 308

特斯拉（Nikola Tesla，1856—1943）P123

吉尔·莱波雷（Jill Lepore，1966—）P128-136, 137–138, 141, 143

贝索斯（Jeffrey Preston Bezos, 1964—）P130, 134, 137, 322, 326

彼得·蒂尔（Peter Thiel, 1967—）P130

黄仁勋（Jensen Huang, 1963—）P130

扎克伯格（Mark Elliot Zuckerberg, 1984—）P130, 134–135, 193, 322, 426, 472–473

维塔利克（Vitaly Dmitriyevich "Vitalik" Buterin, 1994—）P130, 277, 473

罗伯特·海因莱因（Robert Anson Heinlein, 1907—1988）P131

亚瑟·克拉克（Arthur Charles Clarke，1917—2008）P131

伊恩·班克斯（Iain Banks, 1954—2013）P132

道格拉斯·诺耶尔·亚当斯（Douglas Noel Adams, 1952—2001）P132, 137

H·G·威尔斯（H.G. Wells，1866—1946）P133

玛格丽特·阿特伍德（Margaret Atwood，1939—）P133

塔维娅·E.巴特勒（Octavia Butler，1947—2006）P133

梵达纳·辛格（Vandana Singh）P133

姜峯楠（Ted Chiang，1967—）P133

莱布尼茨（Gottfried Wilhelm Leibniz, 1646—1716）P126, 142, 266, 330, 476

马克思（Karl Marx，1818—1883）P144, 187, 208–211, 321, 340, 414

伦纳德·克兰罗克（Leonard Kleinrock，1934—）P152

保罗·巴兰（Paul Baran，1926 - 2011）P153

诺伊斯（Robert Noyce，1927—1990）P171

丹尼尔·拉里默（Daniel Larimer）P176, P364

亚当·斯密（Adam Smith，1729—1737）P196, 340, 363–364, 421, 452

杰文斯（William Stanley Jevons，1835—1882）P197–198

库帕（Martin Lawrence Cooper，1928—）P198

乔治·帕里西（Giorgio Parisi，1948—）P200, 428

希法亭（Rudolf Hilferding，1877—1941）P208–210

列宁（Vladimir Ilyich Ulyanov，"Lenin"，1870—1924）P208–210, 347

弗里德曼（Milton Friedman，1912—2006）P210, 224–225, 470

沃尔特·白芝浩（Walter Bagehot，1827—1877）P222

欧文·费雪（Irving Fisher，1867—1987）P222

雷蒙德·弗农（Raymond Vernon，1913—1999）P222

索引

伯南克（Ben Shalom Bernanke，1953—）P223

马克·格特勒（Mark L. Gertler，1951—）P223

卡洛塔·佩雷斯（Carlota Perez，1939—）P224

麦卡锡（John McCarthy，1927—2011）P229

明斯基（Marvin Minsky，1927—2016）P229

辛顿（Geoffrey Hinton，1947—）P230

侯世达（Douglas R. Hofstadte，1945—）P235

米歇尔（Melanic Mitchell，1969—）P235

文奇（Vernor Vinge，1944—）P236

阿瑟·C·丹托（Arthur C. Danto，1924—2013）P281

安迪·沃霍尔（Andy Warhol，1928—1987）P281

斯蒂格勒（Bernard Stiegler，1952—2020）P282

安德烈·巴赞（André Bazin 1918—1958）P291

本雅明（Walter Bendix Schoenflies Benjamin）P295-296

多米尼克·霍夫曼（Dominik Hofmann，1986—）P300

卢米埃尔兄弟（Auguste Lumière，1862—1954；Louis Lumière，1864—1948）P302, 308

曼纽尔·卡斯特尔（Manuel Castells，1942—）P318

尤瓦尔·赫拉利（Yuval Noah Harari，1976—）P142, 325

鲁特格尔·布雷格曼（Rutger C. Bregman，1988—）P327-328

奥威尔（George Orwell，1903—1950）P327

杨安泽（Andrew Yang，1975—）P328

亚伦斯·沃茨（Aaron Hillel Swartz，1986—2013）P328-329

斯诺登（Edward Snowden，1983—）P329, 473

阿桑奇（Julian Paul Assange，1971—）P329

蕾切尔·卡逊（Rachel Carson，1907—1964）P334

贡塔·托依布纳（Gunther Teubner，1944—）P337

萨缪尔森（Paul Anthony Samuelson，1915—2009）P340, 342

周其仁（1950—）P341

孙冶方（1908—1983）P342

滕维藻（1917—2008）P342

马洪（1920—2007）P343

薛暮桥（1904—2005）P343

汪道涵（1915—2005）P343

于光远（1915—2013）P343

厉以宁（1930—）P343

克莱因（Lawrence Robert Klein，1920—2013）P343

科尔奈（János Kornai，1928—2021）P343

奥塔·锡克（Ota Šik，1919—2004）P343

彼得·圣吉（Peter M. Senge，1947—）P359

莱斯特·瑟罗（Lester Thurow，1938—2015）P359

维纳·迪尔格（Werner Dilger，1942—2007）P363

奥里·布莱福曼（Ori Brafman）P363

罗德·贝克斯特朗（Rod Beckstrom，1961—）P363

李斯特（Friedrich List，1789—1846）P395-396

罗雪尔（Wilhelm Roscher，1817—1894）P395-396

边沁（Jeremy Bentham，1748—1832）P400

庇古（Arthur Cecil Pigou，1877—1959）P401

瓦尔拉斯（Léon Walras，1834—1910）P401

帕累托（Vilfredo Pareto，1848—1923）P401-402

凡勃伦（Thorstein B. Veblen，1857—1929）P402

康芒斯（John Rogers Commons，1862—1945）P402

科斯（Ronald Harry Coase，1910—2013）P402, 404

加尔布雷斯（John Kenneth Galbraith，1908—2006）P402

诺斯（Douglass C. North，1920—2015）P403

蒲鲁东（Pierre-Joseph Proudhon，1809—1865）P405-406

阿罗（Kenneth J. Arrow，1921—2017）P407-408

歌德（Johann Wolfgang von Goethe，1710—1782）P424

赫胥黎（Aldous Huxley，1894—1963）P125, 424

达尔文（Charles Darwin，1809—1882）P425

梅特利（Julien Offray de La Mettrie，1709—1751）P425

理查德·道金斯（Richard Dawkins，1941—）P425

伊戈尔·莫斯基（Igor Morski）P425

易卜生（Henrik Johan Ibsen，1828—1906）P427

查尔斯·贝内特（Charles Bennett，1943—）P437

理查德·菲利普斯·费曼（Richard Phillips Feynman，1918—1988）P437

萨缪尔·P·亨廷顿（Samuel Huntington，1927—2008）P447

查尔斯·金德伯格（Charles Poor Kindleberger，1910—2003）P448

修昔底德（Thucydides，约公元前460—公元前400）P448

彭慕兰（Kenneth Pomeranz，1958—）P455

威廉·汤姆森（William Thomson，1824—1907）P457

路德维希·玻尔兹曼（Ludwig Edward Boltzmann，1844—1906）P458-459, 461

鲁道夫·克劳修斯（Rudolf Julius Emanuel Clausius，1822—1888）P458-459

利奥·西拉德（Leo Szilard，1898—1964）P460-461

艾德温·詹尼斯（Edwin Thompson Jaynes，1922—1998）P463

罗尔夫·朗道尔（Rolf Landauer，1927—1999）P464

詹姆斯·克拉克·麦克斯韦（James Clerk Maxwell，1831—1879）P66, 466-467

薛定谔（Erwin Rudolf Josef Alexander Schrödinger，1887—1961）P433, 469

狄拉克（Paul Adrien Maurice Dirac，1902—1984）P433, 470

泡利（Wolfgang Ernst Pauli，1900—1958）P470

索引

海森堡（Werner Heisenberg，1901—1976）P433, 469

博格森（Henri Bergson，1859—1941）P470

马尔库塞（Herbert Marcuse，1898—1979）P470

毕加索（Pablo Ruiz Picasso，1881—1973）P470

卓别林（Charles Spencer "Charlie" Chaplin，1889—1977）P470

梅兰芳（1894—1961）P470

乔伊斯（James Augustine Aloysius Joyce，1882—1941）P470

鲁迅（1881—1936）P470

毛泽东（1893—1976）P470

戴高乐（Charles André Joseph Marie de Gaulle，1890—1970）P470

罗斯福（Franklin Delano Roosevelt，1882—1945）P470

张一鸣（1983—）P472

黄峥（1980—）P472

汪滔（1980—）P472

韦东奕（1992—）P473

恽之玮（1982—）P473

张伟（1981—）P473

袁新意（1981—）P473

朱歆文（1982—）P473